安康学院立项教材资助项目（JC202405）

乡村生态旅游
高质量发展案例教程

韩喜红 ◎主编

西南财经大学出版社
中国·成都

图书在版编目(CIP)数据

乡村生态旅游高质量发展案例教程/韩喜红主编.
成都:西南财经大学出版社,2025.6.--ISBN 978-7-5504-6697-5
Ⅰ.F592.3
中国国家版本馆 CIP 数据核字第 2025XK8705 号

乡村生态旅游高质量发展案例教程

XIANGCUN SHENGTAI LÜYOU GAOZHILIANG FAZHAN ANLI JIAOCHENG

韩喜红　主编

策划编辑:冯　雪
责任编辑:冯　雪
责任校对:高小田
封面设计:墨创文化
责任印制:朱曼丽

出版发行	西南财经大学出版社(四川省成都市光华村街 55 号)
网　　址	http://cbs.swufe.edu.cn
电子邮件	bookcj@swufe.edu.cn
邮政编码	610074
电　　话	028-87353785
照　　排	四川胜翔数码印务设计有限公司
印　　刷	四川五洲彩印有限责任公司
成品尺寸	210 mm×285 mm
印　　张	16.375
字　　数	507 千字
版　　次	2025 年 6 月第 1 版
印　　次	2025 年 6 月第 1 次印刷
书　　号	ISBN 978-7-5504-6697-5
定　　价	39.80 元

▶▶ 前言

本书是一部旨在培养旅游管理专业学生服务国家乡村振兴、生态文明发展战略特色能力的应用型案例教材。其内容包含政策理论篇和实践案例篇两个篇章，依据思想价值认知、理论能力培养、实践应用能力提升的逻辑思路展开。

第一篇为政策理论篇。一方面，对“两山”理论、美丽中国、生态文明建设相关内容以及乡村振兴战略等政策理论进行了梳理，厘清了国家的发展方向、整体布局与要求。其目的在于，培养学生在思想价值层面与国家发展需求保持一致，明确个人的学习与发展方向，指引学生对标国家发展需求，有重点地展开学习，框定学生开展专业实践工作的准则。另一方面，围绕国家生态文明建设与乡村振兴的人才需求方向，结合旅游管理的专业特色，重点对乡村新质生产力、乡村新内生发展、生态旅游开发、乡村旅游开发、农旅融合应用型理论进行总结归纳，以提升学生积极投身生态文明建设与乡村振兴工作的理论素养。

第二篇为实践案例篇，以文化和旅游部《体验脱贫成就·助力乡村振兴全国乡村旅游扶贫示范案例选编》一书，以及2018—2020年“世界旅游联盟——旅游减贫案例”、2021—2023年“世界旅游联盟——旅游助力乡村振兴案例”中提及的案例地为研究对象，收集并整理扶贫、乡村振兴阶段涌现出的生态保护、乡村旅游融合乡村发展的典型案例，旨在全方位培养学生的实践应用能力。每个小节围绕基本情况、挑战与问题、发展举措、发展成效、经验启示、未来计划六个方面，对案例资料展开系统梳理。并在每个小节的结尾处针对案例的典型问题与发展模式，提出综合性思考，借此引导学生进行有针对性的学习。同时，授课教师可以结合专业课程的特点，从旅游规划与开发、旅游营销、旅游产业经济、旅游景区管理等专业角度，设计作业训练项目。本部分介绍了全国乃至国际多样类型乡村的经典案例，使学生在实际经验中深化对相关理论知识的认知，拓宽自身眼界、积累应用经验。秦巴山区案例可为地方院校对于应用型旅游人才的培养提供参考，引导学生将校内专业学习与校外实践调研、地方服务活动结合在一起，从而提高学生的实践应用能力。同时，引导学生深入了解秦巴山区，着力培养能够服务地方旅游发展的专门人才。

本书在编写过程中，以入选文化和旅游部《体验脱贫成就·助力乡村振兴全国乡村旅游扶贫示范案例选编》“世界旅游联盟——旅游减贫案例”“世界旅游联盟——旅游助力乡村振兴案例”等中的案例地为研究对象，引用了众多专家、学者的成果，已在参考文献中列出，在此表示诚挚的谢意与歉意。与此同时，本书为安康学院立项教材（项目编号：JC202405），由安康学院教材建设基金资助，在此表示感谢！

本书是对旅游管理专业应用型人才培养以及陕南地方院校旅游管理专业特色人才培养的案例型教材建设的初步探索。在此过程中，难免存在不足之处，衷心期望各位专家和读者能提出宝贵意见。

韩喜红

2024 年 12 月于陕西安康

目录

政策理论篇

实践案例篇

政策理论篇

第一章 生态文明建设

第一节 “两山”理论

在当前社会发展背景下，实现环境保护与经济发展的和谐共生成为一个全球性的挑战。“绿水青山就是金山银山”的核心思想是强调环境保护与经济发展的平衡，即保护好我们的生态环境，就等同于保护和创造了宝贵的自然资源和财富。该理论不仅是对中国特色社会主义生态文明建设的深刻阐述，也为全球生态环境治理提供了新的思路，标志着中国在生态文明建设方面的理论认识和实践探索进入了新的阶段。具体来说，“绿水青山就是金山银山”理论（简称“两山”理论）强调：一是生态优先。在发展经济的同时，保护生态环境，确保自然资源和环境得到持续保护与改善。二是绿色发展。推动经济发展模式向绿色转型，减少污染和资源消耗，发展循环经济和可再生能源，提高资源的使用效率。三是生态文明。建设生态文明是关系人民福祉和民族未来的根本大计，是建设美丽中国的重要内容。四是制度和法治。实现生态环境保护和经济发展的根本性变革，需要依靠完善的制度和法治来保障。五是示范建设。通过推进生态文明示范建设，具体实践并推广“两山”理论。六是经济与环境的协同。保护生态环境就是保护生产力，改善生态环境就是发展生产力，形成保护与发展相互促进的局面。七是多元化生态保护补偿机制。建立健全市场化、多元化的生态保护补偿机制，确保生态保护者得到合理补偿。

自“两山”理论提出后，与之相关的学术研究也日益增多。学术界从内涵、实践模式、实现机制等多个维度，展开了深入研究。从研究内容来看，早期的相关研究大多聚焦在生态保护的必要性和重要性。随着中国经济的快速发展和环境问题的日益突出，这一领域的研究开始向如何实现绿色发展、如何处理好经济发展与环境保护的关系等方面转变。一是“两山”理论的探索。该主题聚焦于“两山”理论的提出背景、内涵解读以及与生态文明建设的关系。崔莉等（2019）在《自然资源资本化实现机制研究——以南平市“生态银行”为例》一文中，提出“生态银行”模式，探索了如何通过市场化手段实现生态产品的价值，体现了“绿水青山就是金山银山”理念的实践应用。胡咏君与吴剑（2019）的《生态文明建设“两山”理论的内在逻辑与发展路径》则从理论角度出发，分析了在“两山”理论指导下的实践发展逻辑和路径，为理解理论与实践的结合提供了深刻的洞见。二是“绿水青山就是金山银山”的实践路径。这一部分探讨了“绿水青山”向“金山银山”转化的具体路径和策略。刘伯恩（2020）在《生态产品价值实现机制的内涵、分类与制度框架》一文中，提出了产业生态型、生态产业型、产权交易型等多种实现生态产品价值的模式，为实现路径提供了具体的分类框架。此外，王金南等（2017）的《“绿水青山就是金山银山”的理论内涵及其实现机制创新》一文则提出了特色产业体系、生态环境体系等五个方面的发展机制，为实现“两山”理论的经济与环境双重目标提供了创新思路。三是“绿水青山就是金山银山”的经济影响。这一主题主要侧重“绿水青山就是金山银山”对经济发展的影响和推动作用。黄承梁（2019）的《论习近平生态文明思想历史自然的形成和发展》等研究均从不同角度，分析了生态文明建设对经济社会可持续发展的重要性，强调了“两山”理论在促进绿色发展、提升经济结构中的关键作用。四是“绿水青山”与“金山银山”的价值转化。此主题主要探讨如何将“绿水青山”的自然资源转化为具有经济价值的“金山银山”。王会等于2017年提出《“绿水青山”与“金山银山”关系的经济理论解析》，他们通过经济理论模型分析了资源利用与经济产出之间的关系，揭示了资源保护与经济发展的平衡点。刘江宜与牟德刚（2020）的《生态产品价值及实现机制研究进展》一文，则系统梳理了生态产品价值实现的研究进展，为探索价值转化提供了理论与实践的参考。五是“绿水青山就是金山银山”的政策建议。本部分聚焦“绿水青山就是金山银山”理念下的政策建议和实施路径。秦昌波等（2018）的《“绿水青山就是金山银山”理论实践政策机制研究》提出了包括生态补偿机制、绿色金融体系等在内的政策建议，为实现生态产品的市场化提供了具体的政策工具。涂正革等（2018）的《公众参与中国环境治理的逻辑：理论、实践和模式》一文，则强调了公众参与的重要性，提出了促进公众参与的策略，为“两山”理论的实践提供了社会基础。

综上所述，“绿水青山就是金山银山”理念从理论层面为生态文明建设提供了新视角，从实践层面为可持续发展提供了具体的路径与策略。通过对相关文献的分析，我们不仅能够看到这一理论如何促进生态产品价值的实现，如何影响经济与环境的协调发展，还能发现“两山”理论已被广泛接受，并在生态产品价值实现机制的研究与实践中发挥着核心作用。同时，相关研究表明，生态产品的价值实现，不仅关乎环境保护，也是推动经济高质量发展的重要途径。“生态银行”模式、生态补偿机制、绿色金融等，为自然资源通过环境保护与经济发展的有机结合，实现可持续发展提供了机制保障。此外，不同地区根据自身特点和资源状况，探索出多样化的实现路径和模式。未来，“两山”理论的研究方向可能会包括对现有实现机制的优化与创新、不同类型和规模的生态产品价值评估方法，以及跨学科的综合研究，以进一步提高生态产品价值实现的效率和效果。此外，随着技术进步和市场机制的完善，其研究内容可能还会涉及市场化手段和政策工具的创新，以促进生态产品价值的有效转化。

第二节 美丽中国

“美丽中国”作为全面建设社会主义现代化国家的重要目标，不仅体现了对生态环境保护的重视，也反映了国家对于全面建成小康社会、推进社会主义现代化建设的战略规划。自党的十八大以来，“美丽中国”的概念被正式提出，并在多个政策文件中被强调。2020年，为评估美丽中国建设的进程，推动相关政策的实施和评估，国家发展改革委印发《美丽中国建设评估指标体系及实施方案》。该方案明确了美丽中国建设评估指标体系及具体实施办法。2024年1月11日，《中共中央 国务院关于全面推进美丽中国建设的意见》发布，该意见提出，建设美丽中国是全面建设社会主义现代化国家的重要目标，是实现中华民族伟大复兴中国梦的重要内容。该意见要求，“十四五”深入攻坚，实现生态环境持续改善；“十五五”巩固拓展，实现生态环境全面改善；“十六五”整体提升，实现生态环境根本好转。

“美丽中国”是一个综合性的概念，既包括生态美丽，也涵盖经济、政治、文化、社会和生态的全方位发展（陈明星等，2019）。美丽中国建设是一个全面的、理论与实践相结合的过程，其理论基础是推动该目标实现的关键。在理论基础研究方面，主要集中在生态文明建设的重要性以及与“美丽中国”概念的结合。例如，“人地和谐共生论”和“五位一体美丽论”被认为是其建设的核心理论基础（方创琳等，2019）。国土空间规划作为一种空间治理方式，是实现“美丽中国”愿景的重要工具（陈明星等，2019）。“美丽中国”与国土空间规划的关系研究表明，国土空间规划需要加强对人地关系地域系统、点—轴系统、主体功能区划等方面的深入探讨，以确保可持续发展和资源环境承载力（陈明星等，2019）。此外“美丽中国”建设的成功也需要通过科学的国土空间规划来提供支持，如通过搭建智能系统平台等来促进规划的科学性和实施性（陈明星等，2019）。因此，国土空间规划与“美丽中国”建设是相辅相成的关系。实践和评估是“美丽中国”建设过程中的重要环节，对其成效的评估有助于指导未来的建设策略调整。在“美丽中国”建设的实践与评估方面，聚焦“美丽中国”建设的实践探索和评估体系的建立。“美丽中国”建设的实践涉及多个层面，包括生态环境保护、绿色发展、社会和谐等（方创琳等，2019）。在实践中，需要因地制宜建立差异化的评估指标体系，以确保建设的有效性（陈明星等，2019）。在评估方面，方创琳等（2019）构建了包括生态环境、绿色发展、社会和谐等五个维度的评估指标体系，并采用联合国人类发展指数（HDI）进行了评估，结果显示“美丽中国”建设的综合指数平均值为 0.28，显示整体发展水平偏低，需要进一步加强建设（方创琳等，2019）。“美丽中国”与乡村振兴的结合是推动区域可持续发展的重要方向。“美丽中国”与乡村振兴结合的研究认为，“美丽乡村”建设是“美丽中国”构想中的重要组成部分，其目标是通过乡村建设的生态变迁实现“五美乡村”的理想状态（柳兰芳，2013），文化创意与新农村建设的有机结合可以促进农村产业的转型升级（舒川根，2010）。此外，特色小镇与乡村振兴的同步规划建设也是实现“美丽中国”的重要途径（王景新等，2018）。政策支持和金融创新也是“美丽中国”建设不可或缺的要素，对其发展起到了推动作用。中央政府的政策引导和支持是“美丽中国”建设的重要保障（张高丽，2013）。例如，生态文明体制改革的深化是推动“美丽中国”建设的根本保障（张高丽，2013）。在金融创新方面，绿色金融的发展被视为是促进“美丽中国”建设的重要途径（龙云安，2018）。例如，通过建立灰色关联模型分析了绿色金融与产业结构的关联度，提出了促进绿色金融助力产业优化升级的建议（龙云安，2018）。

综上所述，通过对“美丽中国”主题的相关文献的深入分析，可以总结出当前研究主要集中在“美丽中国”的概念理解、建设的理论基础、评估指标体系的建立、实施策略和政策建议等方面。各学者通过对“美丽中国”的科学内涵、战略意义、与国土空间规划的关系、生态文明建设的路径等方面进行了深入探讨，提出了具体的评估指标和建设方案。这些研究不仅为理解“美丽中国”的理论框架提供了坚实基础，也为实际的政策制定和实施提供了科学依据。未来的研究方向可能会集中在“美丽中国”建设的具体实践案例、不同地区的实施策略比较，以及“美丽中国”建设与其他政策（如绿色金融、乡村振兴等）的相互作用与协同效应上。此外，随着技术的进步和数据的可获得性的提高，利用大数据和人工智能等技术手段对“美丽中国”建设的效果进行精准评估和监测，也是一个值得探索的新领域。

第三节　生态文明建设概述

生态文明是“人类在改造自然以造福自身的过程中为实现人与自然之间的和谐所做的全部努力和所取得的全部成果，它表征着人与自然相互关系的进步状态。”生态文明建设是指在现代化进程中，通过尊重自然、保护自然、和谐发展的方式，推动经济、政治、文化和社会建设的全过程。这一概念强调的是人类文明发展必须与自然环境的可持续性相协调，实现人与自然和谐共生。自 1949 年中国森林建设之路的探索开始，中国在生态文明建设的道路上不断前行。特别是进入 21 世纪，随着经济快速发展带来的资源环境约束加剧，环境污染、生态系统退化等问题日益突出，生态文明建设的重要性被提到了前所未有的高度。党的十八大报告指出：“建设生态文明，是关系人民福祉、关乎民族未来的长远大计”，对我国社会主义建设具有非常重大的意义。党的十八大报告的发布，标志着中国生态文明建设进入了一个新的阶段，这也是中国特色社会主义事业“五位一体”总体布局的重要组成部分。党的十八届三中全会进一步明确指出，要“紧紧围绕建设美丽中国深化生态文明体制改革，加快建立生态文明制度，健全国土空间开发、资源节约利用、生态环境保护的体制机制，推动形成人与自然和谐发展现代化建设新格局”。2022 年，为深入贯彻习近平生态文明思想，全面落实党中央、国务院“十四五”生态环境保护总体决策部署，深入推进“十四五”全国生态保护监管工作，生态环境部编制了《“十四五”生态保护监管规划》。推动经济社会发展绿色化、低碳化，是新时代党治国理政新理念新实践的重要标志，是推动高质量发展的关键环节，是解决我国资源环境生态问题的基础之策，是建设人与自然和谐共生现代化的内在要求。为加快经济社会发展全面绿色转型，2024 年中共中央、国务院印发《中共中央　国务院关于加快经济社会发展全面绿色转型的意见》。该意见强调了推动经济社会发展绿色化、低碳化的重要性，提出了构建绿色低碳高质量发展空间格局的要求，包括优化国土空间开发保护格局、健全主体功能区制度体系等。

从学术研究角度来看，生态文明建设的研究领域逐渐扩展，涵盖了生态文明理念的认同、制度建设、政策分析、区域实践等多个层面。研究方法也从单一的理论分析，发展到结合实证研究、比较研究、跨学科研究等多元化方法。从研究内容来看则主要集中在以下四个方面：

（1）消费模式转型与生态文明建设。该研究主题关注的是如何通过改变消费模式来推进生态文明建设，并探讨这种转型对环境保护和可持续发展的重要性。包庆德（2011）分析了构建节约能源和保护生态环境的消费模式的必要性，并指出这是生态文明建设的重要路径之一。牛文浩（2012）探讨了社会主义生态文明建设下的生态消费模式，认为这是实现人与自然和谐发展的必然选择。此外，赖章盛和李红林（2011）讨论了低碳社会作为生态文明建设的新模式，强调了低碳生活方式的重要性。综合这些研究，我们可以看到消费模式转型不仅对生态文明建设至关重要，而且是推动可持续发展的关键因素。

（2）环境治理模式与生态文明建设。此研究主题集中讨论环境治理模式的改革与创新，以及这些改革是如何推进生态文明建设的。毕军（2014）探讨了环境治理模式改革的突破口，指出新的环境保护法虽已进行修订，但仍需跳出环境保护本身的范畴，以约束不利于环境质量提升的社会经济活动。李鹏和李贵宝（2021）则通过概念史方法研究了河长制的演变，揭示了生态文明建设中政府治理制度创新的规律。这些研究表明，环境治理模式的改革是实现生态文明建设目标的核心问题，需要创新和完善。

（3）生态文明建设的区域实践与模式创新。本子主题涉及不同地区在生态文明建设方面的实践和模式创新。黄勤（2012）探讨了省域生态文明建设的特点、模式及对策，提出了省域层面上的生态文明建设成就和实践中的三大模式。孔翔和杨宏玲（2011）则关注基于生态文明建设的区域经济发展模式优化，强调了科学发展观的重要性。熊康宁等（2023）研究了喀斯特修复区的生态产品价值实现与生态文明建设模式，为该地区的生态文明建设提供了科技参考。这些研究表明，区域实践是理解并推进生态文明建设的一个关键视角，不同地区的创新实践为解决具体问题提供了极具说服力的示范和宝贵借鉴。

（4）生态文明建设的理论与方法论。该主题研究探讨了生态文明建设的理论基础和方法论，以及这些理论和方法如何指导实践。李丽（2014）提出了建立在历史唯物主义理论基础上的生态文明建设模式，并强调了系统论和整体主义等科学方法论在此过程中的应用。同样，张孝德（2008）反思了在资源环境约束下的大国工业化困境，并提出了建立“成本内化的生态文明”模式的必要性。这些研究表明，针对理论和方法论的深入探讨，为生态文明建设的实践提供了理论指引和支撑，这对于构建适应不同发展阶段和条件的建设策略，具有积极的推动作用。

第二章 乡村振兴

第一节　乡村振兴战略

乡村振兴是全面建成小康社会的关键一步，特别是对于农村地区，确保所有农村人口都能共享国家发展的成果。通过乡村振兴，缩小城乡差距，全力推动实现城乡一体化发展，稳步推进区域均衡发展。乡村振兴战略是中国实现全面现代化的重要组成部分，党的十九大把乡村振兴战略作为国家战略提到党和政府工作的重要议事日程，对于中国走出“中等发达国家陷阱”，坚持新发展理念，全面建成社会主义现代化强国，实现中华民族伟大复兴中国梦具有十分重大的现实意义和深远的历史意义。同时，乡村振兴战略的实施还事关“三农”问题解决、中华优秀传统文化弘扬、粮食安全及促进共同富裕。遵照乡村振兴战略，应坚持农村优先发展，按照实现产业兴旺、生态宜居、乡风文明、治理有效、生活富裕的总要求，积极推动城乡深度融合、一体化发展，稳步推进农业农村现代化进程。乡村振兴战略的基本原则包括坚持党管农村工作、农业农村优先发展、农民主体地位、乡村全面振兴、城乡融合发展。其基本目标任务为，到 2050 年，乡村全面振兴，农业强、农村美、农民富全面实现。重点工作包括确保国家粮食安全、防止规模性返贫、推动乡村产业高质量发展等九个部分。其推进路径为以“产业兴旺、生态宜居、乡风文明、治理有效、生活富裕”为总要求，以“乡村产业、人才、文化、生态、组织振兴”为实施路径。同时，乡村振兴战略强调科技和改革双轮驱动，强化农民增收举措，打好乡村全面振兴漂亮仗。2024 年 1 月 1 日，《中共中央 国务院关于学习运用“千村示范、万村整治”工程经验有力有效推进乡村全面振兴的意见》出台，这是 2024 年中央一号文件，提出了推进乡村全面振兴的“路线图”，包括确保国家粮食安全、确保不发生规模性返贫、提升乡村产业发展水平等六个部分。学习运用“千万工程”经验，把推进乡村全面振兴作为新时代新征程“三农”工作的总抓手，坚持以人民为中心的发展思想，因地制宜、分类施策。

随着城市化进程的加速，农村地区面临着人才流失、基础设施落后、公共服务不足等问题，这对乡村的可持续发展构成了挑战。因此，深入理解乡村振兴战略的内涵、实施路径及其在新时代背景下的创新发展显得尤为重要。学术界围绕乡村振兴战略展开了多维深度研究。具体研究内容如下：

（1）乡村振兴战略的理论与实践探索。在这一部分，各学者主要探讨了乡村振兴战略的理论基础、实施过程中的实践探索以及面临的挑战与机遇，贺雪峰（2024）在其文章中强调，乡村振兴战略必须服务于中国式现代化的总目标，特别强调了对农民中的弱势群体的关注。此外，黄祖辉（2018）在其研究中提出了对“二十字”方针（产业兴旺、生态宜居、乡风文明、治理有效、生活富裕）的科学内涵及其内在关系的把握，并讨论了乡村振兴战略的实施路径。

（2）乡村振兴战略与“三农”问题的关联。此部分主要分析乡村振兴战略如何解答“三农”问题，即农业、农村和农民问题。左停和苏武峥（2020）在其研究中指出，乡村振兴战略是解决相对贫困问题的重要手段，并提出了相应的政策建议。同时，叶兴庆（2018）的研究强调了在新时代背景下，乡村振兴战略的重要性，并指出了策略的关键要素。

（3）乡村振兴战略下的农村发展。本主题重点关注乡村振兴战略对农村发展的影响。例如，孙九霞和王淑佳（2022）在研究中构建了乡村旅游地可持续发展的评价体系，这为评估乡村振兴在促进农村产业发展方面的成效提供了工具。此外，田野、黄进和安敏（2021）的研究通过超效率 DEA 与综合熵值法的联合分析，评估了农业现代化发展效率，为乡村振兴在提升农业生产效率方面提供了实证数据。

（4）乡村振兴战略的多维度影响。在这一部分，各学者主要探讨了乡村振兴战略在经济、文化、教育等多个维度的影响。贺雪峰（2018，2024）的研究不仅关注了经济层面的发展，还关注了如何通过乡村振兴战略提高农民的生活质量和保障其社会权益。另外，袁利平和姜嘉伟（2021）的研究则聚焦教育在服务乡村振兴战略中的作用，强调了教育在促进乡村治理和推动乡村全面发展中的重要性。

（5）乡村振兴战略的政策分析与建议。此主题主要关注乡村振兴战略的政策分析和未来的发展建议。文丰安（2022）在其研究中详细讨论了全面实施乡村振兴战略的重要性、动力及促进机制，为政策的制定和实施提供了理论支撑。此外，张琦等人（2022）的研究则聚焦共同富裕目标下的乡村振兴战略，提出了科学内涵、内在关系与战略要点，为政策实施提供了理论依据和实践指南。

综上所述，“乡村振兴战略”是一个多面向的研究领域，涵盖了政策解读、策略探索、实践案例、效果评估等多个维度。研究者们关注的焦点包括但不限于乡村振兴战略的理论基础、实施路径、政策影响，以及与之相关的社会经济问题。特别是，研究者们普遍关注乡村振兴战略在推动农业现代化、促进城乡融合发展、提升农村生活质量，以及解决相对贫困问题中的作用。此外，该研究还探讨了如何借助教育领域发力、教育资源的合理优化配置、社会保障体系的完善构建，以及数字技术的有效运用，为乡村振兴战略的实施提供有力支撑。在未来的研究方向上，可以预见的是，随着乡村振兴战略的深入实施，相关的实证研究、案例分析、政策评估和影响评估将进一步深化，同时，如何通过创新机制、优化政策、强化制度保障来解决乡村振兴过程中出现的新问题、新挑战也将是研究的重点。此外，随着人口老龄化、气候变化等新的社会经济因素的影响，研究将需要适应这些新的挑战，探索可持续的乡村发展新模式。

第二节　乡村新质生产力

乡村新质生产力是指在乡村振兴过程中，以创新为主导，摆脱传统经济增长方式和生产力发展路径，具有高科技、高效能、高质量特征的先进生产力质态。它涵盖了新技术、新模式、新产业、新业态等多个方面，并强调全要素生产率的大幅提升。乡村新质生产力的发展是实现乡村振兴战略的关键，它不仅能够提升农业生产效率和质量，还能够促进农村经济的多元化发展，提高农民的收入水平，实现乡村全面振兴。2020 年，农业农村部印发了《全国乡村产业发展规划（2020—2025 年）》（以下简称《规划》）。《规划》提出，要发掘乡村功能价值，强化创新引领，突出集群成链，培育发展新动能，集聚资源要素，加快发展乡村产业，为农业农村现代化和乡村全面振兴奠定坚实基础。2024 年出台的《中共中央 国务院关于学习运用“千村示范、万村整治”工程经验有力有效推进乡村全面振兴的意见》指出，以提升乡村产业发展水平、提升乡村建设水平、提升乡村治理水平为重点，强化科技和改革双轮驱动，强化农民增收举措，打好乡村全面振兴漂亮仗，绘就宜居宜业和美乡村新画卷，旨在加快农业农村现代化进程，从而更为有效地推动中国式现代化建设。

乡村新质生产力主要包含六个关键点：一是新技术与新模式。乡村新质生产力强调新技术的应用，如农业新科技、数字化技术、人工智能等，这些技术相互协作，共同推进并催生现代农业产业发生变革，形成新的农业产业业态，创新农业生产及经营方式。二是新产业与新业态。乡村新质生产力促进农业与其他产业的高度融合，形成新的“六次”产业，筑牢乡村“质”的硬核。这包括发展特色农业产业、生态旅游、绿色民宿、特色手工艺品等，形成绿色产业链，推动乡村快速高质量发展。三是新领域与新赛道。乡村新质生产力开拓新领域和新赛道，为乡村社会发展及建设提供新的物质支撑及理念指导。这涉及乡村文化、生态保护、健康促进等多个方面，旨在借助新质生产力的发展态势，提升乡村居民的生活质量和经济收入。四是新动能与新优势。乡村新质生产力通过创新驱动，利用现代科技进步成果对乡村产业进行改造升级，从而增强乡村产业发展活力。这包括推动农产品加工业、乡村特色产业、乡村服务业等的发展，以及培育乡村新产业新业态。五是绿色发展。乡村新质生产力强调绿色发展理念，将绿色发展融入农业生产过程，实现生产方式的绿色化，释放乡村的“绿色红利”。六是科技赋能与平台支撑。乡村新质生产力注重科技兴农，以发展农村电商为重点拓宽商贸流通渠道，促进产业、科技交互联动，引导农业全产业链上中下游各类主体共建共享大数据平台信息，实现产业数字化、数字产业化。

在当前中国式现代化的背景下，乡村振兴战略的实施成为推动农业农村现代化的重要途径。新质生产力作为推动乡村全面振兴的内在动力，其内涵特征与实践路径受到了广泛关注。学术界关于乡村新质生产力的研究主要集中在乡村新质生产力的内涵与特征、新质生产力与乡村振兴的实践路径、新质生产力对乡村产业的影响、新质生产力、数字经济与乡村治理现代化、数字乡村建设的挑战与机遇五个方面。

（1）乡村新质生产力的内涵与特征。此主题主要聚焦解析“新质生产力”在乡村振兴中的内涵、构成要素及其对乡村全面发展的推动作用。例如，陈健等（2024）的研究突出了新质生产力在技术进步、人力资源开发、产业现代化转型和绿色发展理念等方面的关键作用。通过对这些要素的深入剖析，可以揭示新质生产力如何成为推动乡村全面振兴的内在动力。此外，张力一翔（2024）的研究进一步强调了新质生产力在推动民族地区乡村产业高质量发展中的重要性，指出其具备高科技、高效能、高质量的特征，是实现乡村振兴的重要引擎。

（2）新质生产力与乡村振兴的实践路径。此主题关注的是如何通过新质生产力的应用来推动乡村振兴的具体实践路径。例如，刘上上和张英魁（2024）的研究提出了通过科技创新、绿色生产力的打造、文化生产力的提升、数字生产力的助推以及“人本生产力”的彰显等多维度路径来全面推进乡村振兴的策略。此外，陆岷峰（2024）的研究则强调了基础设施建设、人才、技术、市场等多个维度的战略协同作用，以推动农业现代化和乡村振兴。

（3）新质生产力对乡村产业的影响。此主题专注于新质生产力如何影响乡村产业的转型与升级。例如，邓云和逄卉一（2024）的研究探讨了新质生产力如何促进乡村文化产业的数字化转型，以及如何拓展乡村文化传播的时空化场域。此外，蒋永穆和杜婵（2024）的研究则聚焦如何利用新质生产力推动乡村生态产品价值实现，并指出这是农业全面绿色转型与乡村生态共富的重要体现。

（4）新质生产力、数字经济与乡村治理现代化。此类主题探讨的是新质生产力、数字经济如何促进乡村治理现代化的发展。陈洁和张钰（2024）的研究揭示了数字金融对中国式乡村治理现代化的影响机制及空间效应，其中新质生产力被认为是数字金融推动治理现代化的重要路径。此外，刘权（2024）的研究则聚焦数字新质生产力如何推进数字乡村建设，分析了其内在机理、现实困境与实施路径。

（5）数字乡村建设的挑战与机遇。这部分内容集中讨论在数字乡村建设过程中遇到的挑战以及由此产生的机遇。例如，文丰安和黄上珂（2024）的研究审视了数字乡村建设的意义与挑战，指出其不仅能提高农业生产效率，还能缩小城乡差距，为新质生产力的赋能提供物质基础和主体效能。此外，张震宇（2024）的研究则提出了新质生产力在赋能数字乡村建设中的转型逻辑与实施路径，指出了当前存在的问题，如城乡数字鸿沟、经济结构受限等，并提出了相应的解决策略。

综上所述，学者的研究不仅丰富了对“乡村新质生产力”的认识，也为乡村振兴的实践提供了理论基础和实践指导。同时可以看出，新质生产力在推动乡村全面振兴中起着至关重要的作用。各项研究均强调了新质生产力在科技创新、数字化转型、产业升级、人才培养等领域的关键作用，且指出了当前面临的挑战，如数字基础设施建设的滞后、技术力量薄弱、传统产业转型困难以及人才缺口等。这些研究为理解新质生产力如何赋能乡村振兴提供了理论基础和实践指导，并为未来的研究方向提供了启示。未来的研究可能会集中在如何有效地克服这些挑战，以及如何进一步发挥新质生产力在乡村振兴中的作用。具体来说，研究可能会探讨如何加强数字基础设施建设，如何增强农业发展中的技术支撑，如何促进传统产业的转型升级，以及如何解决乡村新型人才的培养问题。此外，研究还可能会关注如何通过政策支持、科技创新和市场机制等多方面的合作，促进新质生产力与乡村振兴的深度融合，实现更高质量、更有效率、更加可持续的发展。

第三节　新内生发展

在当前全球化与信息化快速发展的背景下，乡村地区的转型与发展面临着前所未有的挑战与机遇。传统的发展模式已不能完全适应新时代乡村的发展需求，需要探索一种新的发展模式，以实现乡村的可持续发展与振兴。“新内生发展”作为一种全新的发展理念，旨在通过发挥乡村自身的资源优势和激发内部活力，构建“上下联动、内外共生”的可持续发展模式。

“内生”问题是制约中国乡村高质量发展的症结所在，内生发展动力不足、内生发展能力薄弱等问题长期存在。对此，党中央和国务院在政策层面予以高度重视。自 2016 年中央一号文件《中共中央、国务院关于落实发展新理念加快农业现代化实现全面小康目标的若干意见》明确提出“增强农村发展内生动力”起，连续六年的中央一号文件都对中国乡村的内生发展提出了明确要求。由此可见，自脱贫攻坚到乡村振兴时期，中国乡村内生发展问题长期在国家顶层设计的政策层面得到强调。但在中国乡村发展实践中，价值层面“内生取向”与行动层面“外生取向”的张力长期存在，外生发展抑制内生发展的现象屡见不鲜。例如，脱贫攻坚时期，各级政府在秉持“造血式扶贫”价值理念，强调培育乡村内生发展动力和能力的同时，具体实践却主要是由中国行政体制自上而下推动，其驱动通常是外生的。虽然脱贫攻坚取得全面胜利，绝对贫困问题基本解决，但脱贫地区所存在的内生性问题仍然较为突出，在 160 个国家乡村振兴重点帮扶县更是如此。

实际上，“外生—内生”的发展二元论在农村研究中长期存在，分别代表着两种截然不同的发展路径，也各有优劣。传统外生发展模式强调通过外部力量自上而下地干预、支持、投资来推动乡村发展，却难以解决乡村社会发展中的持续性和再生性问题，而内生发展模式虽然强调农村作为发展主体的回归，主张通过自下而上的公民行动来谋求乡村社会发展，但在强调内部力量的过程中，对外界力量的介入也滑向了另一个极端，自上而下与由下而上、地方与超地方关系之间的裂痕逐渐扩大。这激起了对传统内生发展模式的新一轮反思，关于新内生发展理论的探讨由此而生。新内生发展模式虽然与内生发展模式相似，都将实现乡村社区的内生发展视作旨归，但却提供了一种混合模式来整合乡村发展中的二元张力，推动内生发展的“地方理想”向“超地方实践”转变。具体而言，新内生发展模式不再追求传统内生发展模式“自下而上”的单一路径，而是希冀在“上下联动”和“内外共生”的混合路径中谋求乡村社区的整体性发展，呈现出以下新转向：在价值层面，摒弃“极化式”的发展理念，转向整合性的发展视角；在主体层面，主张外部力量的适当介入，强调“由外而内”的社区化赋能策略；在行动层面，强调以社区资本和居民参与为基础，从封闭性的地方实践走向开放性的超地方实践；在结构层面，强调“上下联动”和“内外共生”，主张通过外部权力激发而非抑制地方自主性。内生问题构成了脱贫攻坚和乡村振兴时期中国乡村社会发展所面临的持续性问题，但也为两者的衔接提供了方向指引和动力机制。内生发展实践的推进，有利于解决中国乡村社会深层次的发展动能问题，提供乡村振兴的动力引擎。

乡村振兴也对中国乡村的发展质量提出了新的要求，既有的外生发展模式越来越不能满足乡村治理的多元化需求，而单方面追求内生发展模式在乡村振兴这一整体性战略自上而下的规制作用下也面临困境，新内生发展模式将成为乡村振兴时期突破内生发展问题的重要行动选择。系统梳理和分析新内生发展理论及其在乡村转型与振兴中的应用，有助于为乡村发展提供新的视角和策略，推动乡村的可持续发展。一是聚焦乡村新内生发展模式的理论与实践探索。安丰平等（2024）在文献中提出了乡村新内生发展的概念。该模式强调地方根植性与外部开放性的结合，旨在通过“上下联动、内外共生”的方式推动乡村的可持续发展。郭庆（2023）以“村 BA”为例，探讨了新内生发展在乡村体育领域的实践，强调了参与—反馈—响应逻辑在激发乡村体育振兴新动力中的重要性。此外，韩利红（2023）研究了乡村人才内外联动发展模式，提出了一种整合内外人才资源的新模式，以推动乡村全面发展。综上所述，这些研究表明，新内生发展模式在理论与实践中均有广泛应用，并具有实际指导意义。二是着眼于高校服务乡村振兴的新内生路径。敖淑凤（2023）分析了高校服务乡村振兴的实践困境，并提出了新内生策略性行动思维，强调以增强乡村内生增长动力为核心。此外，张溪彧（2024）在其综述中也提及了高校在乡村新内生发展中的研究角色，指出高校可以通过多学科视角为乡村提供系统性的行动框架。综上所述，高校作为知识和技术的传播者，可以通过新内生发展的路径，有效地支持乡村振兴的实践探索。三是聚焦民族地区乡村振兴的新内生动力机制。白雪军（2022）的研究聚焦民族地区如何将脱贫攻坚成果同乡村振兴有效衔接，提出了新内生动力机制的建构视角。通过对不同动力机制的理论建构，旨在为民族地区的乡村振兴提供可持续的动力。此外，其他相关研究如张行为（2021）以贵州省 Y 县为例，探讨了新内生发展理论视角下的乡村振兴实践，进一步丰富了新内生发展的理论与实践内涵。四是关注乡村振兴进程中的新内生文化和社会参与的相关内容。张晓溪（2022）的研究探讨了主体性身体技术视角下的乡村文化新内生发展路径，强调了通过身体技术链接多元主体合作参与的重要性。此外，郭庆（2023）在讨论乡村体育振兴的实践探索时，也触及了以社区为本的发展视角和社会创新行动的重要性。由此可见，乡村振兴不仅需要经济的繁荣，还需要文化的繁荣和社会的广泛参与。五是着眼于新内生发展视角下乡村振兴战略与实践的研究。张奇男和董芹芹（2024）研究了新内生发展模式下乡村体育发展的价值意蕴与行动策略，提出了促进乡村体育产业结构升级和生活富裕的策略。另外，吴茂英等（2023）以杭州临安区为例，研究了乡村新内生发展的路径与机制，为实现乡村内生动力的增强提供了具体的实践指导。

由此可见，新内生发展理论已被广泛应用于乡村振兴的研究中，其核心在于强调内外部力量的融合与互动，以推动乡村的可持续发展。现有研究表明，新内生发展模式强调的“上下联动、内外共生”的理念，为乡村提供了一种适应全球化和本地化需求的发展路径。该模式不仅关注乡村的内部发展动力，还强调外部力量与内部发展的相互作用，以实现更加全面和深入的乡村振兴。未来的研究方向可能包括对新内生发展模式的深化与完善，特别是在多学科、多领域的交叉融合下，如何更好地构建系统性的行动框架，以解决当前研究中存在的操作性问题。此外，还需关注如何通过新内生发展模式，实现资源的有效整合、提升乡村治理效能、推动乡村特色产业发展等方面的具体实践与探索。

第三章　乡村生态旅游开发

第一节　生态旅游开发

生态旅游作为一种以可持续发展为核心的旅游模式，旨在促进经济增长的同时保护自然资源和文化遗产。随着全球对于环境保护和可持续发展的重视程度不断提升，生态旅游的开发和研究成为一个重要的学术领域。为推动我国生态旅游可持续发展，国家及相关部门出台了系列政策、文件和报告。2016 年，为贯彻落实党的十八大和十八届三中、四中、五中全会关于加快推进生态文明建设和加快旅游业发展的精神，落实《国务院关于促进旅游业改革发展的若干意见》的要求，推动生态旅游持续健康发展，国家发展改革委、国家旅游局在广泛调查研究、科学深入分析、充分征求意见的基础上，组织编制完成了《全国生态旅游发展规划（2016—2025 年）》（以下简称《规划》）。《规划》确定了全国生态旅游发展的指导思想、基本原则、发展目标、总体布局、重点任务，提出了六个方面的配套体系建设任务，并就实施保障做了具体安排。2021 年，中共中央办公厅、国务院办公厅印发了《关于建立健全生态产品价值实现机制的意见》。该意见明确提出，依托优美自然风光、历史文化遗存，引进专业设计、运营团队，在确保将人为扰动降至最低限度的前提下，打造集旅游与康养休闲于一体的生态旅游开发模式。2022 年，中国林业生态发展促进会与社会科学文献出版社联合发布了《生态发展蓝皮书：中国生态旅游发展报告（2022—2023）》。该报告构建了科学合理的中国生态旅游发展及绿水青山指标体系，对生态旅游八大片区的发展情况进行综合评价，为促进生态旅游行业发展、政策制定提供了智力支持。

我国学术界对生态旅游的研究主要集中在五个方面。一是生态旅游的概念与发展原则。生态旅游的概念涉及在保护自然环境和维护当地社区的文化及经济可持续性的同时，提供给游客可持续且高质量的旅游体验。这要求旅游开发与环境保护、文化保护和社区的可持续发展相结合。例如，陈学清（2007）强调了农业生态旅游的“绿色文化”内生性，以及段刚（2005）将循环经济理念和持续改进模式与生态旅游理论相结合的尝试。这些研究为理解生态旅游的基本概念和发展原则提供了基础。二是生态旅游的影响因素分析。生态旅游的成功开发受到多种因素的影响，包括但不限于自然环境条件、社会文化因素、经济支持以及政策与法律框架。封雪韵等（2014）通过文献梳理和专家访谈研究了森林生态旅游资源开发的影响因素，并通过问卷调查的形式搜集了相关行业从业人员的意见。这些研究表明，景观的独特性、交通的可达性、品牌形象等因素对生态旅游资源的开发具有重要影响。三是生态旅游资源的深度开发策略。深度开发生态旅游资源的目标是推动生态旅游业的可持续发展。焦慧元等（2006）提出了“‘护源’+‘三 Z’”开发投入模式、PRA 调查法模式、体验式开发模式等理论框架，为不同类型的生态旅游资源提供了开发策略。赖叔懿等（2007）运用经济学方法对资源价值进行评价，并提出了基于帕累托原理的最优开发路径选择，强调了资源的可持续利用和保护。四是生态旅游的保护与可持续发展。在生态旅游的开发中，保护自然环境和文化遗产是至关重要的。民族生态旅游，如马晓京（2003）所提倡的，是保护性开发民族旅游的有效模式，强调了保护与开发的平衡。潘立新（2015）探讨了在水土流失区如何通过生态旅游促进治理开发，强调了生态旅游与环境保护的结合。这些研究表明，通过合理规划和管理，生态旅游可以成为促进环境保护和可持续发展的重要途径。五是生态旅游的服务场景与游客体验。生态旅游的成功不仅取决于自然和文化资源的质量，还取决于游客的体验和满意度。窦璐（2022）通过研究，提出了一个量表来测量生态旅游景区服务场景的不同维度，如环境氛围、基础设施等，并通过实证研究证明了这些因素对游客满意度的显著影响。这表明，提升服务场景的质量是提高游客体验和推动生态旅游发展的关键。

综上所述，生态旅游的开发是一个复杂的过程，涉及从理念到实践的多个方面。从理论层面而言，它强调了环境保护、文化和社区可持续发展的重要性。在实践过程中，它需要综合考虑自然环境、社会文化、经济支撑和政策环境等多方面因素。通过深入的研究和策略制定，可以有效推动生态旅游的可持续发展，同时为游客提供高质量的旅游体验。同时，生态旅游的开发必须强调绿色营销观念，以最小化对环境的负面影响，同时满足旅游者的需求，推动农业和旅游业的可持续发展。

第二节　乡村旅游开发

乡村旅游作为一种新型的旅游模式，不仅为城乡经济发展带来了新的动力，也为乡村地区的振兴提供了新的思路和机遇。随着人们生活水平的提高和对生态环境保护意识的增强，乡村旅游以其独特的魅力和可持续发展的优势，逐渐成为国内外旅游研究的热点。国家高度重视乡村旅游开发在乡村振兴中的带动作用，将其作为乡村振兴的重要抓手和引擎。2018 年，文化和旅游部联合多个部门印发《关于促进乡村旅游可持续发展的指导意见》，旨在推动乡村旅游提质增效，促进乡村旅游可持续发展，加快形成农业农村发展新动能。2023 年，文化和旅游部办公厅、农业农村部办公厅印发《乡村文化和旅游带头人支持项目实施方案（2023—2025 年）》，旨在培养支持全国乡村文化和旅游带头人。2023 年，文化和旅游部联合中国银行印发《文化和旅游部办公厅　中国银行关于金融支持乡村旅游高质量发展的通知》，该通知从加大信贷投放、推进产品创新、开展综合服务等方面，加大对乡村旅游的支持力度。2024 年，文化和旅游部等多部门印发《关于推进旅游公共服务高质量发展的指导意见》，提出提升公共文化场所对游客的吸引力以及旅游公共服务水平，培育主客共享的美好生活新空间。

学术界对乡村旅游开发的研究聚焦五点。一是乡村旅游发展的模式与策略。乡村旅游发展的模式与策略是指在不同地区和条件下，如何通过科学的规划与管理，促进乡村旅游资源的有效利用和可持续发展。本主题涵盖了乡村旅游开发的不同模式，包括但不限于特色化、网络化、规范化的开发途径，以及教育和养生内容的融入。例如，陈磊（2010）在《资源开发与市场》上发表的文章中，针对沂蒙山区的生态脆弱区特点，提出了建构纵向深化与横向附加开发模式的策略，强调了旅游内容的特色化和耦合化，以及旅游服务的网络化和规范化。此外，也有研究者关注于如何通过旅游开发促进区域经济的多元化与内源发展，如在共同富裕的目标下，李冬花等（2023）的研究指出，综合乡村旅游开发的可持续生计效应是提升乡村地区居民生活质量的有效途径。二是乡村旅游开发与土地利用问题。乡村旅游开发与土地利用问题关注的是，在乡村旅游开发过程中，如何合理配置和管理土地资源，以确保旅游开发活动与当地居民的生活和农业生产不发生冲突。郭凌等人的系列研究（2009，2014）探讨了乡村旅游开发中的土地流转问题，分析了集体土地流转的方式及其对乡村旅游发展的影响。他们指出，合理的土地流转制度是推动乡村旅游健康发展的关键。此外，也有研究关注土地利用规划与乡村旅游发展的协调，以避免生态环境的破坏和土地资源的过度开发。三是乡村旅游与文化空间生产。乡村旅游与文化空间生产的研究主题探讨的是在乡村旅游开发过程中，如何保护和再创造地方文化，以及这些文化元素如何影响旅游产品开发和游客体验。郭凌和王志章（2014）通过对红砂村的案例研究，探讨了旅游开发如何作为一种“现实生产方式”，改变了乡村的文化空间，并对乡村文化的走向和发展产生了影响。此外，该领域的研究也涉及文化资源的保护与利用策略，以及如何通过文化旅游推动地方经济发展。四是乡村旅游对城乡发展的影响。乡村旅游对城乡发展的影响研究关注的是乡村旅游如何促进城乡统筹发展，尤其是在像中国这样城乡发展存在不平衡状况的国家背景下。黄郁成（2011）在《旅游学刊》上发表的文章探讨了乡村旅游开发对推动城乡统筹发展的作用，强调了在从工业化向后工业化发展的过渡期，乡村旅游可以作为一种工具推动城乡发展的协调。其他相关研究也涉及了乡村旅游如何通过改善基础设施、优化农业结构、增加农民收入等方面，为解决“三农”问题提供新的思路。五是乡村旅游地的可持续生计效应。乡村旅游地的可持续生计效应研究主题关注的是乡村旅游如何通过提供稳定的收入来源和创造就业机会，提高当地居民的生活水平和社区的可持续发展能力。李冬花等人（2023）的研究基于浙江省安吉县鲁家村的案例，通过多元线性回归模型和灰色关联分析等方法，探索了综合乡村旅游开发的可持续生计效应及优化路径。研究发现，乡村旅游的发展可以促进乡村旅游地的共同富裕，通过网络、嵌入、内生、互补、增权等关键变量的发展，为乡村提供持续的发展机会与向内的发展成果。

研究显示，乡村旅游的开发不仅能够推动当地经济发展，提升农民收入，还可以通过保护和传承乡村文化，增强乡村的可持续发展能力。然而，这一过程也伴随诸多挑战，如生态脆弱区的保护、土地流转问题、文化空间的保护以及可持续生计的实现等。未来的研究方向可能包括对乡村旅游发展模式的深入研究，特别是在生态脆弱区的可持续发展路径探索。此外，还需要对乡村旅游中的土地流转制度、土地利用效率，以及土地所有权与使用权的关系进行深入分析。同时，乡村旅游的文化保护和创新也是未来研究的重要方向，需要探讨如何在旅游开发中保护和活化乡村文化，实现文化与旅游的和谐共生。最后，随着乡村振兴战略的深入推进，如何通过乡村旅游实现乡村的全方位发展，提升农民生活质量，成为未来研究的重要课题。

第三节　乡村农旅融合

在当下中国的城乡发展格局里，农旅融合作为一种创新性发展模式，已成为推动农业现代化和乡村振兴战略的重要途径。随着人们生活水平的提高和对生活质量的追求，旅游业与农业的深度融合不仅能够促进农业产业结构调整和升级，还能够有效地推动农村地区的经济发展与社会进步。2017 年，原农业部办公厅发布《农业部办公厅关于推动落实休闲农业和乡村旅游发展政策的通知》，旨在推动休闲农业和乡村旅游发展，推进农业与旅游、教育、文化、健康养老等产业深度融合。2020 年，农业农村部印发了《全国乡村产业发展规划（2020—2025 年）》。此规划提出，“以一二三产业融合发展为路径”，把“拓展乡村特色产业、优化乡村休闲旅游业”作为重点任务。

学术界关于乡村农旅融合的研究从五方面展开。一是农旅融合对农业生态效率的影响。常新锋等（2022）通过对中国 31 个省份的面板数据进行分析，发现农旅融合对农业生态效率的影响呈“U”形曲线关系，且农村劳动力转移是其重要的正向中介变量。此外，方世敏和李向阳（2021）运用仁慈型 DEA 模型研究了洞庭湖生态经济区农旅融合效率的时空差异，发现该地区农旅融合效率经历了下降与上升两个阶段，并指出不同地区的农旅融合效率存在显著差异。综合以上研究，可以得出农旅融合通过促进农村劳动力转移和提高农业生态效率，对农业的可持续发展起着积极作用。二是农旅融合与县域经济增长。农旅融合作为一种产业融合形式，对地方经济的提升起着重要的推动作用。魏滨辉等（2024）基于休闲农业与乡村旅游示范县政策的准自然实验，采用多时点双重差分模型，发现农旅融合对县域经济增长起着显著的促进作用，主要通过吸引资本流入、加快非农转移和推动技术进步来提高县域经济发展水平。此外，夏杰长和刘睿仪（2024）也通过多时点 DID 模型研究发现，农旅融合能够显著增强县域经济韧性，且该结论在经过一系列稳健性检验后仍然成立。三是农旅融合与农民收入增加。农旅融合对农民收入增加起着显著的促进作用，并能推动绿色减贫的进程。吕萍和曹微（2023）利用中国粮食主产区的面板数据，采用固定效应模型和中介效应模型，发现农旅融合能显著促进农民增收，其中农村经济增长和农村生态环境治理是重要的中介传导机制。此外，周鹏飞等（2022）通过对绿色减贫评价指标体系的构建和实证检验，发现农旅融合能显著推动农民的绿色减贫发展，存在倒“U”形非线性关系，并存在正向的空间溢出效应。四是农旅融合与乡村振兴。农旅融合是实现乡村振兴的有效手段，通过不同的融合模式，可以有效促进乡村的全面发展。李华和囤荣立（2022）强调了农旅融合在乡村振兴中的作用，指出其作为激发乡村发展活力的重要途径。李眉洁和王兴骥（2022）探讨了在乡村振兴背景下农旅融合的发展模式和路径优化，提出了资源融合、技术融合、市场融合、功能融合四种模式。此外，周鹏飞和杨思源（2022）分析了农旅融合对绿色减贫的影响，指出其能显著推动绿色减贫发展，并存在空间溢出效应。五是农旅融合的其他影响与机制分析。陈喜等（2023）通过面板计量模型研究了农旅融合对农业劳动生产率的影响，发现其对提高农业劳动生产率起着积极作用，并通过促进劳动力非农转移和土地规模化经营的作用路径来提高农业生产率。此外，方世敏和刘小燕（2022）通过构建面板向量自回归模型，分析了粮食安全与农旅融合之间的关系，发现二者存在相互影响的关系，且农旅融合对粮食安全的影响较小。

农旅融合作为一种新兴的发展模式，已经在中国多个地区得到了广泛的实践和研究。综上所述，农旅融合不仅能提高农业生态效率和县域经济增长，还能促进农民收入增长，助力绿色减贫，同时，也与粮食安全存在复杂的互动关系，对农业和农村经济的可持续发展具有重要意义。具体来说，农旅融合通过优化资源配置、创新经营模式、拓展市场等途径，有效地推动了农业和农村经济的持续发展。此外，农旅融合的发展还呈现出明显的区域差异性，不同地区的发展模式和效果存在差异，这要求未来的研究需要更加注重区域特性，以及如何根据不同地区的实际情况来制定差异化的发展策略。

实践案例篇

第四章 秦巴山区乡村生态旅游高质量发展案例

第一节 陕西省安康市HB区："千万工程"建设美丽乡村

一、基本情况

陕西安康市HB区地处秦巴腹地，自然风光旖旎，山水相依，拥有丰富的自然资源和深厚的文化底蕴。全区辖25个镇、4个办事处，395个行政村、100个社区居委会，总人口102.56万人，其中农业人口79.88万人。然而，这片美丽的土地也曾是深度贫困的集中区域。在脱贫攻坚这场战役中，HB区面临严峻挑战。全区剩余建档立卡贫困村224个，占全区村（农村社区）的48.6%；贫困人口41 094户、128 761人，占全省贫困人口数量的6.3%，贫困发生率为16.12%，高于全省平均水平13.48个百分点。为了实现全面脱贫和乡村振兴，HB区积极响应国家号召，深入学习浙江"千万工程"经验，通过一系列有力的措施，全面推进美丽乡村建设。以美丽环境为基础，对房前屋后乱堆乱放、乱停乱摆、乱贴乱画等现象进行整治，从而提升乡村的整体面貌。同时，加强基础设施建设，如道路、公厕、垃圾收集屋等，为村民创造更加宜居的生活环境。特色产业"强基"：依托乡村的自然资源和文化优势，发展特色产业，如现代农业、乡村旅游、红色文化等。通过引导经营主体吸纳就业、流转土地、订单收购等形式，带动群众增收。例如，牛岭社区就利用红色文化元素和绿色生态气息，发展红色旅游和民宿经济，取得了显著成效。和谐善治"铸魂"：加强乡村治理，完善治理机制，提升乡村的和谐善治水平。通过网格化管理、村民自治等方式，激发村民的积极性和创造性，共同参与乡村建设和管理。同时，注重红色党建引领，强化村党组织建设，开展红色教育，为乡村振兴提供坚强的组织保障。资金保障：为确保"千万工程"计划的顺利实施，HB区积极争取上级补助资金，并加大财政投入力度。例如，2024年，HB区"千万工程"示范村建设财政衔接资金项目计划总额达到2 571万元，用于支持乡村的公共区域提升改造、产业发展、人居环境提升等多个方面。示范带动：选择一批基础条件好、发展潜力大的乡村作为示范村，进行重点打造和示范推广。借助示范村所发挥的引领和带动作用，推动全区乡村实现整体提升和全面发展。例如，牛岭社区作为"千万工程"的示范点之一，其成功经验就为其他乡村提供了可借鉴的范例。

二、挑战与问题

（1）乡村规划总体滞后。乡村规划是实现乡村振兴的重要基础。然而，HB区部分村庄的规划工作相对滞后。目前，全区编制完成实用性村庄规划的数量有限，占应编尽编村庄的比率较低。部分重点建设村庄对现有资源系统梳理和挖掘开发不够，区域特色不突出，低层次、同质化开发等问题较为普遍。一些村庄因地制宜、因村施策落实不够，没有统筹考虑村庄人员结构、资源禀赋、区位优劣等，特别是对部分偏远地区空壳村和人员流失严重的村庄村情认识不到位，在盘活利用资源方面还存在差距。

（2）工作推进不平衡。在推进“千万工程”的过程中，部分村庄存在重建设、轻管理，重任务、轻规划，重表象、轻内涵，重示范、轻扩面等问题。县区普遍对示范村、重点村抓得紧，一般村的工作抓得不紧。统筹推进以普惠性、基础性民生建设为重点的工作整体提档用力不够，导致乡村发展不平衡。

（3）资金投入不足，人才短缺。资金投入是乡村建设的重要保障。然而，HB 区在乡村建设方面的资金投入相对不足，特别是在农村教育、社会、医疗、文化等公共服务保障能力方面存在差距。此外，农村青壮年劳动力外出进城务工多，留守乡村的本土人才数量短缺、结构失衡，素质和层次都不高，特别是引领群众增收致富的经济带头人，农旅、电商、农耕等新业态新产业的专业人才和开拓市场、内引外联的市场营销人才，以及招商引资人才更是短缺。

（4）农民主体作用发挥不够。农民是乡村建设的主体，但在村庄规划和建设中，HB 区部分村庄没有广泛听取群众意见，群众的知晓率、参与度低，积极性、主动性不高。在农村人居环境治理中存在干部积极干、群众旁边看的现象。在人文环境方面，部分乡村仍然存在高价彩礼、婚丧大操大办等情况，乡风文明建设需要加强。

三、发展举措

（1）科学规划，突出特色。规划科学是最大的效益，规划失误是最大的浪费。HB 区深刻认识到这一点，积极落实县、镇两级工作机构规划职责，配足专业规划人员力量，有序有力推进“多规合一”实用性村庄规划编制。同时，突出特色，推行一村一规划、一村一主题，宜农则农、宜工则工、宜商则商、宜旅则旅，加强传统村落保护，充分挖掘资源禀赋，力促产业文化发展有特色、人口资源环境相均衡、经济社会生态相统一。以牛岭社区为例，该社区在红色文化长廊、步道、观景台等基础设施建设的基础上，还注重红色文化与绿色生态的融合发展，吸引了大量游客前来观光旅游，带动了当地经济的发展。

（2）加强基层党组织建设，发挥示范带动作用。基层党组织是乡村建设的核心力量。HB 区选优配强农村党支部书记，用好第一书记、驻村工作队等帮扶力量，发挥基层党组织在乡村建设中的核心作用。同时，进一步强化示范所产生的带动作用，落实好市、县级“千万工程”重点村、示范村建设计划，按照梯次有序推进，实现持续迭代升级。在牛岭社区，基层党组织积极动员群众参与人居环境整治，落实网格化管理制度，激发群众共建宜居宜业和美乡村的内动力。通过整治房前屋后乱堆乱放、乱停乱摆、乱贴乱画等现象，社区环境得到了显著改善。

（3）加大资金投入力度，完善基础设施。资金投入是乡村建设的关键保障。HB 区持续加大对农村公共服务的投入力度，不断完善教育、医疗、养老等便民利民设施。同时，加大对设施农业的投入力度，提高种植养殖产业抵御自然灾害的能力；加大对农业科技创新的投入力度，运用数字化管理技术，提高农业生产效率和质量。在交通方面，HB 区新建高速铁路、高速公路、一级公路多条，新改建等级公路多条，实施村道完善及安防工程，新建桥梁多座，新修产业路多条，极大地方便了农产品运输和农民出行。在水利方面，开展水源、清水池、输配水管网建设工作，同时新建渠道、引水管道、拦河坝、泵站、堰塘、水窖等设施，以此保障了农田灌溉和农村居民用水安全。

（4）发展绿色产业，促进农民增收。绿色产业是乡村振兴的重要支撑。HB 区坚持“产业生态化、生态产业化、发展绿色化”的理念，因地制宜发展林果、蚕桑等生态产业，着力做好“土特产”文章。例如，张营村建成 350 亩桃园，打造农旅开发综合体；改造 1 000 亩桑园，成立安康市怡鑫农林综合开发有限公司，建设标准化厂房，引进自动化养蚕设备，形成了完整的产业链。此外，HB 区还注重发展特色产业，如土豆、食用菌、猕猴桃、中药材、苗木花卉、养蜂、烤烟、油葵、黄花菜等，培育了多个新型农业经营主体，如龙头企业、小微企业、专业大户、家庭农场和现代农业园区等。

（5）推动农业科技创新，提高生产效率。农业科技创新是提升农业生产效率和质量的关键。HB区积极推广智能化的灌溉系统、精准施肥技术以及新型的农业机械，提高农业生产效率。同时，加强农村信息化建设，普及互联网和移动通信服务，从而为农村发展提供全方位的信息支持。在安康市怡鑫农林综合开发有限公司，技术员张涛通过精心投喂小蚕，实现了养蚕产业的自动化和标准化。该公司还计划启动三期工程建设加工厂，粉碎桑枝做菌棒种植平菇，预计带动全村300多人就业增收。

（6）加强环境治理，打造宜居乡村。环境治理是美丽乡村建设的重要内容。HB区加强农村垃圾和污水处理，建立健全垃圾收集、转运和处理体系，建设污水处理设施。同时，开展植树造林和水土保持工作，改善农村生态环境，打造美丽宜居乡村。在牛岭社区，卫生厕所全面普及，宜居农房提升改造全面完成，垃圾收集屋和公厕由专岗负责管理维护。社区即景区、家园成公园，美丽乡村激活了“美丽经济”，旺盛人气成就了振兴底气。

（7）加强乡风文明建设，提升农民素质。乡风文明是乡村振兴的重要体现。HB区加强农耕文化传承保护，推动形成文明乡风、良好家风、淳朴民风。同时，组织群众开展人居环境整治，改变陈规陋习，提高自身素质。通过运用好乡规民约，弘扬新风美德，改变高价彩礼、大操大办婚丧嫁娶等陈规陋习。在牛岭社区，红色文化元素与绿色生态气息相融合，营造出独特的文化氛围。社区还通过举办文化活动、开展职业技能培训等方式，提升农民的就业创业能力和文化素养。

（8）创新农村金融产品和服务，解决资金短缺问题。农村金融产品和服务创新是解决农村发展资金短缺问题的重要途径。HB区创新农村金融产品和服务，加大对农村信贷的支持力度，解决农村发展资金短缺问题。同时，制定优惠政策，吸引外出务工人员、大学生等返乡创业就业，为乡村发展注入新的活力。在HB区多个乡村，通过政府引导、农民主导、社会参与的多元化投入机制，广泛吸纳社会资金投入精准扶贫和乡村振兴工作。这不仅为乡村发展提供了资金支持，还带动了当地经济的发展和社会的进步。

四、发展成效

（1）改善并优化了乡村的生态环境，带动了乡村经济的蓬勃发展，实现了乡村既美丽又富裕的双赢目标。HB区借助一系列基础设施建设举措，改善了群众的生产生活条件。牛岭社区作为其中的典型代表，近年来抢抓政策机遇，建成了红色文化长廊、步道、观景台等设施，陈列馆和村史馆也已竣工投用。此外，乡贤文化园、星火点亮乡村等项目也在加快推进。牛岭社区的会计成某富表示，目前宜居农房改造、基础设施提升、红色文化项目建设已基本完成，他们把人居环境整治作为“千万工程”的首要工作，落实网格化管理制度，不断激发共建宜居宜业和美乡村的内动力，切实提升了群众的幸福感。

（2）实现了支部引路、产业铺路、党员带路、共富同路的效果。月河新村通过“三个提升”的工作方法，系统推进各项工作，赋能“千万工程”创建，助力乡村振兴推进。他们按照“稳面积、强质量、塑品牌”的思路，强化技术指导，促进品质提升，提高产品价值，大力发展蔬菜产业。同时，按照“龙头企业+合作社+群众主体”的发展模式，优化蔬菜种植品种，推动蔬菜种植产业提质增效，打造天瑞塬蔬菜品牌。月河新村还依托忠诚园区，吸纳群众务工、进行直播带货、开展研学活动、开办民宿等，持续助力农民增收致富。

（3）示范村建设成效显著。2024年，HB区计划投入2 571万元（省级1 012.24万元，区级1 558.76万元），用于6个省级“千万工程”示范村（社区）的建设项目。这些资金分别用于各村的公共区域提升改造、产业发展、人居环境提升、农户庭院经济高质量发展奖补等项目。例如，新城街道程东村计划投入616.32万元，用于公共区域提升改造、产业发展、人居环境提升、农家乐提升等项目；建民街道月河新村计划投入500.53万元，用于“一站式”便民服务中心改造、村内环形道路提升、公共区域提升改造等项目。这些项目的实施，将进一步推进HB区美丽乡村的建设。

五、经验启示

（1）人居环境整治是美丽乡村建设的首要任务。HB 区通过网格化管理制度，动员群众从“旁观者”变身“参与者”，全面整治房前屋后乱堆乱放、乱停乱摆、乱贴乱画等现象。如今，卫生厕所全面普及，宜居农房提升改造全面完成，垃圾收集屋和公厕由专岗负责管理维护，正常运行。这些措施不仅改善了乡村的生态环境，也提升了村民的生活质量。

（2）产业发展是美丽乡村建设的核心动力。HB 区坚持“产业生态化、生态产业化、发展绿色化”的理念，因地制宜发展林果、蚕桑等生态产业。HB 区通过引进先进技术、优化种植品种、延长产业链等方式，不断提升产业的附加值和竞争力。同时，HB 区还注重培育龙头企业，发挥其在产业发展中的引领作用。例如，安康市怡鑫农林综合开发有限公司通过引进自动化养蚕设备、建设标准化厂房等措施，实现了蚕桑产业的转型升级和提质增效。

（3）基层治理是美丽乡村建设的重要保障。HB 区加强基层组织建设，选优育强村干部队伍，提升村组干部干事创业能力。同时，加强融合联动，让基层治理“更有活力”。借助充分发挥党组织的优势作用，用好基层党群服务中心和新时代文明实践站等平台，开展志愿服务活动、道德模范评选等载体活动，发动群众力量积极参与乡村治理。这些措施不仅增强了基层组织的战斗力，也提升了村民的参与度和满意度。

（4）政策支持是美丽乡村建设的关键保障。HB 区积极争取上级部门的项目资金和政策支持，用于基础设施建设、产业发展、人居环境提升等方面。同时，HB 区还注重整合各类资源，形成合力推进美丽乡村建设。例如，通过政府奖补、群众自筹和投工投劳等方式，对农房风貌、破损附属用房、卫生厕所和农户庭院进行改造提升。这些措施不仅加快了美丽乡村建设的进度，也减轻了村民的经济负担。

六、未来计划

（1）继续加强基础设施建设。HB 区将继续加大对基础设施建设的投入力度，完善乡村道路、供水、供电、通信等基础设施网络。同时，注重提升基础设施的质量和效益，使村民得以享有更为便捷、舒适的生产生活条件。

（2）深化产业发展。HB 区将继续坚持“产业生态化、生态产业化、发展绿色化”的理念，因地制宜发展特色优势产业。HB 区通过引进先进技术、优化种植品种、延长产业链等方式，不断提升产业的附加值和竞争力。同时，HB 区注重培育龙头企业，充分发挥其在产业发展进程中的引领作用。借助龙头企业的辐射带动作用，催生产业集聚效应和规模效应，以此推动乡村经济的可持续发展。

（3）加强生态环境保护。HB 区将继续加大生态环境保护力度，实施山水林田湖草沙一体化保护和系统治理。HB 区通过加强生态修复、推动绿色发展等措施，不断提升乡村的生态环境质量。与此同时，着力培养村民的环保意识，引导其积极参与生态环境保护行动。

七、思考题

1. HB 区如何在保护生态环境的基础上推动乡村经济的发展？如何实现生态资源环境对产业经济的赋能、增值？

2. 如何促进多元化产业的发展与融合？

3. HB 区的“千万工程”应如何增强乡村治理的内生动力？

第二节　陕西省安康汉滨区 QS 村：秦巴腹地的绿色发展典范

一、基本情况

QS 村位于陕西省安康市汉滨区双龙镇，地处秦巴腹地，自然环境优美，民风淳朴。这里不仅拥有得天独厚的自然资源，还蕴藏着丰富的文化底蕴。QS 村与桂山村、杜坝村、中山村、新华社区、谢坪村、双龙社区、青山村、龙泉村、天宝村相邻，地理位置优越，交通便利。QS 村的周边旅游景点丰富，包括安康博物馆、香溪洞、瀛湖生态旅游景区、安康双龙生态旅游度假区、秦巴生态文化旅游区和高新生态休闲旅游区等。QS 村的特产丰富，有瀛湖枇杷、蚕丝、安康富硒茶、安康窝窝面、凤凰山牌野生葛根粉和秦氏牌香菇等。此外，QS 村还保留了许多民俗文化，如 HB 传统婚嫁习俗、HB 龙舟风俗、HB 民间丧葬习俗、安康道情、安康采莲船和安康童谣等。QS 村曾是一个贫困落后的小山村，但在各级政府、相关部门和同心乡建工作室的支持助力以及村集体自身的不懈努力下，逐渐变成了一个充满活力、富有希望的美丽乡村。

二、挑战与问题

（1）基础设施设备落后。QS 村的基础设施建设相对滞后，这是制约村庄发展的一个重要因素。道路、水利、电力和通信等基础设施的落后不仅影响了村民的生产生活，也限制了村庄吸引外部投资和资源的能力。例如，道路设施的不完善导致农产品运输困难，增加了物流成本，降低了农产品的市场竞争力。同时，基础设施的落后也影响了村庄的旅游业发展，对游客的行动自由造成了限制进而影响了游客的游玩体验。

（2）局部生态空间质量较低。QS 村虽然地处秦巴腹地，自然环境优美，但局部生态空间质量仍然较低。QS 村的森林抚育面积与全村森林面积相比差距较大，林分质量差、树种组成不合理等问题亟待解决。QS 村的人工林树种单一，管理较为粗放，导致森林生态系统的稳定性和抗灾能力下降。此外，松材线虫病等病虫害的危害颇为严重，其防控难度大，当下亟待加大投入力度对受害林分开展生态重建工作。

（3）资源保护压力增大。随着经济社会发展和城镇化快速推进，QS 村林业资源保护的压力越来越大。近年来，生态旅游人数不断增加，给森林资源保护带来了新的挑战。森林火灾隐患问题日益突出，给森林资源保护提出了新的课题。同时，管林、护林管理体制不顺，基层护林人员不具备执法资格，执法困难。

（4）林业产品供给能力不足。QS 村在林业产品供给方面也存在不足。森林、湿地等自然生态系统的生态产品供给和生态公共服务能力与人民群众的期盼还存在较大差距。生态空间、生产空间、生活空间错配突出，人口密集区生态承载力不足。人们对身边增绿、生态休闲、森林康养的需求越来越迫切，但生态体验设施缺乏，森林湿地等生态空间难以感知，大量林业生态资源还未转化为普惠的生态休闲、游憩、科普等优质生态产品和生态服务。此外，木本粮油、森林食品、森林药材等林产品供需矛盾突出，高附加值产品的比重低，林业所具备的巨大生产潜力没有得到充分释放。

（5）生态补偿体制不健全。QS 村的生态补偿体制也亟待完善。目前，对公益林的认定和补偿覆盖范围依然偏小，国家公益林、地方公益林生态补偿标准不一致，补偿标准偏低。尤其在自然保护区、水源涵养区等有开发利用限制条件的区域，覆盖面更广、针对性更强的生态补偿机制尚未建立，导致保护与发展的矛盾在局部区域持续存在。此外，造林、森林抚育等各项营造林工程补助标准偏低，缺乏投融资灵活机制等问题也比较突出。

三、发展举措

（1）加强基础设施建设。为了提升村庄的基础设施水平，QS 村加大了对道路、水利、电力和通信等基础设施的投入力度。QS 村通过修建和改造道路，提高了农产品的运输效率，降低了物流成本，增强了农产品的市场竞争力。同时，QS 村加强水利设施建设，保障了农业灌溉和生活用水的需求。此外，QS 村还推进了电力和通信设施的升级，提高了村庄的信息化水平，为村庄的现代化发展提供了有力支撑。

（2）实施生态修复和保护。针对局部生态空间质量较低的问题，QS 村实施了生态修复和保护措施。通过加强森林抚育和病虫害防治，提高了森林生态系统的稳定性和抗灾能力。同时，推广优良树种和混交林种植，优化了林分结构和树种组成。此外，还加大了对自然保护区、水源涵养区等生态敏感区的保护力度，建立了完善的生态补偿机制，激发了村民参与生态保护的积极性。

（3）推动林业产业发展。为了提升林业产品的供给能力，QS 村积极推动林业产业的发展。通过发展林下经济、森林旅游和森林康养等产业，丰富了林业产品的种类和形式。同时，QS 村加强了对木本粮油、森林食品、森林药材等高附加值产品的开发和利用，提高了林业产品的附加值和市场竞争力。此外，QS 村还建立了完善的林业产品营销体系，拓宽了销售渠道，提高了林业产品的市场占有率。

（4）推动农旅融合发展。QS 村依托优美的自然环境和丰富的文化底蕴，积极推动农旅融合发展。QS 村通过发展乡村旅游、休闲度假和农业观光等产业，吸引了大量游客前来观光旅游。同时，QS 村加强了对农产品的品牌建设和营销推广工作，提高了农产品的知名度和美誉度。此外，QS 村还建立了完善的旅游服务体系，提高了游客的满意度和忠诚度。通过农旅融合发展，QS 村不仅实现了经济的快速增长，还促进了村民的就业和增收。

（5）提升村民的素质和能力。为了推动村庄的可持续发展，QS 村注重提升村民的素质和能力。通过加强教育和培训，提高了村民的文化水平和技能水平。同时，QS 村开展了丰富多彩的文化活动，丰富了村民的精神文化生活。此外，QS 村还建立了完善的村民自治组织和民主管理制度，激发了村民参与村庄事务的积极性和创造性。通过提升村民的素质和能力，QS 村不仅增强了村民的自我发展能力，还提高了村庄的治理水平和民主化程度。

（6）推进生态文明建设。QS 村始终把生态文明建设放在首位，通过实施“花茶旅居”的发展定位，改变了以往“涂脂抹粉”式的外墙涂刷方式，采用爬藤、花卉等植物对核心片区农房外立面进行自然美化。这一花钱少、干扰小、效果好的办法得到了村民的一致认可。同时，QS 村还加强了对村庄公共景观节点的优化和美化，提升了村庄的整体形象。通过推进生态文明建设，QS 村不仅实现了生态环境的改善和美化，还增强了村民的环保意识，提升了村民的生态素养。

（7）发挥人大代表的作用。在推动村庄发展的过程中，QS 村充分发挥了人大代表的作用。人大代表以宣传、建议和落实这三个步骤为着力点，切实履行人大代表的职责，有力推动了村庄各项重点项目的落地落实。同时，人大代表还积极参与村庄事务的决策和管理，为村庄的发展提供了有力的支持和保障。通过发挥人大代表的作用，QS 村不仅提高了村庄的治理水平和民主化程度，还增强了村民的获得感和幸福感。

四、发展成效

（1）农房风貌提升与公共空间优化。QS 村在实施村庄改造过程中，将提升农房风貌作为重点内容。其建设规划方案因地制宜地提出了“花茶旅居”的发展定位，改变了以往“涂脂抹粉”式的外墙涂刷方式，采用爬藤、花卉等植物对核心片区农房外立面进行自然美化。这一花钱少、干扰小、效果好的做法得到了村民的一致认可。在公共空间方面，QS 村对空间开阔、景观秀美的六组茶湾及周边农房院坝进行了重点设计，满足了观茶、采茶、制茶、品茶等功能，有效延长了产业链条，吸引更多游客到村里沉浸式体验。这些措施不仅提升了农房风貌，还改善了人居环境，使 QS 村成为秦巴山区生态绿色发展的村庄典范。村民们对家园的认同感与归属感显著增强，他们从村庄发展的“旁观者”转变为“参与者”，齐心协力共同建设美好家园。

（2）文化振兴与乡村特色打造。QS 村在乡村文化振兴方面也取得了显著成效。近年来，QS 村以美丽乡村、“特色精品村”、“一村一品牌”、“三清三拆三整治”、基层治理示范村等一系列创建整治工作为抓手，大力推动乡村文化振兴，繁荣发展乡村特色文化。QS 村着力打造手绘墙、家风长廊、环村围挡等文化新阵地，成为提升 QS 人居环境的一道亮丽风景线。同时，QS 村深入挖掘革命老区的红色文化、凝聚人心的祠堂文化、引领乡风的乡贤文化、振奋人心的醒狮文化等具有 QS 特色的文化，培育文明乡风、良好家风、淳朴民风。QS 村还充分利用新时代文明实践站，开展各项实践活动，科学、高效利用电子屏滚动播放相关制度和活动通知，进一步开展文明实践站的建设工作，并将 QS 醒狮特色文化主题贯穿村的文化打造全过程。通过文化振兴，QS 村不仅提升了村民的文化素养，还增强了村庄的凝聚力和向心力，为乡村振兴注入了强大的精神动力。

（3）基础设施与产业提升。QS 村在基础设施和产业提升方面也取得了显著进展。近年来，QS 村实施了基础设施及产业提升工程，总投资达到 3 865 万元。其工程内容包括新建生产步道及护栏、沟渠河堤、硬化道路、波形护栏、青砖围挡、新修挡坎、工程绿化等。此外，QS 村还进行了老旧房屋改造，新建了粮油、小食品加工厂和污水处理厂等。这些基础设施的完善，不仅改善了村民的生产生活条件，还为村庄的可持续发展奠定了坚实基础。

五、经验启示

（1）坚守生态理念，推动绿色发展。QS 村在村庄改造和产业升级的过程中，始终坚守生态理念，将绿色发展作为核心目标。通过采用自然美化的方式提升农房风貌，利用乡土材料塑造古朴乡土景观，QS 村不仅改善了村庄环境，还保护了生态环境，实现了人与自然和谐共生。这一经验给予我们启示，在乡村振兴过程中，必须注重生态保护，推动绿色发展。只有坚持生态优先，才能推动乡村的可持续发展。

（2）充分发挥村民主体的作用，激发乡村的活力。QS 村在村庄改造过程中，充分倾听村民心声，最大程度地实现村民对家园面貌的愿景。这一经验给予我们启示，在乡村振兴过程中，必须充分发挥村民的主体作用，激发他们的积极性和创造力。只有让村民成为乡村振兴的主体，才能真正激发乡村的活力，推动乡村振兴的可持续发展。

（3）深入挖掘乡村文化，培育文明乡风。QS 村在乡村文化振兴方面，深入挖掘革命老区的红色文化、凝聚人心的祠堂文化、引领乡风的乡贤文化、振奋人心的醒狮文化等具有 QS 特色的文化，培育文明乡风、良好家风、淳朴民风。这一经验给予我们启示，在乡村振兴过程中，必须深入挖掘乡村文化，传承和弘扬优秀传统文化。只有让乡村文化焕发新的生机和活力，才能培育出文明乡风，为乡村振兴提供强大的精神支撑。

（4）注重产业融合，推动经济的多元化发展。QS 村在产业提升过程中，注重产业融合，推动经济多元化发展。通过新建粮油、小食品加工厂等产业项目，QS 村不仅增加了村民的收入来源，还推动了村庄经济的多元化发展。这一经验给予我们启示，在乡村振兴过程中，必须注重产业融合，推动经济多元化发展。只有让产业成为乡村振兴的支撑点，才能推动乡村经济的可持续发展。

六、未来计划

（1）继续深化绿色发展理念，打造生态宜居乡村。未来，QS 村将继续深化绿色发展理念，推进生态宜居乡村建设。将进一步完善村庄基础设施，提升村庄环境质量，加强生态保护与修复，打造更加宜居、宜业、宜游的美丽乡村。同时，QS 村还将注重乡村文化的保护与传承，深入挖掘乡村文化资源，打造具有 QS 特色的文化品牌。通过举办文化节庆活动、建设文化设施等方式，丰富村民的精神文化生活，提升乡村文化的软实力。

（2）推动产业升级，推动经济的多元化发展。未来，QS 村将继续推动产业升级，推动经济多元化发展，将依托当地资源和优势产业，积极推动特色农业、乡村旅游、手工艺品制作等产业项目的发展，增加村民的收入来源。同时，QS 村还将加强与外部市场的联系与合作，拓宽销售渠道，提高农产品的附加值和市场竞争力。此外，QS 村还将注重科技创新和人才引进，推动乡村产业的智能化、绿色化发展。通过引进新技术、新设备、新品种等方式，提高农业生产效率和质量，推动乡村产业的转型升级。

（3）加强社会治理，构建和谐乡村社会。未来，QS 村将加强社会治理，构建和谐乡村社会。将完善村民自治制度，加强村民自治组织的建设和管理，提高村民的参与度和满意度。同时，QS 村还将加强法治建设，推进乡村法治化进程，保障村民的合法权益。此外，QS 村还将注重乡村社会事业的发展，加强教育、医疗、养老等公共服务设施建设，提高村民的生活质量和幸福感。通过加强社会治理和公共服务设施建设，QS 村将努力构建和谐、稳定、繁荣的乡村社会。

（4）推进乡村数字化建设，提升乡村治理水平。未来，QS 村将积极推动乡村数字化建设，提升乡村治理水平。将加强乡村信息化基础设施建设，推广互联网、大数据、人工智能等新技术在乡村治理中的应用。通过搭建智慧乡村平台、推广电子政务等方式，提高乡村治理的智能化、精细化水平。同时，QS 村还将进一步推进乡村数字经济建设，大力推动电子商务、乡村旅游等数字化产业蓬勃发展。通过推进数字化建设，QS 村将实现乡村治理的现代化和智能化，为乡村全面振兴提供有力支撑。

七、思考题

1. 基于案例资料分析总结 QS 村对生态保护与美丽乡村建设采取了哪些措施？

2. 针对生态空间压力给经济发展带来的影响，QS 村可以借助生态旅游推动哪些产业实现发展，进而达成经济增长呢？

3. QS 村毗邻国家 4A 级景区双龙溶洞生态旅游区，从旅游产品开发角度思考 QS 村可以如何利用景区客流发展乡村旅游？

第三节　陕西省安康市宁陕县 YW 村：可以看见朱鹮的乡村

一、基本情况

YW 村位于陕西省安康市宁陕县城关镇南部，地处秦岭腹地，距离宁陕县城约 12 千米。村庄北临长安河，与石泉县两河镇共和村相邻，是宁陕县的南大门。YW 村下辖 4 个村民小组，全村共有 155 户、435 人，劳动力资源丰富。全村总耕地面积为 450 亩，此外还拥有大量的荒山荒地资源。

YW 村不仅地理位置独特，自然风光也十分秀丽。宁陕“八大景”之一的“太极真图”便坐落于该村，山水相依，景色宜人。然而，在过去的岁月里，YW 村曾是一个典型的贫困村。由于交通不便、产业结构单一、缺乏商品意识和市场经济观念，村民生活困苦，村集体经济几乎为空壳。

近年来，随着国家乡村振兴战略的深入实施，YW 村迎来了前所未有的发展机遇。在村党支部书记的带领下，村民们开始积极调整产业结构，发展多种经营和旅游业。通过科技兴村，大力引进新品种、新技术，提高农业效益，YW 村逐渐摆脱了贫困的阴影，成为全县农村发展的一面红旗。

YW 村不仅自然风光秀丽，更因栖息着四只朱鹮而闻名遐迩。朱鹮是国家一级保护动物，被誉为“东方宝石”，在全球范围内数量极为稀少。宁陕县作为中国朱鹮首批野化放飞基地，为朱鹮提供了良好的栖息环境和生存条件。YW 村的存在为朱鹮提供了一个安全的家园，而朱鹮的存在也为村庄自身的发展带来了独特的生态资源。

二、挑战与问题

（1）人口外流是 YW 村面临的一大问题。YW 村缺乏产业支撑和就业机会，青壮年劳动力普遍外出打工，村庄里只剩下老人、妇女和儿童留守，这不仅导致村庄人口结构失衡，也影响了村庄的经济发展和社会活力。

（2）基础设施落后是制约 YW 村发展的另一大瓶颈。过去，由于资金投入不足，村庄的基础设施建设相对滞后，交通不便，水电、通信等基础设施也不完善。这不仅影响了村民的生活质量，也制约了村庄的对外交流和经济发展。

（3）生态保护和经济发展之间的矛盾也是 YW 村需要面对的重要问题。随着村庄的发展，如何平衡生态保护和经济发展的关系，推动可持续发展，成为摆在 YW 村面前的一道难题，而在保护朱鹮等珍稀物种的同时，发展乡村经济，提高村民收入，是 YW 村必须认真思考和解决的问题。

三、发展举措

（1）加强基础设施建设，改善村庄环境。基础设施是村庄发展的基础。为了改善村庄环境，提高村民生活质量，YW 村大力加强基础设施建设。近年来，村庄先后实施了路网贯通工程、电网改造工程、饮水安全工程等，新建高标准公路、提升改造道路、建设跨河观景吊桥等，使村庄的交通、水电、通信等基础设施得到了显著改善。同时，YW 村还积极开展农村人居环境综合整治，大力实施污水垃圾治理、厕所革命等，修整污水沟渠、新建垃圾分类收集点、改建农村户用卫生厕所等，使村庄的环境卫生得到了全面提升。通过这些措施的实施，YW 村的村容村貌得到了显著改善，村民的生活质量也得到了明显提高。

（2）依托生态资源，发展特色旅游。YW 村拥有丰富的生态资源和独特的自然风光，是发展乡村旅游的理想之地。为了充分利用这些资源，YW 村积极依托生态资源，发展特色旅游产业。一是 YW 村大力发展生态农业和循环农业，引进新品种、新技术，提高农业效益和农产品质量。通过发展有机稻米、林果采摘园等产业，为游客提供了丰富的农产品和农事体验。二是 YW 村依托朱鹮等珍稀物种和优美的自然风光，打造了一批具有特色的旅游景点和旅游项目。如朱鹮保育稻田、荷塘湿地、半山牧场等自然景观，以及 YW 逸谷生态中心、陕南特色乡村体验馆等人文景观，吸引了大量游客前来观光游览。此外，YW 村还积极发展康养旅游和民宿产业，通过流转村民闲置的宅基地和农房，进行保护性设计开发，打造出了一批具有特色的康养民宿和帐篷营地。这些民宿和营地不仅为游客提供了舒适的住宿环境，还为村民提供了多元化的增收渠道。

（3）引进社会资本，推动产业融合。为了推动村庄的全面发展，YW 村积极引进社会资本，推动产业融合。通过招商引资，YW 村引入了西安海和田文创发展有限公司等企业，共同建设 YW 逸谷田园综合体项目。该项目占地约 700 亩，是集农耕种植、自然研学、乡村民宿、康养旅游于一体的田园综合体。在项目实施过程中，YW 村采取“企业+集体+村民”合作联营的模式，有序流转林地、耕地、水田等土地资源，盘活村民闲置宅基地和农房资产。通过保护性设计开发，将流转来的土地和空置老宅打造成具有特色的旅游景点和康养民宿，实现了资源的有效利用和产业的融合发展。同时，YW 村还积极推广“321”基层治理模式，致力于构建一个乡风文明、和谐美好的村庄。通过推行“联系群众全覆盖、服务群众全覆盖”工作法，大力推进“诚孝俭勤和”新民风建设，党员干部下沉参与基层治理、有效服务群众。这些措施的实施，不仅提高了村庄的治理水平，也为村庄的可持续发展奠定了坚实基础。

（4）注重生态保护，实现绿色发展。在发展过程中，YW 村始终注重生态保护，坚持绿色发展理念。在推进产业发展的同时，YW 村积极采取措施保护生态环境和珍稀物种。一是 YW 村加强了对朱鹮等珍稀物种的保护和管理。通过打造朱鹮保育稻田、荷塘湿地等生态景观，为朱鹮提供了良好的栖息环境和食物来源。同时，YW 村还加强了对朱鹮的监测和研究工作，及时掌握朱鹮的生存状况和数量变化，为保护工作提供了科学依据。二是 YW 村在推进产业发展过程中，始终坚持生态优先的原则。通过发展生态农业和循环农业，减少化肥农药的使用量，降低对环境的污染。同时，YW 村还积极推广绿色旅游和低碳生活方式，引导游客和村民树立环保意识，共同保护生态环境。

（5）加强人才队伍建设，提升治理能力。人才是乡村振兴的关键。为了提升村庄的治理能力和发展水平，YW 村积极加强人才队伍建设。一是 YW 村注重乡土人才的挖掘和培养。通过举办培训班、开展技术交流活动等方式，提高村民的技术水平和综合素质。同时，YW 村还积极引进外来人才，为村庄的发展提供智力支持和技术保障。二是 YW 村加强了对党员干部的教育和管理。通过定期开展学习培训、组织考察交流等方式，提高党员干部的政治素质和业务能力。同时，YW 村还积极推行“联系群众全覆盖、服务群众全覆盖”工作法，要求党员干部下沉基层、服务群众，切实解决群众的实际困难和问题。通过这些措施的实施，YW 村的人才队伍建设得到了有效加强和完善。党员干部的示范带头作用得到了充分发挥，村民的积极性和创造性得到了有效激发，为村庄的可持续发展提供了有力的人才保障。

四、发展成效

（1）产业升级与经济发展。YW 村通过引进社会资本，实施 YW 逸谷田园综合体项目，成功推动了循环农业、创意农业和农事体验等产业的发展。该项目总投资 2.8 亿元，占地 87 亩，修复灌溉渠道 1 600 米，完成高标准农田建设 50 亩，并将一座废弃的水电站设计改造成 YW 村生态社区中心。该社区中心不仅包含书店、咖啡馆、美术馆、青年旅社等多元文化设施，还成为网红打卡地，吸引了大量游客前来体验。除田园综合体项目外，YW 村还大力发展康养旅游业，建设了山坡竹林、稻田体验、文创产业等人文观光区，形成了山上种植、山下游玩的阶梯式产业带。2021 年，全村旅游综合产值达 200 万元，村民人均收入从 2018 年的 10 075 元提升到 15 000 元。

（2）生态资源保护与利用。YW 村拥有丰富的生态资源，特别是朱鹮种群的不断增长，成为村里的一大亮点。15 年前，26 只朱鹮被接到宁陕县繁衍生息，到现在已有 350 余只，森林覆盖率也由当初的 86%上升到 96.24%。这些朱鹮不仅为 YW 村带来了生态红利，还吸引了大量游客前来观赏，带动了村里的旅游业发展。YW 村在发展过程中，始终坚持生态优先、绿色发展的理念，坚持不砍树、不占田、不拆房，不搞大拆大建，保持原有的自然景观资源，并加以利用。村里通过整治撂荒土地、流转闲置宅基地，发展生态农业和精品民宿，实现了生态资源的有效保护和利用。

（3）公共设施与人居环境改善。YW 村在乡村旅游发展的同时，对乡村人居环境、公共设施进行了改造提升。村里新建了 2A 级旅游公厕，修整原生态沟渠，改造提升农家乐，并对存在安全隐患的农民自建房进行了改造。这些措施不仅提升了村里的基础设施水平，还改善了村民的生活条件。此外，YW 村还充分利用废弃塘堰、闲置院落、沟边河畔等，打造富有乡愁文化的人文景观，既延伸了产业链，也促进了村民增收。村里还通过“政府引导、企业辅导”的运营模式，整合“乡村、乡愁”等要素，不断完善餐饮、住宿等配套服务设施，为游客提供了更加便捷、舒适的旅游体验。

（4）社会经济效益显著。YW 村的发展不仅带来了经济效益，还产生了显著的社会效益。村里通过发展旅游业和生态农业，为村民提供了更多的就业机会和收入来源。许多在外务工的年轻人也选择回乡创业，为村里的发展注入了新的活力。据统计，YW 村在实施田园综合体项目后，成功实现了 200 多亩土地和 30 处房屋的流转，村民人均纯收入达到了 13 000 元以上。村里的民宿、青旅、营地等旅游项目也取得了良好的经济效益，营业额不断攀升。

五、经验启示

（1）坚持生态优先，绿色发展。YW 村在发展过程中，始终坚持生态优先、绿色发展的理念。村里通过保护生态环境、利用生态资源，实现了经济发展与生态保护的良性循环。这一理念不仅符合国家生态文明建设的要求，也为村里的可持续发展奠定了坚实基础。

（2）创新发展模式，推动产业升级。YW 村通过引进社会资本，实施田园综合体项目，成功推动了循环农业、创意农业和农事体验等产业的发展。同时，村里还大力发展康养旅游业，建设了人文观光区和精品民宿，构建起了多元且富有活力的产业格局。这一创新的发展模式不仅提升了村里的经济效益，也为村民提供了更多的就业机会和收入来源。

（3）加强基础设施建设，改善人居环境。YW 村在发展过程中，注重加强基础设施建设，改善人居环境。村里通过新建旅游公厕、修整原生态沟渠、改造提升农家乐等措施，提升了村里的基础设施水平，改善了村里的生活条件。这些措施不仅为游客提供了更加便捷、舒适的旅游体验，也为村民营造了更加宜居的生活环境。

（4）发挥政府引导作用，推动乡村振兴。YW 村的成功发展离不开政府的引导和支持。政府在政策制定、资金扶持、项目引进等方面给予了村里大力支持，为村里的发展提供了有力保障。同时，政府还通过组织参观学习、经验交流等活动，推动了乡村振兴工作的深入开展。

（5）注重文化传承与创新。YW 村在发展过程中，注重文化传承与创新。村里通过挖掘和利用传统文化资源，建设了村史博物馆、农耕传承展示区等文化设施，为游客提供了丰富的文化体验。同时，村里还积极引进和培育创意文化产业，推动了文化与产业的深度融合。

六、未来计划

（1）继续深化产业升级，提升经济效益。YW 村将继续深化产业升级，推动循环农业、创意农业和农事体验等产业的持续发展。同时，村里还将积极引进和培育新兴产业，如生物医药、食用菌等，构建起更加多元化的产业格局。通过这些措施，进一步提升村里的经济效益和村民的收入水平。

（2）加强生态保护与修复工作。YW 村将继续加强生态保护与修复工作，保护生态环境和生物多样性。村里将加大对撂荒土地和闲置宅基地的整治力度，推动生态农业和精品民宿的发展。同时，村里还将加强对朱鹮等珍稀动物的保护，确保它们能够在这片土地上繁衍生息。

（3）进一步完善基础设施与人居环境。YW 村将继续完善基础设施与人居环境，提升村民的生活质量和游客的旅游体验。村里将加大对旅游公厕、原生态沟渠等基础设施的建设投入和改造力度，同时加强对农家乐、民宿等旅游服务设施的监管和管理，确保它们能够为游客提供更加便捷、舒适的服务。

（4）推动文化传承与创新。YW 村将继续推动文化传承与创新工作，挖掘和利用传统文化资源，建设更多的文化设施和活动场所。同时，村里还将积极引进和培育创意文化产业人才，推动文化与产业的深度融合。通过这些措施，进一步提升村里的文化软实力和吸引力。

（5）加强社会治理与民生保障。YW 村将继续加强社会治理与民生保障工作，提升村民的幸福感和获得感。村里将加大对困难群众的帮扶力度，完善社会保障体系；同时，加大对村民的教育和培训力度，提高他们的就业能力和收入水平。通过这些措施，进一步促进村里的和谐稳定和繁荣发展。

七、思考题

1. 如何化解朱鹮保护与稻田破坏的矛盾？
2. 如何解决游客看不到朱鹮以及大量游客涌入对朱鹮栖息造成影响两个问题？
3. 如何利用“朱鹮”这一旅游 IP 为 YW 村农产品赋能增值？

第四节　陕西省安康市 SQP 村：枕“泉”入梦 稻香老家的乡村振兴路径

一、基本情况

SQP 村位于陕西省安康市旬阳市仁河口镇的西北方 10 千米处，是陕西省第四批全国乡村旅游重点村之一。这片土地因大自然的鬼斧神工而独具特色，说是坪，实则是地处海拔近千米的高山；说是山，山巅却有一处长 8 千米、面积近 1 000 亩的“平原”。SQP 村四周被罗家山、八龙山、王莽山和刘秀山四面环绕，风光秀丽，景色迷人，土地肥沃，旱涝保收，自古以来就有“小江南”之美称。SQP 村的河道源自八龙寨山脚下的一年四季经流不息的圣水泉，承纳了八龙寨大小沟壑里的溪水，汇聚成一条小河，河水呈“S”形贯穿整个坪坝，将坪坝优雅地划分为东湾、西湾和殿湾。坪坝里生活的人们依姓氏分族而居，沿着川地周边倚山傍势筑建起土木结构的石板房，院落布局恰当合理，呈现出一幅自然和谐的乡村画卷。SQP 村的乡村振兴建设示范点包括王莽山、水泉坪、桥上三村和仁河口社区，辐射范围约 60 平方千米，核心规划区面积 11.54 平方千米。这里不仅有优美的自然景观，还有丰富的历史文化资源。红军战士赵长江的红色文化故事、王莽追刘秀的西汉历史故事，以及独特的自然景观，使得 SQP 村被外地人称为“现代版桃花源”。

二、挑战与问题

（1）基础设施薄弱，山高路远，交通不便，出门靠走、运输靠挑，严重制约了当地经济的发展。黄土垒筑的石板房和落后的生活条件，使得“穷山僻壤”成为 SQP 村曾经的代名词。尽管这里的自然资源丰富，但由于名声无法传出去，企业不愿来投资，资金进不来，项目落实困难，守着“金山银山”也难以摆脱“穷窝”。

（2）产业发展困难重重。虽然 SQP 村的土壤肥沃，适合种植水稻和油菜，但由于缺乏科学的种植技术和现代化的农业设施，农作物产量不高，经济效益低下。当地村民主要依赖传统农业，收入微薄，生活贫困。村里的年轻人纷纷外出打工，导致人才流失严重，缺乏发展的动力和活力。

（3）SQP 村在旅游资源的开发上也存在不足。尽管每年春季都有游客前来欣赏油菜花海和稻田风光，但由于缺乏系统的规划和有效的管理，旅游资源没有得到充分的利用和开发，无法带来显著的经济效益。同时，旅游配套设施不完善，游客的吃、住、行、游、购、娱等方面存在诸多不便，影响了游客的体验和满意度。

三、发展举措

（1）科学规划，打造特色文旅小镇。为了推动乡村振兴，旬阳市仁河口镇坚持规划引领，聘请专业团队对 SQP 进行全方位规划，明确了“生态为先、保护为要、田园为本、节点点缀、设施提升、风貌美观”的发展思路。在规划中，注重生产、生活、生态“三生”同步，农文旅三位一体，第一、第二、第三产业融合发展，宜居、宜业、宜游协同推进。按照规划，SQP 村以千亩稻田为核心，大力推行水稻和油菜压茬轮作，创造了千亩油菜花海和十里稻花飘香的壮美景观，有效助推了乡村休闲旅游业的发展。同时，仁河口镇将桥上、王莽山、水泉坪“三村一体化”打造，融合“生态、生产、生活”，开启了打造特色文旅小镇之路。

（2）农旅融合，促进产业兴旺。在推动乡村振兴的过程中，SQP 注重农旅融合发展，以传统产业为基础，以农民增收为核心，以农旅融合发展为路径，坚持传统农业升级增效与旅游三产培育壮大同步。当地充分利用在外创业人士的信息资源、人脉资源和投资保障等优势，充分释放归雁经济的效能，深入探索“党支部+村集体经济+民营企业”新模式，发展村集体经济。在稳定水稻、油菜种植面积的同时，SQP 村规划种植彩色油菜、彩色水稻，形成巨幅彩色油菜稻田画，提升旅游观光的附加值。同时，当地还通过“村集体经济组织+企业+政府项目”投入，推动村集体和民营企业按投资比例分成，打造了一批经营类旅游项目，如水蜜桃采摘园、峡谷书院、木屋民宿、书法美术摄影基地、乡村酒吧、西湾露营地等。这些项目的建设和服务业态的布置，有效地缓解了吃、住、游、购的短板问题，同时也解决了大部分留守劳动力就业增收的问题。

（3）挖掘文化，提升品牌的影响力。文化资源是乡村特色优势资源，在全面推进乡村振兴中，挖掘好、整理好、利用好红色文化资源，不仅对于传承红色基因、赓续红色血脉具有重大意义，而且对于乡村振兴具有不可替代的独特功能和价值。SQP 村拥有丰富的历史文化资源，如红军战士赵长江的红色文化故事、王莽追刘秀的西汉历史故事等。为了巩固农村思想文化阵地，仁河口镇党委、政府积极开办农民夜校，开设旅游发展案例解析、种植养殖技术讲解、新农村主题电影等课程，组织群众利用农闲时间积极参与学习，进一步拓宽视野，营造创新发展的思想氛围。同时，SQP 村还积极挖掘东汉历史文化，重塑汉朝历史特色的旅游景点，延伸汉文化旅游产品产业链，打造汉朝文化研学品牌，开发 18 岁成人礼旅游品牌，发展汉服定制等产业。这些举措不仅丰富了当地的文化内涵，还提升了 SQP 村的品牌影响力和知名度。

（4）完善设施，提升旅游承载力。为了提升旅游产业的承载力、吸引力、影响力和辐射力，SQP 村在完善旅游配套设施方面下了大功夫。当地全力推进景区配套设施建设，以安全饮水为底线，对 SQP 村的路、堤、供水、河道、污水和垃圾处理等基础设施展开全面的改造与提升工作。同时，在景区增设旅游专用电路和 Wi-Fi 网络全覆盖，美化环境，提升游客体验。在民居改造方面，SQP 村以打造特色小院为重点，加快民居改造，针对民居外观与自然环境违和、院落杂乱不堪、内部卫生条件差等状况，采取“政府扶持+农户自筹”的模式开展改造。SQP 村通过民居改造，可以大幅提升环境卫生质量，有力补齐 SQP 旅游餐饮住宿接待的短板。

（5）创新模式，推动绿色发展。在推动乡村振兴的过程中，SQP 村坚持绿色发展理念，注重生态保护和环境治理。当地以改善路、水、电、网、房、厕及垃圾污水处理等基础设施和公共服务设施为重点，推动农村绿色发展，促进农村生态环境和人居环境全面改善。在产业发展上，SQP 村注重绿色产业的发展，如打造“稻渔综合养殖基地”，实现“一水两用、一田两产”高效现代农业模式。同时，当地还积极开发绿色旅游产品，如大米系列、青蒿面、蒲公英面、银杏茶等，进一步延伸产业链，促进农民增收。

（6）强化党建，引领乡村振兴。在乡村振兴的过程中，SQP 村注重发挥党建引领作用。镇党委、政府坚持党建引领乡村规划、乡村振兴、设施建设、社会治理、环境整治、产业发展等重点工作，引导群众成为乡村振兴路上的主体。通过支部联建、产业联盟、资源联享等方式，实现资源跨区域共享，推动生态效益和经济效益互利共赢。为了稳定 SQP 村的游客的流量，当地还计划举办油菜花节、插秧节、开镰节、稻草人节、小龙虾节等活动，开展乡村音乐、电子竞技、汉服文化等主题活动，打造 SQP 两日游精品线路，持续引流。同时，全力创建市级研学教育基地，开设农耕劳动、红色革命教育、天文发散思维课程，服务全市中小学生研学教育。

四、发展成效

（1）农业产业转型升级。SQP 村乡村振兴的核心在于农业产业的转型升级。近年来，仁河口镇紧紧围绕 1 000 亩稻田，大力推行水稻和油菜压茬轮作，创造了千亩油菜花海和十里稻花飘香的壮美景观。这种稻油轮作模式不仅提高了土地利用率和产出效益，还有效助推了乡村休闲旅游业的发展。2021 年，SQP 村成功通过国家 AAA 景区验收，并计划进一步创建国家 4A 级景区。为了进一步提升农业附加值，SQP 村还积极探索现代农业模式，如稻渔综合养殖基地，实现“一水两用、一田两产”的高效生产。这种模式不仅提高了农产品的质量和产量，还丰富了旅游观光项目的种类，为游客提供了多样化的体验。

（2）农旅融合发展。SQP 村在乡村振兴过程中，坚持农旅融合的发展思路，通过发展乡村旅游，带动当地经济全面提升。依托千亩稻田和油菜花海，SQP 村成功举办了油菜花节、插秧节、开镰节等一系列主题活动，吸引了大量游客前来观光旅游。同时，还打造了崩云峡谷、西湾露营地、峡谷书院、银杏广场等一批旅游景点，以及水蜜桃采摘园、木屋民宿、书法美术摄影基地等经营类旅游项目，有效解决了吃、住、游、购的短板问题。通过农旅融合，SQP 村不仅实现了农业与旅游业的双赢，还带动了当地土特产的销售，如大米系列、青蒿面、蒲公英面、银杏茶等旅游产品，进一步延伸了产业链，促进了农民增收。

（3）基础设施和公共服务实现了全方位的提升。乡村振兴离不开基础设施和公共服务的全面提升。近年来，仁河口镇以SQP村为核心，大力推动路、水、电、网、房、厕及垃圾污水处理等基础设施的改善。特别是交通设施的改善，为SQP村的发展注入了新的活力。西康高铁项目的建设，将仁河口镇纳入西安文旅一小时精品线路范围，进一步提升了SQP村的知名度和吸引力。此外，SQP村还全方位推进了“厕所革命”行动，对民居进行现代化整体卫浴改厕，彻底解决了农村厕所环境不佳、气味刺鼻的问题。同时，还通过民居改造，提升了院落景观品质和内部卫生水平，为游客提供了更加舒适、整洁的住宿环境。

（4）文化资源挖掘利用。SQP村在乡村振兴过程中，注重文化资源的挖掘和利用。通过整理和挖掘古老民间故事、传统农耕文化、鲜明特色的移民文化，打造仁河口民俗特色，让古老文明焕发出新的活力。特别是依托王莽追刘秀的西汉历史故事和红军战士赵长江的红色文化故事，SQP村成功打造了一批具有历史文化底蕴的旅游景点，如王莽山、红军墓等，进一步丰富了旅游文化内涵。同时，SQP村还积极弘扬中华优秀传统文化，通过开设农民夜校、举办旅游发展案例解析、种植养殖技术讲解等课程，拓宽了群众的视野，营造了创新发展的思想氛围。

（5）庭院经济蓬勃发展。庭院经济是SQP村乡村振兴的一大亮点。通过发展庭院经济，SQP村不仅盘活了闲置院落，改善了人居环境，还实现了农户增收。香樟院子、山野涧民宿、桃李民宿、品木农舍等一大批“庭院+”模式的兴起，为村民带来了实惠。特别是通过直播带货、统一收购等方式，SQP的农产品实现了线上线下同步销售，进一步拓宽了销售渠道。

五、经验启示

（1）坚持规划引领，科学布局。SQP村乡村振兴的成功，离不开科学的规划和布局。在乡村振兴过程中，仁河口镇坚持规划先行，聘请专业团队对SQP村进行全方位规划，明晰了“生态为先、保护为要、田园为本、节点点缀、设施提升、风貌美观”的发展思路。同时，还围绕“一轴”“两心”“三片区”的空间布局规划，精心擘画了一幅“农业强、农村美、农民富”的乡村振兴壮美蓝图。

（2）农旅融合，促进产业升级。农旅融合是SQP村乡村振兴的重要路径。通过发展乡村旅游，SQP村不仅实现了农业与旅游业的深度融合，还带动了当地经济的全面提升。特别是通过举办油菜花节、插秧节等一系列主题活动，SQP村成功吸引了大量游客前来观光旅游，为当地经济发展注入了新的活力。

（3）挖掘文化资源，打造旅游品牌。文化资源的挖掘和利用是SQP村乡村振兴的一大特色。通过整理和挖掘古老民间故事、传统农耕文化等文化资源，SQP村成功打造出了一批具有历史文化底蕴的旅游景点和旅游产品，进一步提升了旅游品牌的知名度和影响力。

（4）夯实基础设施，提升公共服务。基础设施和公共服务的提升是SQP村乡村振兴的重要保障。通过改善路、水、电、网、房、厕等基础设施，SQP村不仅提升了群众的生活质量，还为乡村旅游的发展提供了有力支撑。特别是交通设施的改善，进一步提升了SQP村的知名度和吸引力。

（5）发挥群众主体作用，实现共同富裕。SQP村在乡村振兴过程中，群众始终是主体。通过发挥群众的积极性和创造性，SQP村成功实现了共同富裕。特别是通过发展庭院经济、直播带货等方式，SQP村的群众不仅实现了增收致富，还提升了自我发展的能力。

六、未来计划

（1）持续推动农旅融合发展。未来，SQP村将继续推动农旅融合发展，进一步提升乡村旅游的品质和内涵。通过举办更多丰富多彩的主题活动，如小龙虾节、乡村音乐、电子竞技等，吸引更多游客前来观光旅游。同时，还将进一步完善旅游设施，并优化服务体系，提升游客的旅游体验感。

（2）加强文化资源的挖掘和利用。未来，SQP村将进一步加强文化资源的挖掘和利用，打造更多具有历史文化底蕴的旅游景点和旅游产品。特别是依托王莽追刘秀的西汉历史故事和红军战士赵长江的红色文化故事，SQP村将深入挖掘其文化内涵和价值，进一步提升旅游品牌的知名度和影响力。

（3）推动基础设施和公共服务全面提升。未来，SQP 村将继续推进基础设施和公共服务的全面提升。特别是交通设施的改善，将进一步提升 SQP 村的知名度和吸引力。同时，还将加强农村环境整治和生态保护，打造更加宜居宜业的美丽乡村。

（4）发展庭院经济和特色产业。未来，SQP 村将继续发展庭院经济和特色产业，实现农户增收致富。通过盘活闲置院落、发展林下养鸡等生态养殖项目，SQP 村将进一步拓宽农户的增收渠道。同时，还将依托当地丰富的农产品资源，发展农产品加工业和乡村旅游产品开发业，进一步延伸产业链和价值链。

（5）加强社会治理和乡村文明建设。未来，SQP 村将加强社会治理和乡村文明建设，推动乡村全面振兴的发展。借助加强基层组织建设、完善社会治理体系、提升群众文明素质等一系列举措，SQP 村将打造更加和谐、文明、美丽的乡村社会。

七、思考题

1. 根据上述案例分析 SQP 的特色资源是什么？请为 SQP 村打造独具特色的旅游品牌形象，以此提升该村的旅游吸引力。

2. 从资料中发现 SQP 村目前主要通过油菜花节、插秧节等农业观光吸引游客，请利用挖掘 SQP 村农业特色设计游客参与性、体验性的旅游产品，以此丰富游客的体验，延长游客在村的停留时间。

3. 如何利用乡村旅游让独特的生态资源环境发挥作用，进而为农产品赋能增值？

第五节　陕西省安康市石泉县后柳镇 ZB 村：“作坊小镇项目”振兴乡村

一、基本情况

ZB 村位于陕西安康市石泉县西南部，距离县城 23 千米。全村总面积 6.5 平方千米，辖 3 个村民小组（含 1 个移民搬迁社区），共有 230 户、871 人，其中建档立卡贫困户 25 户、54 人。ZB 村地理位置优越，自然环境优美，拥有丰富的山水资源和良好的生态环境，这为村庄的未来发展提供了得天独厚的条件。ZB 村的历史悠久，文化底蕴深厚。在农业方面，传统上主要种植稻谷和玉米等粮食作物，经济作物包括油菜籽和烤烟，林业则以银杏树、核桃树、板栗、松树、杉树、柏树等为特色。此外，ZB 村还拥有丰富的矿产资源，如大理石和石煤，牧业则以牛、羊、猪等为主。然而，由于基础设施相对薄弱，且 90%以上的青壮年劳动力外出务工，村里的留守儿童和老人居多，思想保守，创新创业意识淡薄，技能缺乏。近年来，随着乡村振兴战略的深入实施，ZB 村迎来了新的发展契机。特别是 ZB 作坊小镇项目的实施，不仅带动了当地经济的发展，也为乡村振兴注入了新的活力。

二、挑战与问题

（1）基础设施薄弱。ZB 村的基础设施相对落后，特别是在道路、通信、水电等方面，难以满足现代化发展的需要。这限制了村庄与外界的交流与合作，也影响了项目的推进速度。

（2）人才缺乏。大量青壮年劳动力外出务工，村庄内部人才匮乏，特别是缺乏具备专业技能和管理经验的人才，这导致在项目实施过程中，难以形成有效的团队，影响了项目的实施效果。

（3）思想观念落后。部分村民思想观念保守，对新事物、新技术的接受程度较低。这在一定程度上阻碍了项目的推广和普及，也影响了村民参与项目建设的积极性。

（4）资金短缺。项目实施需要大量的资金投入，而 ZB 村的经济基础相对薄弱，缺乏足够的资金支持。这导致在项目推进过程中，难以保障各项工作的顺利开展。

（5）旅游服务水平低。在旅游产业发展初期，ZB 村的旅游服务水平相对较低，存在专业旅游人才匮乏以及旅游设施不完善的状况。这影响了游客的旅游体验，也对旅游产业的进一步发展形成了阻碍。

三、发展举措

针对上述挑战和问题，ZB 村采取了一系列有效的发展举措，以此推动作坊小镇项目的顺利落地，并助力乡村振兴全面推进。

（1）科学规划，实施能人兴村。紧紧围绕陕南绿色循环的发展定位，依托绿水青山自然资源的优势，ZB 村确立了以旅游产业为主导的发展思路。吸引外出能人陈某盛返乡，携资进村成立陕西巴人文化旅游发展公司，以国家 4A 级旅游景区标准科学规划了 ZB 作坊小镇。ZB 作坊小镇按照宜居宜业宜游的发展理念，以陕南秦巴文化为支撑、发掘本土特色产业为统揽、乡村田园风光为载体、人文旅游景观为切入，快速将 ZB 村打造为全国一流的乡村旅游示范村和独具陕南农耕文化的特色小镇。小镇集休闲旅游、亲子体验、田园风光、丝路文化、餐饮文化、传统农耕文化于一体，是兼具地方特色和社区功能的作坊小镇。通过几年的运营发展，ZB 作坊小镇形成了企业、商家、农户共赢的大好局面。2020 年，ZB 村入选第二批全国乡村旅游重点村，“作坊小镇项目实现旅游减贫”入选《世界旅游联盟旅游减贫案例》，ZB 作坊小镇入选 2022 年“全国非遗与旅游融合发展优选项目”名录。

（2）企业带动，促进农户增收。ZB 村动员 165 户农户出资 82.5 万元，成立了“石泉县风情小镇旅游专业合作社”，按照“企业+合作社+农户”的模式，采取闲置资源入股、人才技术占股、集体经济注资、群众带资入企、订单农业生产等多种方式，将村级组织、能人企业和贫困群众有力地联结为一体，盘活贫困群众闲置资源资金实现“三变”。通过企业的带动，ZB 村不仅实现了农户的增收，还推动了当地经济的多元化发展。合作社的成立，不仅为农户提供了更多的就业机会和收入来源，还提高了他们的组织化程度和市场竞争力。同时，企业也通过合作社这一平台，获得了更多的资源和支持，推动了项目的顺利实施和产业的持续发展。

（3）文旅融合，打造非物质文化遗产 IP。ZB 村注重文旅融合，以非物质文化遗产为主题，实施“文旅设施共建、文旅活动共享、文旅业态共融”机制。在 ZB 作坊小镇举办“石泉庖汤会”，让游客不仅能品美食、赏年俗、看演出、购年货，还可“打卡”体验传统手工技艺，享受非物质文化遗产带来的乐趣和魅力。通过非物质文化遗产与景点的融合，ZB 村有力拓展了旅游深度，形成了文化与旅游大发展的格局。小镇内的 72 家手工作坊，不仅展示了传统的手工艺技艺，还为游客提供了互动体验的机会，增强了游客的参与感。同时，小镇还举办了各种文旅活动，如春季水乡篝火节、夏季赛龙舟、水乡之秋垂钓大赛等，丰富了游客的旅游体验，提高了小镇的知名度和美誉度。此外，ZB 村还注重将非物质文化遗产与旅游产品相结合，开发出了一系列具有地方特色的旅游商品，如手工艺品、农产品等。这些商品不仅满足了游客的购物需求，还为当地农户提供了更多的收入来源。

（4）加强基础设施建设，提升旅游服务水平。为了提升旅游服务水平，ZB 村不断加强基础设施建设，全面完善旅游设施的配套建设。政府配套建设了文化娱乐广场、生态停车场、拦河造湖工程、亮化工程、绿化工程等，为游客提供了更加便捷、舒适的旅游环境。同时，小镇还建设了公社客栈、星空树屋康养民宿等住宿设施，满足了游客的住宿需求。在提升旅游服务水平方面，ZB 村还注重加强旅游从业人员的培训和管理。通过组织各种培训活动，提高旅游从业人员的业务素质和服务水平。同时，还建立了完善的旅游管理制度和投诉处理机制，保障了游客的合法权益，推动了旅游市场的健康发展。

（5）创新理念，增强发展动力。在推动乡村振兴的过程中，ZB 村注重创新理念，增强发展动力。一方面，积极引进先进的管理理念和技术手段，推动产业升级和转型发展；另一方面，注重加强与贫困群众之间的互动联系，通过积极走访、签订生产订单等方式，解决贫困群众销路难的问题。同时，还组织开展了技能培训、创业培训等活动，增强贫困群众的自我发展能力和创新创业意识。在创新理念的推动下，ZB 村不仅实现了经济的快速发展，还促进了社会的和谐稳定。通过加强基层党组织建设、完善村民自治制度等方式，提高了村民的参与度和满意度。同时，还注重加强社会治理和公共服务体系建设，为村民提供了更加便捷、高效的服务。

（6）发展特色产业，推动多元化发展。除旅游业的发展外，ZB 村还注重发展特色产业。依托当地的山水资源和生态环境优势，大力发展生态农业和林业产业。通过流转土地建设农业园区、引进优质品种和技术等方式，提高了农产品的产量和品质。同时，还注重发展林下经济和养殖业，为村民提供了更多的收入来源。此外，ZB 村还注重发展文化产业和创意产业。通过挖掘和传承当地的文化资源和非遗技艺，开发出一系列具有地方特色的文化产品和创意产品。这些产品不仅满足了游客的购物需求，还为当地的文化传承和发展注入了新的活力。

四、发展成效

近年来，陕西安康市石泉县后柳镇 ZB 村通过实施“作坊小镇项目”，大力推动乡村振兴战略的实施，取得了显著成效。该项目以文旅产业为主导，融合了非物质文化遗产、农耕文化和陕南地方特色，不仅提升了乡村经济水平，还丰富了乡村文化内涵，打造出独特的生态农业，同时构建起别具一格的乡村旅游目的地。

（1）经济振兴。通过几年的运营发展，ZB 村的经济状况发生了翻天覆地的变化。依托绿水青山和田园风光，ZB 村打造出了 4A 级景区——ZB 大峡谷、3A 级景区——ZB 作坊小镇等旅游项目，构建起了集“吃、住、行、游、购、娱”于一体的旅游格局。ZB 作坊小镇通过打造 72 家不同业态的手工作坊，展示了多项传统技艺，吸引了大量游客前来体验。数据显示，ZB 作坊小镇自 2017 年 9 月开园以来，累计接待游客 70 万人次，实现综合收入 1 800 余万元。尤其是通过举办石泉庖汤会等文化活动，不仅吸引了大量游客，还通过线上营销方式扩大了影响力。2019 年，庖汤会通过线上营销方式入会人数超过了 1.2 万人，参与庖汤会旅游文化活动的人数超过了 4 万人次，创造了庖汤会入会人数最多和冬季旅游接待量最大纪录。此外，ZB 村还通过“非遗+旅游+电商”的运营模式，将传统手工艺品和原生态农产品在线上线下同步销售，进一步拓宽了村民的收入渠道。目前，小镇已入驻电商 50 家，其中贫困户 6 家，带动 20 户贫困户实现就业。同时，小镇还吸纳了 200 余人次务工，人均年收入 2 万余元，带动 40 余户自主创业，户均年收入近 10 万元。

（2）文化传承。ZB 村在推进乡村振兴的过程中，高度重视传统文化的传承与发展。通过挖掘陕南农耕文化和非物质文化遗产，利用移民搬迁房屋改建传统手工作坊，形成了集非遗展示传承体验、旅游休闲度假功能于一体的 ZB 作坊小镇。小镇内的 72 家手工作坊展示了酿酒、草编、做豆腐、传统榨油坊、活字印刷、扎染等传统技艺，常态化开展火狮子、采莲船、舞龙舞狮等非遗体验文化活动。ZB 村已连续举办三届以省级非遗项目石泉庖汤会为主题的文化旅游活动，非物质文化遗产成为核心旅游吸引物。同时，小镇还建设了非遗展览馆，出版了一套“非遗”画册，编排了一台农民晚会，邀请著名作家高建群老师编撰一部《相忘于江湖》中篇小说并拍摄了同名电影，着力打造乡村体验深度游。通过这些举措，ZB 村不仅丰富了乡村文化内涵，还提升了乡村旅游的吸引力。

（3）社会治理。在乡村振兴过程中，ZB 村注重社会治理与旅游产业发展的有效融合。通过开展文明礼仪培训、家规家训征集、培树先进典型、志愿服务及文化活动，群众的思想观念、文明习惯、生活方式进一步向善向好，发展内生动力持续增强。在景区的带动下，村党支部将文旅有效结合，实现了经济发展与村域治理共进双赢。社会治安、乡风民俗、村容村貌得到明显改观，形成了创新创业的共享众创空间。此外，政府还积极引导电商进村入驻，建设“作坊+电商”服务站，为创业的人员提供证照代办、房租水电减免、咨询服务等便利条件，营造了良好的创业环境。

五、经验启示

（1）科学规划，高点定位。ZB 村在推进乡村振兴的过程中，注重科学规划和高点定位。按照宜游宜业宜居的发展理念，高水平编制了《ZB 作坊小镇建设规划》，明确了建设内容和总体布局。确立了“1112345”的总体布局，即修建“一湖”“一心”“一点”，建设“两场”“三园”，打造“四条街”，实现“五化”。同时，ZB 村还注重融合要素，按照产业定位“准”、承载功能“全”、建设风貌“美”、运行体制“新”的建设目标，推进文旅、农旅融合，配套完善旅游服务要素和建立创新发展的政策机制，打造富有地域特点、建筑风貌和生态优势的“高颜值”小镇。

（2）文旅融合，打造非物质文化遗产 IP。ZB 村在推进乡村振兴的过程中，注重文旅融合，打造非物质文化遗产 IP。通过实施“文旅设施共建、文旅活动共享、文旅业态共融”机制，在 ZB 作坊小镇举办“石泉庖汤会”等文化活动，让游客不仅能品美食、赏年俗、看演出、购年货，还可“打卡”体验传统手工技艺。通过非物质文化遗产与景点的融合，有力提升了旅游深度，构建起文化与旅游大发展的格局。同时，ZB 村还注重挖掘乡土文化资源，推行“五个一”文化建设工程，邀请著名作家高建群老师编撰一部《相忘于江湖》中篇小说，打造一部同名电影，建设一处非遗展览馆，编排一台农民晚会，出版一套“非遗”画册，着力打造乡村体验深度游产品。

（3）创新理念，增强发展动力。ZB 村在推进乡村振兴的过程中，注重创新理念，增强发展动力。通过加强与贫困群众之间的互动联系，积极走访，与优质农副产品种植养殖贫困户签订生产订单，以高于市场价格收购其生产的优质农副产品，解决其销路难的问题。同时，ZB 村还注重扶志扶智，提升主动脱贫能力。组织开展技能培训、创业培训等，使贫困群众能有一技之长，树立起脱贫致富的信心和创业致富的意识。通过提供便利条件、强化激励，提升主动脱贫的积极性。

（4）政府主导，市场主体。ZB 村在推进乡村振兴的过程中，注重政府主导和市场主体的有机结合。政府通过引进经营主体、捆绑项目投入、撬动金融资本等方式，为小镇建设运营提供了有力保障。同时，政府还注重发挥群众的主体作用，充分发动群众参与，让群众在乡村振兴战略中获得利益。按照“政府主导、市场主体、群众参与”的原则，ZB 村实现了多方联动、统筹投入。小镇建成运营以来，入股到合作社的群众年均保底分红 3 000 元；同时共吸纳 300 余当地群众就地就业，人均年收入 2 万元以上；累计与 300 余户签订订单种养协议，使农产品在家门口就变成商品；流转土地 1 500 亩建设农业园区，年支付土地流转费用及劳务工资 100 余万元。

六、未来计划

（1）深化文旅融合，提升旅游品质。ZB 村将继续深化文旅融合，提升旅游品质。通过进一步挖掘非物质文化遗产和农耕文化，丰富旅游业态，打造更多具有吸引力的旅游项目。同时，ZB 村还将加强旅游基础设施建设，提升旅游服务质量，为游客提供更好的旅游体验。例如，ZB 村计划建设更多高品质的旅游设施，如生态停车场、文化娱乐广场、农业示范体验园等，以满足游客的多样化需求。

（2）推动产业升级，增强经济实力。ZB 村将继续推动产业升级，增强经济实力。通过发展现代农业、特色手工业和乡村旅游等产业，形成多元化的经济结构。同时，ZB 村还将加强品牌建设，提升产品的附加值，增加村民收入。例如 ZB 村计划建设更多的产业园区和农业园区，引进更多的农业企业入驻，并招揽更多手工艺人加入，推动产业集聚发展。同时，ZB 村还将强化农产品的加工和销售环节，通过电商平台和线下市场相结合的方式，拓宽销售渠道，增加村民收入。

（3）加强社会治理，提升乡村文明。ZB 村将继续加强社会治理，提升乡村文明。通过完善基层治理体系，加强村民自治和法治建设，提升乡村治理水平。同时，ZB 村还将加强文明建设，通过举办文化活动、开展志愿服务等方式，提升村民文明素质和生活品质。例如，ZB 村计划进一步完善“一约四会”等制度，加强村民自治和法治建设。同时，ZB 村还将加强文化设施建设，如图书馆、文化广场等，为村民提供更多的文化娱乐活动。

（4）推进生态文明建设，打造绿色家园。ZB 村将继续推进生态文明建设，打造绿色家园。通过加强环境保护和生态治理，提升乡村生态环境质量。同时，ZB 村还将加强绿色发展理念宣传和教育，引导村民树立绿色发展意识。例如，ZB 村计划加强植树造林和绿化美化工作，提升乡村绿化覆盖率。同时，ZB 村还将加强污水处理和垃圾处理设施建设，提升乡村环境质量。

七、思考题

1. 从 ZB 作坊小镇引进归雁乡贤，到村民创新意识与能力的培养中分析总结出，如何以农民为抓手提高乡村产业发展的新质生产力。

2. 在以手工作坊展现非物质文化遗产发展乡村旅游的过程中，如何发挥农民的作用？

3. ZB 作坊小镇是如何创新开发利用地方文化资源的？

第六节　陕西省安康市石泉县 CCW 村：构建“三生融合共建共享”田园综合体

一、基本情况

陕西省安康市石泉县 CCW 村，位于秦岭南麓，是一个风景如画、生态优美的自然古村落。这个小山村被群山环抱，水田、池塘错落有致，宛如一幅美丽的田园画卷。CCW 村以其独特的生态环境和传统的耕作方式，吸引了众多珍稀鸟类，尤其是国宝朱鹮，在这里繁衍生息。CCW 村有着悠久的历史和丰富的文化底蕴。清朝文人周焱林在《咏草池》中描绘了 CCW 村荷塘的美景：“接天莲叶无穷碧，映日荷花别样红。”如今，这一景象依然得以保存。每至荷花盛开的季节，便吸引众多游客慕名而来，驻足观赏。CCW 村的生态环境和自然资源是其最大的优势。这里群山环绕，绿树成荫，水质清澈，空气新鲜。国宝朱鹮在这里找到了理想的栖息地，它们在树林中筑巢，在水田里觅食，与人类和谐共处。正因如此，CCW 村被划定为石泉县朱鹮保护区之一。在此之后，朱鹮的数量逐年增加，从最初的一两只增长到现在的 42 只。CCW 村的村民保持着传统的耕作方式，不使用化肥和农药，最大程度保护了当地的自然风貌。这种原始的耕作方式不仅有利于农业生产，也为朱鹮等保护鸟类提供了充足的食物来源。CCW 村的荷塘、稻田与周围的自然环境融为一体，构成了一个和谐共生的生态系统。然而，由于青壮年劳动力大量外出打工，村里的老人无力耕种水稻，一些水田被改种旱作物。这不仅影响了农业生产，也破坏了原有的生态环境。为了改变这一状况，石泉县启动了 CCW 村的田园综合体建设项目，通过流转土地、引进有机稻米种子等方式，恢复水稻种植，并推动第一、第二、第三产业融合发展。

二、挑战与问题

（1）基础设施落后。CCW 村的基础设施相对落后，交通不便，电力、通信等基础设施薄弱。这制约了当地经济的发展和乡村振兴的进程。为了提升基础设施水平，石泉县投入了大量资金进行道路硬化、电网改造和通信设施建设，但这些工作仍然需要持续推进。

（2）人口老龄化严重。CCW 村的人口老龄化问题突出。随着青壮年劳动力大量外出打工，村里的老人无力耕种土地，导致部分土地闲置。这不仅影响了农业生产，也造成了资源浪费。为了解决这个问题，石泉县采取了土地流转和土地托管等方式，将闲置土地集中起来进行规模化经营。

（3）产业结构单一。CCW 村的产业结构相对单一，主要以传统农业为主。这限制了当地经济的发展和农民收入的提高。为了推动产业转型升级，石泉县引入了现代农业、乡村旅游等新兴产业，推动第一、第二、第三产业融合发展。然而，这些新兴产业的发展仍然需要时间和资源的投入。

（4）生态保护压力大。CCW 村作为朱鹮保护区和生态敏感区，生态保护压力巨大。如何在推动经济发展的同时保护好生态环境，是一个亟待解决的问题。石泉县在推动田园综合体建设的过程中，始终坚持生态优先的原则，通过实施生态修复、环境整治等措施，保护当地的生态环境和生物多样性。

（5）人才短缺。CCW 村的人才短缺问题也十分突出。由于缺乏专业人才和管理人才，当地的经济社会发展受到限制。为了吸引和留住人才，石泉县采取了一系列措施，如提供人才公寓、创业扶持等，为人才创造良好的工作和生活环境。

三、发展举措

（1）加强基础设施建设。为了提升 CCW 村的基础设施水平，石泉县投入了大量资金进行道路硬化、电网改造和通信设施建设。通过铺设沥青路、整治人居环境、改造水电路等措施，改善了当地的交通和通信条件。同时，石泉县还加强了农田水利设施建设，提高了农业生产的灌溉能力。在田园综合体建设方面，石泉县开展并推进了乡村会客厅、CCW 村的茶空间、田间课堂和高端民宿等建设项目。这些项目不仅提升了当地的旅游接待能力，也丰富了乡村旅游的内涵和品质。通过提升基础设施水平和完善旅游设施，CCW 村的乡村旅游产业得到了快速发展。

（2）推动产业转型升级。为了推动 CCW 村的产业转型升级，石泉县引入了现代农业和乡村旅游等新兴产业。通过流转土地、引进有机稻米种子等方式，恢复了水稻种植，并推动了有机农业的发展。同时，石泉县还利用当地的生态资源和地域文化特色，开发了一系列乡村旅游产品，如田园观光、康养旅居、研学教育、休闲采摘等。在推动产业转型升级的过程中，石泉县注重第一、第二、第三产业的融合发展。通过推行“支部+园区+合作社+农户”的发展模式，实现了农业、林业、畜牧业、渔业等产业的协同发展。同时，石泉县还注重将农业生产与乡村旅游、文化创意等产业相结合，推动产业的多元化发展。

（3）实施生态修复与保护。作为朱鹮保护区和生态敏感区，CCW 村的生态保护工作至关重要。为了保护好当地的生态环境和生物多样性，石泉县采取了一系列生态修复和保护措施。一是石泉县加大了对朱鹮的保护力度。通过建立朱鹮保护区、开展朱鹮监测和研究等工作，确保了朱鹮种群的稳定增长。同时，石泉县还加大了对其他珍稀野生动物的保护力度，维护了当地的生物多样性。三是石泉县实施了生态修复工程。通过植树造林、退耕还林等措施，恢复了当地的植被覆盖和生态功能。同时，石泉县还加大了对水土流失和土地沙化的治理力度，提高了土地的生态承载能力。二是石泉县加大了对生态环境的监管力度。通过建立生态环境监测体系和完善环境管理制度等措施，确保了当地生态环境的持续改善。同时，石泉县还加大了对环境污染的治理力度，降低了污染物排放对生态环境带来的不良影响。

（4）推进人才队伍建设。为了吸引和留住人才，石泉县采取了一系列措施来推进人才队伍建设。一是石泉县加大了对人才的培养和引进力度。通过提供人才公寓、创业扶持等政策优惠措施，吸引了大量优秀人才来到 CCW 村工作和生活。同时，石泉县还加强了对当地人才的培养力度，提高了他们的专业技能和管理水平。二是石泉县加强了对人才的激励和保障机制建设。通过建立完善的薪酬体系、福利制度和职业发展通道等措施，激发了人才的积极性和创造性。同时，石泉县还加强了对人才的保障力度，确保了他们在工作和生活方面的需求得到满足。三是石泉县加强了对人才的交流和合作机制建设。通过搭建人才交流平台、开展人才合作活动等措施，促进了人才之间的交流和合作。这不仅有利于人才的成长和发展，也有利于推动当地的经济社会发展。

（5）发挥党建引领作用。在推动 CCW 村田园综合体建设的过程中，石泉县充分发挥了党建引领作用。通过加强基层党组织建设、完善党建工作机制等措施，提高了基层党组织的凝聚力和战斗力。同时，石泉县还注重发挥党员的先锋模范作用，引导他们积极参与乡村振兴和田园综合体建设。在党建引领下，CCW 村的乡村振兴和田园综合体建设取得了显著成效。通过加强基础设施建设、推动产业转型升级、实施生态修复与保护、推进人才队伍建设等措施，CCW 村的经济社会发展水平得到了显著提升。同时，CCW 村的生态环境和乡村风貌也得到了有效改善，成为一个宜居宜业的和美乡村的典范。

四、发展成效

（1）生态环境显著改善。CCW 村的生态环境是其最大的优势。近年来，CCW 村通过持续开展人居环境整治行动，提升村容村貌，实现了村落从“颜值美”到“内在美”的华丽蜕变。村民自发修整庭院，着力打造独具特色的庭院经济模式，使得整个村庄呈现出院净、景美、人和的生态画卷。CCW村坚持绿色发展理念，推进农田有机改良，秉持不施化肥、不用农药的理念，运用传统的耕作方式，保护了良好的生态环境。这一举措不仅吸引了42只朱鹮在此安家落户，繁衍生息，还使得CCW村成为石泉县划定的第七个朱鹮保护区之一。

（2）经济效益显著提升。CCW村田园综合体项目的实施，为当地带来了显著的经济效益。该项目总投资8 124万元，总占地928.5亩，总建筑面积9 680平方米。目前，CCW田园综合体项目已流转土地292亩，建成的200亩有机水稻和莲藕基地喜获丰收，已出产有机稻米4万千克，稻田鸭1 000只，预计出产有机莲藕3万千克。此外，CCW村还通过发展鱼菜共生示范基地和预制菜产业基地，进一步提升了经济效益。鱼菜共生示范基地通过将水产养殖和水耕栽培进行生态设计，实现了协同共生，年产值超过60万元。预制菜产业基地则按照“预制菜加工龙头企业+村集体经济合作社+种植企业+农户”的发展模式，打造了集田园观光、休闲旅居、农事体验、研学教育于一体的乡村振兴示范样本，预计全面建成后可实现年产值2 100万元，利润800万元。

（3）社会效益显著增强。CCW村田园综合体项目的实施，不仅创造了经济效益，还显著提升了社会效益。通过完善业态布局，延伸产业链条，CCW村为当地村民提供了更多的就业机会。该综合体项目可解决就业岗位150个，有效缓解了当地就业压力。同时，CCW村还通过乡村会客厅、茶空间、田间课堂和青年旅社等项目设计，推动了乡村旅游与农业、教育、文化、康养等产业的深度融合。这一举措不仅丰富了乡村旅游的内涵，还提升了乡村旅游的品质，吸引了更多的游客前来观光旅游，带动了当地经济的发展。

五、经验启示

（1）坚持绿色发展理念。绿色发展是CCW乡村振兴的核心理念。CCW村坚持生态经济化、经济生态化的发展方向，立足生态、富硒、绿色优势，着力构建以生态观光、休闲度假、旅居康养、康体运动、研学旅行等具有地方特色优势的生态旅游产品体系。通过实施农田有机改良、发展有机农业等措施，保护了良好的生态环境，为乡村旅游的发展奠定了坚实的基础。

（2）注重产业融合发展。产业融合是CCW乡村振兴的重要路径。CCW村通过推行“支部+园区+合作社+农户”的发展模式，驱动第一、第二、第三产业融合发展。通过建设有机农业培育基地、富硒蔬菜生产基地及智慧农业建设基地等措施，提升了农业产业的附加值。同时，CCW村还积极拓展“旅游+”模式，推动乡村旅游与农业、教育、文化、康养等产业的深度融合，探索出集田园观光、康养旅居、研学教育、休闲采摘、农事体验等于一体的农旅融合发展新模式。

（3）发挥党建引领作用。党建引领是CCW乡村振兴的重要保障。CCW村坚持发挥基层党组织的领导核心作用，做好产业布局和规划，打造集生产、生活、生态于一体的复合型经营模式。通过与企业、合作社、大户形成产业联盟，共享农业企业的生产资源优势、合作社的技术资源优势以及人力资源优势，促进了资源的联享和产业的协同发展。同时，CCW村还注重完善产权确权机制和利益联结机制，通过土地流转、就近就业、保底分红、股份合作等方式完善利益链条，形成了村集体、企业和农民的利益联结团体，有力地促进了抱团式发展模式的推进。

（4）注重群众参与和利益共享。群众参与和利益共享是CCW乡村振兴的重要动力。CCW村注重发挥群众的主体作用，通过激发群众的内生动力、优化收益分配等措施，激发了农民主动参与“三变”改革的积极性。同时，CCW村还通过“三变+产业+分红”模式，构建了契约型、股权型的利益联结机制，实现了政府、企业、农民之间的利益共享和共赢发展。

六、未来计划

（1）持续推动绿色发展。CCW村将继续坚持绿色发展理念，加强生态环境保护，推进农田有机改良和有机农业发展。同时，CCW 村还将积极探索生态农业和循环农业的发展模式，提高农业资源的利用效率，降低农业生产对环境的负面影响。

（2）深化产业融合发展。CCW 村将继续深化产业融合发展，推动第一、第二、第三产业的协同发展。通过建设现代农业园区和预制菜产业园区等措施，提升农业产业的附加值和竞争力。同时，CCW 村还将积极拓展乡村旅游的内涵和外延，推动乡村旅游与农业、教育、文化、康养等产业的深度融合，构建具有地方特色的生态旅游产品体系。

（3）加强党建引领和群众参与。CCW 村将继续加强党建引领和促进群众参与，发挥基层党组织的领导核心作用和群众的主体作用。通过完善组织架构和制度建设等措施，提升基层党组织的组织力和战斗力。同时，CCW 村还将注重激发群众的内生动力、优化收益分配等措施，激发农民主动参与乡村全面振兴的积极性。

（4）完善基础设施和公共服务。CCW 村将持续优化基础设施和公共服务设施的建设和管理工作。采取加强道路、水利、电力等基础设施的建设和改造升级等措施，提升村庄的宜居性和便利性。同时，CCW 村还将注重提升公共服务的质量和水平，加强教育、医疗、文化等公共服务设施的建设和管理，满足村民的基本生活需求和精神文化需求。

（5）推动数字化和智能化发展。CCW 村将积极推动数字化和智能化发展，利用互联网技术和信息技术提升乡村治理的现代化水平。通过建设数字乡村治理平台等措施，实现乡村治理的智能化和精细化。同时，CCW 村还将注重将数字技术嵌入生产要素中，推动农业生产的转型升级和提质增效。

（6）加强区域合作和交流。CCW 村将加强与其他地区的合作和交流，借鉴先进经验和做法，推动乡村振兴事业的不断发展。通过采取加强区域合作和交流等措施，促进资源的共享和优势互补，提升 CCW 村的知名度和影响力。

七、思考题

1. 如何在妥善保护朱鹮保护区和生态敏感区的基础上，充分利用朱鹮资源与栖息地的生态资源环境，开发出哪些类别的旅游产品，以此提高 CCW 村的旅游吸引力？

2. CCW 村如何解决村里的老人无力耕种水稻，一些水田被改种旱作物，影响朱鹮栖息环境的问题？如何实现农业产业的多元化发展？

第七节　陕西省安康市石泉县 XH 镇：农旅融合激活乡村振兴“新引擎”

一、基本情况

XH 镇位于陕西省安康市西部，地处石泉县南端，距离县城 25 千米，与汉阴县汉阳镇毗邻。XH 镇总面积 139.6 平方千米，耕地面积 22 571 亩，林地 149 036 亩，下辖 18 个村和 1 个社区，共有 16 070人，其中常住人口 8 810 人。XH 镇内交通便利，541 国道贯穿全境，汉江穿境而过约 15 千米，大唐喜河水电站坐落于晨光村。XH 镇拥有丰富的自然资源和人文景观。碧波荡漾的汉江穿境而过，盘龙山、凤凰山、天池山巍峨耸立，汉江水、雁山瀑、千佛洞、风情街等景点各具特色，形成了山水田园、生态休闲康养的旅游目的地。这里气候温和，年平均气温 17 ℃，四季分明，空气清新，堪称巴山深处的天然氧吧。近年来，XH 镇积极探索生态旅游发展之路，致力于乡村振兴。XH 镇立足自然资源禀赋，坚持把农旅融合作为推动乡村振兴的重要抓手，因地制宜积极调整产业结构，打造农旅融合新样板。XH 镇通过精准定位谋全域、茶旅融合抓示范、龙头景区做引领等举措，走出了一条以农兴旅、以旅强农、优势互补、产业互融的乡村振兴发展之路。

二、挑战与问题

（1）基础设施不足。近年来，尽管XH镇加大了基础设施建设的力度，但仍然存在部分区域基础设施薄弱的问题。部分旅游景点的道路、公共设施等尚不完善，影响了游客的旅游体验。例如，一些偏远景点的交通不便，游客难以到达，导致这些景点的开发利用程度较低。

（2）专业人才缺乏。生态旅游的发展离不开专业人才的支持。然而，XH镇在旅游专业人才方面相对匮乏，缺乏高素质的旅游管理、规划和市场营销人员。这导致部分旅游项目缺乏科学规划和有效管理，难以形成持续的竞争力和影响力。

（3）资源整合不足。XH镇拥有丰富的旅游资源，但资源整合方面尚显不足。部分景点相互之间缺乏有效的衔接和互动，未能构建起完整的旅游线路和产品体系。此外，旅游资源与周边地区的联动发展也不够紧密，未能充分发挥区域旅游的整体优势。

（4）生态环境保护压力大。XH镇的自然生态环境是其生态旅游的重要基础。然而，随着旅游业的快速发展，生态环境保护的压力日益增大。部分景点存在游客乱扔垃圾、破坏植被等问题，给生态环境带来了一定程度的破坏。如何在旅游业发展和生态环境保护之间找到平衡点，是XH镇面临的重要课题。

（5）旅游产品开发不足。尽管XH镇拥有丰富的旅游资源，但在旅游产品开发方面尚显不足。部分旅游产品缺乏特色和创意，难以满足游客多样化的需求。此外，旅游产品的营销和推广力度也不够，影响了XH镇旅游品牌的知名度和影响力。

三、发展举措

（1）加强基础设施建设。XH镇致力于加强基础设施建设，提升旅游景点的可达性和便利性。近年来，XH镇加大了对交通、公共设施等方面的投入力度，修建了一批旅游道路和观景设施，提升了游客的旅游体验。例如，XH镇在雁山瀑布景区周边修建了停车场、观景台、旅游厕所等公共设施，为游客提供了更加便捷的旅游服务。

（2）培养专业人才。为了提升旅游管理和服务水平，XH镇注重培养专业人才。通过举办培训班、引进外部专家等方式，XH镇加强了对旅游从业人员的培训和教育，提高了他们的专业素养和服务能力。此外，XH镇还积极引进高素质的旅游管理人才，为生态旅游的发展提供了有力的人才保障。

（3）推动资源整合。XH镇注重资源整合，加强各景点之间的衔接和互动。通过科学规划和合理布局，XH镇形成了一批具有特色的旅游线路和产品体系。例如，XH镇依托汉江经济带和石紫岚大交通，突出山水特色，围绕农旅融合，整合了“三山一水一瀑一洞一街”等旅游资源，形成了山水田园、生态休闲康养的旅游目的地。

（4）加强生态环境保护。XH镇高度重视生态环境保护，通过制定严格的环保措施和加大监管力度，确保旅游业发展与生态环境保护相协调。XH镇在旅游景点周边设立了生态保护区，限制游客活动范围，防止对生态环境造成破坏。同时，XH镇还加强了对游客的环保教育，增强了游客的环保意识。

（5）丰富旅游产品。为了满足游客多样化的需求，XH镇不断丰富旅游产品。通过挖掘当地的文化和自然资源，XH镇开发了一批具有特色的旅游产品，如茶文化体验式旅游、生态休闲旅游、红色文化旅游等。此外，XH镇还注重旅游产品的创新和升级，不断提升旅游产品的品质和竞争力。

（6）加强宣传推介。为了提升XH镇旅游品牌的知名度和影响力，XH镇加强了对旅游资源的宣传推介。通过举办旅游节庆活动、参加旅游交易会等方式，XH镇积极向外界展示其丰富的旅游资源和独特的旅游魅力。同时，XH镇还利用互联网和新媒体等渠道，加大了对旅游产品的网络营销和推广力度，吸引了更多游客前来旅游观光。

（7）实施产业融合。XH镇注重产业融合，通过农旅融合、文旅融合等方式，推动生态旅游与农业、文化等产业的深度融合。例如，XH镇依托独特的生态气候和地理优势，大力发展茶叶种植生产和茶文化体验式旅游，形成了茶旅融合的示范村。此外，XH 镇还注重挖掘当地的历史文化资源，打造了一批具有文化特色的旅游景点和产品，如汉江石泉古城景区、鬼谷子文化小镇等。

（8）推进乡村振兴。XH 镇将生态旅游作为乡村振兴的重要抓手，通过发展旅游业带动周边地区的经济发展和群众增收。XH 镇通过政府引领、市场运作、农民为主、社会参与的开发方式，引导周边群众参与旅游业发展，从事休闲住宿、特色餐饮等服务业。这不仅为游客提供了丰富的旅游体验，也为当地群众带来了可观的收入，实现了“绿水青山”向“金山银山”的转变。

（9）强化基层治理。为了提升基层治理水平，XH 镇注重强化基层组织和干部队伍建设。通过加强干部培训、完善基层治理机制等方式，XH 镇提升了基层组织的凝聚力和战斗力。同时，XH 镇还注重发挥群众的主体作用，通过村民自治等方式，激发了群众的参与热情和创造力，为生态旅游的发展奠定了坚实的群众基础。

（10）推进项目建设。为了加快推动生态旅游发展，XH 镇高度重视项目建设工作。通过引进外部资金和技术，XH 镇建设了一批具有特色的旅游项目，如盘龙山生态休闲区、喜河旅游接待中心等。这些项目的建设不仅提升了 XH 镇的旅游品质，也为当地群众提供了更多的就业机会和增收渠道。

四、发展成效

（1）农旅融合推动乡村振兴。XH 镇立足自然资源禀赋，积极调整产业结构，将农旅融合作为推动乡村振兴的重要抓手。通过精准定位，XH 镇围绕“山水田园、生态休闲康养旅游目的地”的总体定位，盘活“三山一水一瀑一洞一街”（盘龙山、凤凰山、天池山，汉江水、雁山瀑、千佛洞、风情街）等旅游资源，以“盘活汉江水、建好雁山瀑、进军盘龙山、打造精品线”的思路，推进全域旅游。在茶旅融合方面，XH 镇以档山村为示范点，大力发展茶叶种植生产和茶文化体验式旅游。全村现有高标准观光茶园 300 亩，其他茶园 500 亩，新建集体高标准茶园 150 亩。康泉生态农业有限公司生产的绿茶（雁山茗峰）被认定为绿色食品 A 级产品，茶产业年产值达 300 万元以上，带动就业 200 余人，帮扶了 30 户，共计 65 名脱贫户，户均增收 2 000 元以上。

（2）龙头景区引领产业发展。XH 镇拥有 4A 级景区雁山瀑布。该景区森林覆盖率达 96. 3%以上，内有植被 1 700 多种，是动植物生息繁衍的乐园和宝贵的中草药资源库。该景区年平均气温 17 ℃，四季葱郁，流水潺潺，空气负氧离子浓度极高，堪称巴山深处的天然氧吧。雁山瀑布景区充分发挥龙头带动作用，实施“景区+村集体经济组织”发展模式，带动全镇 11 个村集体经济股份合作社年收益 36 万元，促进周边第三产业快速发展。该景区周边发展农家乐、渔家乐等 20 余家，提供直接就业岗位 100 余个，带动了 1 000 余名村民实现增收。

（3）全域旅游带动多产业融合。XH 镇通过实施全域旅游，有效促进了三产融合发展，形成了“旅游一业突破、引领多业融合”的发展新格局。目前，XH 镇已经建成多个省级旅游示范村和特色名镇，旅游接待人次及旅游综合收入年均增长 20%以上，旅游产业增加值占全镇生产总值的 20%以上，带动全镇从事旅游业的人数达到 3. 5 万人。在农业方面，XH 镇突出抓好茶、蚕桑、畜禽等主导产业，适度扩大烤烟、黄花菜、中药材、魔芋等特色产业规模。同时，大力发展特色订单农业，展现出“多点开花、齐头并进”的良好局面。例如，档山村 150 亩药用野菊已全面完成采收工作，各类药材苗在地头呈现出一派生机勃勃的景象。

五、经验启示

（1）精准定位与科学规划。XH 镇的成功经验在于精准定位和科学规划。依托汉江经济带和石紫岚大交通，XH 镇突出山水特色，围绕农旅融合，盘活各类旅游资源，形成“山水田园、生态休闲康养旅游目的地”的总体定位。同时，按照“盘活汉江水、建好雁山瀑、进军盘龙山、打造精品线”的总体思路，以龙头带动、精品示范、串珠成线的模式推进全域旅游。

（2）产业融合与协同发展。XH 镇注重产业融合与协同发展，通过农旅融合、茶旅融合、文旅融合等多种方式，实现优势互补、产业互融。一方面，XH 镇依托独特的生态气候和地形优势，大力发展茶叶种植生产和茶文化体验式旅游，带动村民增收致富；另一方面，XH 镇通过发展乡村旅游，挖掘当地农业、文化、饮食等特色，打造集休闲、餐饮、娱乐、观光、采摘、体验于一体的田园综合体，满足游客回归田园、体验“乡愁”的愿望。

（3）龙头带动与示范引领。XH 镇充分发挥龙头景区的带动作用，通过实施“景区+村集体经济组织”发展模式，带动周边村庄和村民增收致富。例如，雁山瀑布景区通过发展旅游业，带动全镇 11 个村集体经济股份合作社年收益 36 万元，促进周边第三产业快速发展。同时，XH 镇高度重视示范点的建设工作，以档山村为茶旅融合示范村，通过高标准茶园的建设和茶文化体验式旅游的发展，带动全村经济增长。

（4）政府主导与多方参与。XH 镇的成功经验还在于政府主导与多方参与。政府通过制定发展规划、出台扶持政策、加强基础设施建设等方式，为乡村旅游发展提供了有力保障。同时，XH 镇注重发挥第一书记、村干部、公益性岗位、志愿者、群众等多方力量的作用，共同参与共建美好家园的行动，形成合力推动乡村旅游发展。

（5）深入挖掘文化底蕴。XH 镇注重深入挖掘文化底蕴，通过举办各种文化活动、体育赛事、节会论坛等方式，展示当地独特的文化魅力。例如，通过举办鬼谷子文化高峰论坛，推进鬼谷子文化的传承和利用开发；通过挖掘汉水文化内涵，打造石泉老街成为集历史文化展示、汉江奇石展销、特色文化交流于一体的文化街区。这些举措不仅丰富了乡村旅游的文化内涵，也提升了乡村旅游的吸引力和竞争力。

六、未来计划

（1）加快推进项目建设。XH 镇将继续围绕农旅融合，加快推进项目建设，丰富旅游业态。着力打造以“山水田园、康居乡村”为主题的茶旅融合示范项目，加大对优质旅游资源的深度包装和宣传推介力度，进一步改善基础设施，做好要素保障，加大招商引资力度，抓好旅游产品开发，把喜河全力打造成一流的养生休闲度假目的地。

（2）优化产业结构布局。XH 镇将继续优化产业结构布局，推动多产业协同发展。一方面，继续抓好茶、蚕桑、畜禽等主导产业，适度扩大特色产业规模；另一方面，大力发展特色订单农业和乡村旅游，推动产业融合发展。同时，注重挖掘当地农业、文化、饮食等特色，因地制宜，走产业融合的道路，提升乡村生态旅游文化内涵，打造乡村生态旅游精品项目。

（3）加强生态文明建设。XH 镇将加强生态文明建设，推动生态旅游可持续发展。XH 镇通过优化交通路网，构建“快旅慢游”旅游交通网络体系，完善旅游厕所、旅游集散等公共服务设施，提升餐饮、住宿、娱乐、购物等旅游产业要素，增强全域旅游接待能力。同时，XH 镇积极开发森林康养、生态观光、自然教育、户外运动、文旅节庆、乡村旅游、自驾露营等生态旅游产品，推出一批特色生态旅游线路，为群众提供优质服务的生态旅游供给。

（4）推动文旅深度融合。XH 镇将继续推动文旅深度融合，全力打造独具特色的文化旅游品牌，并深入挖掘地域文化特色，以鬼谷子文化为核心，通过举办鬼谷子文化高峰论坛，推进鬼谷子文化的传承和利用开发，打造石泉文化旅游名片。同时，XH 镇围绕蚕桑文化、汉水文化等，加快推进相关文旅产品开发，着力开发蚕桑文化旅游纪念品、鎏金铜蚕艺术品。

七、思考题

1. XH 镇如何通过发展生态旅游带动相关产业的融合发展，实现对相关产业的生态赋能增值？

2. XH 镇如何在生态旅游发展中实现可持续的生态资源环境的保护？

3. XH 镇如何提升社区居民在生态旅游发展中的参与度和受益度？

第八节　陕西省安康市紫阳县 DH 镇：打造彰显秦巴山水灵动之美的“山地版”和美乡村

一、基本情况

DH 镇位于陕西省安康市紫阳县东部，地处秦巴山区腹地，汉江穿境而过，赋予其得天独厚的自然风光和丰富的自然资源。DH 镇东与岚皋县大道河镇接壤，南与双桥镇为邻，西邻城关镇，北接蒿坪镇，总面积 94.78 平方千米，截至 2018 年年末，户籍人口为 17 195 人。DH 镇的地形以中高山为主，山岭绵延，起伏跌宕，海拔在 330~1 100 米之间。其气候属于亚热带湿润季风气候，四季分明，雨热同步，年平均气温 15.0 ℃，年均降水量 1 127.8 毫米，降雨主要集中在每年 5 月至 9 月。境内的主要河流包括汉江、汝河和 DH。其中，汉江贯穿全境，在境内的流程长度 11 千米，其流域面积约 270 平方千米。DH 镇有着丰富的农业资源，耕地面积 3.0 万亩，林地面积 8.5 万亩，粮食作物以小麦、玉米、水稻为主。近年来，DH 镇在农业总产值方面取得了显著成绩，2011 年农业总产值达到 9 327 万元，农民人均纯收入 5 422 元。此外，DH 镇还拥有丰富的旅游资源，境内的山水风光秀美，人文底蕴深厚，是开展生态旅游和休闲度假的理想之地。

二、挑战与问题

（1）基础设施薄弱。DH 镇地处山区，交通不便，基础设施相对薄弱。近年来，虽然政府加大了对基础设施建设的投入力度，但仍然存在交通不便、水利设施落后、电力供应不足等问题。这些基础设施较为薄弱，这不仅对当地居民的生产生活造成了影响，也制约了 DH 镇乡村旅游和生态农业的发展。

（2）产业结构单一。DH 镇的产业结构相对单一，主要以传统农业为主，缺乏多元化的经济支撑。虽然近年来 DH 镇在农业方面取得了一定成绩，但农业总产值仍然偏低，农民的收入水平较为有限。此外，DH 镇的工业和服务业发展也相对滞后，缺乏具有竞争力的企业和产业。产业结构的这种单一性，制约了 DH 镇经济的多元化发展，也对当地居民的收入和生活水平产生了影响。

（3）生态环境压力大。DH 镇地处秦巴山区，该区域生态环境较为脆弱，容易受到人类活动的影响和破坏。近年来，随着当地人口的增长和经济的发展，生态环境压力不断增大。乱砍滥伐、乱占耕地、乱排污水等问题时有发生，严重破坏了当地的生态环境。这不仅给 DH 镇的自然风光和旅游资源带来了影响，也对当地居民的生产生活和身体健康构成了威胁。

（4）社会治理难度大。DH 镇地处山区，人口分散，社会治理难度较大。由于地理位置偏远，交通不便，政府管理和服务难以覆盖到每一个角落。同时，由于当地居民的文化水平较低以及其法律意识较为淡薄，容易发生矛盾和纠纷，社会治理成本较高。这些问题不仅影响了 DH 镇的社会稳定和发展，也降低了当地居民的获得感和幸福感。

三、发展举措

（1）加强基础设施建设。为了改善 DH 镇的基础设施条件，政府加大了对基础设施建设的投入力度。一是加强交通设施建设，完善公路网络，提高交通的便利性；二是加强水利设施建设，改善灌溉条件，提高农业用水效率；三是加强电力设施建设，提高电力供应的稳定性和可靠性。这些基础设施的改善，为 DH 镇的经济社会发展提供了有力支撑。

（2）积极探索“农业+旅游”的发展模式。依托 DH 镇丰富的自然资源和旅游资源，打造具有地方特色的生态旅游品牌。通过发展富硒茶叶、特色果蔬、畜牧养殖、生态渔业等产业，推动农业与旅游业的融合发展。同时，DH 镇充分利用闲置房产、土地等现有资源，积极探索发展壮大村集体经济的有效路径。

（3）推动产业多元化发展。为了解决 DH 镇产业结构单一的问题，政府积极推动产业多元化发展。一是大力发展生态农业和乡村旅游，依托 DH 镇丰富的自然资源和旅游资源，打造具有地方特色的生态旅游品牌；二是鼓励和支持农民发展特色产业和农产品加工业，提高农产品的附加值和市场竞争力；三是引进和培育具有竞争力的企业和产业，推动 DH 镇经济的多元化发展。这些措施的实施，为 DH 镇的经济社会发展注入了新的活力。

（4）加强生态环境保护。为了保护 DH 镇的生态环境，政府采取了一系列措施。一是加强生态环境监管，加大对乱砍滥伐、乱占耕地、乱排污水等违法行为的打击力度；二是加强生态修复和治理，通过植树造林、水土保持等措施，改善当地的生态环境；三是加大环境保护的宣传教育力度，增强当地居民的环保意识和法律意识。这些措施的实施，有效保护了 DH 镇的生态环境，为当地的经济社会发展奠定了良好的生态基础。

（5）创新社会治理模式。为了加强对 DH 镇的社会治理，政府创新了社会治理模式。一是加强基层组织和队伍建设，提高基层组织的凝聚力和战斗力；二是建立健全矛盾纠纷多元化解机制，通过调解、仲裁等方式，及时化解矛盾和纠纷；三是加强法治宣传教育，增强当地居民的法律意识和法治观念。这些措施的实施，有力地维护了 DH 镇的社会稳定，并推动其持续发展，显著提升了当地居民的安全感和满意度。

（6）深入实施农村人居环境整治。为进一步改善 DH 镇的乡村面貌，政府扎实开展农村人居环境整治行动。一是加强农村环境卫生整治，通过清理垃圾、整治污水、绿化美化等措施，改善农村环境卫生状况；二是加强农村基础设施建设，完善农村道路、供水、供电等基础设施；三是加强农村公共服务设施建设，提高农村公共服务水平。这些措施的实施，不仅改善了 DH 镇的乡村面貌，也提升了当地居民的生活质量和幸福感。

（7）发挥基层党组织的战斗堡垒作用和党员的先锋模范作用。通过进村入户、清洁单位创建、健康讲座等方式，DH 镇向广大群众宣传做好村容村貌、户容户貌工作的必要性、重要性、必然性，传达全镇做好整治环境卫生的决心。各村（社区）强化党建统领，建立周集中环境整治日活动制度，开展主题党日活动，通过党员亮身份、做表率、当先锋，辐射带动广大群众参与环境整治工作。在整治过程中，DH 镇还注重激发群众的内生动力。通过评选“五美庭院”和“脏乱差庭院”，在红、黑榜上公示，将人居环境整治与道德积分相结合，激发群众参与环境整治的积极性。

四、发展成效

（1）产业发展势头强劲。DH 镇以产业兴旺为乡村振兴的源头和物质基础，坚持“一片叶子、三个篮子、多业并举”的产业发展定位，形成了富硒茶叶、特色果蔬、畜牧养殖、生态渔业和休闲旅游五大支柱产业。在富硒茶叶方面，DH 镇持续推进茶叶产业的标准化、示范化和园区化建设，通过精细化管护，提升茶园品质。目前，全镇茶园面积达到 1.2 万亩，并培育新增茶企 1 家，县内外新建实体店 18 家，新增绿色食品认证 3 个，食品安全生产许可（SC）认证 1 个。在特色果蔬方面，通过“合作社+基地+农户”的模式，DH 镇大力发展大棚蔬菜，深入推进“菜篮子”工程。全年 DH 镇新建大棚设施蔬菜 60 亩，规范化管理金钱橘及李子园 1 000 余亩，新建金钱橘园 300 余亩，丰富了“果篮子”。在畜牧养殖方面，DH 镇探索“寄母还羔”带农益农模式，通过寄养母种、回购幼犊带动养殖产业良性发展，加快构建特色优势突出、政策保障有力、利益联结紧密、发展运营规范的养殖集群产业，助推农民持续稳定增收。构建特色优势突出、运营规范的养殖集群产业。例如，沃农生态农业有限公司集秸秆回收、山羊养殖、黑猪养殖、黄牛养殖以及繁育、屠宰、加工于一体，形成了绿色高效的闭环式生态种养循环新模式。在生态渔业与休闲旅游方面，凭借丰富的自然人文资源，DH 镇成功举办知府“让美发生”春季文旅系列活动等多项文旅活动，生态旅游产业取得了新突破。

（2）社会治理创新高效。DH 镇在社会治理方面不断创新，形成了高效、多元的治理体系。一是构建起三级人民调解网络。DH 镇建立了以镇调委会为龙头、村（社区）调委会为基础、综治网格员全覆盖的三级人民调解网络体系，实现了矛盾纠纷的多元化解。二是建立了风险研判机制。DH 镇探索建立了常态研判、节点研判、专题研判三项风险研判机制，完善多部门协同机制，法、理、情融合的矛盾纠纷化解模式。DH 镇创新“板凳课堂”治理模式，以党员、乡贤、致富带头人等为主体，灵活利用村活动广场、田间地头等场所，积极引导广大群众参与基层治理，推动实现“听取意见在一线、解决难题在一线”。

（3）环境整治成效显著。在人居环境整治方面，以“扫干净、摆整齐、改旱厕、清污淤”为目标，DH 镇发动党员干部 500 余人次，开展集中整治清理 100 余次，完成了 15 户的改厕工作。同时，建立常态化清洁、网格管理、考核考评“三项机制”，改善了乡村的人居环境。

（4）乡风文明建设深入。DH 镇高度重视乡风文明建设，持续开展孝义文化活动，深化 DH“戏曲文化”“码头文化”“贡茶文化”内涵，弘扬传统美德，选拔并树立“和美乡村示范村”“和美庭院示范户”“孝老爱亲模范”等先进典型，倡导树立文明新风，着力提升群众的文明素养，营造了良好的社会氛围。

五、经验启示

（1）坚持党建引领是关键。DH 镇的成功实践表明，党建引领是推动乡村振兴的关键。通过加强基层党组织建设，DH 镇夯实了和美乡村建设的根基。一方面，注重党建赋能。DH 镇以党建为引领，统筹推进中心工作，签订党建工作目标责任书，明确和美乡村建设任务，强化党建赋能在持续性、有效性方面的提升。另一方面，注重乡土人才培养。DH 镇坚持培养和发展乡土人才，吸纳大学生、创业成功人士、优秀退役军人进入村级班子，启动青年干部强基提质计划，为和美乡村建设提供智力支持。

（2）坚持产业融合是核心。DH 镇通过产业融合，实现了产业的多元化和可持续发展。一方面，做好农业产业链延伸。DH 镇围绕“4+3”产业链总体布局，紧扣“一片叶子、三个篮子、多业并举”产业发展定位，一手抓粮食生产、一手抓产业发展，做到了“两手抓、两手硬”。另一方面，发展生态循环农业。DH 镇通过发展生态循环农业，实现了资源利用最大化，保护了生态环境。例如，沃农生态农业有限公司形成了绿色高效的闭环式生态种养循环新模式，解决了养殖污染问题，强化了有机肥在多领域的综合利用。

（3）坚持社会治理创新是保障。DH 镇在社会治理方面不断创新，构建起了高效、多元的治理体系，为和美乡村建设提供了有力保障。一是多元化解矛盾纠纷。DH 镇建立了三级人民调解网络和风险研判机制，完善多部门协同，法、理、情融合的矛盾纠纷多元化解模式。二是注重基层治理创新。DH 镇创新“板凳课堂”治理模式，让广大群众参与基层治理，推动听取意见在一线、解决难题在一线，提升了治理效能。

（4）坚持生态文明建设是根本。DH 镇高度重视生态文明建设，通过环境整治和生态旅游发展，提升了乡村“颜值”，推动了绿色循环发展。具体包括两方面：一是人居环境整治。DH 镇建立常态化清洁、网格管理、考核考评“三项机制”，发动党员干部和群众开展集中整治清理，提升了乡村人居环境。二是生态旅游发展。DH 镇充分利用山水资源，推动生态旅游发展，打造县城近郊蔬菜园区和沿江林果经济观光带，培育了农耕体验、果蔬采摘等农旅融合新产品，推动了青山绿水生态资源优势向经济发展优势转化。

六、未来计划

（1）持续深化产业发展。DH 镇将继续深化产业发展，推动产业融合和升级。一方面，继续推进茶叶产业的标准化、示范化和园区化建设，提升茶园的品质，扩大茶叶品牌的影响力；另一方面，通过“合作社+基地+农户”的模式，继续发展大棚蔬菜，深入推进“菜篮子”工程，丰富“果篮子”。

同时，扩大畜牧养殖规模，继续探索“寄母还羔”带农益农模式，构建特色优势突出、发展运营规范的养殖集群产业，推动畜牧养殖绿色发展。

（2）加强社会治理创新。DH 镇将继续加强社会治理创新，提升治理效能。一是继续完善三级人民调解网络和风险研判机制，实现矛盾纠纷的多元化解；二是推广“板凳课堂”治理模式，让广大群众参与基层治理。

（3）推进生态文明建设。DH 镇将继续推进生态文明建设，提升乡村的“颜值”。一是深化人居环境整治，建立常态化清洁、网格管理、考核考评三项机制，改善乡村的人居环境；二是继续利用山水资源，推动生态旅游发展，打造县城近郊蔬菜园区和沿江林果经济观光带，培育农耕体验、果蔬采摘等农旅融合新产品。

（4）培育乡风文明。DH 镇将继续培育乡风文明，提升群众的文明素养。具体包括继续开展孝义文化活动，深化 DH“戏曲文化”“码头文化”“贡茶文化”内涵，弘扬传统美德，继续选拔并树立“和美乡村示范村”“和美庭院示范户”“孝老爱亲模范”等先进典型，倡导树立文明新风，提升群众的文明素养。

七、思考题

1. DH 镇采取了哪些模式、措施来带动村民共同富裕？
2. DH 镇是如何引导村民开展村风村貌治理的？
3. DH 镇是如何依托其生态资源特色开展产业融合发展的？

第九节　陕西省商洛市商州区 JS 村：精做生态旅游文章“护好这片绿 换得金山来”

一、基本情况

JS 村地处陕西省商洛市商州区南部，秦岭腹地，四周群山环抱，绿树成荫。这里气候温和，四季分明，年平均气温在 15 ℃，年降水量 800 毫米左右，是理想的避暑胜地和生态旅游目的地。村域内河流纵横，水资源丰富，水质清澈，是周边城市居民休闲度假的好去处。JS 村及周边乡村拥有丰富的生物多样性，森林覆盖率高达 80%以上。这里生长着众多的珍稀植物和动物，如秦岭冷杉、红豆杉、大熊猫、金丝猴等，是开展生态旅游和科普教育的宝贵资源。JS 村及其周边乡村同时拥有丰富的历史文化资源。这里曾是古代丝绸之路的重要通道之一，留下了许多珍贵的文物古迹和传说故事。此外，这些乡村还保留着浓郁的民俗风情和传统文化，如秦腔、剪纸、皮影戏等，为游客提供了丰富的文化体验。过去，JS 村及其周边乡村主要以传统农业为主，种植玉米、小麦、土豆等农作物，经济来源单一，农民收入水平较低。近年来，随着生态旅游的兴起，这些乡村开始逐步转型，发展以旅游为主导的多元化经济。目前，JS 村及其周边乡村的生态旅游产业已初具规模，吸引了大量游客前来观光、休闲、度假。乡村旅游的发展不仅提高了当地农民的收入水平，还带动了相关产业的发展，如餐饮业、住宿业、手工艺品制作等。

二、挑战与问题

（1）生态环境压力增大。随着生态旅游的快速发展，JS 村及其周边乡村的生态环境面临着越来越大的压力。游客数量的增加导致水资源消耗、垃圾处理、噪声污染等问题日益突出。此外，部分游客和当地居民缺乏环保意识，乱扔垃圾、破坏植被的现象时有发生，对生态环境造成了不良影响。

（2）旅游基础设施滞后。尽管 JS 村及其周边乡村的生态旅游产业已初具规模，但旅游基础设施仍然滞后。道路、停车场、公厕、游客服务中心等配套设施不完善，影响了游客的旅游体验和满意度。此外，部分乡村的住宿条件较差，缺乏高品质的民宿和酒店，难以满足不同层次游客的需求。

（3）旅游产品的同质化严重。目前，JS 村及其周边乡村的旅游产品的同质化现象较为严重。大多数乡村旅游景点都以观光、采摘、农家乐为主要形式，缺乏特色和创意。这导致游客在游览过程中感到单调乏味，削弱了该地的旅游吸引力。

（4）人才短缺与资金不足。生态旅游的发展需要大量专业人才的参与和支持。然而，JS 村及其周边乡村的人才短缺问题较为突出，缺乏懂旅游、会管理、善经营的复合型人才。同时，资金不足也是制约其生态旅游发展的一个重要因素。乡村旅游产业投资成本较高、回报周期长，部分投资者对乡村旅游持观望态度，致使资金投入难以满足发展需求。

三、发展举措

（1）加强生态环境保护。生态环境是生态旅游发展的基础。为了保护好这片绿水青山，JS 村及其周边乡村应采取以下措施：一是完善环保法规，制定和完善乡村生态旅游环保法规，明确游客和当地居民在旅游活动中的环保责任和义务，加大执法力度，确保环保法规得到有效执行。二是加强环保教育。通过举办环保讲座、发放宣传资料、开展环保志愿服务等形式，增强游客和当地居民的环保意识，引导他们自觉保护生态环境。三是实施生态修复工程。对已经遭到破坏的生态环境进行修复和治理，如植树造林、恢复湿地、治理水污染等，恢复生态系统的自我修复能力。四是积极推广绿色旅游理念。鼓励游客选择低碳、环保的旅游方式，如徒步、骑行、自驾游等，减少碳排放和环境污染。

（2）完善旅游基础设施。为了提升游客的旅游体验和满意度，JS 村及其周边乡村应加快完善旅游基础设施。一是改善交通条件，加强乡村道路建设，提高道路等级和通行能力。同时，在主要旅游景点周边建设停车场，满足游客停车的需求。二是提升公厕建设与服务水平。在乡村旅游景点、游客服务中心等公共场所建设高标准公厕，改善公厕的卫生条件。三是完善游客服务中心，建设集旅游咨询、票务预订、导游服务、行李寄存等功能于一体的游客服务中心，为游客提供一站式服务。四是推动高品质住宿产业发展，鼓励和支持当地居民投身高品质民宿和酒店的建设运营，改善住宿条件，提高服务水平，满足不同层次游客的需求。

（3）创新旅游产品。为了增强旅游吸引力，JS 村及其周边乡村应不断创新旅游产品，打造特色旅游品牌。一是开发特色旅游线路。根据乡村资源的特点和市场的需求，开发具有特色的旅游线路，如生态探险、文化体验、农业观光等，满足不同游客的需求。二是举办旅游节庆活动。结合当地民俗风情和传统文化，举办各种旅游节庆活动，如采摘节、民俗文化节、农耕文化节等，吸引游客参与和体验。三是开发特色旅游商品。利用当地特色农产品和手工艺品，开发具有地域特色的旅游商品，如土特产、手工艺品、纪念品等，增加游客的购物体验和消费意愿。四是推进智慧旅游建设。利用现代信息技术手段，推进智慧旅游建设，如建设旅游网站、微信公众号、旅游 App 等，为游客提供便捷的旅游信息查询和预订服务。

（4）加大人才培养与资金引入的力度。为了推动生态旅游的持续发展，JS 村及其周边乡村应加大人才培养和资金引入的力度。在加强人才培养方面，JS 村通过与高校、培训机构等合作，培养了一批懂旅游、会管理、善经营的复合型人才。同时，JS 村鼓励当地居民参与旅游培训，提高他们的旅游服务技能和管理水平。在引入优秀人才方面，JS 村通过制定优惠政策，吸引优秀人才到乡村旅游产业中来，如提供住房补贴、创业扶持、税收优惠等，降低他们的生活成本和创业风险。在拓宽融资渠道方面，JS 村通过政府引导、社会资本参与等方式，拓宽乡村旅游产业的融资渠道，如设立乡村旅游发展基金、争取上级部门专项扶持资金、吸引风险投资等，为乡村旅游产业提供充足的资金支持。在加强招商引资方面，JS 村通过举办招商引资洽谈会、参加旅游博览会等方式，加强与国内外旅游企业的交流与合作，吸引他们到乡村旅游产业中来投资兴业。

四、发展成效

（1）生态保护。守护绿色基底，奠定发展基石。JS 村深知，良好的生态环境是生态旅游发展的前提与保障。因此，当地政府和村民共同努力，实施了一系列生态保护措施，包括退耕还林、水土保持、生物多样性保护等，有效恢复了山林植被，提升了水质的清洁度，为游客提供了清新宜人的自然体验。通过设立生态保护区，严格控制开发强度，确保了旅游资源的永续利用，真正做到了“护好这片绿”。

（2）产业升级。融合多元要素，激发经济的活力。在生态保护方面，JS 村积极探索生态旅游与农业、文化、休闲等产业的深度融合，依托当地特色农产品，如绿色果蔬、有机茶叶等，开发了一系列农旅结合的体验项目，如采摘园、农家乐等，这不仅丰富了旅游产品供给，也促进了农产品增值，带动了农民增收。同时，JS 村结合地方文化特色，打造了一批文化主题民宿、手工艺品展示中心，让游客在享受自然美景的同时，也能深入体验乡村文化的魅力。

（3）文化传承。弘扬乡土文化，增强旅游内涵。JS 村深知文化是生态旅游的灵魂。为此，JS 村积极挖掘和保护传统民俗文化，通过举办节庆活动、民俗表演、手工艺制作体验等方式，让游客近距离感受乡村文化的独特韵味。同时，加强对古建筑、古村落的保护与修缮，使其成为展示乡村历史文化的活化石，进一步提升了乡村旅游的文化品位和吸引力。

（4）社区参与。激发内生动力，共享发展成果。在生态旅游发展中，JS 村注重激发村民的主体意识和参与热情，通过成立旅游合作社、提供技能培训等方式，鼓励村民参与旅游服务、特色商品销售等环节，实现了家门口就业创业。此外，通过建立合理的利益分配机制，确保旅游收益惠及全体村民，真正做到了发展成果由人民共享。

（5）可持续发展。前瞻规划布局，绘就长远蓝图。面对生态旅游的快速发展，JS 村坚持规划先行，科学制定生态旅游发展规划，注重生态、经济、社会效益的协调统一。JS 村通过引入智能化管理方式，全面提升旅游服务质量和效率，大力加强旅游设施建设，并高度重视环境保护，以此确保旅游业发展与生态保护相协调，为 JS 村生态旅游的可持续发展奠定了坚实基础。

五、经验启示

（1）坚持绿色发展理念。商州区 JS 村等乡村坚持绿色发展理念，充分利用自然资源优势，大力发展乡村旅游，走出了一条生态富民之路。这些乡村通过发展乡村旅游，不仅保护了生态环境，还促进了村民增收致富，实现了经济效益和生态效益的双赢。

（2）加强规划引领。商州区 JS 村等乡村在发展中注重规划引领，对村庄进行整体规划和设计，明确了发展定位和思路，避免了盲目开发和无序建设。同时，这些乡村还注重挖掘和传承当地的文化和民俗，打造具有地方特色的乡村旅游品牌。

（3）完善基础设施。商州区 JS 村等乡村在发展乡村旅游的过程中，注重完善基础设施和公共服务设施，提升乡村旅游的品质和水平。这些乡村通过实施民居改造、道路硬化、河道治理、绿化美化等工程，改善了村庄环境和村民的生活条件；通过建成游客服务中心、停车场、旅游厕所等基础设施，提升了乡村旅游的服务水平。

（4）加强宣传推介。商州区 JS 村等乡村在发展乡村旅游的过程中，着重强化宣传推介工作，以此提高自身的知名度和影响力。这些乡村通过举办油菜花节、高山露营节、丰收节等活动，吸引众多游客前来观光旅游；通过利用微信、抖音等新媒体平台，进行线上宣传和营销，拓宽了乡村旅游市场。

六、未来计划

（1）继续加强规划引领。商州区将继续加强乡村旅游规划引领，制定完善的乡村旅游发展规划和实施方案，明确发展目标和重点任务，推动乡村旅游高质量发展。同时，加强乡村旅游规划与土地利用、生态保护等规划的衔接和协调，确保乡村旅游发展与生态保护相协调。

（2）完善基础设施和公共服务设施。商州区将继续加强乡村旅游基础设施和公共服务设施建设，提升乡村旅游的品质和水平；加强道路、供水、供电、通信等基础设施建设，完善游客服务中心、停车场、旅游厕所等公共服务设施；加强乡村旅游安全监管和应急救援体系建设，保障游客的安全。

（3）培育乡村旅游新业态。商州区将继续培育乡村旅游新业态，推动乡村旅游产业转型升级；加强乡村旅游与文化、农业、体育等产业的融合发展，打造一批乡村旅游精品线路和产品；加强乡村旅游商品研发和生产，培育一批具有地方特色的乡村旅游商品品牌；加强乡村旅游市场营销，提高自身的知名度和影响力。

（4）加强乡村治理和生态保护。商州区将继续加强乡村治理和生态保护，推动乡村旅游可持续发展；加强基层党组织建设，提高乡村治理能力和水平；加强农村人居环境整治和生态保护工作，改善村庄环境和村民生活条件；加强乡村旅游从业人员培训和管理，提高自身的服务质量和水平。

七、思考题

1. 基于 JS 村的资源特色，为其设计生态旅游的特色形象与核心旅游产品，摆脱同质化竞争。
2. JS 村是如何在产业经济发展的同时“护好这片绿”的？
3. JS 村是如何解决“懂旅游、会管理、善经营”的复合型人才短缺问题的？又是如何培养“新农人”“新型职业农民”的？

第十节　陕西省商洛市商南县 TZP 村：打造特色农庄与民宿集群

一、基本情况

商南县金丝峡镇 TZP 村位于陕西省商洛市商南县东南部，地处秦岭腹地，是一个自然风光秀丽、人文历史丰富的乡村。TZP 村紧邻金丝峡国家 5A 级旅游景区，地理位置优越，是通往金丝峡景区的必经之路。全村总面积约 20 平方千米，下辖多个村民小组，总人口约 1 200 人，以农业为主要经济来源，辅以少量的林业和旅游业收入。TZP 村的自然资源丰富，森林覆盖率高达 80% 以上，山清水秀，空气清新，是理想的休闲度假胜地。村内的金丝峡景区以其独特的峡谷地貌、清澈的溪流、茂密的森林和丰富的野生动植物资源而著称，吸引了大量游客前来观光游览。此外，TZP 村还拥有丰富的历史文化资源，如古老的民居建筑、传统的手工艺品和独特的民俗风情，为乡村旅游的发展奠定了坚实的基础。

然而，尽管 TZP 村拥有得天独厚的自然和人文资源，但长期以来，由于交通不便、基础设施落后、产业结构单一等原因，该村的经济发展相对滞后，村民收入水平较低。随着国家对乡村振兴战略的深入实施，TZP 村迎来了新的发展机遇。

二、挑战与问题

（1）基础设施落后。TZP 村的基础设施建设相对滞后，尤其是交通和水利设施。近年来，虽然 TZP 村的道路条件有所改善，但通往部分村民小组的道路仍然狭窄、崎岖，不利于大型旅游车辆的通行。同时，TZP 村的水利设施老化，灌溉能力不足，影响了农业生产的发展。

（2）产业结构单一。TZP 村的产业结构以传统农业为主，缺乏多元化发展。农业生产以粮食作物为主，经济效益较低。虽然金丝峡景区为当地带来了一定的旅游收入，但旅游业的发展仍处于初级阶段，尚未形成规模化和产业化。

（3）人才流失严重。由于经济发展水平相对较低，TZP 村难以吸引和留住人才。许多年轻人选择外出务工或求学，导致村内的劳动力短缺，人才结构失衡。

（4）生态环境保护压力大。TZP 村拥有丰富的自然资源，但同时也面临着生态环境保护的压力。随着旅游业的发展，游客数量的增加给当地生态环境带来了一定的压力，如何平衡旅游发展与生态保护的关系成为亟待解决的问题。

（5）民宿发展滞后。尽管 TZP 村具备发展民宿产业的潜力，但由于缺乏统一规划和有效管理，民宿的发展进程较为迟缓。TZP 村的民宿的品质参差不齐，服务水平不高，难以满足游客的多样化需求。

三、发展举措

（1）加强基础设施建设。改善交通条件方面，加大对通往 TZP 村及村内各村民小组的道路建设投入，拓宽道路、硬化路面、增设安全防护设施，提高道路的通行能力和安全性。同时，加强与周边地区的交通连接，形成便捷的交通网络。在完善水利设施方面，对村内水利设施进行改造升级，提高灌溉能力和防洪排涝能力。加强水资源管理和保护，确保农业生产和村民生活的用水需求。在提升公共服务水平方面，加强教育、医疗、文化等公共服务设施建设，提高村民的生活质量和幸福感。同时，加强农村环境整治，改善村容村貌，提升乡村整体形象。

（2）优化产业结构。在发展特色农业方面，依托 TZP 村的自然资源优势，发展特色种植业和养殖业。如种植中药材、茶叶、水果等经济作物，养殖土鸡、土猪等特色农产品。通过引进新品种、新技术，提高农产品的品质和产量，增加村民的收入来源。在促进旅游业发展方面，依托金丝峡景区的旅游资源，大力发展乡村旅游。加强旅游基础设施建设，完善旅游服务体系，提升旅游服务质量。开发乡村旅游产品，如农家乐、采摘园、观光农业等，丰富旅游业态，吸引更多游客前来观光游览。在培育新兴产业方面，TZP 村鼓励和支持村民发展电子商务、文化创意等新兴产业。利用互联网平台，拓宽农产品销售渠道，提高农产品的附加值。同时，挖掘和传承乡村文化，开发文化创意产品，提升乡村文化的知名度和影响力。

（3）吸引和留住人才。在加强人才培训方面，TZP 村加强对村民的职业技能培训和教育引导，提高村民的综合素质和就业能力。TZP 村通过举办培训班、讲座等形式，传授农业技术、旅游服务、电子商务等方面的知识和技能。在引进外部人才方面，制定优惠政策，吸引外部人才来 TZP 村创业就业，如提供创业资金扶持、税收减免、住房保障等优惠政策，吸引有志于乡村振兴的人才来村发展。在建立激励机制方面，建立人才激励机制，对在乡村振兴中做出突出贡献的人才给予表彰和奖励。同时，加强对人才的关心和支持，为他们提供良好的工作环境和生活条件。

（4）加强生态环境保护。在实施生态修复工程方面，加强对 TZP 村生态环境的保护和修复工作。通过植树造林、水土保持等措施，提升生态环境质量。同时，加强对野生动植物资源的保护和管理，维护生物多样性。在推广绿色发展模式方面，TZP 村鼓励村民采用绿色生产方式，减少化肥、农药等化学物质的使用量。推广有机农业、循环农业等绿色发展模式，提高农业生产的生态效益和经济效益。在加强环保宣传教育方面，加大对村民的环保宣传教育力度，增强村民的环保意识和责任感。通过举办环保知识讲座、发放宣传资料等形式，普及环保知识和技能，引导村民积极参与生态环境保护工作。

（5）打造特色农庄与民宿集群。在规划布局方面，根据 TZP 村的自然风光和人文特色，合理规划农庄和民宿的布局。选择地理位置优越、环境优美的区域作为农庄和民宿的建设地点，确保游客能够享受到优美的自然风光和舒适的住宿环境。在提升品质方面，加强对农庄和民宿的品质提升工作。通过引进先进的设计理念和管理模式，提高农庄和民宿的设施水平和服务质量。同时，加大对农庄和民宿的监管和管理力度，确保游客的安全和权益。在突出特色方面，充分挖掘 TZP 村的文化内涵和地域特色，将传统文化元素融入农庄和民宿的设计中。如利用当地的传统建筑风格和手工艺品进行装饰和布置，营造独特的文化氛围。同时，结合当地的特色农产品和旅游资源，开发具有地方特色的旅游产品和活动项目，吸引游客前来体验和消费。在加强营销推广方面。加大对农庄和民宿的营销推广力度。通过线上线下相结合的方式，宣传农庄和民宿的特色和优势。利用互联网平台进行在线预订、支付和评价等功能的建设和完善，提高游客的便利性和满意度。同时，加强与旅行社、在线旅游平台等合作方的合作与交流，拓宽客源渠道和市场空间。在推动产业集群方面。鼓励和支持村民发展相关联的产业和服务业，如建立农产品加工基地、手工艺品制作车间等配套设施，为农庄和民宿提供优质的原材料和产品支持。同时，加强对农庄和民宿周边环境的整治和提升工作，营造良好的旅游氛围和居住环境。

四、发展成效

（1）经济效益显著提升。TZP 村通过发展特色农庄和民宿集群，有效促进了当地经济的快速增长。一方面，特色农庄通过种植有机农产品、开展农事体验活动等方式，吸引了大量游客前来体验田园生活，带动了农产品的销售和增值；另一方面，民宿集群的兴起，不仅为游客提供了高品质的住宿体验，还带动了餐饮、购物等相关产业的发展，形成了较为完整的产业链条。据统计，近几年来，TZP 村的旅游收入年均增长率超过 30%，村民人均可支配收入大幅提升。

（2）乡村环境得到美化。在打造特色农庄和民宿集群的过程中，TZP 村高度重视生态环境保护，坚持绿色发展理念。通过实施垃圾分类、污水处理等环保措施，有效改善了乡村环境，提升了村容村貌。同时，结合当地自然景观和文化特色，进行了科学合理的规划和设计，使得农庄和民宿与周边环境和谐共生，既保留了乡村的原始风貌，又增添了现代元素，提升了乡村的整体美感。

（3）乡村文化得到传承与创新。TZP 村在发展过程中，注重挖掘和传承当地的历史文化和民俗风情，通过举办文化节庆活动、展示传统手工艺等方式，让游客在体验乡村生活的同时，也能感受到深厚的文化底蕴。此外，还积极引入现代设计理念和技术手段，对传统民居进行改造升级，既保留了传统风貌，又赋予了新的功能和活力，实现了乡村文化的传承与创新。

（4）社会治理能力得到提升。随着乡村旅游的发展，TZP 村的社会治理能力也得到了显著提升。一方面，通过成立乡村旅游合作社等组织，加强了村民之间的沟通与协作，形成了共同发展的良好氛围；另一方面，通过引入智能化管理手段，如搭建乡村旅游信息平台、推广电子支付等，提高了乡村治理的效率和水平。同时，还注重加强乡村法治建设，维护了乡村社会的和谐稳定。

五、经验启示

（1）坚持规划先行，注重科学布局。TZP 村的成功经验表明，发展乡村旅游必须坚持规划先行，注重科学布局。在规划过程中，要充分考虑当地的资源禀赋、市场需求和未来发展趋势，明确发展定位和目标，制定切实可行的发展规划。同时，要注重规划的前瞻性和可操作性，确保规划能够得到有效实施。

（2）注重生态保护，实现绿色发展。在发展乡村旅游的过程中，必须高度重视生态环境保护，实现绿色发展。TZP 村通过实施垃圾分类、污水处理等环保措施，有效改善了乡村环境，为乡村旅游的可持续发展奠定了坚实基础。同时，TZP 村还注重推广绿色农业和低碳生活方式，引导游客和村民共同参与到环保行动中来，形成了良好的生态效应。

（3）挖掘文化内涵，提升旅游品质。文化是乡村旅游的灵魂。TZP 村在发展过程中，注重挖掘和传承当地的历史文化和民俗风情，通过举办文化节庆活动、展示传统手工艺等方式，提升了乡村旅游的文化内涵和品质。同时，TZP 村还积极引入现代设计理念和技术手段，对传统民居进行改造升级，实现了乡村文化的传承与创新。

（4）加强组织建设，提升治理能力。加强组织建设是提升乡村旅游治理能力的重要保障。TZP 村通过成立乡村旅游合作社等组织，加强了村民之间的沟通与协作，营造出了共同发展的良好氛围。同时，还注重加强乡村法治建设和社会管理创新，提高了乡村治理的效率和水平。这些措施为乡村旅游的可持续发展提供了有力保障。

（5）注重人才培养，提升服务水平。人才是乡村旅游发展的关键。TZP 村在发展过程中，注重培养和引进乡村旅游专业人才和管理人才，通过举办培训班、开展交流活动等方式，增强了村民的服务意识，提升了村民的技能水平。同时，还积极引进外部人才和智力资源，为乡村旅游的发展提供了有力的人才支撑。

六、未来计划

（1）深化产业升级，打造乡村旅游品牌。未来，TZP 村将继续深化产业升级，打造具有地方特色的乡村旅游品牌。一方面，将进一步完善特色农庄和民宿集群的配套设施和服务功能，提升游客的满意度和忠诚度；另一方面，将加强与周边景区的合作与联动，构建起资源共享、优势互补的良好发展格局，共同打造具有区域影响力的乡村旅游品牌。

（2）拓展旅游市场，提高品牌的影响力。在拓展旅游市场方面，TZP 村将充分利用互联网和新媒体平台，加大宣传推介和市场营销力度，提高乡村旅游品牌的知名度和影响力。同时，还将加强与旅行社、在线旅游平台等渠道的合作与对接，拓宽客源市场渠道，吸引更多游客前来体验乡村生活。

（3）加强人才培养与引进，提升服务质量。未来，TZP 村将继续加强乡村旅游专业人才和管理人才的培养与引进工作。通过举办培训班、开展交流活动等方式，不断增强村民的服务意识和技能水平。同时，TZP 村还将积极引进外部人才和智力资源，为乡村旅游的发展提供有力的人才支撑。此外，TZP 村还将加强与国际乡村旅游先进地区的交流与合作，借鉴先进经验和管理模式，提升乡村旅游的服务质量和水平。

（4）推动产业升级与创新发展。在产业升级与创新发展方面，TZP 村将积极探索乡村旅游与现代农业、文化创意产业等融合发展的新模式和新路径。通过发展生态农业、休闲观光农业等新型业态，推动乡村旅游产业的转型升级和创新发展。同时，TZP 村还将加强乡村旅游产品的创新和研发工作，推出更多具有地方特色和市场竞争力的乡村旅游产品，满足游客多样化的需求。

（5）推动生态保护工作与可持续发展。在推动生态保护工作与可持续发展方面，TZP 村将继续坚持绿色发展理念，强化生态环境保护工作。通过实施更加严格的环保措施和监管制度，确保乡村旅游的可持续发展。同时，还将加大生态修复和环境保护项目的建设和管理力度，提升乡村生态环境的质量和效益。此外，TZP 村还将加强生态教育和宣传引导工作，增强游客和村民的环保意识和参与程度。

七、思考题

1. 地处秦岭腹地的 TZP 村，随着 5A 级景区金丝大峡谷以及乡村旅游的发展，会对秦岭生态环境的保护带来哪些潜在的威胁？又该采取怎样的应对措施？

2. 结合案例资料，利用利益相关者理论分析怎样引导当地村民、游客以及其他旅游从业者以自己的实际行动主动参与到生态环境的保护活动中？

3. TZP 村采取了哪些措施促使当地居民投身于旅游业及相关产业的发展，充分发挥村民的主体作用，并切实保障村民作为受益主体的地位呢？

第十一节　陕西省商洛市柞水县 YP 镇：朱家湾村“落后村”向网红村的华丽转身

一、基本情况

ZJW 村辖 4 个村民小组，共有 508 户、1 783 人，地域总面积 126 平方千米。这里森林覆盖率高达 93%，环境空气质量优良率在 99% 以上，每立方厘米负氧离子高达 5 万个，水量充沛，水质优良，是国家重点生态功能区、南水北调重要水源涵养区。近年来，ZJW 村先后荣获“中国最美休闲乡村”“全国美丽宜居村庄”“国家级生态文明村”“国家森林乡村”“全国乡村旅游重点村”等荣誉称号。

ZJW 村的地理位置优越，距离柞水县城21千米，距离西安58千米，102省道、西康铁路、包茂高速穿境而过，交通便利。这里自然风光优美，民风淳朴，地域文化底蕴深厚，田园风情如诗如画，是大秦岭腹地的天然氧吧。走进 ZJW 村，古朴的自然村落让人眼前一亮。青山悠悠，白云袅袅，田间辛勤劳作的农民，无不传递出一种别样的亲切感。

ZJW 村的建筑特色鲜明，古朴的陕南民居和精致的徽派农家乐建筑相映成趣，幽美宜人的田园风光和河道旁成片的绿竹竞相争艳，清澈的河水碧波荡漾，处处都是美景。这些优美的自然和人文景观为 ZJW 村发展乡村旅游提供了得天独厚的条件。

二、挑战与问题

（1）土地利用管理不规范。在乡村旅游产业的快速发展过程中，ZJW 村面临着土地利用管理不规范的问题。部分旅游地产项目打着旅游的旗号开展别墅建造，导致耕地被占用，破坏了原有的生态环境和村落风貌。这会对当地生态环境和村落格局造成较大影响，因此要严格规范土地利用管理，确保乡村旅游产业的可持续发展。

（2）产业结构单一，缺乏多元化。虽然 ZJW 村在乡村旅游方面取得了显著成绩，但产业结构依然相对单一，主要依赖旅游业的发展。一旦旅游市场出现波动，将对当地经济造成较大影响。因此，需要进一步完善产业结构，发展多元化的农村经济，提高产业的抗风险能力。例如，可以通过发展生态农业、特色农产品加工等产业，推动产业的多元化发展，增加农民收入来源。

（3）基础设施建设滞后。随着乡村旅游的快速发展，ZJW 村的基础设施建设滞后问题逐渐显现。尽管近年来开展了大量的道路改扩建、绿化更新和路灯安装等工作，但整体基础设施仍然不能满足乡村旅游发展的需求。例如，一些偏远地区的交通不便，影响了游客的出行体验。此外，在供水、供电、通信等方面也存在不足，需要进一步加大投入力度，提升基础设施建设水平。

（4）生态保护与旅游开发的矛盾。ZJW 村地处秦岭山区，拥有丰富的自然资源和良好的生态环境，这是发展乡村旅游的重要基础。然而，生态保护与旅游开发之间存在一定的矛盾。如何在保护生态环境的前提下，合理开发旅游资源，成为 ZJW 村面临的一大挑战。需要进一步构建生态保护机制，加强旅游开发的环境评估，确保旅游产业的可持续发展。

（5）人才短缺与技能提升。乡村振兴离不开人才的支撑。然而，ZJW 村在人才方面存在短缺问题，尤其是缺乏高素质的管理人才和技术人才。这在一定程度上限制了当地乡村旅游产业的升级和发展。因此，需要加大人才引进和培养力度，提升村民的职业技能和综合素质，为乡村振兴提供有力的人才保障。

三、发展举措

（1）发展旅游产业。ZJW 村依托丰富的生态资源和区位优势，大力发展旅游产业。2008 年，秦岭隧道的贯通和高速公路的建设，使 ZJW 村被纳入了“西安一小时都市圈”，越来越多的游客开始走进曾经的穷山沟。看准这一时机，ZJW 村凭借区位优势和丰富的资源，大力发展旅游产业。2009 年，牛背梁国家森林公园建成开放，成为 ZJW 村发展旅游产业的突破口。随后，村里又相继建成了终南山寨、峡谷运动乐园等景区景点10余处，形成了较为完善的旅游产业链。为了提升旅游服务质量，ZJW 村成立了生态旅游开发公司，租赁村民闲置的土地和房屋建设民宿，并引入漂流等旅游项目。同时，村里还利用苏陕协作项目资金和县上提供的专项支持，切实落实技能培训、贴息贷款、奖励资金等扶持政策，助力乡村旅游驶上快车道。如今，ZJW 村已经拥有旅游酒店 2 家、农家乐 216 家、民宿 81 家，旅游服务从业人员 1 000 余人，每年吸引世界各地的游客 150 万人次，旅游综合收入达到 2.2 亿元，人均增收 1 万元。农家乐、民宿产业的发展，吸引了众多游客，带领群众走上致富之路，已经成为推动村里经济发展的新引擎。

（2）推动生态资源转化。ZJW 村在发展过程中，始终坚持生态优先的原则，将生态财富转化为经济财富。村里通过保护生态环境，发展生态旅游，实现了绿水青山向金山银山的转变。近年来，ZJW村大力实施退耕还林、水土保持等生态工程，有效改善了生态环境。同时，村里还依托良好的生态环境和景区景点，发展乡村旅游、乡村民宿、农家乐等产业，将生态优势转化为经济优势。

（3）加强技能培训与产业扶持。为了提升村民的就业能力和创业水平，ZJW 村积极开展技能培训和产业扶持工作。村里利用各类培训资源，开展木耳种植、乡村旅游服务、民宿管理等技能培训，帮助村民掌握一技之长。同时，村里还通过落实贴息贷款、奖励资金等扶持政策，鼓励村民自主创业。在政府和村民的共同努力下，越来越多的村民实现了在家门口创业就业，走上了富裕之路。

（4）深化农村改革。在深化农村改革方面，ZJW 村也取得了显著成效。村里紧抓全国农村宅基地制度改革试点机遇，通过资源发包、旅游服务、资产入股等多种途径组建新业态公司，盘活利用闲置宅基地和闲置农房。通过农村改革，ZJW 村不仅壮大了村集体经济，也增加了村民的收入来源。2022年，ZJW 村实现人均收入 26 650 元，在全县名列前茅。

（5）推动农文旅融合发展。在推动农文旅融合发展方面，ZJW 村也进行了积极探索。村里依托丰富的生态资源和人文景观，发展乡村旅游和生态农业，构建起了农文旅融合发展的新格局。通过举办各种乡村旅游节庆活动和文化展览，ZJW 村吸引了大量游客前来观光游览。同时，村里还依托木耳等特色农产品，发展生态农业和农产品加工业，延长了产业链条，提高了农产品的附加值。此外，ZJW村还积极探索“互联网+农业”的发展模式，通过电商平台销售农产品和旅游产品，拓宽了销售渠道，增加了村民的收入来源。

（6）发挥党组织引领作用。在 ZJW 村的发展过程中，党组织始终发挥着引领作用。村里成立了生态旅游开发公司，由党支部书记担任公司法定代表人，负责旅游产业的规划和管理。同时，村里还成立了农家乐协会和民宿协会等组织，加强行业自律和服务质量提升。通过党组织的引领和带动，ZJW村形成了“政府指导、群众主导、市场运作、群众受益”的发展模式。政府和村民齐心协力，共同推动村庄的发展和繁荣。

四、发展成效

（1）生态环境的改善与保护。ZJW 村位于秦岭牛背梁脚下，地域总面积 126 平方千米，森林覆盖率高达 93%，环境空气质量优良率 99%以上，每立方米负氧离子高达 5 万个。这一得天独厚的自然条件为 ZJW 村的发展提供了坚实的基础。为了保护这一优质的生态环境，ZJW 村坚持以保护为重，设立百人生态环境保护“攻坚队”，常态化开展护山、净水行动，逐步实现了城市拥抱森林的夙愿。此外，ZJW 村还获得了多项荣誉称号，包括“中国最美休闲乡村”“全国美丽宜居村庄”“国家级生态文明村”“国家森林乡村”等。2020 年 4 月，习近平总书记在考察时称赞这里是“养在深闺人未识的天然氧吧”，并嘱托“当好秦岭生态卫士”。

（2）旅游产业的崛起。依托丰富的自然资源，ZJW 村大力发展旅游产业。村内先后建成了牛背梁国家森林公园、终南山寨景区等多个知名景点，吸引了大量游客前来观光旅游。特别是随着牛背梁国家森林公园的建立，ZJW 村开始提供基本的旅游服务，并逐步加大旅游开发力度，打造多样化旅游产品。根据最新数据，ZJW 村年接待游客已超过 410 万人次，旅游综合收入达到 11 亿元。随着旅游产业的崛起，ZJW 村内的农家乐和民宿数量也大幅增加，目前已开设农家乐 216 家，带动群众年增收 15 万元以上。特别是民宿产业，已经成为 ZJW 村的一张名片，包括阳坡院子、米垛慢境等在内的精品民宿，为游客提供了优质的住宿体验。

（3）产业的多元化发展除旅游产业外，ZJW 村还积极发展其他产业，构建起了多元化的产业格局。一方面，ZJW 村通过发展木耳等特色农业，推动了农业产业化和现代化。近年来，柞水县大力发展木耳产业，年产量已达 5 000 吨，品牌价值高达 30 亿元。另一方面，ZJW 村还引进了健康养生项目，如盘古山庄温泉酒店、云来谷森林康养等大健康产业项目，为游客提供了更加丰富的旅游体验。在产业配套方面，ZJW 村的基础设施建设也逐步完善，包括交通、通信、供水、供电等，为游客提供了更加便捷和舒适的旅游环境。

（4）村民收入的显著提高。随着旅游产业的快速发展，ZJW 村村民的收入水平得到了显著提高。根据最新数据，2023 年 ZJW 村农村居民人均可支配收入已达到 31 495 元，村集体经济收入达到 65.7 万元。与 2016 年相比，村民收入实现了翻番。特别是通过发展农家乐和民宿，许多村民实现了自主创业、就近就业，生活质量得到了显著提升。

五、经验启示

（1）发挥自然资源的优势，实现生态价值转化。ZJW 村的成功，首先得益于其丰富的自然资源。依托这一优势，ZJW 村大力发展旅游产业，将绿水青山转化为金山银山。同时，ZJW 村在发展过程中始终注重生态环境的保护，确保绿水青山得以永续利用。这一经验给予我们启示，在美丽乡村建设中，要充分发挥自然资源的优势，注重生态环境的保护和修复，实现生态价值的转化。

（2）创新发展模式，丰富旅游产品。ZJW 村在发展过程中不断探索新的发展模式，丰富旅游产品。通过打造多样化旅游产品，如高端民宿、农家乐、旅游商品等，ZJW 村满足了游客的多元化需求，提高了旅游吸引力。同时，ZJW 村还注重文化、艺术等元素的引入，提升旅游产品品质，增强游客的旅游体验。

（3）完善基础设施，提升服务水平。基础设施的完善是旅游产业发展的重要保障。ZJW 村在发展过程中不断加强基础设施建设，提升公共服务水平，完善旅游配套设施和服务体系。这不仅提高了游客的旅游体验和满意度，也为 ZJW 村旅游产业的可持续发展提供了有力支撑。

（4）发挥村民主体作用，共享发展成果。在 ZJW 村的发展过程中，村民始终是主体和受益者。通过引导村民入股旅游开发、组建旅游协会等方式，ZJW 村让村民参与建设过程并分享建设成果。这不仅提高了村民的收入水平，也增强了他们的归属感和自豪感。这一经验给予我们启示，在美丽乡村建设中要发挥村民的主体作用，让村民成为建设的主力军和受益者。

（5）坚持规划先行，科学谋划发展。ZJW 村在发展过程中始终坚持规划先行，科学谋划发展。通过编制《ZJW 村村庄发展规划》《ZJW 村乡村振兴战略规划》等系列规划方案，ZJW 村明确了发展方向和目标，确保了各项工作的有序进行。同时，ZJW 村还注重规划的实施和评估，不断调整和优化规划方案，确保各项工作的落实和成效。

六、未来计划

（1）持续推进生态保护与修复。ZJW 村将继续坚持生态保护与修复工作，确保绿水青山得以永续利用。未来，ZJW 村将进一步完善生态环境保护机制，加强退耕还林、植树造林、水土治理等工作，确保生态环境的持续改善。同时，ZJW 村还将加强生态保护宣传和教育，增强村民的环保意识，提升其参与度。

（2）深化旅游产业发展。未来，ZJW 村将继续深化旅游产业发展，推动旅游产业的转型升级。一方面，ZJW 村将进一步完善旅游配套设施和服务体系，提高游客的旅游体验和满意度；另一方面，ZJW 村还将积极探索新的旅游产品和模式，如研学旅游、康养旅游等，满足游客的多元化需求。

（3）推动农业产业化和现代化。在农业方面，ZJW 村将继续推动农业产业化和现代化。通过引进先进技术和设备，提高农业生产效率和产品质量。同时，ZJW 村还将积极发展特色农业和农产品加工业，推动农业产业的多元化发展。

（4）加强基础设施建设。基础设施的完善是 ZJW 村未来发展的关键。未来，ZJW 村将继续加强基础设施建设，包括交通、通信、供水、供电等方面。通过改善基础设施条件，为 ZJW 村的发展提供更加坚实的基础。

（5）推进乡村全面振兴和城乡融合发展。乡村全面振兴和城乡融合发展是 ZJW 村未来发展的方向。未来，ZJW 村将继续推进乡村全面振兴各项政策的落实和实施，推动城乡融合发展。ZJW 村通过加强城乡交流和合作，促进资源要素的自由流动和优化配置，全力推动 ZJW 村迈向更高质量的发展轨道。

七、思考题

1. ZJW 村如何通过生态旅游发展，从而实现产业的多元化发展？

2. ZJW 村究竟是通过怎样的产业发展实现生态资源的价值转化的呢？

3. ZJW 村该如何调动村民的积极性，提升村民参与产业发展的能力，以确保村民收入水平得以提升呢？

第十二节　陕西省汉中市 FP 县："国宝经济"驱动下的乡村振兴

一、基本情况

FP 县地处陕西南部、汉中东北部，距西安 200 千米、汉中 140 千米，总面积 1 279 平方千米，总人口约 2.6 万人。FP 县境内山清水秀，气候温润，属亚热带湿润季风气候，年平均气温 11.6 ℃，年平均降雨量 938 毫米。全县的森林覆盖率极高，拥有丰富的野生动植物资源，是陕西省乃至全国重要的生态保护区域之一。FP 县的历史悠久，古代曾是傥骆道和子午道的重要节点，这些古道曾是西南诸地通往帝都长安的最近路径之一。唐代诗人元稹、白居易、杜甫、岑参等都曾在此留下诗篇，留下了丰富的文化遗产。然而，随着时代的变迁，FP 县逐渐失去了往日的辉煌，人口锐减，产业发展滞后，成为一个典型的山区小县。尽管如此，FP 县的自然资源依然丰富，特别是其独特的生态系统和珍稀野生动植物资源，使其成为生态旅游的潜力之地。特别是大熊猫，FP 县拥有全国县级城市中数量最多、密度最大的大熊猫种群，被誉为"中国熊猫第一县"。这一独特的资源为 FP 县发展生态旅游提供了得天独厚的条件。

二、挑战与问题

（1）人口锐减与老龄化问题。FP 县的人口数量自 20 世纪 90 年代以来持续减少，从 1990 年的 3.5 万人减少到 2022 年的 2.6 万人。人口的锐减导致了劳动力短缺，影响了产业的发展。同时，老龄化问题日益严重，年轻人多外出打工，留下的是老人和儿童，这给 FP 县的社会经济发展带来了很大的压力。

（2）产业基础薄弱。FP 县缺乏核心产业，经济发展滞后。年轻人难以在家乡找到合适的就业机会，不得不外出谋生。这使得 FP 县的发展缺乏内生动力，难以吸引和留住人才，影响了生态旅游的可持续发展。

（3）基础设施落后。FP 县的基础设施建设相对滞后，交通不便，影响了游客的出行和体验。近年来，虽然政府加大了基础设施建设的投入力度，但仍然存在一些诸如道路建设、景区配套设施之类的瓶颈问题，制约了生态旅游的发展。

（4）文化传承与保护。FP 县拥有丰富的文化遗产，但由于缺乏有效的保护和传承措施，一些文化元素逐渐消失。如何在发展生态旅游的同时，保护和传承这些文化遗产，是 FP 县面临的一个重要问题。

（5）生态保护与旅游开发的矛盾。FP 县是陕西省重要的生态保护区域，拥有丰富的野生动植物资源。然而，生态旅游的开发可能会对生态环境造成一定的影响。如何在保护生态环境的前提下，合理开发旅游资源，实现生态与旅游的和谐发展，是 FP 县需要解决的一个重要课题。

三、发展举措

（1）打造生态旅游品牌。FP县依托丰富的自然资源和独特的文化优势，全力打造生态旅游品牌。通过举办各类旅游节庆活动，如大熊猫文化节、生态旅游节等，提升FP县的知名度和美誉度。同时，加强旅游宣传和推广，利用互联网、新媒体等渠道，扩大FP县生态旅游的影响力。在景区建设方面，FP县注重提升旅游品质，打造了一批具有特色的旅游景区和景点，如熊猫谷、秦岭FP国宝旅游度假区等。这些景区不仅展现了FP县独特的自然风光，还融入了丰富的文化元素，让游客的旅游体验得到显著提升。

（2）加强基础设施建设。为了提升游客的出行体验，FP县加大了基础设施建设的投入力度。一方面，加强交通基础设施建设，完善道路网络，提高交通便捷性；另一方面，加强景区配套设施建设，提升旅游服务水平，如建设游客中心、停车场、公共厕所等，从而为游客提供便捷、舒适的服务环境。同时，FP县还注重提升旅游信息化水平，搭建了智慧旅游平台，为游客提供便捷的旅游信息查询、预订、支付等服务。通过信息化手段，提高旅游管理的效率和水平以及游客的满意度。

（3）推动产业融合发展。FP县注重推动生态旅游与相关产业的融合发展，形成产业联动效应。一方面，依托丰富的自然资源，发展林下经济、中药材种植等特色产业，为游客提供丰富的农产品和手工艺品；另一方面，结合文化元素，发展文化旅游、研学旅游等新兴业态，丰富旅游产品供给。同时，FP县还注重推动旅游业与乡村振兴的融合发展，通过发展乡村旅游、民宿经济等，带动乡村经济发展，促进农民增收致富。

（4）加强生态保护与修复。FP县是陕西省重要的生态保护区域，拥有丰富的野生动植物资源。为了保护好这些宝贵的生态资源，FP县加强生态保护与修复工作。一方面，加大生态监管和执法力度，严厉打击破坏生态环境的行为；另一方面，实施生态修复工程，恢复和保护生态环境。在旅游开发方面，FP县注重实现生态与旅游的和谐发展。通过科学规划、合理布局，避免旅游开发对生态环境造成破坏。同时，加强对游客的环保教育和引导工作，增强游客的环保意识，共同保护生态环境。

（5）提升服务质量与水平。为了提高游客的满意度和忠诚度，FP县注重提升旅游服务质量与水平。一方面，加强对旅游从业人员的培训和管理，提高他们的专业素养，增强他们的服务意识；另一方面，加大旅游市场监管和执法力度，规范旅游市场秩序，维护游客的合法权益。同时，FP县还注重提升旅游公共服务水平，通过建设旅游标识系统、完善旅游救援体系等措施，提高旅游公共服务的质量和效率。通过提升服务质量与水平，增强FP县生态旅游的吸引力和竞争力。

（6）创新旅游产品与线路。为了满足不同游客的需求和偏好，FP县注重创新旅游产品和线路。一方面，开发多样化的旅游产品，如生态旅游、文化旅游、研学旅游等，满足不同游客的需求；另一方面，设计具有特色的旅游线路，如大熊猫探秘之旅、秦岭生态探险之旅等，提升游客的旅游体验。通过创新旅游产品和线路，FP县不断丰富旅游产品供给，提高旅游产品的吸引力和竞争力。同时，也促进了FP县生态旅游的多元化发展，为县域经济的可持续发展注入了新的活力。

（7）加强区域合作与联动。为了推动FP县生态旅游的发展，加强与周边地区的合作与联动。一方面，与汉中市其他县区加强合作，共同打造汉中生态旅游品牌，形成区域旅游合力；另一方面，与西安等周边城市加强合作，共同开发旅游市场，吸引更多的游客前来旅游观光。通过加强区域合作与联动，FP县不断拓宽旅游市场和发展空间，为生态旅游的发展提供了更广阔的平台和机遇。同时，也促进了区域经济的协同发展，实现了互利共赢的局面。

（8）推进文化与旅游融合发展。FP县拥有丰富的文化遗产和独特的文化元素，为了推动文化与旅游的融合发展，FP县注重挖掘和传承这些文化资源。一方面，加强对文化遗产的保护和修复工作，保持其原貌和特色；另一方面，将文化元素融入旅游产品中，提升旅游产品的文化内涵和附加值。同时，FP县还注重举办各类文化节庆活动，如羌族傩艺表演、羌歌羌舞等，以此展示FP县独特的文化魅力。通过文化与旅游的融合发展，FP县不仅提升了旅游产品的吸引力和竞争力，还促进了文化的传承和发展。

（9）实施乡村振兴战略。为了推动 FP 县生态旅游的发展，FP 县积极实施乡村振兴战略。通过加强农村基础设施建设、发展特色产业、改善农村人居环境等措施，推动乡村振兴与生态旅游的融合发展。一方面，提升农村地区的旅游接待能力和服务水平；另一方面，将乡村旅游作为生态旅游的重要组成部分，推动乡村旅游的发展。

四、发展成效

（1）生态旅游产业发展迅速。FP 县依托境内丰富的珍稀野生动植物资源，特别是大熊猫这一旗舰物种，大力发展生态旅游。全县森林覆盖率高达 91.19%，大熊猫野外偶遇率居全国之首。依托这些独特的生态资源，FP 县建立了 FP 熊猫谷景区、秦岭大熊猫野化培训 FP 基地，并先后有棕色大熊猫七仔等累计 10 多只大熊猫接受野外生境适应性训练。为使“静美 FP、熊猫家园”品牌影响力不断扩大，FP 县成功举办了秦岭 FP 熊猫半程马拉松赛、秦岭大熊猫生态旅游季、秦岭 FP“熊猫大侠”奇幻漂流赛等大熊猫主题活动。这些活动不仅吸引了大量游客前来观光旅游，也提高了 FP 县的知名度和美誉度。据统计，2022 年，全县共接待游客 225 万人次，实现旅游收入 9.5 亿元。旅游业已成为 FP 县经济社会发展的重要支柱。

（2）乡村环境整洁宜居。近年来，FP 县坚持以“千万工程”为统揽，大力推行“干净美丽、幸福美居、富裕美好、和谐美善、模范美誉”的“五美”乡村模式。通过实施人居环境提升行动，打造干净美丽乡村。建立“月安排、月督导、月通报”机制，对县城、镇办、行政村区域进行保洁，4 个省级示范村垃圾收运处理率、生活污水治理率和改厕率均达到 100%。同时，FP 县还实施基础设施提升行动，加大对“千万工程”的财政投入力度，支持多个村（社区）的“千万工程”建设。通过项目实施，改善了乡村基础设施条件，提升了乡村整体面貌。如今，FP 县的乡村环境整洁宜居，成为广大游客踏青、避暑、养生、摄影、娱乐的好去处。

（3）特色产业发展壮大。在推进生态旅游的同时，FP 县还注重特色产业的发展。依托丰富的中药材资源，FP 县大力发展中药材种植和加工产业。全县中药材种植面积达 11.84 万亩，总产量 7 289 吨，总产值 2.69 亿元。其中，山茱萸、天麻、猪苓等中药材产量和产值均位居前列。此外，FP 县还发展鲟鱼、鳟鱼等冷水鱼养殖和养蜂产业，形成了中药材、冷水鱼、中蜂等特色产业齐头并进的良好局面。通过发展特色产业，FP 县不仅增加了农民收入，也促进了乡村经济的多元化发展。同时，这些特色产业还与生态旅游相结合，形成了独具特色的乡村旅游产品，吸引了众多游客前来体验。

（4）农旅融合发展成效显著。FP 县积极探索“一边建园区，一边建社区，农民就地变工人”模式，走出了一条以特色农业、农产品加工、电子商务和乡村旅游融合发展的“FP 实践”之路。2023 年 9 月，FP 县生态旅游农村产业融合发展示范园通过省级验收，总产值 15.73 亿元。其中，农业总产值 4.28 亿元，农产品加工产值 1.65 亿元，乡村旅游及其他综合服务产值 9.80 亿元。借助农旅融合发展模式，FP 县实现了农业与旅游业的深度融合，促进了农村经济的转型升级。同时，也推动了和美乡村建设进程，提升了乡村的整体发展水平。

五、经验启示

（1）坚持生态优先，保护与发展并重。FP 县地处秦岭南麓腹地，生态环境得天独厚。在发展过程中，FP 县始终坚持生态优先的原则，注重生态环境的保护和修复。通过实施退耕还林、天然林保护、野生动植物保护等生态工程，提高了森林覆盖率和生态环境质量。同时，FP 县还注重将生态保护与经济发展相结合，通过发展生态旅游等绿色产业，实现了保护与发展的双赢。

（2）挖掘特色资源，打造旅游品牌。FP 县拥有丰富的珍稀野生动植物资源，特别是大熊猫这一旗舰物种。在生态旅游发展过程中，FP 县充分挖掘这些特色资源，打造了一系列具有地方特色的旅游品牌。通过举办大熊猫主题活动、建设大熊猫野化培训基地等措施，提高了 FP 县的知名度和美誉度。同时，FP 县还注重将特色资源与乡村旅游相结合，形成了独具特色的乡村旅游产品，吸引了大量游客前来体验。

（3）加强基础设施建设，提升旅游服务质量。在生态旅游发展过程中，FP 县注重加强基础设施建设，提升旅游服务质量。通过实施基础设施提升行动，改善了乡村基础设施条件，提高了旅游接待能力。同时，FP 县还注重加强对旅游从业人员的培训和管理，提高了旅游服务质量。这些措施为游客提供了更加便捷、舒适的旅游体验，也推动了 FP 县生态旅游的持续发展。

（4）推进农旅融合发展，促进产业升级。FP 县在生态旅游发展过程中，注重推进农旅融合发展。通过发展特色农业、农产品加工等产业，为旅游业提供了丰富的旅游产品和购物选择。同时，FP 县还注重将农业与旅游、文化、教育等要素相结合，构建起了田园观光、民俗风情、农业体验等多种业态互补的发展格局。这种农旅融合的发展模式不仅促进了农业产业的转型升级，也推动了旅游业的可持续发展。

六、未来计划

（1）持续加强生态环境保护。FP 县将继续加强生态环境保护工作，实施更加严格的环保政策，加大对违法排污等行为的打击力度。同时，FP 县还将加强生态修复和治理工作，提高森林覆盖率和生态环境质量。通过这些措施，为生态旅游提供更加优美的生态环境和更加丰富的生态资源。

（2）深化农旅融合发展。FP 县将继续深化农旅融合发展模式，推动农业与旅游、文化、教育等要素的深度融合。依托特色农业、农产品加工等产业的发展，为旅游业提供更加丰富的旅游产品和购物选项。同时，还将提高乡村旅游建设水平，提升乡村旅游的品质和吸引力。通过这些措施，推动农业产业实现转型升级和旅游业的可持续发展。

（3）提升旅游服务质量。FP 县将继续加强旅游基础设施建设和服务质量提升工作。通过加强对旅游从业人员的培训和管理、完善旅游公共服务设施等措施，提高旅游服务质量。同时，还将加强旅游市场监管和游客投诉处理工作，维护良好的旅游市场秩序，切实保障游客的合法权益。通过这些措施，为游客提供更加便捷、舒适的旅游体验。

（4）加强品牌建设和营销推广。FP 县将继续加强品牌建设和营销推广工作。通过加强旅游品牌建设、举办各类旅游节庆活动等措施，提高 FP 县的知名度和美誉度。同时，还将加强与旅行社、在线旅游平台等合作机构的合作与交流，拓宽旅游营销渠道和客源市场。通过这些措施，吸引更多游客前来 FP 县观光旅游、休闲度假。

（5）推动产业转型升级。FP 县将继续推动产业转型升级工作。通过加强科技创新和人才引进等措施，提高产业的附加值和竞争力。同时，还将加强产业规划和布局工作，优化产业结构和发展环境。通过这些措施，推动 FP 县经济社会的持续健康发展。

七、思考题

1. 面对人口的锐减、劳动力短缺的问题，FP 县应如何破题？从乡村新质生产力的发展角度思考如何吸引专业人才，如何提高村民的创新能力，如何实现科技对人力的赋能？

2. 应该采取什么措施，以避免旅游发展对大熊猫自然保护区造成的威胁与破坏？

3. 如何借助文旅产业实现大熊猫自然保护区的生态优势为农业等乡村相关产业赋能增值？

第十三节　陕西省汉中市洋县 CB 村：天蓝鹮憩专项计划　以“护”养户乡村振兴新模式

一、基本情况

乡村振兴战略是我国新时代发展的重要组成部分，是实现农业农村现代化的必由之路。近年来，陕西省汉中市Y县CB村通过探索和实践，形成了一种以“护”养户的乡村振兴新模式，为当地经济发展与生态保护提供了有力支撑。CB村位于陕西省汉中市Y县纸坊街道，地处浅山丘陵地带，拥有得天独厚的自然条件。这里被誉为“汉上明珠”和“朱鹮故乡”，其生态环境优美，是朱鹮重要的栖息地之一。CB村的乡村振兴实践始于对朱鹮的保护。由于朱鹮对栖息环境的要求极高，Y县政府禁止在朱鹮活动区域内使用化肥、农药，以保护这一珍稀物种。在这样的背景下，CB村决定依托朱鹮保护地的自然优势，发展有机农业。经过这些年的发展，CB村从村集体负债20多万元的“负债村”变成了年产值220万元的“富裕村”。CB村的各种有机深加工产品，如黑米茶、黑米香粽、菜籽油等，深受市场青睐。2015年，CB村有机稻米产品已获得欧盟认证，目前，“朱鹮湖”牌有机产品已经远销北京、上海、广州等20多个城市，“朱鹮湖”商标也荣获陕西省著名商标称号。

二、挑战与问题

（1）基础设施落后。CB村的基础设施建设相对滞后，如道路、水利、电力等设施不完善，这给当地经济发展和人民生活带来了诸多不便。特别是在旅游旺季，道路拥堵和停车困难等问题尤为突出，影响了游客的旅游体验。CB村的经济以农业为主，产业结构较为单一。尽管有机农业的发展为当地带来了可观的经济收益，但缺乏多元化的产业发展，导致经济增长乏力。特别是在市场变化或自然灾害等不利因素影响下，单一产业的经济风险较大。

（2）人才流失严重。随着城市化进程的加快，CB村的优秀人才纷纷外出务工或求学，导致乡村人才严重流失。这不仅影响了当地产业的发展，也制约了乡村振兴的全面推进。

（3）数字素养水平相对较低。在数字经济快速发展的背景下，CB村的数字素养水平相对较低。当地农产品商户的数字营销渠道少、效率低，数字经济人才急缺。这些缺陷和不足在很大程度上影响了当地农产品的市场拓展和产业升级。

（4）生态环境问题。尽管CB村在生态环境保护方面取得了显著成效，但仍存在一些生态环境问题，如部分区域存在水污染、土壤污染等问题，影响了当地农业的可持续发展。

三、发展举措

（1）依托自然资源，发展生态旅游。Y县被誉为“汉上明珠”“朱鹮故乡”，其独特的地理环境为当地发展生态旅游提供了得天独厚的条件。CB村充分利用这一优势，在朱鹮保护区内大力发展生态旅游。朱鹮梨园作为当地的重要景点，依山傍水，景色宜人，不仅为朱鹮提供了良好的栖息环境，也为游客提供了休闲娱乐的好去处。近年来，Y县县委、县政府提出在朱鹮保护区大力发展以有机食品生产和生态旅游为主的思路，聚力打造集自然、经济、农业于一体的综合性开放式生态园林景观名片。通过发展生态旅游，CB村不仅提升了知名度，还带动了当地餐饮、住宿等相关产业的发展，为村民提供了更多的就业机会和收入来源。

（2）打造有机产业，提升品牌价值。Y县作为发展有机产业的先行者，累计投资5.3亿元，打造占地3 750亩的有机产业园，招引入园企业15户。通过发展有机稻米、酒类食品、薯类食品、果品、中药材等有机生产企业，Y县成功培育了“朱鹮”牌商标，并获批中国驰名商标。CB村积极融入这一发展大局，依托有机产业园的技术支持和市场渠道，大力发展有机农业。村民通过种植有机稻米、果蔬等农产品，不仅增加了收入，还提升了农产品的附加值。同时，CB村还注重品牌建设，通过参加农产品展销会、举办乡村文化节等活动，不断提升“朱鹮”品牌的知名度和影响力。

（3）普及数字营销，拓宽销售渠道。在数字化时代，CB村积极探索线上销售模式，通过抖音直播、微信朋友圈等平台，将农产品推向全国市场。例如，西北大学新闻传播学院“鹮保行动小分队”在CB村开展了“以护养户”的创业实践，帮助村民提升数字素养，普及矩阵化数字营销策略。通过整合线上宣传资源，统一头像、简介等，增强商标意识，CB村的农产品在线上平台获得了更高的曝光度和关注度。同时，通过发布多篇推送、打造数字化传播阵容，CB村成功突破了熟人社群，将农产品推广到更广为广阔的市场。

（4）加强人才培养，激发乡村活力。人才是乡村振兴的第一资源。CB 村注重人才培养和引进，通过举办培训班、邀请专家授课等方式，提升村民的农业技能和营销能力。同时，积极鼓励和吸纳有能力的人才投身乡村振兴、参与乡村治理，让乡村人才队伍不断发展壮大。CB 村还注重乡土人才的挖掘和培养，通过设立奖励机制、提供创业扶持等措施，激发村民的创业热情和创新活力。这些举措不仅提升了村民的收入水平，还增强了乡村的自我发展能力。

四、发展成效

在“助力乡村振兴建设美丽中国”专项计划的指引下，陕西省 Y 县 CB 村凭借其独特的地理环境和丰富的自然资源，走出了一条以“护”养户的乡村振兴新路径。CB 村不仅被誉为“汉上明珠”，更是国宝朱鹮的重要栖息繁殖地，这一独特的生态优势为 CB 村的乡村振兴奠定了坚实的基础。近年来，CB 村在乡村振兴战略的推动下，实现了显著的经济发展和社会进步。2021 年，CB 村集体经济积累达到 210 万元，农民人均纯收入达到 1.6 万元，彻底实现了“摘穷帽、拔穷根、大振兴”的华丽嬗变。这一显著成效的背后，离不开 CB 村在多个方面的努力和探索。

（1）生态农业蓬勃发展。CB 村地处朱鹮保护核心区，为了保护这一珍稀物种，村民在农业生产中不使用化学肥料和有毒农药，尽可能地保留天然湿地并扩大冬水田面积，方便朱鹮觅食。正是这份对环境的呵护，造就了 CB 村优越的生态环境，也为发展有机产业创造了先决条件。CB 村在全县率先成立了朱鹮湖果业专业合作社，通过“支部+合作社”的管理模式和“合作社+公司+基地+农户”的经营模式，将支部建在网格上、让党员走进群众中、把服务送到家门口。这一模式不仅实现了资源变资产、资金变股金和农民变股东的农村“三变”改革，更在带动农民致富增收的同时壮大了村级集体积累。目前，CB 村已认证有机梨果、稻米、油菜基地 10 000 亩，黄金梨、菜籽油、黑米酒、黑米醋、果蔬脆片等 13 类农产品畅销全国各地。特别是黑米、黑米茶、黑米糊被纳入“中科年货节”地理产品清单，年收益达 6 000 万元以上，实现了集体经济与农民增收双赢。

（2）生态旅游日益繁荣。CB 村不仅拥有得天独厚的自然资源，还拥有丰富的文化旅游资源。依托万亩梨园和优美的自然风光，CB 村大力发展生态旅游，成为西安、汉中游客的“后花园”。CB 村先后建成有机农业示范区、农耕文化体验区、休闲养生区、梨果采摘区、有机农业观光区、筼筜谷文化区、美食文化区 7 个旅游观光区，吸引了大量省内外游客前来休闲度假娱乐。每年三月，梨花盛开时节，更是吸引数万游客前来赏花观景。此外，CB 村还注重挖掘和传承当地的文化资源，通过举办各类文化活动和节庆活动，提升 CB 村的知名度和美誉度。这些活动不仅丰富了游客的旅游体验，也有力推动了当地经济的发展。

（3）人才队伍不断壮大。CB 村深知人才是实现乡村振兴的关键。因此，CB 村始终把人才队伍建设放在首位，通过引进专家人才、汇聚技术人才和挖掘乡土人才，打造了一支涵盖“洋专家”“土专家”“田秀才”共计 100 余人的复合型人才队伍。CB 村邀请中国科学院地理资源研究所刘彦随院士及其团队成立“朱鹮湖果业专业合作社院士专家工作站”和“中国现代农业与乡村振兴研究示范基地”，为 CB 村的发展提供了强有力的智力支持。同时，CB 村还主动联系县文化和旅游局、农业农村局、科技局、县电商办等部门单位，聘请县内各领域拔尖专业技术人员为村发展顾问，定期到村开展技术指导培训。此外，CB 村还注重挖掘和培养乡土人才，对全村种植、养殖、加工、水电、电商、文化等有一技之长的人员和在外优秀人才进行摸底调查、分类建档，鼓励人才回乡创业。目前，已有 20 余名在外创业的“土专家”回乡创业，为 CB 村的发展注入了新的活力。

五、经验启示

（1）坚持绿色发展理念。CB 村的发展始终秉持绿色发展理念，注重保护生态环境，发展有机农业和生态旅游。这一理念不仅保护了当地的生态环境，也为 CB 村的发展提供了可持续的动力。CB 村的成功经验告诉我们，乡村振兴必须注重生态保护，不能以牺牲环境为代价来换取经济的发展。只有坚持绿色发展理念，才能实现经济的可持续发展和社会的和谐稳定。

（2）发挥党建引领作用。CB 村始终把党建引领作为推动农村发展的“红色引擎”和助推乡村振兴的“最强战力”。通过加强基层党组织建设，发挥党员的先锋模范作用，CB 村实现了资源的有效整合和群众的有效动员。CB 村的成功经验告诉我们，乡村振兴必须发挥党建引领作用，加强基层党组织建设，提高党组织的凝聚力和战斗力。只有充分发挥党组织的领导核心作用，才能确保乡村振兴各项工作的顺利推进。

（3）注重人才队伍建设。CB 村深知人才是实现乡村振兴的关键。因此，CB 村始终把人才队伍建设放在首位，通过引进专家人才、汇聚技术人才和挖掘乡土人才，打造了一支高素质的人才队伍。CB 村的成功经验告诉我们，乡村振兴必须重视人才队伍建设，加强人才培养和引进工作。只有拥有一支高素质的人才队伍，才能为乡村振兴提供强有力的人才保障和智力支持。

（4）创新发展模式。CB 村在发展过程中注重创新，通过探索“以护养户”的乡村振兴新模式，实现了经济发展与生态保护的双赢。同时，CB 村还注重发展乡村旅游和文化产业，提高了村庄的知名度和美誉度。CB 村的成功经验告诉我们，乡村振兴必须注重创新发展模式，积极探索适合本地实际的发展路径。只有不断创新发展模式，才能为乡村振兴注入新的活力和动力。

六、未来计划

（1）持续推动生态农业发展。CB 村将继续发展有机农业，扩大有机农产品的种植面积，并丰富其种植品种，提高农产品的附加值和市场竞争力。同时，CB 村还将加强农产品品牌建设，打造一批具有地方特色的农产品品牌，提高农产品的知名度和美誉度。此外，CB 村还将加强与科研院所和高校的合作，引进先进的农业技术和设备，提高农业生产的科技含量和效益。

（2）深化生态旅游开发。CB 村将继续深化生态旅游开发，完善旅游基础设施和服务设施，提高旅游接待能力和服务水平。同时，CB 村还将加大旅游产品的开发力度，并强化其推广工作，打造一批具有地方特色的旅游产品，满足游客的多样化需求。此外，CB 村还将加强与周边地区的合作，共同开发旅游资源，打造旅游产业集群，提高旅游产业的竞争力和影响力。

（3）加强人才队伍建设。CB 村将继续加强人才队伍建设，完善人才培养和引进机制，吸引更多的优秀人才来 CB 村创业就业。同时，CB 村还将强化对乡土人才的培养和挖掘，提高他们的综合素质和专业技能水平。此外，CB 村还将加强与高校和科研院所的合作，建立产学研合作机制，推动科技成果的转化和应用。

（4）推动乡村治理现代化。CB 村将继续推动乡村治理现代化，加强基层民主建设，完善村民自治制度，提高村民的参与程度和满意程度。同时，CB 村还将加强法治建设，推进依法治理，维护社会稳定和公平正义。此外，CB 村还将加强信息化建设，搭建农村信息化平台，扩大信息服务的覆盖范围，提升其便捷程度。

（5）加强生态文明建设。CB 村将继续加强生态文明建设和生态环境保护，推进生态修复和治理工作。同时，CB 村还将加强生态教育和宣传，增强村民的环保意识，提高村民的参与程度。此外，CB 村还将加强与周边地区的合作，共同推进生态文明建设，打造生态宜居的美丽乡村。

七、思考题

1. 如何利用数字、智能等高新技术提高生态旅游业的新质生产力，在保护朱鹮的前提下，能够给游客带来观赏朱鹮的沉浸式体验？

2. Y 县是如何在保护好朱鹮生存的生态环境的同时，利用朱鹮及其生态价值，赋能 Y 县乡村产业融合发展，提升农产品等相关产品价值与市场竞争力的？

3. Y 县采取了哪些措施来培育乡村人才队伍，激发乡村发展的内生动力与活力呢？

第十四节　陕西省汉中市Y县“朱鹮之乡”：从“负债村”到“富裕村”

一、基本情况

Y县位于陕西省汉中盆地东缘，汉江横穿而过，县域面积3 206平方千米，户籍总人口44.21万人，辖15个镇和3个街道办事处。这里地处我国南北气候的分界线上，冬无严寒，夏无酷暑，被誉为地球上同纬度生态最好的地区之一。Y县不仅是陕西省唯一建有朱鹮和长青两个国家级自然保护区的地区，也是世界珍禽朱鹮唯一的人工饲养种源地和主要的野外栖息地，因此被誉为“朱鹮之乡”。Y县的历史悠久，人文昌盛。西晋开始在境内设置洋州，至今已有1 700多年的建制历史。从唐宋起，大批文人墨客在此驻足，杜甫、白居易、苏轼等名士在此留下脍炙人口的诗作和名传千古的故事。成语“胸有成竹”便出自Y县。此外，Y县也是四大发明之一造纸术的发明者蔡伦的封葬地，位于龙亭镇的蔡伦墓祠为国家3A级景区、国家级文物保护单位。Y县的自然资源丰富，现已探明的矿产达16种，其中钒钛磁铁矿详查储量10亿吨，膨润土、石灰石、电气石的开发潜力大，水能蕴藏量36.64万千瓦。Y县的黑米、红米被列为国家地理标志保护产品，被誉为米中三珍“黑、香、寸”和五彩米闻名全国。

二、挑战与问题

（1）朱鹮保护的严峻挑战。朱鹮是一种稀有的美丽鸟类，具有非常高的保护价值和观赏价值，为国家一级保护动物与世界濒危保护动物。20世纪中叶，朱鹮一度濒临灭绝。1981年以前，鸟类学家最后一次见到野生的朱鹮是在1964年，而在1965—1981年这十几年间，再也没人见过朱鹮的踪迹。1981年5月23日，中国科学院鸟类专家刘荫增在Y县大店村姚家沟发现了7只朱鹮。随后，Y县政府发布了保护朱鹮的紧急通知，开启了对朱鹮的数十年保护工作。朱鹮对生存环境要求极为苛刻，需要树木营巢、河湖觅食以及安静的环境。因此，Y县政府在朱鹮活动区域内禁止使用化肥和农药，这给当地农业生产带来了巨大挑战。

（2）生态保护与经济发展的矛盾。朱鹮保护政策对当地农业生产造成了显著影响。由于禁止使用化肥和农药，农作物的产量大幅下降，农民的收入也随之减少。Y县在发现朱鹮后的20多年间，农作物减产、地方财政减收，每年损失共计2 000多万元。以CB村为例，该村位于朱鹮湖自然保护区的核心地带。为了保护朱鹮，Y县政府禁止在朱鹮活动区域内使用化肥和农药，导致CB村从村集体负债20多万元的“负债村”陷入困境。CB村的困境并非孤例。朱鹮对生存环境的要求极为苛刻，Y县的生态保护政策也越来越严。如何在保护朱鹮的同时保障民生，成为Y县面临的一大挑战。

（3）产业结构单一，缺乏发展动力。Y县地处秦巴山区，地形复杂，交通不便，产业结构相对单一，主要以传统农业为主。由于禁止使用化肥和农药，传统农业的产量大幅下降，农民的收入难以提高。此外，Y县的工业基础薄弱，缺乏新的经济增长点，导致经济发展滞后。

三、发展举措

（1）发展有机农业，实现绿色发展。面对生态保护与经济发展的矛盾，Y县决定依托朱鹮保护地的自然优势，在生态环境上做文章，发展有机农业。有机农业的各项标准相当严格，不能使用化学合成的农药、化肥、生长调节剂、饲料添加剂等物质。然而，群众对有机种植技术一窍不通，需要专业指导。2018年，中国社会科学院地理资源研究所院士刘彦随及其团队来到CB村，成立了“朱鹮湖果业专业合作社院士专家工作站”和“中国现代农业与乡村振兴研究示范基地”。他们使用有机肥、太阳能杀虫灯等，村民进行农业生产时，全部执行有机农业的生产标准，使朱鹮活动区的生态得到有效保护。经过这些年的发展，CB 村从村集体负债 20 多万元的“负债村”变成年产值 220 万元的“富裕村”。黑米茶、黑米香粽、菜籽油等有机深加工产品深受市场青睐。2015 年，CB 村的有机稻米产品已获得欧盟认证。目前，“朱鹮湖”牌有机产品已经远销北京、上海、广州等 20 多个城市，“朱鹮湖”商标也由此荣获陕西省著名商标。Y 县以“朱鹮保护”为基础、以“品牌战略”为重点、以有机产业为引领，构建平川粮油菜、丘陵瓜果薯、山区中药材 3 个有机产业示范带，积极打造朱鹮品牌。累计认证有机产品 15 大类、110 种，是全国首批 9 个有机产品认证示范县之一。

（2）打造生态旅游，促进产业融合。Y 县依托秀美的自然风光和丰富的生态资源，大力发展生态旅游。华阳古镇、朱鹮梨园景区等国家 AAAA 景区吸引了大量游客前来观光旅游。Y 县通过完善生态保护和生态产品价值实现机制，发挥“旅游+”优势，推动第一、第二、第三产业融合发展，不断提高森林资源和水资源科学利用水平，推动生态环境保护与经济社会发展有机统一。在华阳古镇，以“超哥农家乐”为代表的一大批农家乐在生态旅游的带动下应运而生。好山好水、清新的空气不仅吸引了很多游客，也让当地群众的日子越过越红火。2023 年，Y 县共接待游客 1 088 万人次，实现旅游综合收入 60 亿元。

（3）扶持龙头企业，打造有机品牌。Y 县的财政并不宽裕，但每年设立 1 000 万元专项资金，扶持龙头企业，打造有机品牌。通过注册“朱鹮牌”商标 6 大类、50 余种，“朱鹮之原”集体商标 2 件，产品商标 21 件，Y 县有机产品实现了名优产品称号全覆盖。截至 2023 年年底，累计认证有机产品 15 大类、113 种，培育有机产品生产企业 45 家。以陕西朱鹮黑米酒业公司为例，该公司以有机黑米为原料，生产黑米酒、黑米醋和黑谷巧克力等有机产品，深受消费者的喜爱。通过追溯体系，消费者能查出这杯黑米酒的原料来自哪块田野、出自哪位农民之手，还能查出在何时进入生产线，又在何时运出工厂。这种透明化的生产方式，让消费者更加放心，也提升了 Y 县有机产品的市场竞争力。

（4）推广绿色技术，提升农业效益。为了进一步提高有机农业的生产效益，Y 县积极推广绿色技术。在 CB 村，除虫主要依靠黏虫板、除虫灯等物理方法，除草主要依赖人工方式。这种纯自然的物理方法，不仅保护了生态环境，也提高了农产品的质量。此外，Y 县还依托中国社会科学院地理资源研究所等科研机构的支持，引进先进的农业技术和设备，提升农业生产效率。通过培训和技术指导，农民掌握了有机种植技术，提高了农产品的产量和质量。

（5）完善基础设施，改善生活条件。为了改善村民的生活条件，Y 县不断完善基础设施。在 CB 村，通过修建道路、安装路灯、建设文化广场等措施，提升了村庄的整体环境。同时，Y 县还加强农村饮水安全、电网改造等基础设施建设，提高了村民的生活质量。此外，Y 县还注重教育、医疗等公共服务设施的完善。通过建设学校、医院等公共服务设施，提高了村民的教育水平和医疗保障能力。这些措施的实施，为 Y 县的绿色发展提供了有力保障。

四、发展成效

（1）朱鹮种群数量大增。Y 县地处汉中盆地东缘，汉江横穿而过，总面积 3 206 平方千米，总人口 44.21 万人。这里不仅是陕西省唯一建有朱鹮和长青两个国家级自然保护区的地区，更是世界珍禽朱鹮唯一的人工饲养种源地和主要的野外栖息地。从 1981 年科研人员在此发现世界上仅存的 7 只朱鹮起，经过 40 余年的多方协力保护，目前全球朱鹮种群数量已达 1.1 万余只，受危等级由“极危”降为“濒危”，栖息地也逐步向东亚历史分布地恢复。

（2）乡村经济得到显著提升。在保护朱鹮的同时，CB 村通过探索实践，实现了绿色发展，现已成为远近闻名的“富裕村”。CB 村依托朱鹮保护地的自然优势，在生态环境上做文章，发展有机农业。村民在农业生产中全部执行有机农业的生产标准，使用有机肥、太阳能杀虫灯等环保设施，使朱鹮活动区的生态得到有效保护。

（3）脱贫攻坚战取得全面胜利。Y 县 110 个贫困村全部出列，8.75 万名贫困群众顺利脱贫，所有行政村通水泥路、通动力电、通光纤网络，集体经济“空壳村”历史性得到消除。Y 县的脱贫攻坚成效考核荣获全市“四连优”、全省“两连好”的等次，2021 年获全省乡村振兴战略实绩考核“优秀”等次。Y 县成功获评全国首批有机产品认证示范县和全国朱鹮生态保护产业知名品牌示范区，被认定为国家农村产业融合发展示范园，入选第二批国家农业绿色发展先行区。

（4）脱贫攻坚成果同乡村振兴实现有效衔接。在乡村振兴战略的推动下，Y 县继续深化干部帮扶、对口帮扶领域合作，实施“12345”发展战略，扎实推进巩固拓展脱贫攻坚成果同乡村振兴有效衔接。2022 年，Y 县脱贫人口家庭人均纯收入 15 126 元，同比增长 14.1%。Y 县还积极发展稻鱼、稻蛙、稻虾套养产业，建设“荷蛙、稻鱼共生”示范园，稻渔面积累计达 5 546 亩，水产养殖面积达 1.7 万亩。培育产业示范村 68 个，产业示范带 46 个，产业示范点 72 个，建成有机产业基地 15 万亩，发展以黑米为主的特异稻米 5 万亩，销售产值 1.6 亿元，累计认证有机产品 15 大类、110 种、17.08 万亩，实现产值 16.4 亿元。

五、经验启示

（1）生态优先，绿色发展。CB 村的成功，得益于其坚持生态优先的发展理念。在保护朱鹮的同时，CB 村通过发展有机农业，逐渐构筑起了生态与经济双赢发展格局。Y 县也始终坚持绿色发展道路，积极打造西北地区最大规模的有机产业园——Y 县绿色（有机）循环产业园区，全力推进国家优质生态产品供给基地建设。

（2）科技创新，科技支撑。CB 村在有机农业的发展过程中，得到了中国社会科学院地理资源研究所等科研机构的大力支持。通过成立院士专家工作站和现代农业与乡村振兴研究示范基地，CB 村引入了先进的农业科技，提升了农业生产水平。Y 县也注重科技创新，通过科技攻关，解决了朱鹮保护中的一系列难题，推动了朱鹮种群数量的快速增长。

（3）政府主导，政策扶持。Y 县政府在推动绿色发展过程中发挥了主导作用。通过出台一系列政策措施，支持有机农业发展，加强朱鹮保护，提升基础设施建设水平，为乡村振兴提供了有力保障。同时，政府还积极与企业、科研机构等合作，形成合力，共同推动乡村发展。

（4）市场引领，品牌建设。Y 县高度重视品牌建设工作，通过打造“朱鹮”“有机”等知名品牌，提升了产品的知名度和美誉度。同时，Y 县还积极拓展市场，将有机产品销往全国各地，甚至出口到国外，实现了产品的多元化和国际化。

（5）群众参与，共同致富。CB 村和 Y 县的绿色发展之路，离不开群众的广泛参与。通过成立合作社、引进龙头企业等方式，CB 村带动了群众发展有机农业，实现了共同致富。Y 县也注重发挥群众的主体作用，通过培训、指导等方式，提升群众的技能和素质，激发他们的积极性和创造力。

六、未来计划

（1）拓宽销售渠道，提升品牌的影响力。Y 县将继续拓宽农产品线上销售渠道，建立产品质量追溯系统，不断提高有机产品的知名度和美誉度。同时，Y 县还将加强品牌建设，通过举办农产品展销会、参加国际农产品博览会等方式，提升品牌的影响力。

（2）深化科技合作，提升农业生产水平。Y 县将继续深化与中国社会科学院地理资源研究所等科研机构的合作，引入先进的农业科技和理念，提升农业生产水平。同时，Y 县还将加强农业技术培训和推广，提高群众的技能和素质。

（3）加强基础设施建设，提升乡村品质。Y 县将继续加强基础设施建设，以及农村路、电、通信、网络体系建设，提升乡村品质。同时，Y 县还将加强农村环境治理和生态保护，打造宜居和美乡村。

（4）推动产业融合，促进多元发展。Y 县将继续推动产业融合发展，通过发展稻鱼、稻蛙、稻虾套养等产业，建设“荷蛙、稻鱼共生”示范园等方式，推动农业与旅游、文化等产业的融合发展。同时，Y 县还将积极培育新兴产业和业态，推动乡村经济的多元化发展。

七、思考题

1. Y 县是如何破解朱鹮保护与农业减产带来经济下行之间的矛盾的？

2. 请你利用朱鹮保护区自然生态禀赋设计一项生态旅游活动项目，引导游客关注朱鹮的保护，增强游客的生态保护意识，同时达到营销宣传“朱鹮湖”品牌形象的目的。

第十五节　陕西省汉中市 LB 县：厚植生态底色、农文旅融合激发乡村振兴新活力

一、基本情况

LB 县地处秦岭南麓腹地，陕西省西南、汉中市北部，素有“秦汉咽喉”之称。县域面积 1 970 平方千米，辖 7 个镇、1 个街道办事处，73 个行政村、3 个社区居委会，总人口 4.2 万。这里自然环境优美，森林覆盖率高达 92.03%，被誉为“绿色宝库”和天然氧吧。近年来，LB 县立足生态优势，通过农文旅融合，大力推动乡村旅游发展，取得了显著成效。LB 县的历史悠久，文化底蕴深厚。县内拥有紫柏山、张良庙等著名景点，吸引了大量游客前来观光旅游。此外，LB 县还以丰富的自然资源为基础，开发了一系列生态旅游产品，如休闲农业、观光农业等。在红叶季、油菜花海等特定季节，LB 县尤其会通过举办各种丰富多彩文旅活动，吸引游客纷至沓来，感受乡村独特的魅力。

LB 县不仅注重旅游资源的开发，还积极推进基础设施建设和服务体系建设。近年来，该县投入大量资金，建设了自驾房车营地、公路驿站、精品民宿、停车场等设施，为游客提供了便利的旅游环境。同时，通过实施“四个一百”工程，即发展百家民宿、培训百名管家、提升百家农家乐、推动百人创业，LB 县大力提升了旅游服务质量，带动了旅游业由观光型向休闲度假型转变。

在乡村振兴战略的推动下，LB 县还积极探索农文旅融合发展的新路径。通过深入挖掘村镇特色文化内涵，将农耕场景与文化体验、休闲度假、康养保健等深度融合，LB 县形成了既独具特色又优势互补的乡村旅游新名片。目前，该县已累计创建全国乡村旅游重点镇 1 个、全国乡村旅游重点村 6 个，建设茶旅融合园区 20 个，打造休闲农业精品线路 30 条，入选中国美丽休闲乡村 8 个。

二、挑战与问题

（1）观光和区位功能设计简单，项目缺乏特色。目前，LB 县乡村旅游主要开发休闲农业和观光农业等旅游产品，这些产品大多基于当地现有的自然资源，如山水、生态、矿物资源等。然而，这些项目在功能上设计较为简单，缺乏特色和创新。例如，漂流、划船、水上乐园、缆车、过山车等项目在许多景区都已经发展成熟，对于城市游客来说已经没有多少吸引力。同时，这些项目在游玩过程中还可能对生态和自然景观造成破坏。

（2）管理方式粗放，管理机制不够健全。LB 县在乡村旅游发展的规章制度和管理条例方面还不够健全和完善。有关部门在工作中的配合不够协调，有的经营者的经营方式不够规范，对他们的管理也不够规范。在日常经营中，一些人经常会因为一些小的利益而发生摩擦，但此时找不到有关部门进行调解处理或明确的管理办法。这导致一些经营不当行为得不到有效规范，影响了乡村旅游的整体形象和游客体验。

（3）乡村旅游品牌缺乏，吸引力和影响力有限。LB 县在乡村旅游发展中在宣传上的资金投入较少，营销手段单一。政府有关部门没有充分发挥自己的作用，导致宣传力度不够。相对于那些出名的旅游景区，LB 县的营销手段较为落后，没有充分利用网络和新媒体的作用，如快手、抖音短视频以及公众号推广等。这使得 LB 县的乡村旅游品牌缺乏知名度和影响力，难以吸引更多的游客前来游玩。

（4）基础设施和服务体系有待完善。尽管 LB 县在基础设施建设和服务体系建设方面取得了一定进展，但仍存在一些不足。例如，一些偏远地区的交通不便，影响了游客的出行体验。同时，部分民宿和农家乐的服务水平还有待提高，存在卫生条件差、服务态度差等问题。这些问题都影响了 LB 县乡村旅游的整体质量和游客的满意度。

三、发展举措

（1）加强基础设施建设和服务体系建设。一个地区旅游业要在整个经济中发挥主导作用，最重要的就是要加强和完善整个行业体系的建设，提高其为顾客提供优质服务的能力，从而更好地满足多样化的需求。LB 县政府部门充分发挥财政资金的杠杆作用，加大对景区建设的资金投入，支持乡村旅游扶贫。同时，加大对景区的宣传力度，吸引社会资本投入，深化农村"三农"改革，鼓励村里的一些经济组织、农民、建档立卡贫困户等以山林、果园等入股，积极引导各类社会资本来进行实体投资，开发更多创新型的产品。在基础设施建设方面，LB 县将继续完善交通网络，提高交通的便利性。同时，加强民宿和农家乐的建设和管理，提高服务水平，改善卫生条件。此外，还将建设更多的自驾房车营地、公路驿站等设施，为游客提供更加便利的旅游环境。

（2）促进产业融合，做活旅游经济。LB 县政府要引导当地的知名且有实力的企业与农村合作社及小农户开展生产经营合作，加强联系，努力把 LB 县建设成为农业产业强县。通过大力发展当地农产品的深加工增加产品附加值，推动第一、第二、第三产业融合发展，带动地区经济发展。在产业融合方面，LB 县将继续推进农文旅融合发展，深入挖掘村镇特色文化内涵，将农耕场景与文化体验、休闲度假、康养保健等深度融合。例如，可以开发更多的体验式旅游产品，如采茶制茶、农产品采摘等，让游客在体验中感受乡村文化的魅力。同时，积极培育乡村旅游品牌，提高其知名度和影响力。

（3）加强规划和管理，提升乡村旅游品质。针对管理方式粗放和管理机制不健全的问题，LB 县将加强规划和管理，提升乡村旅游品质。一是制定和完善乡村旅游发展的规章制度和管理条例，明确各部门的职责和分工。二是加强对经营者的培训和管理，提高他们的经营水平和服务质量。同时，建立有效的调解和处理机制，及时解决游客和经营者的矛盾和纠纷。在规划方面，LB 县将注重旅游项目的特色和差异化发展。避免重复建设和同质化竞争，通过科学规划，合理布局旅游项目，打造独具特色的乡村旅游品牌。同时，加强对生态环境的保护和管理，确保旅游发展与生态保护相协调。

（4）创新宣传方式，提高乡村旅游的知名度。针对乡村旅游品牌缺乏和影响力有限的问题，LB 县将创新宣传方式，提高乡村旅游的知名度。充分发挥网络和新媒体的作用，如快手、抖音短视频以及公众号推广等，开展线上宣传活动。同时，积极参加各种旅游展会和推介活动，展示 LB 县的乡村旅游资源和产品。此外，还可以邀请知名旅游博主和网红前来体验并分享他们的旅游经历，提高 LB 县的知名度和影响力。

（5）发挥政府引导作用，推动乡村旅游高质量发展。政府在乡村旅游发展中扮演着重要角色。LB 县政府将继续发挥引导作用，推动乡村旅游高质量发展。一是制定和完善相关政策措施，为乡村旅游发展提供政策支持和保障。二是加大对乡村旅游的投入力度，包括财政资金支持、土地政策支持等。同时，加强对乡村旅游发展的监督和评估，确保各项政策措施得到有效落实。在推动乡村旅游高质量发展的过程中，LB 县还将注重人才培养和引进。通过加强人才培训和引进优秀人才，提高乡村旅游从业人员的素质和能力水平。同时，加强与高校和科研机构的合作与交流，引入先进的理念和技术手段，推动乡村旅游的创新发展。

四、发展成效

（1）全域旅游带动经济快速增长。近年来，LB 县对生态文明建设予以高度重视，依托绿水青山优势资源，通过发展全域旅游，实现了经济的快速增长。2022 年，全县累计接待游客 524 万人次，实现综合收入 28.17 亿元；而到了 2023 年，这一数字进一步提升，接待游客达到 588.61 万人次，旅游综合收入达 33.4 亿元。通过发展全域旅游，LB 县不仅提升了自身的知名度和美誉度，更为县域经济的多元发展提供了坚实的支撑。

（2）农文旅融合形成多元化发展格局。LB 县积极探索农文旅融合发展的新路径，成功推出了山坡上文创集群、营盘运动员中心、走读秦岭、秦岭最美小镇等一系列农旅、文旅、体旅项目，逐渐构建起“旅游+农业”“旅游+文创”“旅游+研学”等多元化发展格局。此外，“旅游+美食”“旅游+民宿”“旅游+体育”等形式也广受欢迎，不仅丰富了旅游产品供给，更提升了游客的旅游体验。例如，营盘运动休闲小镇利用丰富的森林资源，打造运动休闲小镇，吸引了大量足球训练队成员和民宿经营者。小镇内建有 1 个田径场、7 个足球场，以及配套的运动员中心和营盘足球学校，极大地方便了青少年足球队员的集训和比赛。每到夏季，大量青少年到此集训、研学，带动了周边民宿和农家乐的发展。道班宿项目则是将闲置的道路养护站改造为旅游民宿，实现了资源的有效利用。该项目占地面积 2 119.3平方米，配备有 12 间客房及餐厅、多功能会议室等场所，日常入住率达 70%，节假日更是一房难求。通过“政府+扶贫社+运营商”的管理运营模式，道班宿不仅成为“全国交旅融合创新项目”，还带动了区域经济的综合发展。

（3）打造秦岭民宿品牌，提升旅游品质。顺应大众旅游、品质旅游发展趋势，LB 县积极引进民宿这一新兴业态，共建成投用特色精品民宿 15 家。其中，云溪·阿凌客栈荣获 2016 年陕西省十大精品民宿称号，以留坝书房、走读秦岭为主题的留坝老街民宿集群入选 2017 年陕西“十大民宿集群”榜单。这些民宿不仅提升了 LB 县的旅游品质，还成为当地的一张亮丽名片。

（4）农特产品成为高附加值旅游商品 LB 县在做好土特产文章方面，着力将优质特色农产品打造成高附加值的旅游商品。通过种源控制、标准制定、品牌认证、市场管控等措施，全面提升农特产品质量，成功推出“留坝棒棒蜜”“留坝土鸡”等一批深受旅客喜爱的高品质旅游商品。在旅游产业的带动下，农民从传统农产品的生产者转变成为旅游服务产品的提供者，农业发展方式从传统农业转变为高附加值的休闲农业，实现了农特产品经济效益的提升。

（5）交通改善助力乡村振兴。LB 县构建了全域旅游“快进+慢游”交通网络，推动交通、旅游、产业和乡村振兴的深度融合发展。通过投资 3 亿元建设打造以县城为中心，G316 姜窝子至柴关岭为主轴线，全长 171 千米的闭合旅游环线，搭建了旅游框架。同时，累计整合资金逾 5 亿元，持续推进城乡环境综合整治，开展清洁工程，实施农村人居环境改善和绿化美化提升，优化了乡村旅游发展环境。特别是秦岭最美廊道的建设，集“生态、景观、休闲、运动、康养、旅游”于一体，沿途布局了自驾房车营地、公路驿站、精品民宿、停车场、景观节点、农家乐和特色农业产业基地等，推动了“交旅+”深度融合发展。这些交通设施的建设不仅方便了游客的出行，还带动了周边农户的增收致富。

五、经验启示

（1）坚持生态优先，推动绿色发展。LB 县的发展经验表明，生态优先是推动绿色发展的根本保障。LB 县将秦岭生态保护纳入领导干部必学必考内容和村规民约日常管理，广泛组织开展宣传教育和志愿服务活动。同时，高标准编制国土空间、秦岭生态保护等总体规划和《绿色低碳县城建设专项规划》，确保“规划一张图”“开发一盘棋”。通过恪守生态理念，LB 县成功走出了一条生态美、产业兴、百姓富的绿色高质量发展之路。

（2）坚持规划引领，科学布局。LB 县始终坚持规划引领，科学布局，统筹发展。根据《留坝中国山地度假旅游示范区总体规划》，全方位规划布局了留坝旅游，为全县旅游错位式、特色型、全域化稳健发展提供了持续遵循的科学依据。在乡村旅游发展中，结合全县 8 个乡镇（街道）不同的旅游资源，分别找准发展定位，形成了各具特色的乡村旅游发展模式。通过科学规划，LB 县不仅提升了旅游的品质和效益，还实现了旅游资源的有效整合和利用。

（3）坚持产业融合，创新发展模式。LB 县在发展过程中，积极探索产业融合的新模式，通过“旅游+农业”“旅游+文创”“旅游+研学”等多种形式，推动了产业的多元化发展。特别是农文旅融合的发展模式，不仅提升了农产品的附加值，还丰富了旅游产品的供给种类，增强了游客的旅游体验感。通过创新发展模式，LB 县成功打造了多个具有影响力的旅游品牌和项目，为县域经济的持续发展注入了新的活力。

（4）坚持政府引导，凝聚各方力量。LB 县在发展过程中，始终坚持政府引导，凝聚各方力量。政府通过提供资源、投资建设、运营支持等多种方式，积极引进企业和社会资本参与旅游产业的发展。同时，通过制定出台一系列政策保障措施，如《关于深化生态文明建设的决定》等，为旅游产业的发展提供了坚实的制度保障。在政府引导下，LB 县形成了上下一盘棋、全民抓旅游的强大合力，推动了旅游产业的快速发展。

六、未来计划

（1）持续推动全域旅游发展。未来，LB 县将继续坚持全域旅游发展战略，通过提升旅游景区的品质和效益，开发新的旅游产品，完善旅游设施和服务，进一步提升 LB 县的旅游知名度和美誉度。同时，将继续推动农文旅融合发展，打造更多具有影响力的旅游品牌和项目，为县域经济的持续发展注入新的活力。

（2）继续加强生态环境保护与修复工作。LB 县将继续加强生态环境的保护与修复工作，通过实施一系列生态保护和修复工程，进一步提升县域内的生态环境质量。同时，LB 县将加强生态文明建设的宣传和教育，增强全民的环保意识，提高全民的参与度，共同守护绿水青山。

（3）继续推动产业升级与创新发展。未来，LB 县将继续推动产业升级与创新发展，通过引进新技术、新业态和新模式，推动旅游产业的转型升级和高质量发展。同时，LB 县将加强与其他产业的融合发展，形成更多的产业联动和协同效应，为县域经济的多元化发展提供有力支撑。

（4）完善基础设施和公共服务。LB 县将持续推进基础设施和公共服务设施的建设工作，通过提升交通、水利、电力等基础设施的水平和质量，为旅游产业的发展提供更好的条件和保障。同时，将加强公共服务设施的建设和管理，提高游客的满意度和获得感。

（5）继续加强人才培养和引进。未来，LB 县将加强人才培养和引进工作，通过培养和引进一批高素质的旅游人才和管理人才，为旅游产业的发展提供强有力的人才保障。同时，将加强与其他地区的交流合作，学习借鉴先进的旅游管理经验和发展模式，不断提升 LB 县旅游产业的竞争力和影响力。

七、思考题

1. LB 县该如何借助民宿度假产品实现乡村三产融合呢？

2. 如何在发展民宿度假旅游中增强当地村民、游客的生态环保意识？

第十六节　陕西省汉中市宁强县 QMC 古镇：景区旅游扶贫案例

一、基本情况

QMC 古镇景区位于陕西省汉中市宁强县，地处陕甘川三省交界处，素有“鸡鸣三省”之誉。古镇始建于明朝中叶，成形于清朝后期，鼎盛于民国年间，历史可以追溯到春秋战国时期。这里曾是入川的咽喉要道，地理位置独特，襟陇带蜀，战略地位重要。QMC 古镇辖 5 个行政村，48 个村民小组，总人口 2 302 户、7 498 人，其中贫困户 681 户、1 927 人。QMC 古镇的地理环境多样，镇域内主要地形为山区和浅山丘陵，最高海拔为 2 079 米，最低海拔为 538 米，整体地势呈现西北高、东南低。在气候方面，QMC 古镇位于北亚热带湿润地区，受秦岭大巴山山地气候和西南季风气候交替控制的影响，全年气候温和潮湿，四季分明。古镇的建筑保存完好，有古建筑房屋 260 间，大多采用木雕、砖雕、石雕和彩绘等艺术手法装饰，做工精美，有浓厚的地方风格与民俗情趣。其中，魏辅唐大院最具特色，青砖素瓦，雕梁画栋，展示了古镇的建筑艺术。QMC 老街建筑群、魏氏宅院、宁强羌人墓地等被列为国家重点文物保护单位，形成了丰富的历史文化景观带。此外，QMC 古镇还拥有自然保护区、金溪河为主的自然生态景观带，为游客提供了多元化的旅游体验。

二、挑战与问题

（1）交通不够便捷。宁强县的交通基础设施相对滞后，尽管有宝成铁路、阳安铁路、西汉高速、108 国道过境，还有兰渝铁路、兰海高速跨省界而过，但这些道路与主要旅游景区的距离较远，近者三四十千米，远者百多千米。宁强县的交通不够快捷，影响了游客的出行体验。QMC 古镇景区的道路交通也存在瓶颈，停车场规模较小，不能容纳更多车辆停放，尤其是在旅游旺季，交通管控难度大，游客进出不便。

（2）配套设施不够完善。QMC 古镇的旅店、餐馆多为家庭经营式店铺，接待能力有限，无法满足大规模游客的住宿和餐饮需求。此外，景区内没有旅游专线和专车，交通秩序难以维护，各种车辆长驱直入，影响了游客的旅游体验。

（3）管理者经验不足。景区管理者对客流高峰的到来缺乏预见，对危机管控缺乏经验。当人流、车流大量涌入古镇风景区时，不能有效应对和疏导。此外，景区导游数量有限，难以向更多游客提供高效且优质的服务。

（4）同质化与内涵单一。QMC 古镇风景区在景观上存在一定的同质化问题，文化内涵相对单一，缺乏足够的特色和亮点，难以吸引更多游客前来参观。

三、发展举措

（1）加强基础设施建设。QMC 古镇景区在基础设施上有待完善，通过拓宽道路、调整弯路曲直以及降低坡度等手段提高公路等级和通行能力，以方便游客出行。同时，加大停车场建设力度，增加停车位，提高交通管控能力。在住宿和餐饮方面，QMC 古镇积极引进外部资本，发展高品质酒店和餐馆，提高接待能力。同时，对家庭经营式店铺进行规范化管理，提升服务质量，确保游客的住宿和餐饮需求得到满足。

（2）扶持旅游商品关联产业。QMC 古镇依托丰富的自然资源，鼓励贫困户种植天麻、猪苓、木耳等高附加值的农产品，大力发展果、畜、药、菌、芋五大主导产业。以 QMC 各村种植养殖基地为核心，带动贫困户种植农村土特产，搭建景区销售平台，与旅行社、游客直接对接，直接带动全镇 80 多户贫困户参与旅游产业发展，间接带动 150 多户贫困户实现旅游脱贫。QWC 古镇景区推出了腊肉、土蜂蜜、萝卜干、香菇、天麻、茶叶等土特产，设计推出了羌绣、明信片、木炭画、紫砂壶、手绘地图等旅游商品，实现了“辅唐宴”“回龙鱼”等特色餐饮产业化。该景区的各类餐饮、住宿、休闲娱乐、购物等店铺如雨后春笋般兴起，目前有特色餐饮小吃 260 余家、旅游纪念品商店 50 余家。

（3）培育旅游新业态。QMC 古镇紧紧围绕“旅游”核心，着力创建“一业为主、多业共兴”发展模式。该景区将市场前景好、投资风险低的增收类旅游新业态项目与带贫相捆绑，吸纳各村集体经济参股项目投资，现已完成南坝大樱桃采摘园、QMC 油牡丹观光园、南坝村房车营地、东坝村自驾游营地等一批项目建设，共计吸纳农村贫困劳动力就业 120 余人，户均增收 2 000 元以上。通过培育旅游新业态，QMC 古镇不仅增加了游客的旅游体验，还拓宽了贫困群众的增收渠道，实现了旅游扶贫的双赢。

（4）发挥基层党组织作用。QMC 古镇的基层党组织在旅游扶贫中发挥了重要作用。支委会着力加强村组织的思想扶贫建设，具体通过邀请致富带头人讲述创业经历，分享致富心得，以此激发贫困群众通过自力更生发展产业战胜贫困的信心和热情。党员深入贫困村宣讲“旅游+扶贫”政策，了解家庭情况、产业现状，宣讲发展产业优惠政策、景区旅游优惠政策，为贫困户因地制宜制订帮扶措施、产业发展计划。通过党员与贫困户的结对帮扶，充分发挥了机关党支部和党员的资源优势，为贫困户的脱贫致富解决技术、信息、资金、销路等实际问题。

（5）拓展旅游市场，创新宣传营销。QMC古镇在拓展旅游市场方面，采用了“分时段、分地域、分游客群体”的精准营销策略，扩大旅游宣传，打响旅游品牌。利用《中国旅游报》《陕西旅游》等主流报纸杂志加强宣传推介，在咸阳机场、西汉高速公路及108国道沿线设置大型旅游广告牌。高起点策划制作《搜寻天下》《远方的家》《走遍中国》《记住乡愁》等专题节目，运用“精准营销”理念，大胆走出去请客，先后在四川、重庆、甘肃、宁夏、上海、江苏等省开展了多次宣传推介活动，开通了兰州至QMC、重庆至QMC旅游专线。同时大力推进新媒体的运用，建立了QMC旅游官方微博、微信、旅游网站，与各旅游电商确立合作关系，实现了景区旅游资讯、信息查询和食宿预订的网络化。

（6）策划系列活动，提升景区文化内涵。QMC古镇通过策划系列活动，提升景区文化内涵，增加游客的旅游体验。近年来，该镇先后举办了啤酒节、水上麻将大赛、拳击赛、“千人百桌辅唐宴”“陕甘川渝毗邻景区合作洽谈专场推介会”、中国最美古镇马拉松赛、中国古村落保护与发展高峰论坛等一系列活动。这些活动为景区旅游项目增加了众多的文化元素，提高了景区旅游的文化附加值，丰富了游客体验，促使QMC景区实现“观光型”到“体验型”，再到“寄居型”的升级进位，再现了古镇景区昔日商贾云集的繁华盛景。

（7）坚持规划引领。QMC古镇在旅游开发中坚持规划引领，严格执行城镇总体规划和区域控制性详规，按照各项规划选址布局、制定方案。以《QMC古镇创建国家AAAAA级旅游景区提升规划》及土地、建设等配套规划，切实提高规划的严肃性，高度重视规划所具有的指导意义，确保各项规划的持续性。在规划编制过程中，突出民俗特色和地方文化，将已建成的文化旅游项目融入地方特色文化元素，进一步加大对老字号、名人故居、民间传说、风俗民情等非物质文化的挖掘力度，提升了古镇的吸引力，提高了游客的参与度，丰富了项目规划的文化内涵。

（8）坚持保护与开发相协调。QMC古镇在旅游开发中坚持保护与开发相协调，践行“绿水青山就是金山银山”的理念，做好国家级自然保护区生态环境保护，利用中国天然氧吧、省级生态镇、最美河湖等亮点打造生态游品牌。抓住特色气候小镇和大熊猫国家公园陕西片区建设契机，压紧生态管护责任，营造清新亮丽的生态环境，让群众感受生态小镇宜居魅力，彰显出人与自然和谐共生的意涵。

四、发展成效

（1）贫困人口脱贫。截至2020年年底，QMC古镇的贫困户已全部实现脱贫，农民可支配收入由2016年的9 882元增长至2020年的14 580元，生活水平得到大幅提升。这一显著变化得益于景区大力发展旅游商品关联产业，鼓励贫困户种植天麻、猪苓、木耳等高附加值农产品，并大力发展果、畜、药、菌、芋五大主导产业。通过搭建景区销售平台，与旅行社、游客直接对接，直接带动全镇80多户贫困户参与旅游产业发展，间接带动150多户贫困户实现旅游脱贫。

（2）旅游产业发展。QMC古镇景区依托自然风光和历史遗存，形成了以QMC老街建筑群、魏氏宅院、宁强羌人墓地等国家重点文保单位为节点的历史文化景观带，以及以自然保护区、金溪河为主的自然生态景观带。该景区立足“原生态+多元化”的发展定位，强力推进省级文化旅游名镇建设，实现了“显山、露水、活镇、兴城”的目标。在旅游商品开发方面，该景区推出了腊肉、土蜂蜜、萝卜干、香菇、天麻、茶叶等土特产，以及羌绣、明信片、木炭画、紫砂壶、手绘地图等旅游商品。同时，该景区还实现了“辅唐宴”“回龙鱼”等特色餐饮产业化，各类餐饮、住宿、休闲娱乐、购物等店铺如雨后春笋般兴起，目前有特色餐饮小吃260余家、旅游纪念品商店50余家。

（3）新业态培育。QMC古镇景区紧紧围绕旅游这一核心，着力打造“一业为主、多业共兴”的发展模式。把市场前景好、投资风险低的增收类旅游新业态项目与带贫相结合，吸纳各村集体经济参与项目投资。现已完成南坝大樱桃采摘园、QMC油牡丹观光园、南坝村房车营地、东坝村自驾游营地等一批项目建设，共计吸纳农村贫困劳动力就业120余人，户均增收2 000元以上。此外，QMC古镇景区还积极对接县、镇各级用工单位，掌握第一手用工信息，通过集中开会和入户宣讲的方式，鼓励有劳动力贫困户创业就业。引导贫困户到古镇景区三业态务工，直接吸纳全镇及周边地区贫困户务工人员共计415户、909人，户均增收4 000元。同时，为大学生提供见习岗位和暑期实践岗位，近年来共吸纳贫困户大学生20人参加QMC景区暑期实践活动，每户增收3 000元。

（4）经济增长势头迅猛。2016—2020年，QMC古镇景区的旅游接待人次从146万人次增加到166.42万人次，旅游综合收入从6.8亿元增加到7.9亿元，分别增长13.9%和16.2%。QMC古镇景区旅游开发实现了历史性突破，旅游产业已经成为当地经济发展的支柱产业。QMC古镇景区先后荣获“国家级自然保护区”“中国历史文化名镇”“全国特色景观旅游名镇”“全国最具潜力十大古镇”“全国十大乡村旅游目的地”“全国重点文物保护单位”“国家AAAA级旅游景区”“中国最美休闲乡村”“中国传统村落”“中国天然氧吧”“中国百佳避暑小镇”“首批中国特色小镇”等20余项荣誉。

五、经验启示

（1）坚持党建引领与思想扶贫。QMC古镇的旅游扶贫工作始终坚持党建引领。同时，党员深入贫困村宣讲“旅游+扶贫”政策，为贫困户因地制宜制订帮扶措施、产业发展计划，形成了扶贫开发的强大推力。

（2）坚持多元化发展模式。QMC古镇景区在发展过程中，始终坚持多元化的发展模式。QMC古镇通过大力扶持旅游商品关联产业，培育旅游新业态，不仅带动了贫困户的脱贫致富，还促进了整个地区的经济发展。QMC古镇景区推出的土特产、旅游商品以及特色餐饮等，不仅丰富了游客的旅游体验，也为当地农民提供了更多的增收渠道。

（3）坚持规划先行与保护开发并重。QMC古镇景区在发展过程中，始终坚持规划先行，确保各项规划的持续性、严肃性和指导意义。同时，QMC古镇景区还注重保护与开发并重，对当地文物古迹、历史建筑、传统民居进行抢救性保护修复，对核心区内古建筑修缮做到修旧如旧，确保了古镇的历史风貌和文化内涵得以传承。

（4）坚持精准营销策略。QMC古镇景区采用了“分时段、分地域、分游客群体”的精准营销策略，通过主流媒体宣传、展会平台推介、新媒体运用等多种方式，不断扩大旅游宣传，打响旅游品牌。同时，QMC古镇景区还策划了一系列活动，如啤酒节、水上麻将大赛、拳击赛等，提高了景区旅游的文化附加值，丰富了游客体验。

六、未来计划

（1）打造特色精品景区。QMC古镇景区将继续以创建国家AAAAA级旅游景区为载体，对标创5A总体规划，制订年度推进计划，力争固定资产投资达到新的高度。同时，QMC古镇景区将加快推进游客中心、魏氏庄园安防、防雷工程等项目建设，稳定持续推进国家5A级景区的创建工作。

（2）优化职能体系与体制机制改革。按照县委编办的相关精神，QMC古镇景区将以体制机制改革为契机，统筹谋篇布局，优化职能体系，形成强大合力。通过改革，景区将进一步提升专业化运营水平，加强研学、康养产业开发，培育新业态，提升游客体验感。

（3）深化涉旅行业合作。QMC古镇景区将继续保持主流媒体宣传力度不减，借势展会平台，深化涉旅行业合作。QMC古镇景区将积极探索“区域联动、行业联合、企业联手、媒体联姻、电子联网”的大旅游促销战略，深挖文化内涵，精心打造高质量的文旅活动。同时，QMC古镇景区将进一步加强与旅行社、旅游电商等合作方的联系，拓宽旅游市场渠道。

（4）提升服务质量，推进智慧旅游建设。QMC古镇景区将开展面向全体员工、全体群众、全体商户的培训，提升景区从业者的综合素能和服务质量。同时，QMC古镇景区将强化数字经济建设，完善景区智慧旅游系统，提高景区管理效率和服务水平。借助通过智慧旅游建设这一途径，QMC古镇景区将为游客提供更加便捷、高效的旅游服务体验。

（5）加大基础设施与公共设施建设的力度。QMC 古镇景区将继续加大基础设施和公共设施建设的力度，提高服务水平。QMC 古镇景区将按照城镇总体规划和区域控制性详细性规划，对建设项目进行合理布局和选址。同时，QMC 古镇景区将加大对老字号、名人故居、民间传说、风俗人情等非物质文化的挖掘力度，增加古镇的吸引力，提高 QMC 古镇游客的参与度。

七、思考题

1. 基于案例资料，调查 QMC 古镇乡村特色文化资源，从旅游产品开发的角度思考如何通过文旅农融合发展盘活“三农”资源，提升经济价值？

2. 立足资源特色，究竟该如何为 QMC 古镇打造别具一格的旅游形象，从而提升其旅游吸引力呢？

3. 如何提高当地村民参与产业经济发展的能力与积极性？如何使村民成为受益主体？

第十七节　重庆市城口县 DA 镇：巴山原乡生态资本转化与乡土文化重构

一、基本情况

重庆市城口县 DA 镇地处大巴山南麓腹地，距离城口县城有 70 余千米。DA 镇依托其独特的自然景观和气候条件，以及丰富的生态资源和深厚的文化底蕴，走出了一条农文旅深度融合发展的新路径。近年来，DA 镇积极培育乡村文旅融合新场景、新业态、新模式，发展文旅产业，做大做活旅游富民文章，吸引更多人到乡村体验乡风、乡韵、乡愁。DA 镇的地理条件复杂，山高坡陡，沟壑纵横，交通及基础设施薄弱，农业发展受到极大限制。然而，DA 镇历届政府立足农文旅融合发展，通过科学规划、示范引领和宣传营销，逐步改善了基础设施，提升了接待服务，成功打造了“巴山原乡 · 中国亢谷”旅游品牌。近年来，DA 镇大力推进基础设施建设，镇内通村公路全部实现畅通，出镇公路贯通全境，实现了 1 小时到城口、2 小时到巫溪的便捷交通。同时，镇内重点景区和人口密集区域的污水管网和污水处理设施全面建成，农村卫生厕所全面普及，4G 网络信号实现全覆盖。此外，DA 镇还积极争取项目资金，建成文体广场、休闲文化广场、停车场、供水站、旅游步道等配套设施，为农旅融合发展提供了坚实基础。在产业发展方面，DA 镇依托亢谷国家旅游度假区和亢家寨国家 5A 级旅游景区，打造了场镇至黄安坝、密水村、朝阳村和亢谷的东南西北四条精品旅游观光线路，构建起了“一谷四片”的乡村旅游发展格局，即亢谷、青龙峡湾片区、正河片区、黄安草场片区和密水人家片区。这一布局不仅丰富了旅游线路，还提升了 DA 镇的旅游吸引力。

二、挑战与问题

（1）交通及基础设施依然薄弱。近年来，尽管 DA 镇在基础设施建设方面投入了大量资源，但由于地理条件复杂，山高坡陡，交通建设仍然面临较大困难。现有的交通设施还不能完全满足旅游发展的需要，特别是在旅游高峰期，交通拥堵和安全问题时有发生。

（2）旅游接待能力和服务水平有待提高。DA 镇的旅游接待能力虽然有所提升，但仍存在接待能力不足、服务水平不高的问题。特别是在旅游旺季，游客数量激增，现有的旅游接待设施和服务人员难以满足需求，导致游客体验不佳。

（3）农业产业发展也面临困境。DA 镇地处山区，土地贫瘠，农业发展受到极大限制。尽管 DA 镇在中药材、高山梨园等特色产业方面取得了一定成效，但总体上农业产业规模较小，效益不高，难以形成规模效应和产业链。

（4）DA 镇在农文旅融合发展方面还缺乏专业人才。由于地理位置偏远，经济相对落后，DA 镇难以吸引和留住专业人才。现有的旅游从业人员和服务人员普遍缺乏专业知识和技能培训，难以提供高质量的旅游服务。

三、发展举措

（1）完善旅游基础设施。为了提升旅游接待能力和服务水平，DA 镇将继续加大基础设施建设力度。一方面，DA 镇将进一步完善交通设施，提升道路等级和通行能力，确保游客能够便捷、安全地到达景区；另一方面，DA 镇将加强旅游接待设施建设，提升住宿、餐饮、娱乐等配套设施的档次和服务水平，满足不同层次游客的需求。同时，DA 镇还应加强旅游公共服务设施建设，如建设旅游服务中心、旅游厕所、旅游标识系统等，为游客提供便捷、舒适的旅游环境。此外，DA 镇还加强了对旅游从业人员的培训和管理，提升他们的专业素养和服务水平，确保游客能够享受到高质量的旅游服务。

（2）创新产业发展模式。为了推动农业产业发展和农文旅深度融合，DA 镇积极探索创新产业发展模式。一方面，DA 镇依托中药材和中蜂等特色产业，通过订单模式推进产业发展，带动群众种植中药材和养殖中蜂，形成规模效应和产业链；另一方面，DA 镇依托乡村旅游产业，构建“森林人家+”发展模式，推动农旅融合发展。在中药材产业发展方面，DA 镇通过政府引导、企业带动、合作社组织等方式，推动中药材种植和加工产业的发展。政府提供政策支持和资金扶持，企业负责技术指导和市场销售，合作社组织农户进行种植和管理。通过这种发展模式，DA 镇成功打造了中药材产业示范基地，带动了群众增收致富。在乡村旅游产业发展方面，DA 镇依托亢谷国家旅游度假区和亢家寨国家5A 级旅游景区，打造了一批精品民宿和农家乐，提供特色餐饮和住宿服务。同时，DA 镇还通过举办梨花艺术节、消夏节等特色活动，吸引游客慕名前来观光游览，推动乡村旅游产业的快速发展。

（3）打造“森林人家”民宿品牌。为了提升旅游品质和游客体验，DA 镇积极打造“森林人家”民宿品牌。一方面，DA 镇对现有的民宿和农家乐进行升级改造，提升硬件设施和服务水平；另一方面，DA 镇加强了对民宿和农家乐的管理和培训，规范服务标准和价格体系，确保游客能够享受到安全、舒适、优质的住宿服务。同时，DA 镇还积极引进市场主体建设不同档次的民宿和酒店，满足不同层次游客的需求。通过引进专业的管理团队和运营公司，DA 镇成功打造了一批具有地方特色的民宿和酒店品牌，提升了 DA 镇的旅游品质和知名度。

（4）打造“巴山原乡”旅游品牌。为了塑造独特的旅游品牌形象，DA 镇积极打造“巴山原乡”旅游品牌。一方面，DA 镇通过举办各类节庆活动和特色餐饮评选活动，深入挖掘和展示 DA 镇的乡土文化和特色美食；另一方面，DA 镇加强了对旅游资源的宣传和推广，通过主流媒体、社交媒体等渠道发布旅游信息和宣传视频，提升 DA 镇的知名度和影响力。同时，DA 镇还注重旅游产品的开发和创新，推出了一批具有地方特色的旅游纪念品和农产品。通过发展电商产业和农产品加工业，DA 镇将当地的特色农产品和旅游纪念品推向全国市场，实现了旅游富民和农产品销售的双重效益。

（5）推动农文旅深度融合发展。为了推动农文旅深度融合发展，DA 镇积极探索“基地+合作社+农户”的发展模式。一方面，DA 镇依托中药材、高山梨园等产业示范基地，推动农业产业的发展和升级；另一方面，DA 镇通过合作社组织农户进行种植和管理，实现农产品的规模化和标准化生产。同时，DA 镇还通过发展乡村旅游产业，将农业产业和旅游产业紧密结合起来，推动农文旅深度融合发展。在这种发展模式下，DA 镇成功打造了一批集观光、采摘、休闲、娱乐等功能于一体的田园综合体，如蓝莓基地、德安田园综合体等。这些田园综合体不仅丰富了旅游产品供给，还带动了当地群众的增收致富。此外，DA 镇还注重旅游文化的挖掘和传承。通过举办各类文化活动和文化展览，DA 镇深入挖掘和展示了当地的乡土文化和民俗文化，增强了游客的文化体验和认同感。同时，DA 镇还加强了对非物质文化遗产的保护和传承工作，推动文化产业的健康发展。

四、发展成效

（1）旅游基础设施建设成效显著。为了提升旅游接待能力，DA 镇积极改善基础设施。出镇公路贯通全境，实现了 1 小时到城口、2 小时到巫溪的交通圈。镇内通村公路全部实现畅通，重点景区和人口密集区域的污水管网和污水处理设施全面建成，农村卫生厕所全面普及，4G 网络信号实现全覆盖。此外，DA 镇还建成文体广场、休闲文化广场、停车场、供水站、旅游步道等配套设施，为游客提供了更加便捷的旅游体验。

（2）农文旅融合模式创新。DA 镇积极探索“基地+合作社+农户”的发展模式，培育中药材、中蜂、高山梨等产业示范基地，实现了新型集体经济组织和农民专业合作社的全覆盖。中药材和中蜂被确定为主导产业，通过订单模式推进产业发展，带动群众种植中药材 3 100 余亩，养殖中蜂 5 300 余箱。同时，以乡村旅游为支柱产业，构建“森林人家+”发展模式，全力推动农旅融合发展。在“森林人家”民宿品牌建设方面，DA 镇规范化开展基础设施升级改造，积极引进市场主体建设不同档次的民宿和酒店，满足不同层次的游客需求。对森林人家实行企业红黑名单制度，按照统一规划布局、统一形象品牌、统一宣传营销、统一接待用品、统一管理培训和统一收费标准，规范服务和价格。定期组织从业人员外出学习观摩考察，参加经营管理和旅游服务等培训活动，提升服务水平。

（3）旅游品牌的影响力增强。DA 镇通过举办原乡节庆活动，如“梨花艺术节”“消夏节”“村歌村晚”“村 BA”等，成功打造了“巴山原乡 · 中国亢谷”旅游品牌。同时，深入挖掘特色食材，打造乡村土味，开展“DA 好味道”十大餐饮名店评选活动，与九龙坡区二郎街道合力打造“安郎宴”特色餐饮品牌，形成了具有 DA 特色、乡土特点的农家餐饮。据统计，DA 镇成功创建了亢谷市级度假区和亢家寨 4A 级旅游景区，年接待游客突破 100 万人次。全镇有大巴山森林人家 359 家，床位 7 570 张，比 2014 年分别增长 187. 2%和 396. 7%。此外，DA 镇大力发展农产品电商业，升级改造 3 个电商示范点，建成 1 个营销中心和 1 个电商直播间，年销售农产品 2 000 余万元，实现了旅游富民、旅游惠民。

（4）产业发展与生态保护并重。在推动农文旅融合发展的同时，DA 镇注重生态保护，实现了“生态产业化、产业生态化”的目标。例如，朝阳村通过“农民合作社+农户”的经营管理模式，新增梨树种植 120 亩，开发梨果深加工产品，林下套种中药材，打造林下休闲场所，开发本地特色菜品，打造原住民随吃随住农事体验人家。这一举措既解决了大巴山国家级自然保护区原住民生产生活增收问题，又保护了自然资源。

五、经验启示

（1）科学规划是基础。DA 镇将农文旅融合作为促进农民致富增收的抓手，立足本地丰富的生态资源和深厚的文化底蕴，先后编制《DA 旅游总体策划》《亢河景区总体规划及修建性详细规划》等一系列规划，为全镇旅游发展提供了论证科学、方向明确、格局合理、思路清晰的发展依据。

（2）示范引领是关键。乡村旅游扶贫的持续发展离不开群众的参与。DA 镇通过组织镇村两级干部召开社员会和院坝会、入户走访、外出考察等方式，艰难地动员起本地稍有条件的 6 户农户首开大巴山森林人家。这些示范户建成营业后发挥了良好的带动作用，加之几年来不计其数的动员指导和结对帮扶，DA 镇现有大巴山森林人家 359 家，旅游从业人员达到 1 200 余人。

（3）宣传营销是抓手。DA 镇积极在市县主流媒体推介 DA，发布各类新闻、视频 500 余条，拍摄制作旅游微电影《大巴山的呼唤》和原创歌曲《DA 欢迎你》，扩大 DA 镇的旅游影响力。主动赴主城、达州、陕西等区县开展客源市场宣传推介活动，精准对接和拓宽客源市场。设立“原乡 DA”抖音号，发布原乡视频 136 个，累计阅读量达到 500 万人次。

（4）融合创新是动力。DA 镇在农文旅融合发展中，注重创新产业发展模式，探索出“基地+合作社+农户”“森林人家+”等发展模式，通过订单农业、林下经济、民宿经济等多种方式，延长产业链、提升价值链。同时，加强文化基因植入，依托旅游市场营销产品，推动文化、旅游、生态、康养及相关产业深度融合。

六、未来计划

（1）抓好系统谋划，推动全域旅游。DA 镇将从“示范效应”逐步走向“全域旅游”，完善仁河客栈配套设施，加快推进沙湾荷塘水居建设，完成德安田园综合体提档升级，推动朝阳梨园产业链延伸，申报创建新建村传统村落，逐步构建“一河串五珠”的乡村旅游区域发展格局。

（2）抓好品质提升，打造精品旅游。DA 镇将持续改建精品民宿，推进民房变民宿院坝经济，持续开展“DA 好味道”餐饮名店评选，加强工作人员的接待服务培训和餐饮培训，提升整体服务品质。同时，加强智慧景区建设，完善游客信息服务、旅游管理、营销等体系，实现旅游服务、管理、营销、体验的智能化。

（3）加强品牌建设，提升旅游影响力。DA 镇将继续加强品牌建设，深入挖掘特色资源，打造具有 DA 特色的旅游产品和品牌。DA 镇通过举办各类节庆活动、特色餐饮评选等方式，提升“巴山原乡 · 中国亢谷”旅游品牌的知名度和影响力。同时，DA 镇加强与周边地区的合作与交流，共同打造跨区域旅游线路和产品，实现资源共享、客源互送。

（4）推动产业升级，实现高质量发展。DA 镇将依托现有产业基础，进一步推动产业升级和转型。通过发展中药材、中蜂等特色产业，加强农产品精深加工和品牌建设，提升农产品的附加值和市场的竞争力。同时，大力发展乡村旅游和民宿经济，推动文化、旅游、生态、康养等产业深度融合，推动生态经济高质量发展。

（5）加强生态保护，实现绿色发展。DA 镇将继续坚持生态优先、绿色发展的理念，加强生态保护和环境治理。通过实施退耕还林、水土保持等生态工程，提升生态环境质量。同时，加强生态旅游管理，规范旅游行为，减少对生态环境的破坏和影响。通过发展生态旅游和绿色产业，实现经济效益和生态效益的双赢。

七、思考题

1. DA 镇该如何借助亢谷国家旅游度假区和亢家寨国家 5A 级旅游景区的引流效能，推动农业及中药、养蜂等特色产业发展，达成赋能增值与高质量发展的目标呢？

2. DA 镇在产业融合发展的过程中是如何进行品牌化建设的？怎样借助“巴山原乡 · 中国亢谷”旅游品牌，推动农业及相关产品的品牌打造呢？

3. DA 镇是如何引导村民以怎样的方式参与旅游及相关产业发展的？如何保障村民成为经济发展的受益主体？

第十八节　重庆市巫山县 ZX 乡：生态赋能、人文铸魂、旅游驱动的乡村振兴特色之路

一、基本情况

ZX 乡位于重庆市巫山县东北部，距县城约 60 千米，地处五里坡国家级自然保护区内，是一个生态优美、气候宜人的农业型大镇。全乡面积 98 平方千米，耕地面积 13 244 亩，总人口 33 008 人，其中农业人口 28 520 人。ZX 乡的地势东高西低，喀斯特地貌分布广泛，海拔落差大，最高峰朝阳坪位于福坪村，海拔 2 362.6 米；最低点纸厂沟位于下庄村，海拔 280 米。这里水源丰富，气候温暖湿润，具有亚热带季风气候特征，冬暖夏热，雨量充沛，常年平均气温 18 ℃，平均降雨量 1 138.6 毫米，平均日照时数达 1 268 小时。ZX 乡原名竹芭乡，后更名为 ZX，寓意竹芭人淳朴、贤良。这里不仅是世界自然遗产地，还是下庄精神的发源地。下庄村党支部书记毛某林带领村民历时 7 年，在绝壁上开凿了 8 千米“天路”，以牺牲 6 人的代价铸就了“不甘落后、不等不靠、不畏艰险、不怕牺牲”的下庄精神。这一精神深深植根于 ZX 乡的发展血脉中，成为乡村振兴的强大精神动力。ZX 乡拥有丰富的自然资源，森林覆盖率较高，植被种类繁多，生态环境优美。近年来，ZX 乡通过大力发展生态农业和乡村旅游，

逐步实现了从贫困落后到美丽宜居的蜕变。

二、挑战与问题

（1）基础设施滞后。ZX 乡地处偏远山区，交通不便，基础设施建设相对滞后。近年来，尽管实施了多个交通帮扶项目，如全长 19.5 千米的下庄旅游小环线和全长 85.9 千米的江北旅游大环线，但部分偏远村落的交通条件依然较差，影响了农产品的销售和乡村旅游的发展。

（2）公共服务水平偏低。受历史原因和经济条件的限制，ZX 乡的公共服务水平偏低，教育、医疗、文化等基础设施和服务设施相对匮乏。这对乡村居民的生活质量和乡村产业的发展形成了制约。

（3）人口基数小，乡村活力不足。ZX 乡的总人口较少，且农业人口占比较大，年轻劳动力外流严重，导致乡村的活力不足。这在一定程度上影响了乡村经济的多元化发展和产业结构的优化升级。

（4）文化发展基础较弱。ZX 乡拥有丰富的传统文化资源，但文化发展基础较弱，文化人才短缺，文化资源缺乏有效保护和利用。乡村文化活动匮乏，文化传承乏力，影响了乡村文化的凝聚力和影响力。

（5）产业结构单一。ZX 乡的经济结构以传统农业为主，产业结构单一，缺乏具有竞争力的支柱产业和新兴产业。这对乡村经济的增长潜力和可持续发展能力造成了限制。

三、发展举措

（1）加强基础设施建设。ZX 乡高度重视基础设施建设，通过实施一系列交通帮扶项目，改善乡村交通条件。市交通运输委在 ZX 乡下庄村片区实施了乡村振兴重点帮扶乡镇项目 17 个，新建、改建公路里程近 30 千米，累计投入市级帮扶资金近 3 800 万元。这些项目的实施，为 ZX 乡的发展提供了坚实的交通保障。同时，ZX 乡还积极推进农村人居环境整治，实施厕所、垃圾、污水“三大革命”，提升乡村卫生水平和居住环境。全乡卫生厕所普及率达 91%，垃圾清运率达 100%，农村生活污水应收尽收。

（2）提升公共服务水平。ZX 乡注重提升公共服务水平，加强教育、医疗、文化等基础设施建设和服务设施建设。通过升级改造乡村公共服务中心、农家书屋等文化设施，丰富群众精神文化生活。下庄村“学习强国”数字农家书屋荣获重庆“十佳提名最美阅读空间”，新建乡综合文化服务中心和 4 个乡村文化广场、6 个标准篮球场，成功举办下庄村晚、下庄古道登山赛和首届群贤杯篮球联谊赛等活动，群众文化体育生活不断丰富。在教育方面，ZX 乡始终把教育摆在优先发展地位，加大教育投入力度，建立激励机制，着力打造一支强大的师资队伍，推动教育事业逐步迈向优质且高效发展的轨道。

（3）挖掘和传承传统文化。ZX 乡拥有丰富的传统文化资源，是下庄精神的发源地。为深入挖掘和传承传统文化，ZX 乡积极开展文化挖掘和整理工作，建立传统文化资源库，加强文化人才配备与培养。同时，通过举办文化节庆活动、建设文化地标等方式，弘扬传统文化，提升乡村文化软实力。ZX 乡还注重文化创新，将传统文化与现代元素相结合，打造具有地方特色的文化品牌。下庄村创新成立了“庄”扮环境、“庄”大产业、“庄”宣政策、“庄”敬老人、“庄”事调解五支队伍来管理村务，通过“忆”奋斗岁月聚民心、“说”发展变化汇民智、“立”章程制度导民行、“疏”矛盾纠纷解民忧，调动村民参与产业发展、乡村建设、文明行动的积极性。

（4）推动农文旅深度融合发展。ZX 乡依托丰富的自然资源和人文资源，推动农业、文化、旅游深度融合发展。通过建设高山蔬菜基地乡、乡村旅游重点乡和乡村振兴示范乡，打造生态农业和乡村旅游品牌。在生态农业方面，ZX 乡着力对“1351”生态农业产业体系进行巩固和提升，优化大棚经营模式，建设现代设施大棚，开展旱改水工程和开荒复垦，增加粮食产量和产值。同时，发展特色产业如柑橘、辣椒、西瓜等，提高农业经济效益。在乡村旅游方面，ZX 乡充分利用自然风光和人文景观资源，打造研学旅游“下庄名片”和“灵动龙河——龙潭溪”乡村旅游品牌。通过搭建露营平台、提升康养旅游配套水平等措施，吸引游客前来观光旅游、休闲度假。同时，通过举办蔬菜采摘节等活动，推动农旅融合发展，增加农民收入。

（5）发展新兴产业。ZX 乡注重发展新兴产业，做大村集体经济增量。通过引进新技术、新产业和新模式，推动乡村产业转型升级。例如，利用互联网技术和电子商务平台，发展农村电商产业；依托农业资源和生态优势，发展休闲农业和乡村旅游产业；通过引进现代农业企业和技术人才，推动农业现代化和产业化发展。同时，ZX 乡还注重培育乡村特色产业和龙头企业，推动乡村经济多元化发展。通过政策扶持和资金支持等措施，引导农民发展特色产业和创办家庭农场、合作社等新型农业经营主体。这些举措为 ZX 乡的经济增长注入了新的活力。

（6）加强党建引领和人才队伍建设。ZX 乡注重加强党建引领和人才队伍建设，为乡村振兴提供坚强的组织保障和人才支撑。通过加强基层党组织建设、开展党员先进性承诺活动等措施，提升党组织的凝聚力和战斗力。同时，通过引进和培养各类人才、加强农民技能培训等措施，提升乡村人才队伍的素质和水平。在党建引领方面，ZX 乡党委制定了详细的实施方案和激励机制，推动党员在乡村振兴中发挥先锋模范作用。通过设立党员示范岗、开展志愿服务活动等方式，引导党员积极参与乡村建设和管理。同时，加强党员教育培训和考核管理，提升党员队伍的整体素质和能力水平。

四、发展成效

（1）基础设施建设不断完善。近年来，ZX 乡基础设施建设方面取得了长足进步。帮扶集团入驻后，实施了一系列交通帮扶项目，包括下庄旅游小环线（全长 19.5 千米）和江北旅游大环线（全长 85.9 千米）等，极大地改善了当地的交通条件。同时，市交通运输委在 ZX 乡下庄村片区实施了 17 个乡村振兴重点帮扶乡镇项目，新改建公路里程近 30 千米，累计投入市级帮扶资金近 3 800 万元。这些交通项目的实施，为 ZX 乡的发展产业、脱贫致富奠定了坚实基础。在美丽宜居示范乡镇建设方面，ZX 乡也取得了显著成效。通过实施场镇公共节点及公共服务设施整治提升、职业技能培训中心及老年活动中心整治提升、场镇建筑品质提升、场镇步道公园和观景平台等项目，场镇面貌焕然一新。未来，ZX 乡还计划实施多个环境综合整治及建筑品质提升项目，进一步提升场镇的品质和宜居度。

（2）生态环境持续优化。ZX 乡依托高山良好的生态优势，结合本地土壤气候条件，积极探索生态农业发展模式。通过调整优化大棚经营模式、开展旱改水工程和开荒复垦等措施，ZX 乡新增了水稻、玉米、黄豆等粮食作物的种植面积，预计新增粮食产量 15 万千克，新增产值达 70 万元。此外，ZX 乡还大力发展高山有机生态蔬菜产业，种植了辣椒、草莓、羊肚菌等果蔬。通过引进农业企业，采取统一采购物资、统一技术指导、统一对外销售“三统一”模式与农户签订协议，为农户提供全产业链“保姆式”服务。这些措施不仅提升了农产品的品质和市场竞争力，也增加了农户的收入。

（3）人文旅游蓬勃发展。ZX 乡是下庄精神的发源地，这种“不甘落后、不等不靠、不畏艰险、不怕牺牲”的精神激励着 ZX 人民不断前行。近年来，ZX 乡紧紧围绕下庄特色，大力弘扬下庄精神，持续擦亮“下庄精神发源地”金字招牌。通过建成巫山县委党校下庄校区、下庄人事迹陈列室、乡情馆、村史馆等设施，ZX 乡充分发挥了这些基地在党员干部教育研学中的作用。在文化旅游方面，ZX 乡充分利用当地的自然和文化资源，举办了一系列夏季高山纳凉活动，如“下庄村晚”、游园会、拔河赛、登山赛、ZX 拾光摄影赛以及蔬菜采摘节等。这些活动不仅丰富了游客的文化旅游体验，也提升了 ZX 乡的知名度和美誉度。同时，ZX 乡还积极打造红色旅游“下庄名片”，传承下庄精神，持续擦亮“全国红色旅游精品线路、重庆市党员教育培训基地、重庆市爱国主义教育基地”金字招牌。通过承接各类培训和研学旅游，ZX 乡吸引了大量游客前来参观学习，带动了当地的经济发展。

（4）集体经济不断壮大。在乡村振兴的过程中，ZX 乡注重发展壮大集体经济。通过整合帮扶集团帮扶资源，ZX 乡开发建成了露营基地、古道驿站、回望下庄等人文景点，打造旅游民宿及接待点 15 个。同时，ZX 乡还推行“旅游家访”，开展“住农家屋、吃农家饭、干农家活、走下庄路”等体验活动，构建了主客共享的文化、旅游、教育新空间。在产业发展方面，ZX 乡积极探索“村企联合、村村合作、整乡组团”的“强村公司”发展模式。通过成立巫山县云上 ZX 旅游发展有限公司等市场主体，ZX 乡将 6 个村集体经济组织的资源、资金、资产整合起来，共同发展高山蔬菜和乡村旅游产业。

这种发展模式实现了村集体、企业和村民“三级”合作共赢，有效助力了乡村振兴和产业富民。

(5) 农民收入显著提升。随着基础设施的不断完善、生态环境的持续优化、人文旅游的蓬勃发展和集体经济的不断壮大，ZX 乡农民的收入也显著提升。通过参与高山蔬菜种植、乡村旅游接待、民宿经营等活动，农户们获得了可观的收入。同时，ZX 乡还积极对接消费渠道，将农户家中的小杂粮、土猪肉、核桃等农产品直接销售到相关部门、企业的食堂或销售平台，进一步拓宽了农户的收入来源。

五、经验启示

(1) 坚持绿色发展理念。ZX 乡地处高山地区，生态环境优美，气候宜人。在乡村振兴的过程中，ZX 乡始终坚持绿色发展理念，注重保护生态环境，发展生态农业和乡村旅游产业。借助对生态农业产业体系的巩固和提升、发展高山有机生态蔬菜产业等措施，ZX 乡实现了经济效益和生态效益的双赢。

(2) 弘扬优秀文化精神。ZX 乡是下庄精神的发源地，这种精神激励着 ZX 人民不断前行。在乡村振兴的过程中，ZX 乡紧扣下庄特色，大力弘扬下庄精神，持续擦亮“下庄精神发源地”金字招牌。通过建成一系列教育基地和设施，ZX 乡充分发挥了这些基地在党员干部教育研学中的作用，提升了当地的文化软实力。

(3) 创新产业发展模式。在产业发展方面，ZX 乡积极探索创新模式。借助成立市场主体、整合村集体资源、发展高山蔬菜和乡村旅游产业等一系列举措，ZX 乡实现了村集体、企业和村民“三级”合作共赢。这种创新模式不仅提升了产业发展的效率和效益，也提高了农户的参与程度与获得感。

(4) 加强基础设施建设。基础设施是乡村振兴的重要保障。在 ZX 乡的发展过程中，帮扶集团和当地政府注重加强基础设施建设，改善交通条件、提升场镇的品质、美化乡村环境等。这些措施为 ZX 乡的发展提供了有力的支撑和保障。

(5) 注重人才培养和引进。人才是乡村振兴的关键因素。在 ZX 乡的发展过程中，当地政府注重人才培养和引进工作。通过组织培训、引进专家和技术人才等措施，ZX 乡提升了当地农户的种植技术和市场开拓能力，为产业发展提供了有力的人才保障。

六、未来计划

(1) 深化生态农业发展。ZX 乡会持续致力于巩固并提升生态农业产业体系，发展高山有机生态蔬菜产业。通过引进新品种、新技术和新模式等措施，提升农产品的品质和市场竞争力。同时，ZX 乡还将加强农产品品牌建设和营销推广工作，拓宽销售渠道和增加农户收入。

(2) 提升乡村旅游品质。在乡村旅游方面，ZX 乡将继续提升旅游品质和服务水平。通过完善旅游设施、丰富旅游产品、提升旅游体验等措施，吸引更多游客慕名前来参观游览。同时，ZX 乡还将加强旅游市场监管和服务质量提升工作，保障游客的合法权益。

(3) 加强文化建设和传承。ZX 乡将继续加强文化建设和传承工作。通过挖掘和保护当地的文化遗产和民俗风情等措施，提升当地的文化软实力和吸引力。同时，ZX 乡还将加强文化教育和宣传工作，提高当地农户的文化素质和文明程度。

(4) 推动产业融合发展。在未来发展中，ZX 乡将继续推动生态、人文、旅游的融合发展。通过加强产业间的协同和联动作用等措施，实现资源共享和优势互补。同时，ZX 乡还将积极探索新的产业发展模式和路径，为乡村全面振兴注入新的动力和活力。

(5) 加强社会治理和民生保障。在乡村振兴的过程中，ZX 乡将注重加强社会治理和民生保障工作。通过完善基层治理体系、加强社会治安综合治理等措施，提升当地的社会治理水平和群众安全感。同时，ZX 乡还将加强民生保障工作，提高农户的生活水平和幸福感。

七、思考题

1. 从农文旅产业融合角度思考，如何立足 ZX 乡现有资源开发出独具特色的产品？又该塑造怎样的特色旅游形象呢？

2. 请利用新质生产力理论分析如何解决 ZX 乡总人口较少、农业人口占比较大、人才匮乏的问题。

第十九节　重庆市彭水苗族土家族自治县 AYH 社区：农旅融合发展新范式

一、基本情况

彭水苗族土家族自治县位于重庆市东南部，拥有丰富的自然资源和深厚的民族文化底蕴。AYH 社区作为彭水县绍庆街道的一个重要组成部分，地处绍庆街道西南部，距离县城仅 17 千米，占地面积 19.93 平方千米，下辖 8 个小组，共有 885 户、3 539 人。AYH 社区的命名源自当地苗族对善良、美丽、聪慧女子的称呼“娇阿依”，其河流因此得名，社区亦随之得名。AYH 社区的地理位置优越，不仅紧邻国家 5A 级旅游景区 AYH，还拥有丰富的山地资源和城乡一体化发展的潜力。

近年来，AYH 社区所在区域凭借其独特的自然景观和丰富的民族文化，成为全国特色景观旅游名镇名村和重庆市 10 大旅游名村之一，吸引了大量游客前来观光旅游。在全面推进乡村振兴战略的时代大背景下，AYH 社区充分利用其资源禀赋，积极探索农旅融合发展之路。通过精准发力，AYH 社区立足山地资源、国家 5A 级景区优势和城乡一体化特色，全力打造农旅融合发展示范区。

AYH 社区在农业方面，注重特色产业的培育和发展。目前，该社区已建成花椒生产基地 1 200 亩、中药材生产基地 500 亩、蜂糖李 500 亩、勃希葡萄采摘体验园 300 亩、绿茶生产基地 200 亩、枇杷 200 亩、杨梅 200 亩及羊肚菌 10 亩等具有规模的特色产业。这些产业的兴起，不仅优化了社区的经济结构，也为农民增收提供了有力保障。同时，AYH 社区还积极推动数字农业的发展，建设了数字农业大棚，通过无土栽培等技术提高农业生产效率。在数字农业大棚内，番茄、黄瓜等蔬菜的藤蔓悬空生长，环境条件可控，病虫害少，实现了蔬菜的集约化、工业化、工厂化生产。此外，数字农业大棚还兼具科普、研学功能，成为乡村旅游的一大亮点。

AYH 社区在乡村旅游方面，依托国家 5A 级旅游景区 AYH 的优势，开发了一系列个性化旅游产品，如家庭亲子、情侣度假、疗养休养、研学旅行等，满足了不同游客的需求。同时，AYH 社区还积极打造胡家湾苗寨建筑群和特色采摘园区，为游客提供了丰富的乡村旅游体验。此外，AYH 社区还规划建设了彩虹滑梯、玻璃滑道、露营基地、观光走廊等经营主体，将传统农业进行技术升级，吸引游客前来观光休闲。这些项目的实施，不仅推动了乡村第一、第二、第三产业的融合发展，也为社区带来了显著的经济效益和社会效益。

在农旅融合发展过程中，AYH 社区注重发展模式的创新。AYH 社区采取了“企业+村集体+个体工商户+农户”的发展模式，实现了多方共赢。通过这一模式，AYH 社区不仅带动了农户增收致富，还促进了村集体经济的发展。同时，AYH 社区还积极开发公益性岗位，鼓励示范园定向招工，实现了“家门口”就业。

二、挑战与问题

（1）产业结构单一。AYH 社区的产业结构相对单一，主要依赖农业和旅游业。然而，农业受自然条件的影响大，产量和收入不稳定；旅游业则受季节、政策等因素的影响，波动性较大。产业结构的单一性导致社区经济发展缺乏稳定性和可持续性。

（2）基础设施不完善。尽管 AYH 社区的基础设施得到了显著改善，但仍存在一些不足之处。例如，部分道路狭窄弯曲，交通不便；游客中心、停车场等设施容量有限，难以满足日益增长的游客需求。此外，AYH 社区内的网络通信、医疗卫生等公共服务设施也有待进一步完善。

（3）人才短缺。AYH 社区的人才短缺问题较为突出。由于地理位置偏远、经济发展相对滞后，AYH 社区难以吸引和留住高素质的人才。目前，AYH 社区内的人才主要集中在农业和旅游业，然而，专业的规划、设计和管理人才匮乏，对该社区的发展形成了阻碍。

（4）民族文化保护与传承。随着现代化进程的加快，AYH 社区的民族文化面临着保护与传承的挑战。一方面，年轻一代对传统文化的兴趣和认同感逐渐减弱；另一方面，外来文化的冲击使得传统文化逐渐淡化。如何保护和传承民族文化，成为 AYH 社区亟待解决的问题。

（5）生态环境压力。AYH 社区的生态环境面临着较大的压力。随着旅游业的发展，游客数量的增加给社区带来了环境污染和生态破坏的风险。同时，农业活动也对生态环境造成了一定的影响。如何在保护生态环境的前提下实现经济发展，是 AYH 社区需要面对的重要课题。

三、发展举措

（1）优化产业结构。AYH 社区应优化产业结构，推动多元化发展。一方面，加强农业科技创新，提高农业生产效率和附加值；另一方面，发展农产品加工业和乡村旅游业，延长产业链，增加农民收入。同时，积极引进新兴产业，如文化创意产业、康养产业等，为社区经济发展注入新的活力。

（2）完善基础设施。加强基础设施建设，提高社区的服务能力和水平。加大资金投入力度，拓宽道路，推进桥梁建设以及水利设施修筑工作，改善交通条件；对游客中心、停车场等设施进行扩建，提高旅游接待能力。同时，加强网络通信、医疗卫生等公共服务设施建设，提升社区居民的生活质量。

（3）加强人才培养和引进。重视人才培养和引进工作，为社区发展提供人才保障。加强与高校、科研机构等合作，开展人才培养和引进工作；鼓励社区居民参加职业技能培训，提高就业能力和创业水平。同时，制定优惠政策，吸引和留住高素质的人才，为社区发展提供智力支持。

（4）保护和传承民族文化。加强民族文化的保护和传承工作，弘扬民族文化特色。加大对民族文化的挖掘和整理力度，建立民族文化数据库；开展民族文化教育活动，提高年轻一代对传统文化的认同感和兴趣；加强民族文化遗产的保护和修复工作，确保民族文化的传承和发展。同时，利用民族文化资源发展文化创意产业，推动文化与经济的融合发展。

（5）推进生态文明建设。加强生态文明建设，实现经济与环境的协调发展。制定严格的环保政策，加大环境监管和执法力度；推广生态农业和绿色旅游，减少环境污染和生态破坏；加强生态修复和治理工作，恢复和保护生态环境。同时，加强生态文明宣传教育，增强社区居民的环保意识，提高社区居民的责任感。

（6）加强区域合作。加强区域合作，实现资源共享和优势互补。加强与周边地区的合作与交流，共同开发旅游资源、打造旅游品牌；加强农业合作，推动农产品销售和加工合作；加强文化交流与合作，共同保护和传承民族文化。通过区域合作，推动 AYH 社区的农旅融合发展。

（7）创新旅游发展模式。创新旅游发展模式，提高旅游业的竞争力和吸引力。开发特色旅游产品，如民族文化体验游、生态农业观光游等，满足游客的多样化需求；加强旅游营销和宣传，提高 AYH 社区的知名度和美誉度；提升旅游服务质量，提高管理水平，提升游客的满意度和忠诚度。通过创新旅游发展模式，推动 AYH 社区旅游业的可持续发展。

（8）推进数字化建设。加强数字化建设，提高社区的信息化水平。搭建智慧旅游平台，实现旅游信息的智能化管理和服务；加强电子商务发展，推动农产品的线上销售和旅游产品的在线预订；加强社区治理的数字化转型，提高社区管理的效率和透明度。通过开展数字化建设工作，有力推动 AYH 社区迈向现代化发展之路。

四、发展成效

（1）经济效益显著提升。AYH 社区通过特色农旅融合，实现了经济效益的显著提升。一方面，乡村旅游的发展吸引了大量游客前来观光、休闲和度假，带动了当地餐饮、住宿、交通等产业的发展；

另一方面，特色农产品的推广和销售也取得了显著成效，如苗族刺绣、土家腊肉等手工艺品和农产品深受游客喜爱，成为当地的重要经济来源。据统计，近年来，AYH社区的乡村旅游接待人数和收入均呈现出快速增长的态势。同时，特色农产品的销售额也逐年攀升，为AYH社区居民带来了可观的经济收益。

（2）社会效益成效明显。农旅融合不仅带来了经济效益的提升，还促进了AYH社区的社会发展。一方面，乡村旅游的发展提高了社区居民的生活水平，改善了他们的生活环境；另一方面，特色农产品的推广和销售也促进了当地文化的传承和发展，增强了社区居民的归属感。此外，农旅融合还带动了当地就业和创业，为社区居民提供了更多的就业机会和创业空间。许多年轻人选择回到家乡，利用当地的资源和优势，开展乡村旅游和特色农产品销售等业务，实现了个人价值和社会价值的双重提升。

（3）生态环境得到保护。在特色农旅融合的过程中，AYH社区注重生态环境的保护和可持续发展。他们通过加强环境监管、推广生态农业和绿色旅游等方式，有效地保障当地生态环境处于稳定且良好的状态。同时，他们还积极引导游客和社区居民树立环保意识，共同维护当地的生态环境。

五、经验启示

（1）注重资源整合和规划引领。AYH社区在特色农旅融合的过程中，注重资源整合和规划引领。他们充分利用当地的自然资源、人文资源和民族文化资源，通过科学规划和合理布局，实现了资源的优化配置和高效利用。同时，他们还注重与当地政府、企业和社会组织的合作，共同推动特色农旅融合的发展。这种注重资源整合和规划引领的做法，为AYH社区的特色农旅融合提供了坚实的基础和有力的支持。

（2）突出特色和差异化发展。AYH社区在特色农旅融合的过程中，注重突出特色和差异化发展。他们深入挖掘当地的民族文化、历史文化和自然风光等特色资源，打造了一批具有独特魅力的乡村旅游景点和特色农产品。同时，他们还注重与周边地区的差异化发展，避免了同质化竞争和恶性竞争。这种突出特色和差异化发展的做法，使得AYH社区的特色农旅融合更具有吸引力和竞争力。

（3）加强品牌建设，加大营销推广力度。AYH社区在特色农旅融合的过程中，注重品牌建设和营销推广。他们通过加强品牌策划、包装设计、宣传推广等方式，提升了当地乡村旅游和特色农产品的知名度和美誉度。同时，他们还积极利用互联网和新媒体等渠道进行营销推广，吸引了更多的游客和消费者前来体验和购买。这种加强品牌建设和营销推广的举措，为AYH社区的特色农旅融合发展吸引了更多的客源，创造了更多的市场机会。

（4）注重社区参与和利益共享。AYH社区在特色农旅融合的过程中，注重社区参与和利益共享。他们鼓励社区居民积极参与乡村旅游和特色农产品的开发、经营和管理等环节，提高他们的参与程度，增强他们的获得感。同时，他们还注重保障社区居民的合法权益和利益分享机制的建设，确保他们能够从特色农旅融合中获得更多的实惠和利益。这种注重社区参与和利益共享的做法，增强了社区居民的凝聚力和向心力，为特色农旅融合的持续发展提供了有力的保障。

六、未来计划

（1）加强基础设施建设，提升旅游品质。为进一步提升AYH社区的乡村旅游品质和吸引力，为特色农旅融合的持续发展提供有力的支撑，AYH社区将加强基础设施建设，提升旅游品质。他们将加大对乡村旅游景点、交通道路、餐饮住宿等基础设施的投入和建设力度，提高旅游服务的便捷性和舒适性。同时，他们还将加强对乡村旅游从业人员的培训和管理，提高他们的服务水平和综合素质。

（2）深入推进农产品加工和销售工作，有效提高其附加值。为进一步提高AYH社区的特色农产品品质和附加值，为当地居民带来更多的经济收益和就业机会，AYH社区将会进一步深化农产品的加工和销售工作，提高其附加值。他们将加大对特色农产品的研发和创新力度，开发更多具有市场竞争力和附加值的产品。同时，他们还将加强农产品的品牌营销和渠道建设，拓宽销售渠道，扩大市场空间。

（3）挖掘民族文化资源，打造文化品牌。为进一步丰富 AYH 社区的文化内涵和特色魅力，为特色农旅融合的持续发展注入新的活力和动力。AYH 社区将深入挖掘民族文化资源，打造文化品牌。他们将加大对当地苗族、土家族等少数民族文化的保护和传承力度，打造一系列具有浓郁民族特色的文化旅游产品，策划丰富多彩且具有民族特色的活动。同时，他们还将加强与外界的文化交流和合作，提高当地文化的知名度和影响力。

（4）加强生态保护和环境治理，推动可持续发展。AYH 社区将加强生态保护和环境治理，加大对当地生态环境的保护和监管力度，推广生态农业和绿色旅游等方式，减少污染和破坏。同时，他们还将加大对游客和社区居民的环保教育和管理力度，增强他们的环保意识和行动能力。

七、思考题

1. 分析总结 AYH 社区在生态环境保护方面从哪些层面采取了哪种措施。另外，思考如何有效地引导社区居民积极参与到生态环境的保护与治理工作中？

2. AYH 社区采取哪些措施来实现并确保当地居民的收益？又该如何吸引年轻人回乡创业发展？

第二十节　湖北省十堰市丹江口市 LMG 村：生态旅游赋能乡村振兴之路

一、基本情况

LMG 村位于湖北省十堰市丹江口市官山镇，是一个集探险、旅游、度假、观光、农业和特种养殖于一体的多元化发展的村庄。LMG 村地处湖北省西北部，距离武汉市中心 450 千米，距十堰市中心 100 千米，距官山镇中心 10 千米。这里气候宜人，属于亚热带季风气候区，四季分明，春天山峦滴翠，繁花似锦；夏日风雷激荡，云雾缭绕；金秋林疏叶红，满目清新；冬时冰柱撑天，琼瑶满地。全村总面积 22.7 平方千米，耕地面积 1 173 亩，林地面积 29 685 亩，共有 4 个小组，246 户、931 人。LMG 村名字的由来颇具传奇色彩。相传在红军时期，一支部队曾在此驻扎，留下了许多骡马，并在村口琢出一个巨大的石制骡马槽。后来因洪水淤盖，骡马槽不见踪影，由此得名骡马沟，当地人又称之为骆马沟。

LMG 村的自然资源丰富，动植物的种类繁多，像稀有树种如水杉树、松柏树、花柳树长势良好，药用植物如天麻、灵芝、金柴、莲苔、九莲子、干山韭、七叶一枝花等多达 300 多种，其中在《本草纲目》记载的 1 800 多种中草药中，LMG 村就有 100 多种。活跃于山林中的各种鸟类约 70 多种，兽类约 40 多种，昆虫约 800 多种，其中国家二级保护动物猕猴就有 500 多只。

LMG 村最为著名的景点是武柱峰（又称大明峰），海拔 1 316 米，以真武巨大石像端坐其间而闻名。这尊石像的两峰如笋形同座椅，高 218 米、宽 99 米，五官兼备，目光深邃，背依伏龙山，面迎武当山金顶。真武在此潜心修行多年成仙后，留下天然石像，蔚为壮观。

二、挑战与问题

（1）基础设施落后是 LMG 村面临的主要难题之一。特别是在道路建设方面，村内道路泥泞难行，给村民的出行带来了极大的不便。此外，村庄的公共设施建设滞后，水、电、路、灯等基础设施不完善，严重制约了村庄的发展。

（2）村庄的人口结构也制约了其发展。LMG 村常年在家的人数较少，大多为老年人、未成年人、病患以及残障人士等弱势群体。青壮年大多外出打工，导致村庄缺乏劳动力，同时也不利于村庄经济的长期发展。

（3）村民的收入水平较低，贫困发生率较高。到2014年，LMG村人均可支配收入仅5 000多元，建档立卡贫困人口175户、618人，贫困发生率高达68.23%。村民住的是土坯房，走的是泥巴路，喝的是河沟水，供电无保障，土地贫瘠，生产生活条件十分艰苦。

（4）村庄的生态环境保护也面临严峻挑战。过去，由于不合理地开发和利用，部分地区的生态环境受到破坏，水土流失严重，植被恢复困难。如何平衡经济发展和生态环境保护，成为LMG村亟待解决的问题。

三、发展举措

（1）改善基础设施，提升村庄环境。为了改善村庄的基础设施，LMG村投入大量资金进行道路硬化、公共设施建设和水系治理。例如，投资4 600余万元新修了5.5千米的景观公路，投资3 000万元进行了5 000米神仙河水系治理，打造了堤岸、民俗墙、廊桥、古亭等景观设施。村庄的堤岸、民俗墙、廊桥、古亭相映成趣，白天溪水潺潺绿树成荫，夜晚彩灯映照多姿多彩。在环境卫生方面，LMG村对生活污水处理管网和垃圾处理系统进行了优化改造，建设了机械污水处理厂，配备了新型垃圾桶、垃圾箱和村庄保洁员。同时，与景区公司联合制定了环境卫生保洁制度等“村规民约”，对家家户户环境卫生一月一检查一评比，奖惩兑现，以奖促治、以罚促治。如今，LMG村的天更蓝、水更清、空气更清新、食品更安全、交通更顺畅，村民的获得感显著增强。

（2）发展生态旅游，促进经济增收。LMG村充分利用其地处武当山腹地的地缘优势和辖区内雄奇秀丽的大明峰为“卖点”，发展生态旅游。通过招商引资，联系从LMG走出去创业成功的民营企业家回乡创业，共同开发武当大明峰生态文化旅游景区。武当大明峰生态文化旅游景区自2015年8月开发建设以来，已投入资金达6亿多元，建设了大明小镇、万米栈道、观光索道、玉顶玉殿等主要项目。其中，大明玉殿采用300多吨白雪公主玉打造，是继明成祖北建故宫南建武当至今，我国乃至世界唯一的玉殿。该景区集自然生态观光、民俗农耕体验、休闲度假康养于一体，吸引了大量游客前来观光旅游。结合景区开发建设，LMG村扶持农户开办农家宾馆、农家乐及发展旅游配套服务。以服务景区接待为标准，先后建设了文体广场、休闲游园、民俗路灯、文化围墙等旅游功能设施，打造整齐精致的“民宿别墅群”，开办农家乐、花园、小果园、小菜园和小药园。村民通过从事旅游服务、旅游配套产业、发展特色种植养殖产业、合作社入股分红等多渠道实现就业和增加收入。

（3）注重生态保护，推动绿色发展。在生态旅游发展过程中，LMG村始终坚持保护环境，提高生态建设标准。村庄始终把环境保护和生态建设放在经济社会发展的首位，遵循“生态环境是景区健康发展的生命线”的理念，在开发建设和运用过程中，均制定了切实可行的环境保护和生态建设措施，并严格实施。为了改善生态环境，LMG村投入1 200万元对生态破坏严重的地块重点实施水土治理、植被恢复和植树造林。目前，全村绿色生态覆盖率达到95%。同时，村庄还大力实施造林绿化，投入3 000余万元开展1 000亩退耕还林建设，植树造林5 600多亩，打造自然生态的绿色村庄。此外，LMG村还注重生态养殖产业的发展，扶持已发展的五个养殖合作社，通过生态养殖实现经济增收。村庄还计划盘活经营好已高标准治理的2 000亩土地，争取国家生态农业项目支持，适度发展千亩林特色产业园和特色农业园，进一步推动绿色发展。

（4）激发村民参与，实现共同缔造。在生态旅游发展过程中，LMG村注重激发村民的参与热情，共同缔造的愿景。村庄通过入户走访、召开座谈会等方式，广泛搜集村民的意见，精准提炼出共性诉求，并确定实施方案。通过共同缔造，村民成为乡村建设、民生改善的主导者与受益者，有效推动了当地的高质量发展与民生福祉提升。例如，在环境改造过程中，村民主动拆除自家搭建的工具棚、小菜园、小柴棚、小猪圈、小厕所等，支持对困扰居民多年乱堆乱放、污水横流的环境进行改造。同时，村民还积极投身于公共设施的建设和维护工作，如建设小广场、硬化村级道路、修建小型水窖、建设景观式花坛等。此外，村庄还组建了巾帼志愿服务队，依托活动阵地组织村妇女儿童集中观看电影、开展“巾帼大宣讲”培训等志愿服务活动。通过志愿服务活动，不仅提升了村民的文明素质，也增强了村庄的凝聚力和向心力。

（5）打造旅游品牌，提升知名度。为了进一步提升 LMG 村的知名度和美誉度，村庄积极打造旅游品牌。通过举办各类旅游节庆活动、文化展览等，吸引游客前来观光旅游。同时，村庄还加强与旅游机构的合作，推出旅游线路和产品，提升旅游服务质量。近年来，LMG 村先后荣获“湖北旅游名村”等荣誉称号，打响了特色品牌。村庄还计划全面建设精品旅游区，与大明峰旅游开发公司协力奋进，共同努力把大明峰打造成为国内外知名的旅游目的地。

四、发展成效

（1）生态环境显著改善。LMG 村地处武当山腹地，拥有丰富的自然景观资源。然而，在多年前，由于生态破坏严重，村庄环境一度恶化。为了改变这一现状，LMG 村采取了一系列措施，重点实施水土治理、植被恢复和植树造林。目前，全村绿色生态覆盖率已达到 95%。在生态治理方面，LMG 村累计投入 1 200 万元，对生态破坏严重的地块进行了重点修复。同时，投入 3 000 余万元，实施退耕还林工程建设，植树造林 5 600 多亩。这些举措不仅使生态环境得以恢复，还提高了村庄的景观价值。如今，LMG 村堤岸、民俗墙、廊桥、古亭相映成趣，白天溪水潺潺、绿树成荫，夜晚彩灯映照、多姿多彩。此外，LMG 村还投资 4 600 余万元，新修了 5.5 千米的景观公路，投资 3 000 万元对神仙河长达 5 000米的水系展开了治理工作。经由这些基础设施的建设工作，村庄的交通和水利条件得到了显著改善，为生态旅游的发展奠定了坚实基础。

（2）村庄卫生水平大幅提升。在提升村庄卫生水平方面，LMG 村同样不遗余力。村庄对生活污水处理管网和垃圾处理系统进行了优化改造，建设了机械化处理污水厂，并配备了新型垃圾桶、垃圾箱和村庄保洁员。同时，LMG 村与景区公司联合制定了环境卫生保洁制度等“村规民约”，对家家户户环境卫生进行一月一检查一评比，奖惩兑现，以奖促治、以罚促治。通过这些措施，LMG 村的环境卫生水平得到了大幅提升。现在，村庄的天更蓝、水更清、空气更清新、食品更安全、交通更顺畅，村民的获得感、幸福感、安全感显著增强。

（3）乡村旅游蓬勃发展。LMG 村利用地处武当山腹地的地缘优势和辖区内雄奇秀丽的大明峰为“卖点”，大力发展乡村旅游。通过政府政策扶持、公司扶持资助和农户旧房拆迁补偿自筹的方式，扶持农户开办农家宾馆、农家乐及发展旅游配套服务。在服务景区接待方面，LMG 村先后建设了文体广场、休闲游园、民俗路灯、文化围墙等旅游功能设施，并打造了整齐精致的“民宿别墅群”。同时，还开办了农家乐、花园、小果园、小菜园和小药园，丰富了乡村旅游的业态。武当大明峰生态文化旅游景区自 2015 年 8 月开发建设以来，已建设了大明小镇、万米栈道、观光索道、玉顶玉殿等主要项目。尤其是大明玉殿，采用 300 多吨白雪公主玉打造，成为集自然生态观光、民俗农耕体验、休闲度假康养于一体的旅游景区。通过发展乡村旅游，LMG 村的村民实现了多渠道就业和增收。村民通过从事旅游服务、旅游配套产业、发展特色种养殖产业、合作社入股分红等方式，大幅提高了收入水平。目前，LMG 村已一跃成为富裕村，“生态环境”变成了“生态经济”“绿水青山”变成了“金山银山”。

（4）集体经济实力显著增强。LMG 村在发展生态旅游的同时，还注重集体经济的培育。村集体建立了“利民客栈”，扶持兴办了武当仙山蕊蜜中蜂、丹江口市启涛道菊种植、丹江口市畜旺生态养殖、丹江口市宏顺生态种植养殖、丹江口市春生现代园艺 5 个专业合作社。这些合作社吸纳了 157 户、573 人入社，显著提高了村民的收入水平。同时，LMG 村还通过招商引资，联系从 LMG 走出去创业成功的民营企业家回乡创业。这些企业家为村庄的发展注入了新的活力，带动了村庄经济的快速增长。

五、经验启示

（1）坚持生态优先，实现绿色发展。LMG 村在乡村振兴的过程中，始终坚持生态优先的发展理念。通过实施水土治理、植被恢复和植树造林等措施，显著改善了村庄的生态环境。同时，在发展乡村旅游的过程中，注重保护生态环境，避免了对生态环境的破坏。LMG 村的经验表明，只有坚持生态优先，才能实现绿色发展。在推进乡村振兴的过程中，必须注重生态环境的保护和修复，确保经济发展与环境保护相协调。

（2）注重产业融合，实现多元发展。LMG 村在发展生态旅游的过程中，注重产业融合，实现了多元发展。通过发展乡村旅游、特色种养殖产业和合作社入股分红等方式，LMG 村为村民提供了多种增收渠道。同时，LMG 村还利用地处武当山腹地的地缘优势，大力发展文化旅游产业。通过建设大明小镇、万米栈道、观光索道等旅游项目，吸引了大量游客前来观光旅游。这些举措不仅提高了村庄的知名度，还为村庄带来了可观的经济效益。

（3）激发村民参与，实现共建共享。在乡村振兴的过程中，LMG 村注重激发村民的参与热情，实现了共建共享。通过制定环境卫生保洁制度等“村规民约”，LMG 村动员村民积极参与环境卫生整治和村庄建设。同时，通过扶持农户开办农家宾馆、农家乐及发展旅游配套服务等方式，积极倡导村民投身乡村旅游产业的发展进程。LMG 村的经验表明，只有激发村民的参与热情，才能实现共建共享。在推进乡村振兴的过程中，必须注重调动村民的积极性和创造性，让他们成为乡村振兴的主力军和受益者。

（4）坚持政府引导，实现多方共赢。在乡村振兴的过程中，LMG 村坚持政府引导，实现了多方共赢。政府通过制定相关政策和提供资金支持，为村庄的发展提供了有力保障。同时，通过招商引资和联系民营企业家回乡创业等方式，为村庄的发展注入了新的活力。此外，政府还注重与景区公司、合作社等市场主体的合作，共同推动村庄的发展。这些举措不仅促进了村庄经济的快速增长，还为村民提供了更多的就业机会和增收渠道。

六、未来计划

（1）盘活土地资源，发展生态农业。LMG 村计划着力盘活已高标准治理的 2 000 亩土地，争取国家生态农业项目支持，适度发展千亩林特色产业园和特色农业园。通过发展生态农业，提高土地的利用效率和产出效益，为村民提供更多的增收渠道。

（2）发展生态养殖产业，扶持养殖合作社。LMG 村计划大力发展生态养殖产业，继续扶持已发展的五个养殖合作社。通过提高养殖业的规模化和集约化水平，降低养殖成本，提高养殖效益。同时，通过合作社的组织形式，带动村民共同投身养殖业发展，实现共同富裕。

（3）全面建设精品旅游区，打造旅游目的地。LMG 村计划全面建设精品旅游区，与大明峰旅游开发公司协力奋进，共同努力把大明峰打造成为国内外著名的旅游目的地。通过建设更多的旅游项目和完善旅游设施，提高旅游景区的品质和吸引力。同时，通过加大旅游宣传推广力度，吸引更多的游客前来观光旅游，为村庄带来更多的经济效益。

（4）加强生态环境保护，推动可持续发展。在未来的发展中，LMG 村将继续加强生态环境保护，推动可持续发展。通过实施更加严格的环境保护措施和生态建设措施，确保村庄的生态环境得到持续改善。同时，通过加大环境监管和执法力度，防止对生态环境造成破坏和污染。

七、思考题

1. 在生态旅游发展过程中，LMG 村采取了哪些措施来激发村民的参与热情，确保村民能够共建共享，成为经济发展的受益主体呢？

2. 从案例总分析总结出 LMG 村是怎样通过产业融合发展使“生态环境”变成了“生态经济”，“绿水青山”变成了“金山银山”？

3. 在乡村产业经济发展中，LMG 村采取了哪些生态环境保护措施？

第五章 国内其他区域乡村生态旅游高质量发展案例

第一节　北京市房山区蒲洼乡D村：生态绿脉赋能乡韵新生

一、基本情况

D村位于北京市西南山区，隶属于房山区蒲洼乡，地处大黑林南麓山谷中，三面环山，西北与河北省接壤。D村总面积为11.97平方千米，海拔为800~1 200米。村庄由6个自然片组成，拥有耕地780亩，村庄占地和建设用地801亩。全村现有432户、777人（也有统计为416户、846人），近1/3的人口为老年人。D村具有丰富的自然资源，森林覆盖率高达68.8%，林木绿化率更是达到了87.2%。这里的自然生态环境优美，负氧离子含量高达5 000个/立方厘米，为发展高端生态休闲旅游提供了得天独厚的条件。村内有自然煤炭资源和自然生长的杂木林，还有元末修建的泰山娘娘庙遗址（现只保存部分石碑），历史文化底蕴深厚。

二、挑战与问题

（1）经济结构单一，依赖煤炭产业。历史上，D村的经济支柱主要是煤炭开采。由于煤炭资源的丰富，D村曾一度成为富裕的村庄。然而，随着煤炭资源的枯竭和政府对煤矿关闭政策的实施，到2005年，D村的煤矿全部关闭，经济来源骤然中断。这一转变使得D村面临严峻的经济挑战，亟须寻找新的发展模式。

（2）生态环境破坏严重。长期的煤炭开采对D村的生态环境造成了严重破坏，山体被挖空，林木被砍伐，空气和水质也受到污染。村民的生活环境恶化，生存条件变得恶劣。面对这种情况，D村亟须进行生态修复，改善环境，实现可持续发展。

（3）人口老龄化严重。D村的人口老龄化问题十分突出，近1/3的村民为老年人。由于年轻劳动力外流，村庄的养老问题凸显，老年人的生活质量和健康保障成为亟待解决的问题。

（4）基础设施落后。D村的基础设施建设相对滞后，交通不便，道路崎岖，影响了村民的生产生活和游客的到访。此外，村庄的供水、供电、通信等基础设施也需要进一步完善。

三、发展举措

（1）加强党建引领，强化组织保障。D村党支部充分发挥党建引领作用，在落实各项工作和全村发展建设中不拖不推、不等不靠，村“两委”班子的目标一致，团结有力。通过编制职位说明书，推行村干部报告个人有关事项制度，建立健全了村级管理制度。同时，村“两委”分工明确，根据旅游宣传、游客接待、民俗户管理、后勤保障等职责，部分支委亲自带头，通过示范引领，带动民俗户开展民俗旅游接待业务。为提升自身素质，增强履职能力，村“两委”通过举办培训班专题学、支部“主题党日”固定学、“学习强国”拉动学、微信公众号推送学等方式，牢固树立党员干部坚持党建引领的重要理念，不断坚定绿色发展之路。通过建立党员示范岗，增强党员干部责任感及担当意识，提升解决绿色发展实际问题的能力，推进绿色发展理论学习往实里走、往深里走、往心里走。在党建的引领下，D 村形成了“一支好队伍、一套好制度、一条好路子”的良性运行机制，带动全体村民继续打造高端生态旅游专业村，更好更快地将 D 村建设为“生产发展、生活宽裕、乡风文明、村容整洁、管理民主”的美丽新农村。

（2）实施生态修复，打造绿色家园。为改善生态环境，D 村先后实施了 3 万亩生态小流域治理、700 亩矿山修复、2 500 亩荒山造林工程，使村庄的生态优势进一步显现。通过多年的努力，D 村的生态环境得到了显著改善，山青水绿，空气清新，负氧离子含量高达 5 000 个/立方厘米，成为一个名副其实的天然氧吧。

同时，D 村深入推进“疏解整治促提升”专项行动，全面清退了以猪、羊为主的经营性养殖业，减少了污染源。村里自行组建专业保洁队伍，建立管护长效机制，开展以治污、治乱、植绿、种花为主要内容的环境整治和绿化美化，打造优美的宜居环境，实现了“三季有花、四季常绿”的目标。

（3）发展高端旅游，实现产业升级。依托优美的生态环境和丰富的自然资源，D 村积极发展高端生态旅游，推动产业升级。D 村党支部决定立足 D 村空气好、气候凉、海拔高、风景优美的优势，依托广阔的松林资源，打造山顶氧吧。通过打造花台景区，修建养生木屋、山脊观光步道等旅游基础设施，吸引游客前来观光休闲。在产业发展进程中，D 村积极学习大棚蘑菇种植、民俗旅游发展等先进经验，利用村里几百亩松林，发展林下食用菌种植，成效显著。现食用菌基地已达 300 亩，年纯收入可达 15 万元。此外，D 村还引进社会资本，与北京欧标园林景观设计公司合作，建立了森林乡居高端休闲度假酒店，提升了旅游接待能力。在民宿发展过程中，D 村通过市场化运作，集体参与、村民以闲置房屋或土地入股、企业化运营的方式，盘活个人和集体资产，试点将旧院落改造为高端民宿。目前，D 村年均接待游客 2 万人次，年均旅游综合收入达 200 万元，昔日的采煤村变成了现在环境优美的民俗旅游专业村。

（4）拓展产业链条，增加农民收入。在大力发展生态休闲旅游的同时，D 村还积极拓展产业链条，增加农民收入。通过推进“高端旅游+”模式，举办创意婚礼、开展养生派对、高山骑行等活动，提升人气和收入。邀请各类露营协会定期举办特色活动，实现多元化绿色产业发展。在农产品销售上，D 村建立了农产品销售驿站，整合收购甄选“美丽庭院”示范户和集体的优质农产品在驿站销售。同时，利用互联网平台，建立“蒲洼乡美丽庭院农产品销售群”，将农产品销往城市，拓宽了销售渠道。在种植业领域，D 村统筹推进高山林下种植、采摘业，打造食用菌、百合等特色农产品，并开发了 D 村蘑菇宴等特色饮食品牌，将特色农产品变成旅游商品，增加旅游附加值。此外，D 村还推进了食用菌基地提升改造建设项目，利用冷凉气候，种植杏鲍菇、白灵菇、羊肚菌等 12 个种类，全部采取无公害种植，统一农产品的包装、加工、销售等环节，提高了农产品的附加值。

（5）关注民生福祉，提升群众的幸福感。在经济发展的同时，D 村始终关注民生福祉，不断提升群众的获得感和幸福感。为解决村民的饮水问题，D 村修建了容量 300~600 立方米的蓄水池 12 座，更新全村饮水管道 3.5 万米，保障了村民的正常饮水。为解决老年人的养老问题，D 村党支部通过多方筹集资金，利用闲置的宅基地，建成可为老人提供集就餐、娱乐于一体的 550 平方米的老年驿站，使全村的老人每天都能够集中在一起就餐、娱乐、聊家常，同时更能够从中了解到每个老人的身体状况，遇到情况后可以及时与他们的子女进行沟通。在基础设施建设方面，D 村不断推进道路硬化、村庄美化、环境整治等工作，提升了村庄的整体面貌。同时，D 村还加强了文化设施建设，丰富了村民的文化生活，提升了村民的精神风貌。

四、发展成效

（1）经济发展快速推进。D村借助大力发展高端生态休闲旅游这一举措，实现了经济的快速增长。据统计，D村年均接待游客达2万人次，年均旅游综合收入达到200万元。这一转变不仅带来了显著的经济效益，还为村民提供了更多的就业机会，实现了家门口就业，大幅提高了村民的收入水平。同时，D村还积极探索绿色产业的发展路径，延长了特色产业链，充分发挥合作社的作用，不断壮大集体经济。例如，在林下食用菌产业方面，D村通过引进新品种、提高栽培技术，成功实现了高品质食用菌的丰收，并通过电商、批发市场和农家乐等多种渠道，实现了产品的多样化销售，进一步提升了经济效益。

（2）生态环境显著改善。D村在生态治理方面取得了显著成效。通过实施3万亩生态小流域治理、700亩矿山修复和2 500亩荒山造林工程，D村的生态环境得到了极大改善。目前，D村的负氧离子已达到5 000个/立方厘米，生态优势进一步显现，成为名副其实的天然氧吧。此外，D村还积极开展垃圾分类等工作，巩固人居环境整治成果，借助党建引领的力量持续推动环境优化，在全乡推广“D村环境整治及常态化管理模式”，实现了由“一村美”向“村村美”的转变。这些措施不仅提升了村民的生活质量，也为高端生态休闲旅游的发展提供了坚实的基础。

（3）精神文明建设健康发展。在经济发展的同时，D村的精神文明建设也取得了显著成效。D村高度重视全国文明村创建工作，通过制定有效措施，突出重点，扎实推进组织领导、创建活动、人居环境、文化生活、乡风民风等方面的建设，取得了明显的成效。D村积极推进乡风文明建设，通过实施党组织网格化管理，发挥党员先锋岗、党员民俗户的辐射带动作用，抓好各项工作的落实，抓好思想阵地武装，帮助群众更新观念，提高认识，以党建聚合力，抓党建促发展。这些措施不仅提升了村民的文化素质，还增强了村民的凝聚力和向心力，为乡村振兴提供了强大的精神动力。

（4）社会政治稳定。在经济发展和精神文明建设的推动下，D村的社会政治形势也保持了稳定。D村党支部和村委会充分发挥领导核心作用，通过党建引领，不断强化政策引导、社会扶低、综合协调等方面的主导作用，使脱低与扶智、扶志紧密结合，推动了脱低增收工作取得实效。同时，D村还注重民生改善，通过党建统领精准帮扶，让群众更有获得感、幸福感。D村始终树牢为民的宗旨，坚持为民服务，持续改善民生，实现了生活富裕、脱低增收的目标。

五、经验启示

（1）党建引领是关键。D村的成功离不开党建引领。D村党支部充分发挥领导核心作用，通过制定有效的措施，突出重点，扎实开展各项工作，实现了组织领导、创建活动、人居环境、文化生活、乡风民风等方面的全面提升。党建引领不仅体现在对经济发展的推动上，还体现在对精神文明建设的引领上。D村通过实施党组织网格化管理，发挥党员的先锋模范作用，加强乡风文明建设，提升了村民的文化素质和凝聚力。

（2）绿色发展是方向。D村的成功还得益于绿色发展的方向。D村通过大力发展绿色产业和高端旅游业，实现了从以产煤为主的小山村到绿色转型的休闲旅游专业村的转变。这一转变不仅带来了显著的经济效益，还改善了生态环境，提升了村民的生活质量。绿色发展不仅体现在产业的转型上，还体现在对生态环境的保护上。D村通过实施生态小流域治理、矿山修复和荒山造林工程，显著改善了生态环境，成为名副其实的天然氧吧。

（3）科技创新是支撑。科技创新在D村的成功中发挥了重要作用。例如，在林下食用菌产业的发展中，D村通过引进新品种、提高栽培技术，成功实现了高品质食用菌的丰收。同时，D村还通过电商、批发市场和农家乐等多种渠道，实现了产品的多样化销售，进一步提升了经济效益。科技创新不仅体现在产业的发展上，还体现在对人居环境的改善上。D村通过推广垃圾分类等工作，巩固人居环境整治成果，实现了由“一村美”向“村村美”的转变。

（4）民生改善是根本。民生改善是 D 村成功的根本。D 村通过党建统领精准帮扶，不断改善民生，让群众更有获得感、幸福感。同时，D 村还注重社会政治稳定，通过党建引领，强化了政策引导、社会扶低、综合协调等方面的主导作用，推动了脱低增收工作取得实效。民生改善不仅体现在收入的增加上，还体现在生活质量的提升上。D 村通过发展高端生态休闲旅游，为村民提供了更多的就业机会和收入来源，同时也提升了村民的生活质量和幸福感。

六、未来计划

（1）持续推动绿色发展。D 村将继续坚持绿色发展的方向，通过发展绿色产业和高端旅游业，进一步巩固和扩大已有的成果。D 村计划继续实施生态小流域治理、矿山修复和荒山造林工程，进一步改善生态环境，强化生态优势。同时，D 村还将积极探索新的绿色产业发展路径，如发展林下经济、生态养殖等，进一步丰富产业结构，提高经济效益和生态效益。

（2）继续深化科技创新应用。D 村将继续深化科技创新应用，通过引进新技术、新品种和新模式，推动产业的转型升级和提质增效。例如，在林下食用菌产业的发展中，D 村计划引进更多优质菌种和高效栽培技术，提高食用菌的产量和品质。同时，D 村还将加强科技培训和推广，提高村民的科技素质和创新能力，推动科技创新成果更好地转化为生产力。

（3）推进人居环境整治。D 村将继续开展人居环境整治工作，通过实施垃圾分类、污水处理等措施，巩固和提升人居环境整治所取得的成果。D 村计划在全乡范围内推广“D 村环境整治及常态化管理模式”，实现由“一村美”向“村村美”的转变。同时，D 村还将加强基础设施建设，如道路硬化、供水供电等，提高村民的生活质量和幸福感。

（4）加强精神文明建设。D 村将继续加强精神文明建设，通过实施党组织网格化管理、开展文化活动等措施，提升村民的文化素质和凝聚力。D 村计划加强党建引领和乡风文明建设，推动社会主义核心价值观在 D 村的落地生根。同时，D 村还将加强文化教育和宣传，提高村民的文化素质，增强他们的法律意识，推动形成文明、和谐、美丽的乡村社会。

（5）推动产业升级和融合发展。D 村将继续推动产业升级和融合发展，通过发展高端生态休闲旅游、绿色农业等产业，形成多元化的产业结构。D 村计划加强与其他地区的合作与交流，引进更多的优质资源和项目，推动产业的协同发展。同时，D 村还将加强产业链延伸和资源整合，提高产业的附加值和竞争力。例如，在林下食用菌产业的发展中，D 村计划加强食用菌深加工和品牌建设，提高产品的附加值和市场竞争力。

七、思考题

1. 助推北京房山区蒲洼乡 D 村蝶变的原动力与关键因素是什么？
2. 请用北京房山区蒲洼乡 D 村的实践经验解读“绿水青山就是金山银山”。
3. 如何利用好 D 村所依托的生态资源环境使农业产品、乡村度假变得高端？

第二节　北京市门头沟区清水镇 LJZ 村：庭院经济赋能乡村绿色新发展

一、基本情况

LJZ 村位于北京市门头沟区清水镇，地处京西边陲的深山区，群山环抱，自然环境优美。村庄占地面积 387 亩，全部是退耕还林地，主要种植杏树等经济作物。LJZ 村曾是一个以煤矿为主要经济支柱的村庄，但在 2010 年，随着门头沟区煤矿的全面关停，村庄失去了主要的经济来源，逐渐成为低收入村。截至2016年年底，LJZ村共有低收入农户94户，涉及165人，被列为市级低收入村。LJZ村虽然位于龙门涧风景区南部，但由于地处深山区，交通不便，旅游基础设施薄弱，缺乏“吃、住、行、游、购、娱”等旅游要素，文旅体验项目较少，旅游可持续发展动力不足。村庄的集体经济面临巨大挑战，年轻人纷纷外出打工，村中留守的多为老年人和儿童，村庄发展陷入困境。然而，LJZ村有着独特的自然资源和地貌条件，具备发展高山芦笋、南果梨、雪花梨等农副产品的潜力。这些资源为村庄的未来发展提供了可能。

二、挑战与问题

（1）交通不便与基础设施薄弱。LJZ村位于深山区，交通不便，进出村庄的道路崎岖不平，交通成本高，不利于游客的进出和农产品的运输。此外，村庄的基础设施薄弱，缺乏必要的旅游服务设施，如停车场、公共卫生设施、餐饮住宿设施等，无法满足游客的基本需求。

（2）经济来源单一。在煤矿关停之前，LJZ村的经济来源主要依靠煤矿开采，关停后，村庄失去了主要的经济支柱，村民收入锐减。虽然村庄有一定的农业基础，但种植结构单一，附加值低，难以形成有效的经济支撑。

（3）人才流失与人口老龄化。村庄经济落后，年轻人纷纷外出打工，导致村庄人才流失严重。村中留守的多为老年人和儿童，劳动力不足，村庄发展缺乏活力和动力。同时，人口老龄化问题严重，社会保障压力增大，给村庄的未来发展带来挑战。

（4）旅游开发难度大。虽然LJZ村拥有优美的自然风光和独特的地理条件，但旅游开发难度较大。一方面，村庄地处深山区，旅游基础设施薄弱，缺乏必要的旅游服务设施；另一方面，村庄缺乏专业的旅游开发人才和管理经验，难以对旅游资源进行有效的整合和开发。

三、发展举措

（1）提升人居环境。为了改善村庄的人居环境，LJZ村加大了基础设施建设力度。2019年，LJZ村累计清理木柴、杂物等80余吨，栽种花草1 300余棵，完成街坊路石板铺装及观景台亮化工程。同时，LJZ村探索形成垃圾分类“定人定时、上门收集”模式，固定2名垃圾分类指导员，实现“垃圾不落地”。此外，LJZ村还联系帮扶企业投资160万元，新建394平方米的服务中心，广泛为村民开展插花、茶艺、编织、面点等志愿服务培训。通过这些措施，LJZ村的人居环境不断提升，2020年9月被评为“2020年中国美丽休闲乡村”。

（2）导入“门头沟小院”。为了推动村庄的经济发展，LJZ村决定依托独特的自然资源和地貌条件，发展精品民宿产业。2018年5月，北京国资公司与LJZ村签订“一企一村”结对帮扶协议，利用农户空置院落，发展精品民宿。村庄采用“村集体+公司”的模式，与帮扶单位合资成立高端民宿开发运营公司——北京LJZ创艺乡居文化有限公司，发展“门头沟小院”精品民宿产品。在合资公司中，村集体占股51%。2019年，帮扶单位投入1 600万元改造完成17套闲置房屋，并投入运营。截至目前，累计19套房屋已投入运营。“门头沟小院”的民宿建筑风格保留和沿袭了当地传统的民房结构，虽集中却错落有致。在山石砌筑的地基围墙内，展现出一派人与自然的和谐统一。民宿室内的装修采用了古朴恬静的新中式装修风格，清幽雅致中尽显中式文化底蕴。通过发展精品民宿产业，LJZ村不仅盘活了闲置的农房资源，还带动了村民的就业和增收。民宿项目在经营中优先聘用LJZ村村民，解决了村民的就业问题。数据显示，民宿共雇用镇、村民30人，支付劳务费20余万元。三年来，LJZ村共雇用镇村民110余人，支付劳务费用近70万元。

（3）打造“高端精品蔬菜种植基地”。在北京市农林科学院的大力支持下，LJZ村利用新开发的90亩土地，投入334万元低收入帮扶资金实施芦笋种植项目，打造高端精品蔬菜种植基地。由农林科学院专家及专业种植公司对土壤检测、项目设计、种植管理、后期采收等各个环节进行全过程跟踪指导，着力解决人才技术问题。为保证芦笋后期取得稳定持续收入，村集体与京研益农公司签订了收购协议，采取保底价和市场价两种收购方式，有效地避免了因市场价格波动带来的损失，确保了村集体与农户的收益。在招标项目施工过程中，LJZ 村及周边村民有 60 余人参与了基地建设，带动 28 户低收入农户就业增收。

（4）推进产业融合与规划引领。为了进一步推动村庄的经济发展，LJZ 村在上级政府的支持和帮扶下，不断推进产业融合与规划引领。LJZ 村主动融入“门头沟小院+”田园综合体建设，从“文化挖潜、产业融合、规划引领”等方面着手，进一步深化帮扶模式。LJZ 村在“门头沟小院”的基础上，进一步完善配套设施，种植黄芪茶、红薯、薄荷、金银花等林下经济作物，打造休闲观光农业园，实现高端民宿与农业观光的联动效益。同时，村庄还积极提升主要街道景观和区域景观的规划，探讨林下经济发展思路，谋求沉浸式、体验式的乡村养殖体验、种植体验、清水豆腐制作体验等多种内容。通过这些措施，LJZ 村不仅丰富了旅游产品和旅游吸引力，还提升了村庄的整体形象和知名度。LJZ 村的集体经济得到了有效发展，村民的收入水平不断提高。

（5）党建引领与多方合作。在村庄的发展过程中，LJZ 村党支部充分发挥了党建引领作用。LJZ 村通过党建引领，推进了产业、就业、品牌、慈善、资金“五位一体”的帮扶模式，为村庄的发展提供了坚强的组织保障。同时，村庄还积极与多方合作，共同推动村庄的发展。LJZ 村与北京国资公司、北科建集团等帮扶单位紧密合作，共同推动“门头沟小院”项目的实施。此外，LJZ 村还与北京市农林科学院、京研益农公司等科研机构和企业合作，推动高端精品蔬菜种植基地的建设和发展。通过这些合作，LJZ 村不仅获得了资金、技术、人才等方面的支持，还拓宽了发展的思路和视野，为村庄的未来发展奠定了坚实的基础。

四、发展成效

（1）经济增长与村民收入。LJZ 村借助发展“门头沟小院”精品民宿项目，实现了经济的快速增长，村民收入也得到显著提升。自 2018 年与北京国资公司签订“一企一村”结对帮扶协议以来，LJZ 村利用农户空置院落，大力发展精品民宿。2019 年，17 套“创艺乡居”民宿建成并投入运营，为村里带来了 30 多万元收入。截至 2024 年，已有 19 套房屋投入运营，民宿综合收入持续增长。通过民宿项目，村民的闲置房改造后有了租金收入，同时村里在民宿项目中占股 51%，形成了村集体和村民共同受益的良好局面。此外，民宿项目还为村民提供了就业机会，不少低收入村民在民宿就业，每月收入达到 2 000 多元。

（2）基础设施与村容村貌改善。LJZ 村在推进“门头沟小院”项目的过程中，注重基础设施建设和村容村貌的改善。近年来，村里累计清理木柴杂物等 80 余吨，栽种花草 1 300 余棵，完成街坊路石板铺装及观景台亮化工程，探索形成了垃圾分类“定人定时、上门收集”模式，实现了“垃圾不落地”。同时，村里还新建了 394 平方米的服务中心，广泛开展了插花、茶艺、编织、面点等志愿服务培训，提升了村民的生活品质。基础设施的完善和村容村貌的改善，不仅提升了村民的幸福感，也为民宿产业的发展提供了良好的环境。

（3）生态环境与绿色发展。LJZ 村在发展过程中，始终坚守绿色发展理念，注重生态环境的保护。村里 387 亩土地全部是退耕还林地，种植杏树，通过芦笋种植项目等农业产业，实现了生态与经济的双重效益。在民宿产业的发展过程中，村里坚持“保护生态、因地制宜、彰显特色”的原则，推动民宿产业与生态环境的协调发展。目前，LJZ 村的林草覆盖率达到 93.9%，地下水位回升，生态环境显著改善。这些努力不仅为民宿产业提供了良好的自然资源，也为村庄的可持续发展奠定了坚实基础。

（4）社会效益与文化传承。“门头沟小院”项目不仅带来了经济效益，还产生了显著的社会效益。通过发展民宿产业，LJZ 村的文化资源得到了有效保护和传承。LJZ 村积极挖掘利用历史文化资源，活化利用中国历史文化名村、中国传统村落资源，以及京西古道历史文化资源，推动了红色旅游的发展。同时，民宿产业的发展也促进了村民之间的交流与合作，增强了村庄的凝聚力和向心力。LJZ 村的文化活动日益丰富，村民的文化生活水平显著提高。

五、经验启示

（1）盘活存量资源，实现绿色发展。LJZ 村的成功经验在于，充分盘活了村庄的存量资源。通过利用闲置农房、村集体土地等资源，发展精品民宿和特色农业，实现了资源的优化配置和高效利用。这不仅为村庄带来了经济效益，也促进了生态环境的保护和改善。在发展过程中，LJZ 村始终坚持绿色发展理念，注重生态环境的保护和修复。通过退耕还林、芦笋种植等项目，实现了生态与经济的双赢。这一经验给予我们启示，在乡村振兴过程中，要充分利用好村庄的存量资源，注重生态环境的保护和优化，以此达成绿色发展的目标。

（2）村企合作，推动产业升级。LJZ 村通过与北京国资公司等企业的合作，实现了村企共赢。企业为村庄提供了资金、技术和市场等支持，推动了民宿产业的快速发展。同时，村庄也为企业提供了良好的投资环境和经营场所，实现了互利共赢。在合作过程中，LJZ 村注重发挥村民的主体作用，鼓励村民参与民宿产业的发展。通过培训、就业等方式，提升了村民的技能和素质，促进了村民的增收致富。这一经验给予我们启示，在乡村振兴过程中，要积极推动村企合作，实现资源的优化配置和产业的升级发展。

（3）创新机制，激发发展活力。LJZ 村在发展过程中，注重创新机制，激发村庄的发展活力。通过探索“村集体+公司”的模式，成立了高端民宿开发运营公司，实现了村集体和企业的共同受益。同时，村里还建立了利益联结和协调配合机制，确保了村民、村集体和企业之间的利益平衡。在民宿产业的发展过程中，LJZ 村还注重创新产品和服务，提升民宿的品质和吸引力。通过打造“高端精品蔬菜种植基地”等项目，丰富了民宿产业的产品供给，满足了游客的多样化需求。这一经验给予我们启示，在乡村振兴过程中，要注重创新机制和产品，激发村庄的发展活力，推动产业的快速发展。

（4）注重文化传承，提升村庄魅力。LJZ 村在发展过程中，注重文化传承和保护，提升了村庄的魅力和吸引力。通过挖掘利用历史文化资源，活化利用传统村落和古道资源，推动了红色旅游的发展。同时，村里还积极开展文化活动，丰富了村民的精神文化生活。在民宿产业的发展过程中，LJZ 村也注重将文化元素融入其中，提升民宿的文化内涵和品质。通过打造具有地方特色的民宿产品，吸引了大量游客前来体验和消费。这一经验给予我们启示，在乡村振兴过程中，要注重文化传承和保护，提升村庄的魅力和吸引力，推动文化旅游产业的发展。

六、未来计划

（1）持续推动民宿产业高质量发展。未来，通过加强规划引领和政策支持，优化民宿产业的布局和结构。同时，加强民宿产品的创新和服务质量的提升，满足游客的多样化需求。在民宿产业的发展过程中，LJZ 村还将注重与周边旅游资源的联动和融合，形成旅游产业集群效应。通过加强与周边景区的合作和联动，实现资源共享和优势互补，提升旅游产业的竞争力和影响力。

（2）加强生态环境保护与修复。生态环境保护是 LJZ 村发展的生命线。未来，村里将继续加强生态环境的保护与修复工作。通过实施退耕还林、水土保持等生态工程，提升生态系统的稳定性和恢复力。同时，加大环境监测和执法力度，确保生态环境质量的持续改善。在民宿产业的发展过程中，LJZ 村还将注重生态环境的保护和修复与民宿产业的融合发展。通过推广绿色旅游和生态旅游等模式，实现生态与经济的双赢。

（3）推动产业融合发展，促进乡村全面振兴。未来，LJZ 村将积极推动产业融合发展，促进乡村全面振兴。通过加强农业、林业、旅游业等产业的融合和协同发展，形成多元化的产业体系。同时，加强农村电商和物流等基础设施建设，提升农产品的附加值和市场竞争力。在产业融合发展的过程中，LJZ 村还将注重与周边地区的合作和联动。通过加强与周边地区的产业合作和资源共享，实现区域经济的协同发展。同时，积极引进优秀人才和技术资源，为乡村全面振兴提供有力支撑。

（4）加强乡村治理与社区建设。乡村治理和社区建设是乡村全面振兴的重要保障。未来，LJZ 村将加强乡村治理体系和治理能力的现代化建设。通过完善村民自治制度和乡村治理机制，提升村民的参与度和满意度。同时，加强农村基层组织和党员干部队伍建设，提升乡村治理的水平和效能。在社区建设方面，LJZ 村将注重提升社区服务和管理水平。通过加强社区基础设施建设和完善社区服务体系，提升村民的生活质量和幸福感。同时，加强社区文化建设和社会治理创新，营造和谐、宜居的社区环境。

（5）推广“门头沟小院”模式，助力乡村全面振兴。“门头沟小院”模式是 LJZ 村成功实现乡村全面振兴的重要经验。未来，村里将继续推广这一模式，助力乡村全面振兴。通过加强与周边村庄的合作和交流，推广“门头沟小院”的成功经验和做法。同时，加大对外宣传和推广力度，提升“门头沟小院”的知名度和影响力。在推广“门头沟小院”模式的过程中，LJZ 村还将注重与当地特色和资源的结合。通过挖掘和利用当地的文化、生态和旅游资源等优势条件，打造具有地方特色的民宿产品和旅游品牌。同时，加强与其他地区的合作和交流，实现资源共享和优势互补，共同推动乡村全面振兴事业的发展。

七、思考题

1. LJZ 村通过怎样的发展模式实现了生态与经济的双赢？

2. 分析 LJZ 村集体经济的发展状况，以及其与北京国资公司等企业的合作模式。如何确保乡村成为受益主体呢？又怎样保障村民的集体利益呢？

3. 对标乡村全面振兴的具体目标，总结“门头沟小院”模式。

第三节　天津市蓟州区 GJG 村：山水幸福村，休闲养生地

一、基本情况

GJG 村位于天津市蓟州区下营镇东部，地处燕山深处，马营公路北侧，距离蓟州区域区 25 千米，毗邻黄崖关长城、梨木台、八仙山和九山顶等著名景区。村庄四面环山，溪水长流，景色优美，被誉为“蓟北水乡”和“山中不夜城”。全村共有 51 户农家，177 口人，拥有耕地 204 亩、林地 800 亩，林木覆盖率高达 90%。村北还有一座容水量 180 万立方米的水库，为村庄增添了更多的自然美景。GJG 村的建筑风格古朴，青砖碧瓦，绿树掩映，形成了一幅小桥、流水、人家的天然画卷。村庄内溪水清澈，藤蔓缠绕，金银花异彩纷呈，让人目不暇接。此外，村庄还拥有葱郁的采摘园、静谧的垂钓园、芬芳的漂花溪、百年的古井和古老的水车，淳朴的村民更是为这片土地增添了无尽的魅力。近年来，GJG 村通过发展旅游业，实现了乡村振兴的华丽转身。2012 年，GJG 村以打造最具中国北方传统民居特色的水乡旅游目的地为发展定位，对山水景观、基础设施和农家庭院进行了全面品质提升。村庄面貌焕然一新，成为天津市经典旅游特色村，并成立了旅游服务公司，实行统一管理、统一收费、统一接待标准和统一安排食宿，保证了农家院的安全、卫生和舒适。GJG 村拥有星级农家院 35 户，床位 600 张，成为远近闻名的市级旅游特色村。游客们可以在这里食宿农家、采购山珍、林间漫步、果品采摘、溪边垂钓、花间小憩、行书作画、山野放歌，尽情享受大自然给予的恩赐。村庄还设有露营地、萌宠乐园、彩虹花海、光影乐园等丰富多彩的游玩项目，为游客提供了更多的休闲娱乐选择。除优美的自然风光和丰富的游玩项目外，GJG 村还保存有明清古建筑，如郭家大院和郭家祠堂，展现了最美乡村旅游的特色。这些古建筑不仅为游客提供了拍照打卡的好地方，更是村庄历史文化的重要载体。GJG 村的发展成就得到了国家和社会的广泛认可。近年来，村庄先后被授予美丽乡村、中国人居环境范例奖、全国最美休闲乡村、全国最宜居村庄、全国乡村旅游重点村、国家森林乡村等一系列荣誉称号。这些荣誉不仅是对 GJG 村发展的肯定，更是村庄未来发展的动力源泉。

二、挑战与问题

（1）旅游设施有待进一步完善。GJG 村作为乡村旅游目的地，虽然基础设施得到了一定程度的提升，但相较于一些成熟的旅游景区，仍存在一定的差距。例如，游客一进入村子便需缴费，虽然价格不高，但可能给游客造成一定程度的不便。此外，餐饮选择较少，价格偏高，游客往往需要自带食物和水。这些问题在一定程度上影响了游客的满意度和村庄的旅游吸引力。

（2）村庄人口结构老龄化严重。随着城市化进程的加快，年轻人纷纷外出务工，导致村庄人口结构老龄化问题日益突出。这不仅影响了村庄的劳动力供给，也给村庄的未来发展带来了挑战。老龄化问题可能导致村庄活力不足，缺乏创新和发展动力。

（3）村庄经济来源单一。GJG 村的经济主要依靠旅游业。虽然旅游业的发展为村庄带来了可观的收入，但经济来源的单一性也使得村庄面临一定程度的风险。一旦旅游业受到外部因素的冲击，如疫情、自然灾害等，村庄的经济收入可能会大幅下降，对村民的生活产生较大影响。

（4）村庄文化传承和保护面临困难。GJG 村拥有丰富的历史文化和传统民居，但这些文化遗产的保护和传承面临一定的困难。一方面，随着现代化进程的加快，一些传统建筑和习俗逐渐被淡化或遗忘；另一方面，缺乏足够的资金和技术支持，使得文化遗产的保护和传承工作难以有效开展。

（5）村庄生态环境压力增大。随着旅游业的快速发展，GJG 村的生态环境面临越来越大的压力。游客数量的增加可能导致垃圾和污水排放量的增加，对村庄的自然环境造成一定的影响。此外，一些不合理的旅游开发活动也可能对生态环境造成破坏。

三、发展举措

（1）加强基础设施建设，提升旅游服务水平。GJG 村将继续加大基础设施建设力度，完善旅游设施，提升旅游服务水平。村庄将进一步完善道路、停车场、公共卫生设施等基础设施，增加餐饮、住宿等旅游服务设施，提高游客的满意度和舒适度。同时，村庄还将加强对旅游从业人员的培训和管理，提高服务质量和专业水平。

（2）推动产业多元化发展，增加经济来源。GJG 村将积极培育新的经济增长点，推动产业多元化发展。村庄将依托丰富的自然资源和历史文化资源，发展生态农业、文化创意产业和休闲旅游业等新兴产业。通过产业多元化发展，增加村民的收入来源，提高村庄的经济实力和抗风险能力。

（3）加强人口管理，促进人才回流。GJG 村将加强人口管理，促进人才回流。村庄将通过与相关部门合作，制定优惠政策，吸引外出务工的年轻人回乡创业和发展。同时，村庄还将加强人才培养和引进工作，提高村民的文化素质和技能水平，为村庄的发展提供人才保障。

（4）加强文化遗产保护和传承工作。GJG 村将高度重视文化遗产的保护和传承工作，制定科学合理的保护规划和管理措施。村庄将加强对传统建筑、传统习俗和民间艺术的保护和传承，通过举办文化活动、建设文化设施等方式，提高村民的文化认同感和自豪感。同时，村庄还将积极寻求外部资金和技术支持，推动文化遗产的保护和传承工作取得实效。

（5）加强生态环境保护，实现绿色发展。GJG 村将牢固树立绿色发展理念，加强生态环境保护工作。村庄将制定科学合理的环境保护规划和管理措施，加强对旅游活动的监管和管理，防止对生态环境造成破坏。同时，村庄还将积极推广生态农业和绿色旅游发展模式，推动村庄的可持续发展。

（6）加强党建引领，推动基层治理创新。GJG 村将坚持党建引领基层治理，推动基层治理创新。村庄将加强党组织建设，提高党组织的凝聚力和战斗力。同时，村庄还将积极探索新的基层治理模式和方法，推动基层治理体系和治理能力现代化。通过加强党建引领和基层治理创新，为村庄的发展提供坚强的政治和组织保障。

此外，GJG 村还将加强与周边景区的合作与联动，实现资源共享和优势互补。村庄将积极与黄崖关长城、梨木台、八仙山和九山顶等景区开展合作与交流，共同推动区域旅游业的发展。通过加强合作与联动，提高 GJG 村的知名度和影响力，吸引更多的游客前来观光旅游。

四、发展成效

（1）经济发展与村民增收。GJG 村在 2012 年前还是一个人均收入不到 1 000 元的贫困村。然而，自 2012 年起，GJG 村开始大力推进乡村旅游精品村建设，从最初的农家院起步，逐步发展到如今的规模化民宿群。经过几年的努力，GJG 村的人均年收入已超过 10 万元，是全市农村居民人均可支配收入的 3 倍以上，真正实现了从贫困村到富裕村的蜕变。GJG 村的成功离不开其独特的自然风光和丰富的旅游资源。作为天津市首个乡村类国家 4A 级景区，GJG 村年接待游客量高达 50 万人次，极大地推动了当地经济的发展。精品民宿的兴起，更是为 GJG 村带来了可观的收入。这些民宿不仅在设计上融入了当地的文化元素和生态理念，还在服务上实现了标准化、专业化，为游客提供了更加舒适、便捷的住宿体验。

（2）基础设施与公共服务在基础设施建设方面，GJG 村也取得了显著进展。村庄环境得到了极大的改善，民居和景观得到了提升，形成了小桥流水、绿树成荫的美丽画卷。同时，GJG 村还注重环境保护与景观提升，通过改造提升村庄环境，为游客提供了优质的旅游体验。在公共服务方面，GJG 村也投入了相当多的精力。村庄内配备了完善的旅游设施，包括停车场、游客中心、餐饮服务等，为游客提供了便利。此外，GJG 村还积极推动智慧旅游的发展，通过引入大数据、云计算、物联网等现代信息技术手段，提升乡村旅游的服务水平和管理效率。

（3）文化传承与创新。GJG 村在乡村振兴的过程中，不仅注重经济的发展，还注重文化的传承与创新。村庄内保存了大量的历史文化遗产，包括古建筑、传统手工艺等。GJG 村通过挖掘和传承这些文化遗产，打造了一批具有地方特色的旅游产品，吸引了大量游客前来观光旅游。同时，GJG 村还积极推动文化创新，将传统文化与现代元素相结合，打造了一批具有创意的乡村旅游产品。例如，GJG 村通过举办各种文化活动，如民俗表演、手工艺展示等，丰富了游客的文化体验，也提升了村庄的文化品位。

五、经验启示

（1）因地制宜、创新发展。GJG 村的成功经验告诉我们，因地制宜、创新发展是乡村振兴的关键。GJG 村充分利用其独特的自然风光和丰富的旅游资源，通过发展乡村旅游，实现了经济的快速增长。同时，GJG 村还注重创新，不断推出新的旅游产品和服务，满足了游客的多样化需求。在乡村振兴的过程中，我们应该根据各地的实际情况，制定符合当地特色的发展规划，避免千篇一律的发展模式。同时，我们还应该注重创新，通过引入新技术、新产业、新业态等，推动乡村经济的转型升级。

（2）集中经营、统一管理。GJG 村的乡村旅游产业最初是由一家一户的分散经营逐渐发展起来的。然而，为了超越乡村旅游低层次、低水平的传统发展模式，避免恶性竞争，GJG 村通过整合资源，统一经营管理，加快了乡村旅游产业化进程。在乡村振兴的过程中，注重集中经营、统一管理，通过整合资源、建立合作社等方式，提高乡村旅游的组织化程度和产业化水平。同时，加强市场监管，规范旅游市场秩序，保障游客的合法权益。

（3）做好规划设计、善于借助外力。GJG 村的成功离不开科学的规划设计和外部力量的支持。在乡村振兴的过程中，我们应该注重规划设计，通过制定科学的发展规划，明确发展方向和目标。同时，我们还应该善于借助外力，通过引入外部资金、技术、人才等，推动乡村经济的发展。例如，GJG 村在发展过程中，积极争取政府支持和外部投资，通过实施一系列帮扶项目，提升了村庄的基础设施和公共服务水平。此外，GJG 村还注重与周边地区的合作与交流，通过共享资源、共同开发等方式，实现了互利共赢。

（4）抓实支部、选人用人。GJG 村的成功离不开坚强的党组织和优秀的村干部队伍。在乡村振兴的过程中，我们应该注重抓实支部、选人用人，充分发挥党组织在乡村振兴中的领导核心作用。同时，我们还应该注重培养优秀的村干部队伍，提高他们的综合素质和领导能力，为乡村振兴提供有力的人才保障。例如，GJG村的党支部书记胡某领以其丰富的实践经验和卓越的领导能力，带领广大村民积极参与乡村旅游开发与建设，共同推动了乡村经济的快速发展。他的成功经验告诉我们，优秀的村干部队伍是乡村振兴的重要支撑。

（5）以人民为中心、增收致富。GJG村的成功经验还告诉我们，以人民为中心、增收致富是乡村振兴的落脚点。在乡村振兴的过程中，我们应该牢固树立"绿水青山就是金山银山"的理念，依托山水历史文化资源，推动乡村旅游的发展。同时，我们还应该注重带领村民致富，通过发展乡村旅游等产业，提高村民的收入水平和生活质量。例如，GJG村通过发展乡村旅游产业，不仅带动了当地经济的发展，还提升了村民的生活水平。村民们在参与乡村旅游开发与建设的过程中，不仅获得了可观的收入，还提高了自身的综合素质和就业能力。

六、未来计划

（1）推动乡村旅游的转型升级。未来，GJG村将继续推动乡村旅游的转型升级，通过引入新技术、新产业、新业态等，提升乡村旅游的品质和水平。例如，GJG村可以依托其独特的自然风光和丰富的旅游资源，发展生态旅游、康养旅游等新型旅游业态，满足游客的多样化需求。

（2）加强文化保护与传承。未来，GJG村将继续加强文化保护与传承工作，通过挖掘和传承当地的历史文化遗产，打造一批具有地方特色的旅游产品。例如，GJG村可以依托其丰富的古建筑和传统手工艺资源，发展文化旅游产业，吸引游客前来观光旅游。

（3）推动智慧旅游的发展。未来，GJG村将继续推动智慧旅游的发展，通过引入大数据、云计算、物联网等现代信息技术手段，提升乡村旅游的服务水平和管理效率。例如，GJG村可以搭建乡村旅游电商平台，实现线上预订、支付和评价等功能；利用智能导览系统为游客提供更加便捷、个性化的旅游服务；通过数据分析了解游客需求和市场趋势，为乡村旅游的精准营销和产品创新提供依据。

（4）加强生态环境保护。未来，GJG村将继续加强生态环境保护工作，通过实施一系列环保措施，保护当地的生态环境和自然景观。例如，GJG村可以加强垃圾分类和污水处理工作，减少环境污染；加强植树造林和绿化美化工作，提高村庄的生态环境质量。

七、思考题

1. 从文旅融合的角度思考，如何通过乡村旅游业的发展，让GJG村的传统古建筑等文化遗址、建筑设施得以妥善保护，同时使民间习俗重焕生机，实现可持续传承？

2. 如何推动文旅融合发展？村民又应以怎样的方式参与文旅产业发展，才能有效提高村民的文化自信心？

3. 立足GJG村"最具中国北方传统民居特色的水乡旅游目的地"的发展定位，如何利用"三农"资源开发旅游产品，带动GJG村相关产业发展，丰富完善产业结构？

第四节　山西省晋中市平遥县段村镇HP村：横坡生态园——"古韵+绿意"的乡村复兴梦

一、基本情况

HP村位于山西省晋中市平遥县段村镇，距离平遥古城南15千米。全村占地面积4 050亩，其中土地面积3 462.07亩，总人口为826人。HP村地处丘陵山区，地势崎岖、沟壑纵横，具有独特的自然景观和人文景观，旅游资源丰富。然而，在过去很长一段时间里，HP村的发展受到了严重制约。HP村曾长期面临"三难"问题：吃水难、用电难、出行难。该村资源贫乏、生活穷苦，大多数村民被迫靠外出务工谋生，导致大量土地荒芜、房屋闲置，村庄空心化现象日趋严重。2004 年，该村党支部换届后，新一届党支部敢想敢干，大胆创新，在党的建设、集体经济、村容村貌、脱贫致富、基层稳定等领域取得了显著成效。近年来，HP 村通过大力发展休闲农业和乡村旅游，将这个远离城市喧嚣的丘陵古村打造成远近闻名的休闲度假村。HP 村先后荣获“中国传统村落”“全国文明村”“中国美丽休闲乡村”“全国乡村旅游重点村”“国家森林乡村”“全国基层群众自治示范村居”“山西省 4A 级乡村旅游示范村”等荣誉。这些荣誉不仅是对 HP 村发展的肯定，也为 HP 村未来的发展奠定了坚实基础。

二、挑战与问题

（1）自然环境限制。HP 村地处丘陵山区，地势复杂，沟壑纵横，给基础设施建设带来了巨大挑战。村庄内部道路崎岖不平，交通不便，影响了村民的生产生活和外来游客的到访体验。此外，复杂的地形条件也限制了农业生产的规模化发展，导致土地资源利用效率低下。

（2）经济基础薄弱。在过去，HP 村的经济基础十分薄弱，村民收入主要依赖于外出务工和传统农业。该村由于资源贫乏，缺乏支柱产业，村民收入普遍较低，生活水平不高。大量村民外出务工导致土地荒芜、房屋闲置，进一步加剧了村庄的空心化现象。

（3）空心化现象严重。HP 村空心化现象严重，村庄内部缺乏活力和生机。该村由于年轻人大多外出务工，村庄内部人口结构老龄化严重，劳动力不足，影响了村庄的可持续发展。同时，空心化现象也导致了村庄内部社会关系的疏离和传统文化的流失。

（4）缺乏旅游资源开发。尽管 HP 村具有丰富的自然景观和人文资源，但由于缺乏科学合理的规划和开发，这些资源未能得到充分利用。村庄内部缺乏旅游基础设施和配套服务，游客到访体验不佳，影响了乡村旅游的发展。

三、发展举措

（1）加强党的建设，提升治理能力。HP 村党支部在乡村振兴中发挥了重要作用。通过加强党的建设，提升治理领导力，村党支部带领全村村民抓产业、谋发展。村党支部换届后，新一届班子成员大胆创新，敢于担当，在党的建设、集体经济、村容村貌、脱贫致富、基层稳定等方面取得了显著成效。为了提升治理能力，村党支部建立了“党员领办制度”，党员带头参与合作社，率先入股做表率，深度参与合作社的每个环节、每个项目。同时，村党支部还挨家挨户搞宣传、搞动员，讲合作社的发展前景，谈股民分红的具体细节，增强了村民的凝聚力和向心力。

（2）发展集体经济，夯实产业基础。为了改变 HP 村经济薄弱的状况，村党支部带领村民大力发展集体经济。2009 年，HP 村集体和村民共同出资，成立了峰威集体经济合作社，经营生猪、蛋鸡养殖和销售。合作社创办初期，农户对合作社的认可度低，一度陷入了“社员较分散、凝聚力较差”的困境，发展缓慢。为了打破这一困境，村党支部建立了“党员领办制度”，42 名党员全部亮出身份，带头参与合作社，深度参与合作社的每个环节、每个项目。同时，村党支部还通过挨家挨户进行宣传和动员，详细讲解合作社的发展前景和股民分红的具体细节，使得村民对合作社的信任和支持逐步增强。2011 年，为了进一步壮大集体经济，HP 村集体利用自身土地优势吸引当地龙头企业煤化集团前来投资合作，以“企业资金入股，集体和村民土地、窑洞等资源入股”的形式，创办了峰硕农林种植专业合作社，发展生态庄园和乡村旅游业。通过合作社的带动，HP 村逐步形成了集种植业、养殖业、运输业和农产品加工业于一体的多元化产业格局。

（3）改善村容村貌，提升乡村的“颜值”。在集体经济不断壮大的同时，HP 村着力改善村容村貌，提升乡村“颜值”。通过实施一系列基础设施建设项目，HP 村逐步实现了道路硬化、环境美化、村庄亮化。村庄内部道路平坦宽敞，交通便利；农户房屋错落有致，环境整洁；绿化设施完善，空气质量优良。乡村的“颜值”得到了显著提升，HP 村还大力发展乡村旅游。通过“旅游+”融合模式，

HP 村将生态种养、农副产品深加工等合作社经营产业与旅游业相结合开发旅游项目，不仅丰富了游客的旅游体验，也为村民提供了就业岗位和增收渠道。

（4）打造特色品牌，提升文化价值。为了进一步提升 HP 村的文化价值，村党支部带领村民深入挖掘村庄的历史文化内涵，打造特色品牌。HP 村拥有丰富的自然景观和人文资源，如窑洞、古树、古桥等，这些资源具有独特的文化价值。为了充分利用这些资源，HP 村通过规划设计和建设，将这些元素融入乡村旅游项目中。例如，HP 村开发了窑洞民宿项目，将传统的窑洞建筑与现代的设计理念相结合，打造出独具一格的住宿体验。同时，HP 村还开发了儿童主题游乐场、农家乐等旅游项目，让游客在体验乡村生活的同时，也能感受到传统文化的魅力。此外，HP 村还通过举办各种文化活动，如乡村音乐节、手工艺展示等，进一步提升了村庄的文化氛围。这些活动不仅丰富了村民的精神文化生活，也吸引了大量游客前来参与和体验。同时，HP 村还借力平遥中国年、平遥国际摄影大展等金字招牌，举办横坡古村春节赏灯会、承办国际摄影大展采风活动等，进一步提升了乡村旅游的知名度和影响力。通过这些活动，HP 村成功吸引了大量游客前来观光旅游，有力推动了乡村旅游的蓬勃发展。

（5）推动融合发展，实现共同富裕。为了实现共同富裕的目标，HP 村积极推动融合发展。通过“旅游+”融合模式，HP 村将生态种养、农副产品深加工等合作社经营产业与乡村旅游项目相结合，形成了一条集田园观光、农耕采摘、住宿餐饮、特产采购于一体的农林牧、副工贸多元循环可持续的产业链。在这条产业链中，HP 村充分发挥了各产业的优势和互补性，实现了资源共享和优势互补。例如，通过发展生态种养业，HP 村提供了优质的农产品和原材料；通过发展农副产品深加工产业，HP 村提高了农产品的附加值和竞争力；通过发展乡村旅游产业，HP 村吸引了大量游客前来观光旅游，有效推动了农产品的销售，进而实现村民收入的增长。同时，HP 村还积极推动村企共建和合作发展。通过与当地龙头企业煤化集团的合作，HP 村实现了资源的优化配置和产业的协同发展。这种合作模式不仅提高了 HP 村的经济实力和竞争力，也为村民提供了更多的就业机会和增收渠道。

四、发展成效

（1）基础设施建设与村容村貌改善。HP 村在乡村发展中，首先编制实施了多项发展规划，包括《HP 村学华西十五年规划》《新农村建设规划（2009—2020）》《HP 村美丽乡村建设规划（2017—2030）》等，通过科学布局乡村生产、生活、生态空间，全面升级基础设施，改善人居环境。特别是《段村镇全域旅游横坡古村度假区规划》的出台，搭起了以 HP 村为中心、辐射带动周边 2 个乡镇、14 个村发展的古村旅游度假区框架。在基础设施建设方面，HP 村实施了多项重点工程。横坡生态庄园面积达到 1.2 万余亩，其中农林种植面积 4 700 余亩，荒山造林 7 000 余亩，不仅改善了生态环境，还提高了土地利用效率。HP 生态庄园内 18.5 千米的主干街道安装了太阳能路灯，建起了污水处理厂、垃圾填埋点，并配套建设了游客接待中心、标准旅游厕所、特产超市和停车场。重点景点开通了免费 Wi-Fi，村民文化教育培训中心、老年人日间照料中心和卫生室等公共设施也一应俱全。

（2）农旅融合与经济发展。HP 村依托当地丰富的自然景观和人文景观资源，大力发展休闲农业和乡村旅游。通过与县龙头企业平遥煤化集团合作，HP 村开发出了包括采摘体验区、生态景观区、军事拓展体验区、国学文化体验区、水上项目体验区、窑洞文化体验区、民俗风情体验区、农耕文化体验区、生态养殖区和食品加工区在内的 10 个功能区，形成了一个集多元化、体验式旅游于一体的农旅融合产业集聚区。在特色产业发展方面，HP 村成立了峰威集体经济合作社，推行土地资金入股生产互助股份合作，不仅盘活了土地资源，还增加了农民收入。合作社产生的收益 60%对农户分红，40%用于集体经济积累。通过“名村+名企”的合作模式，企业以资金入股，村集体和村民以林地、窑洞入股，集体流转土地以物作价获得动态收益，村民的工资、林地、窑洞分红由合作社发放。

HP 村还开发了多种旅游产品，如石磨面、香油、山楂加工品、蜂蜜等，这些绿色种植和生态养殖产品深受游客喜爱。2016 年至今，HP 村累计接待游客 180 余万人，旅游综合收入 3 600 余万元，村民年人均收入达到 17 000 元，村集体资产逾 980 万元。全村 1/3 的家庭的资产已达到 100 万元，87%的家庭在城镇拥有住宅，93%的家庭拥有一辆小轿车。

（3）文化传承与品牌建设。HP村在乡村发展中，不仅注重经济发展，还高度重视文化传承与品牌建设。HP村拥有丰富的历史文化资源，黄土高原丘陵山区的四合院、古街、古巷、古庙宇等古建古迹和特色土窑洞、砖窑洞保存完好，2016年被评为“中国传统村落”。为了传承和发扬农村文化，HP村建设了农耕文化博物馆、窑洞文化博物馆、道庄庙儒道佛文化体验区，并举办乡村文化节，保护传承农村文化，振兴乡村风气。HP村还借力“平遥中国年”“平遥国际摄影大展”等金字招牌，举办横坡古村春节赏灯会，承办国际摄影大展采风活动，开通微信、抖音等自媒体账号，促进乡村旅游消费，全力打响“横坡古村”的文化旅游品牌。

HP村通过生态庄园项目，发展乡村旅游，实现了“荒山就地变园区，农业就地变工业，农民就地变工人”的华丽蜕变，完成了“土地增效，农民增收，多元发展”的转型跨越。村民过上了打工领工资、土地领租金、股金领分红、过节领福利的美好生活。

五、经验启示

（1）规划先行，科学布局。HP村在乡村发展的进程中，始终坚持规划先行，科学布局乡村生产、生活、生态空间。通过编制实施多项发展规划，HP村不仅提升了基础设施，改善了人居环境，还构建了以古村旅游为核心的度假区框架，为乡村旅游发展奠定了坚实基础。

（2）村企合作，创新发展。HP村通过“名村+名企”的合作模式，与平遥煤化集团合作开发生态庄园项目，实现了资源共享、优势互补。企业以资金入股，村集体和村民以林地、窑洞入股，集体流转土地以物作价获得动态收益。这种合作模式不仅盘活了土地资源，还增加了农民收入，推动了乡村旅游的快速发展。

（3）文化传承，品牌打造。HP村在乡村发展的进程中，高度重视文化传承与品牌建设。通过建设农耕文化博物馆、窑洞文化博物馆等文化设施，举办乡村文化节等活动，HP村不仅保护了传统村落和乡村风貌，还打响了“横坡古村”的文化旅游品牌，吸引了大量游客前来观光旅游。

（4）生态优先，绿色发展。HP村在乡村发展的进程中，始终坚持生态优先，绿色发展。通过实施荒山造林、农林种植等生态工程，HP村不仅改善了生态环境，还提高了土地利用效率。同时，HP村还注重推广绿色农业技术和生产方式，减少化肥和农药使用，降低环境污染，实现了经济、社会和环境的和谐发展。

（5）以人为本，共享发展。HP村在乡村发展的进程中，始终坚持以人为本，共享发展。通过创办集体经济合作社，推行土地资金入股生产互助股份合作，HP村不仅增加了农民收入，还提高了村民的幸福感和获得感。同时，HP村还注重完善公共服务设施，提高游客的满意度，为乡村旅游发展提供了有力保障。

六、未来计划

（1）完善产业布局和功能分区。HP村将进一步完善产业布局和功能分区，丰富乡村经济业态。通过开发“仙坡”品牌特色乡村旅游产品，重点打造美丽乡村文化节和“平遥中国年我在横坡过大年”节庆活动，推进智慧景区建设，提升旅游体验。同时，HP村还将进一步完善合作社章程制度与村规民约，推动合作化庄园经济与乡村治理协同发展。

（2）推进三产融合发展。HP村将继续推进三产融合发展，加快本地能人培育，拓展农民增收空间。通过实施连片开发、规模经营，HP村将进一步壮大集体经济，增加农民收入。同时，HP村还将注重农业与教育的结合，开发研学旅行项目，延伸农业产业链，提高农产品附加值。

（3）提升基础设施与公共服务水平。HP村将继续加大对基础设施的投入力度，改善道路、水利、电力等设施，提升乡村旅游的便利性和舒适度。同时，HP村还将加强公共服务设施建设，提高游客的满意度。通过完善游客接待中心、标准旅游厕所、特产超市和停车场等配套设施，HP村将为游客提供更加便捷、舒适的服务。

(4) 加强生态环境保护与可持续发展。HP 村将继续坚持绿色发展理念，实施生态修复工程，保护自然资源和生态环境。通过推广绿色农业技术和生产方式，减少化肥和农药使用，降低环境污染。同时，HP 村还将加强垃圾分类和污水处理等环保设施建设，保持乡村的整洁美丽，实现经济、社会和环境的和谐发展。

(5) 打造国际乡村旅游度假区。HP 村将提出打造国际乡村旅游度假区的“横坡梦”，启动编制“十四五”发展规划。按照“产业兴旺、生态宜居、乡风文明、治理有效、生活富裕”的总要求，HP 村将以创建国家 4A 级景区为牵引，升级文化品质，开发特色乡村旅游产品。通过多渠道广泛征集相关案例，HP 村将借鉴国内外成功经验，不断提升自身发展水平，努力成为全国乡村全面振兴的排头兵。

七、思考题

1. 请利用案例中 HP 村产业融合发展的具体做法分析“旅游+”与“+旅游”的产业融合发展模式的区别。

2. HP 村如何借助文旅融合的方式建设“横坡古村”的文化旅游品牌？

第五节　内蒙古自治区锡林郭勒盟多伦县 BY 部落：生态旅游区的产业耦合与空间再生产

一、基本情况

内蒙古自治区锡林郭勒盟多伦县 BY 部落生态旅游度假区位于多伦县滦源镇多伦湖畔，是一片充满生态魅力和文化底蕴的乡村旅游胜地。多伦县地处锡林郭勒盟东南部，是内蒙古自治区通往华北地区的重要通道之一，地理位置优越，交通便利，距离周边城市北京、张家口、呼和浩特、锡林浩特直线距离均少于 200 千米，是京津冀地区避暑的首选之地。BY 部落生态旅游度假区占地面积 60 亩，以原生态草原旅游为主题，以多伦湖整体旅游规划为核心，以蒙元文化为特色，是一家集旅游餐饮、住宿、娱乐、购物、观光于一体的综合旅游服务基地。度假区建筑风格独特，融合了蒙元文化的精髓，为游客提供了丰富的旅游体验。当地村民长期保持着半农半牧的生活方式，发展意识相对薄弱。过去，由于过度放牧，当地生态退化严重，土壤沙化，农耕用地减少，村民经济收入来源单一，发展水平滞后。面对这些挑战，当地政府积极践行“绿水青山就是金山银山”的发展理念，依托丰富的旅游资源，通过“旅游+”融合发展模式，带领当地农牧民脱贫致富。

二、挑战与问题

(1) 生态退化严重。长期过度放牧导致当地草场退化，土壤沙化严重，农耕用地减少，生态环境脆弱。这不仅影响了当地村民的生产生活，也制约了旅游产业的可持续发展。

(2) 发展意识薄弱。当地村民长期习惯于农牧生活，对旅游产业的认知不足，缺乏参与旅游开发的积极性和主动性。

(3) 资金短缺。由于当地经济发展水平滞后，村民资金不足，难以承担旅游开发所需的高额投入，对旅游产业的发展规模和速度形成了制约。

(4) 产业结构单一。当地村民经济收入来源单一，主要以农牧业为主，缺乏多元化的产业支撑，难以形成旅游产业集群效应。

(5) 基础设施薄弱。旅游基础设施不完善，接待能力有限，难以满足游客的多样化需求，影响了旅游产业的竞争力和吸引力。

三、发展举措

（1）成立旅游企业，推动融合发展。为了推动旅游产业的发展，当地政府积极引导村民成立旅游企业，通过招商引资和村民入股的方式，筹集资金用于旅游开发。景区周边的农牧民以土地入股的形式成立了旅游公司，既提高了闲置土地的利用率，又极大地激发了村民投身发展的积极性。通过招商引资1.2亿元，发展旅游业，填补了村民资金不足的短板。BY部落生态旅游发展有限公司对原有的50户村房进行装修改建，以80万元/户的标准，建设蒙元风格的房屋外立面、室内装饰，以及水电管网、家电等配套设施，总计投入4 000万元。在乡土特色的基础上，打造高档舒适的居住环境，通过企业化管理、专业化的培训打造蒙古族特色民宿，实现了当地村民“家家有产业，人人有事业”的现代化新农村。

（2）挖掘文化资源，打造旅游品牌。BY部落生态旅游度假区依托丰富的蒙元文化资源，深入挖掘文化内涵，打造旅游品牌。投资6 000万元用于充分挖掘当地特有的“马”文化，构建“马文化+蒙元文化+体育赛事”的产业布局，包括多伦诺尔剧场演艺园区、草原野生动物园区、蒙古马文化展示园区、牧民家访体验园区、蒙元民俗博物馆、野马驯养园区、蒙古族生活服饰体验区、草原竞技场（骑马、射箭）、蒙古族婚礼广场，以及蒙古族工匠手工艺园区、蒙元主题livehouse现场演绎音乐酒吧、蒙古包主题酒店群及商业街区的主题旅游矩阵，堪称中国蒙元文化项目数量众多、规模超大的综合性主题旅游度假区。BY部落通过举办内蒙古国际马术节、“映象多伦湖·镜美蒙古马”摄影大赛、BY部落杯国际冰上龙舟赛、多伦县过年七天乐冰上龙舟体验赛、COC越野拉力冰上龙舟赛等多项赛事活动，以赛事推动旅游业的发展。BY部落生态旅游度假区致力于成为“以环境打动游客、以文化迷住游客、以热情留住游客和以服务感动游客”的草原旅游服务标杆。

（3）加强基础设施建设，提升接待能力。为了提升旅游产业的竞争力和吸引力，BY部落生态旅游度假区不断加强基础设施建设，完善接待能力。景区建有用餐蒙古包16顶，可以同时容纳600人同时用餐；蒙元主题客房30间，豪华蒙古包住宿36顶，普通蒙古包住宿34间，可以同时容纳住宿200人。同时配套建有水上娱乐园一处、综合办公区一处、接待蒙古包一处、综合厨房一处、冷藏库两处、AAA级旅游厕所一处、篝火台一处、休闲书屋一处、综合商店一处、大型停车场一处，为游客提供了便捷、舒适的旅游环境。

（4）推动“旅游+”融合发展，实现多元化发展。BY部落生态旅游度假区依托“旅游+”融合发展模式，将当地文化、体育、互联网等融入旅游，发展多元化、体验式旅游产业。在“旅游+文化”方面，将当地特有的农耕文化、蒙元文化、马文化等注入旅游发展中，为旅游发展注入了灵魂。通过举办文化节庆活动、民俗表演等方式，展示当地文化的独特魅力，吸引游客前来体验。在“旅游+体育”方面，通过举办一系列冰上龙舟赛、越野拉力赛、环湖马拉松等经典赛事，将体育与旅游相结合，打造出群众参与性较强的全民娱乐体验项目。这些赛事活动不仅丰富了旅游内容，也提升了旅游产业的知名度和影响力。在“旅游+互联网”方面，利用互联网技术和平台，推进旅游产业的智能化和信息化建设。通过建立旅游网站、微信公众号等线上平台，提供旅游资讯、在线预订、电子门票等服务，方便游客获取旅游信息，提升旅游体验。

（5）推动旅游扶贫，助力乡村振兴。BY部落生态旅游度假区积极响应国家扶贫政策，通过旅游扶贫助力乡村振兴。近年来，该度假区解决当地100余人就业，向当地农家乐输送游客3 000人，直接带动周边农家乐收入50余万元。同时，捐款近40万元用于资助失学儿童及其他公益事业。通过建设扶贫销售展厅，为村民提供销售当地土特产及工艺品的平台，促进了当地农副产品的销售和村民收入的增加。度假区还与周边村庄签订建档立卡户帮扶合同，进行定向帮扶。设立扶贫商业岗10处，岗位出租所得利润全部归贫困家庭所有，直接帮扶贫困户20人。通过旅游扶贫，该度假区不仅推动了当地旅游产业的发展，也促进了村民收入的增加和生活水平的提高。

（6）坚持绿色发展理念，实现可持续发展。BY部落生态旅游度假区始终坚持绿色发展理念，注重生态保护和资源节约。在旅游资源开发过程中，该度假区积极采取生态修复措施，恢复受损的草场和植被，提升生态环境质量。同时，推广生态友好的旅游方式，引导游客关注和保护自然环境。通过绿色出行、低碳生活等方式，减少对环境的负面影响，实现旅游产业的可持续发展。

四、发展成效

（1）经济发展显著提升。BY部落生态旅游度假区位于锡林郭勒盟多伦县滦源镇多伦湖畔，依托当地丰富的旅游资源，通过“旅游+”的发展模式，实现了经济的显著增长。该度假区不仅有效地实现了资源整合、丰富旅游项目、规范市场，还通过解决就业、疏散游客等方式，大幅度提高了当地村民的经济收入。近年来，BY部落生态旅游度假区解决了当地100余人的就业问题，向当地农家乐输送游客3 000人次，直接带动周边农家乐收入50余万元。此外，度假区还捐款近40万元用于资助失学儿童及其他公益事业。通过扶贫销售展厅，为村民提供了销售当地土特产及工艺品的平台，进一步促进了当地经济的发展。

（2）旅游设施不断完善。为推动文化和旅游深度融合发展，多伦县始终坚持“以绿色经济带动为主体，以特色城镇建设和文化旅游发展为两翼”的县域经济总体发展思路。BY部落生态旅游度假区作为其中的重要一环，不断完善旅游设施，提升旅游服务水平。该度假区充分挖掘当地特有的“马”文化，投资6 000万元建设了多伦诺尔剧场演艺园区、草原野生动物园区、蒙古马文化展示园区等多个园区，形成了中国蒙元文化项目数量众多、规模超大的综合性主题旅游度假区。此外，该度假区还投入300多万元建设了扶贫销售展厅，供村民销售当地土特产及民族工艺品，进一步丰富了旅游业态。

（3）文化传承与创新。BY部落生态旅游度假区在发展过程中，注重当地文化的传承与创新。通过“旅游+文化”的发展模式，将当地特有的农耕文化、蒙元文化、马文化等注入旅游发展中，为旅游发展注入了灵魂。该度假区建设了蒙元民俗博物馆、蒙古族工匠手工艺园区等多个文化展示区，让游客在游览过程中深刻感受到当地文化的魅力。与此同时，该度假区还通过举办内蒙古国际马术节、“映象多伦湖·精美蒙古马”摄影大赛等一系列赛事活动，以赛事拉动旅游业发展，进一步提升了度假区的知名度和影响力。

（4）生态环境持续改善。BY部落生态旅游度假区在发展过程中，始终坚持绿色发展理念，注重生态环境的保护与改善。当地政府积极践行“绿水青山就是金山银山”的发展理念，通过招商引资、发展旅游业等方式，补齐了村民资金不足的短板，同时带动了当地生态环境的持续改善。近年来，度假区周边的生态环境实现了显著改善，土壤沙化现象得到有效遏制，农耕用地得到恢复。该度假区的建设不仅促进了当地经济的发展，还实现了生态效益和经济效益的双赢。

五、经验启示

（1）政府引导与支持。BY部落生态旅游度假区的成功发展离不开政府的引导与支持。当地政府积极践行绿色发展理念，通过招商引资、政策扶持等方式，为度假区的建设提供了有力保障。同时，政府还注重加强旅游基础设施和旅游服务标准化建设，为度假区的可持续发展奠定了坚实基础。

（2）融合发展模式。BY部落生态旅游度假区通过“旅游+”的融合发展模式，将当地文化、体育、互联网等融入旅游，发展多元化、体验式旅游产业。这种发展模式不仅丰富了旅游业态，还提升了旅游品质，满足了游客多样化的需求。通过“旅游+文化”，度假区将当地特有的农耕文化、蒙元文化、马文化等注入旅游发展中，为旅游发展注入了灵魂；通过“旅游+体育”，度假区举办了一系列冰上龙舟赛、越野拉力赛等经典赛事，将体育与旅游相结合，打造出群众参与性强的全民娱乐体验项目。

（3）村民参与与受益。BY部落生态旅游度假区的成功发展离不开当地村民的积极参与和受益。度假区通过成立旅游企业、发展蒙元特色民宿等方式，让当地村民成为公司股东或民宿经营者，打造家家有产业、人人有事业的现代化新农村。同时，度假区还通过解决就业、疏散游客等方式，提高了当地村民的经济收入。这种发展模式不仅推动了当地经济的发展，还增强了村民的获得感和幸福感。

（4）文化传承与创新并重。BY 部落生态旅游度假区在发展过程中，注重文化传承与创新并重。一方面，度假区通过建设文化展示区、举办文化活动等方式，传承和弘扬了当地文化；另一方面，度假区还通过创新旅游业态、提升旅游品质等方式，满足了游客多样化的需求，提升了度假区的知名度和影响力。

六、未来计划

（1）持续推动“旅游+”融合发展。未来，BY 部落生态旅游度假区将继续坚持“旅游+”的融合发展模式，着力打造自驾车营地、蒙元文化体验区、后九号民宿改造等项目。通过进一步整合资源、丰富旅游业态、提升旅游品质等方式，推动 BY 部落生态旅游度假区的可持续发展。同时，该度假区还将加强与周边地区的合作与交流，共同打造旅游产业集群，形成区域旅游品牌效应。

（2）加强生态环境保护与修复。未来，BY 部落生态旅游度假区将继续加强生态环境保护与修复工作。通过加强生态监测、推进生态修复工程等方式，保护度假区的生态环境和生物多样性。同时，该度假区还将注重绿色旅游的发展，推广低碳旅游、生态旅游等理念，引导游客文明旅游、绿色消费，共同推动度假区的绿色发展。

（3）提升旅游服务水平与品质。未来，BY 部落生态旅游度假区将继续提升旅游服务水平与品质。通过加强旅游从业人员培训、完善旅游设施等方式，提升度假区的旅游服务质量和游客满意度。同时，度假区还将注重旅游产品的创新与升级，推出更多具有地方特色的旅游产品和文化活动，满足游客多样化的需求。

（4）推动乡村全面振兴与共同富裕。未来，BY 部落生态旅游度假区将继续发挥自身优势，推动乡村全面振兴与共同富裕。通过发展乡村旅游、促进农牧民增收等方式，带动周边地区的经济发展和社会进步。同时，度假区还将注重社会公益事业的发展，积极参与助学助残等公益活动，为当地社会和谐稳定做出积极贡献。

七、思考题

1. BY 部落生态旅游度假区通过哪些方式来推动乡村经济发展，进而提升村民收益呢？

2. 可以采取哪些措施增强牧民的绿色经济发展意识，防范因过度放牧而引发的生态危机呢？

第六节　内蒙古自治区赤峰市克什克腾旗 GDC 村：生态旅游的“三生共赢”模式

一、基本情况

GDC 村位于内蒙古自治区赤峰市克什克腾旗万合永镇，坐落于克什克腾世界地质公园大青山脚下。GDC 村总面积 22 万亩，下辖 9 个村民组，户籍人口 664 户、1 492 人，常住人口 318 户、664 人。近年来，GDC 村以其独特的地理位置和丰富的自然资源，在乡村旅游和乡村振兴方面取得了显著成效。GDC 村的地理位置优越，不仅靠近克什克腾世界地质公园，还拥有肥沃的土壤和适宜的气候，为发展观光农业和生态农业提供了良好的条件。自 2011 年以来，GDC 村先后荣获内蒙古自治区“文明村镇”和“先进基层党组织”荣誉称号，并于 2017 年被评为自治区文明村镇。2021 年，GDC 村被评为“第二批全国乡村治理示范村”，2022 年 GDC 村被评为“国家乡村振兴示范嘎查村”。此外，2023 年，GDC 村还被评为赤峰市乡村旅游特色村，是克什克腾旗唯一获此殊荣的村庄。GDC 村不仅自然环境优美，还具有丰富的文化底蕴。作为克什克腾旗的革命老区，GDC 村在党建引领和民族团结方面取得了显著成绩。利用线下集中课堂、流动课堂和线上理论学习讲堂等多种形式，GDC 村积极开展民族理论和民族政策的学习宣传活动，形成了人人争做民族团结进步模范的良好氛围。在经济方面，GDC村近年来通过土地流转和招商引资，大力发展设施农业和观光农业，建设了新品种蔬果杂粮基地，实现了村民挣薪金、分股金、领租金的增收新途径。截至2021年年底，GDC村人均纯收入达到16 000元，村集体经济收入连续五年保持10万元以上，2021年末达到22.5万元。此外，GDC村还成立了峰林农牧业专业合作社和红卫旅游文化公司，通过发展红色文化、知青文化、关东文化和农耕文化，开展红色旅游、故地重游、户外拓展和研学旅行，形成了集红色教育、研学体验、生态观光、果蔬采摘、民宿餐饮于一体的乡村旅游发展格局。

二、挑战与问题

（1）资源利用不够充分。GDC村拥有得天独厚的旅游资源，但长期以来，这些资源的开发利用程度不够高。尽管近年来通过发展观光农业和乡村旅游，GDC村已经初步形成了具有特色的旅游产业链，但整体规模和影响力仍有待提升。例如，大青山花海虽然景色优美，但配套设施还有待完善，服务水平还有待提高，以进一步提升游客的旅游观赏度和体验感。

（2）基础设施相对薄弱。GDC村的基础设施建设相对滞后，影响了乡村旅游的进一步发展。虽然近年来在各级政府的支持和帮助下，GDC村的基础设施建设已取得一定进展，但部分道路硬化不足、排水设施不完善、乡村旅游接待能力有待提升等问题依然存在。这些问题不仅影响了游客的旅游体验，也制约了GDC村乡村旅游产业的可持续发展。

（3）人才和资金短缺。一般来说，人才和资金的短缺是GDC村乡村旅游发展面临的另一大瓶颈。由于地处偏远地区，GDC村在吸引和留住人才方面存在困难。同时，乡村旅游产业的初期投入较大，而回报周期较长，导致部分投资者对乡村旅游项目的投资意愿不高。这在一定程度上影响了GDC村乡村旅游产业的快速发展。

（4）生态环境压力大。随着乡村旅游的快速发展，GDC村面临着越来越大的生态环境压力。一方面，游客数量的增加对当地自然资源和生态环境造成了不同程度的破坏；另一方面，乡村旅游产业的发展也带来了垃圾处理、污水处理等环保问题。如何在保护生态环境的同时，实现乡村旅游产业的可持续发展，成为GDC村面临的一大挑战。

三、发展举措

（1）加强资源开发利用。GDC村依托得天独厚的旅游资源，加强资源开发利用，打造特色乡村旅游品牌。一方面，GDC村深入挖掘红色文化、关东文化和农耕文化等文化的内涵，开展红色旅游、研学旅行和农俗体验等活动，吸引游客前来观光旅游；另一方面，GDC村积极开发观光农业和生态农业项目，建设新品种蔬果杂粮基地和花卉产业基地，丰富乡村旅游产品供给。同时，GDC村还通过举办各种节庆活动和农产品展销会等形式，提升乡村旅游的知名度和影响力。

（2）完善基础设施建设。GDC村着力加大基础设施建设力度，以提升乡村旅游接待能力。一方面，GDC村积极争取上级政府的资金支持和政策扶持，加强道路硬化、排水设施、旅游标识系统等基础设施建设；另一方面，GDC村还鼓励和支持村民发展农家乐、民宿等乡村旅游接待设施，提高乡村旅游接待能力和服务水平。此外，GDC村还加强旅游安全管理和服务质量监督，切实保障游客的人身安全和合法权益。

（3）引进人才和资金。GDC村积极引进人才和资金，为乡村旅游发展提供有力支持。一方面，GDC村通过举办人才招聘会、开展职业技能培训等方式，吸引和留住优秀人才。同时，GDC村还积极与高校和科研机构合作，引进专业人才和技术成果，提升乡村旅游产业的科技含量和创新能力。另一方面，GDC村通过招商引资、争取政府补贴和银行贷款等方式，解决乡村旅游产业发展的资金问题。此外，GDC村还鼓励和支持村民自主创业和合作经营，形成多元化的乡村旅游投资主体和经营主体。

（4）加强生态环境保护。GDC村在推动乡村旅游发展的同时，注重加强生态环境保护。一方面，

GDC 村加大自然资源和生态环境保护力度，严格限制高污染、高能耗的产业发展。同时，GDC 村还加强垃圾分类和污水处理等环保设施建设，确保乡村旅游产业的可持续发展。另一方面，GDC 村积极开展生态教育和宣传活动，增强村民的环保意识和环保能力。此外，GDC 村还通过发展生态农业和观光农业等绿色产业，推动乡村旅游产业的绿色发展和转型升级。

（5）推动产业融合发展。GDC 村积极推动乡村旅游与农业、文化、教育等产业的融合发展。一方面，GDC 村通过发展观光农业和生态农业项目，将乡村旅游与农业生产相结合，实现农业增效和农民增收。同时，GDC 村还通过举办各种文化节庆活动和农产品展销会等形式，将乡村旅游与文化产业相结合，提升乡村旅游的文化内涵和附加值。另一方面，GDC 村还积极与教育部门合作，开展研学旅行和户外拓展等活动，将乡村旅游与教育事业相结合，培养青少年的实践能力和创新精神。

（6）优化乡村治理体系。GDC 村注重优化乡村治理体系，提升乡村治理能力和水平。一方面，GDC 村加强基层党组织建设，发挥党组织的战斗堡垒作用和党员的先锋模范作用。同时，GDC 村还加强村民自治组织和社会组织建设，推动形成多元共治、共建共享的乡村治理格局。另一方面，GDC 村加强法治建设和道德建设，增强村民的法律意识，提高村民的道德水平。此外，GDC 村还通过开展志愿服务和公益活动等形式，弘扬社会主义核心价值观和中华民族传统美德。

四、发展成效

（1）乡村旅游蓬勃发展。GDC 村依托克什克腾世界地质公园大青山岩臼园区独特的旅游资源，大力发展乡村旅游。近年来，GDC 村被评为 2023 年赤峰市乡村旅游特色村，成为克什克腾旗唯一获此殊荣的村庄。GDC 村以“党支部+景区+花海+农家乐”四位一体的融合发展模式，积极推进旅游产业升级。通过打造“农俗游”“体验游”和“研学游”等多种旅游项目，吸引了大量游客前来观光体验。在农俗游方面。GDC 村充分挖掘本地农俗文化，利用情景化农俗故事、特色化石阵雕刻和民俗化仿古建筑风格等元素，打造出独具特色的农俗游项目。游客可以在这里体验传统的农耕文化，了解 GDC 村的历史与传承。在体验游方面。依托丰富的林果资源和农闲耕作活动，GDC 村推出了以林果采摘、农闲耕作等农事活动为元素的体验游项目。游客不仅可以亲自参与采摘和耕作，还能品尝到地道的农家美食，感受乡村的淳朴与热情。在研学游方面，GDC 村利用初心广场等红色资源，建设了红色研学教育基地。基地依托世界地质公园大青山冰臼园区、初心广场、GDC 风情等资源优势，建设了室外拓展区、农耕体验区、花海植物课堂、菌类培育基地等场地。以红色记忆为主线，游客们着红军军装、走红军路、吃红军饭、听红军故事，回顾革命历史，传承红色基因。

（2）集体经济和农民收入显著提升。随着乡村旅游的发展，GDC 村的集体经济实力显著增强，农民收入显著提升。2023 年，GDC 村集体经济达到 51.5 万元，全村人均纯收入达到 2.2 万元。GDC 村成立了峰林农牧业专业合作社和红卫旅游文化公司，通过流转土地、发展设施农业和观光农业，建设新品种蔬果杂粮基地，实现村民挣薪金、分股金、领租金的增收新途径。同时，通过开发红色文化、知青文化、关东文化和农耕文化，开展红色旅游、团队建设、户外拓展和研学旅行，进一步拓宽了村民的收入渠道。

（3）基础设施和公共服务体系全面升级。GDC 村在生态旅游的发展过程中，持续完善基础设施和公共服务体系。近年来，GDC 村实施了道路两侧绿化工程，在国道 306 至村部 2 千米道路两侧栽植景观树，优化局部小气候，对道路和乡村环境进行美化。同时，GDC 村还积极推进“厕所革命”，完善村组道路建设，强化公共空间和庭院环境整治，严格落实“门前三包”制度。如今，GDC 村的村级综合服务中心、农家书屋、活动广场、健身器材一应俱全，大青山花海、民俗一条街、景观河道水系、村史馆、初心广场、关东记忆主题公园、电商旗舰店、农副产品集散中心成了游客和村民流连忘返的观光休憩地。

（4）生态环境得到有效保护。GDC 村在发展生态旅游的过程中，始终坚持绿色发展理念，努力保护生态环境。GDC 村坚守“绿水青山就是金山银山”的理念，积极开展人居环境整治工作，着力打造美丽乡村“田园综合体”。通过大力发展农家乐、采摘园、家庭农场、家庭牧场等业态，GDC 村不仅实现了经济效益的提升，还保护了生态环境，实现了生产、生态、生活“三生共赢”。

五、经验启示

（1）发挥资源优势，打造特色品牌。GDC 村充分利用克什克腾世界地质公园大青山岩臼园区独特的旅游资源，通过挖掘本地农俗文化、红色文化、关东文化和农耕文化，打造出了独具特色的旅游品牌。这不仅吸引了大量游客前来观光体验，还提升了 GDC 村的知名度和美誉度，为乡村旅游的发展奠定了坚实基础。

（2）创新发展模式，实现融合发展。GDC 村在生态旅游的发展过程中，注重创新发展模式，实现了“党支部+景区+花海+农家乐”四位一体的融合发展。通过成立合作社和公司，流转土地、发展设施农业和观光农业，建设新品种蔬果杂粮基地，GDC 村不仅实现了农业与旅游业的融合发展，还促进了村民的增收致富。

（3）加强基础设施建设，提升服务质量。GDC 村在生态旅游的发展过程中，注重强化基础设施建设，提升服务质量。通过实施道路两侧绿化工程、推进“厕所革命”、完善村组道路建设等措施，GDC 村不断改善乡村环境，提升游客的旅游体验。同时，通过建设村级综合服务中心、农家书屋、活动广场等公共设施，GDC 村还为游客提供了丰富多样的休闲娱乐项目和文化活动。

（4）坚持绿色发展，保护生态环境。GDC 村在发展生态旅游的过程中，始终坚持绿色发展理念，注重保护生态环境。通过大力发展农家乐、采摘园、家庭农场等业态，GDC 村不仅实现了经济效益的提升，还保护了生态环境，实现了生产、生态、生活“三生共赢”。这一做法不仅为 GDC 村的可持续发展提供了有力保障，也为其他乡村的生态旅游发展提供了有益借鉴。

六、未来计划

（1）继续完善基础设施和公共服务体系。GDC 村将继续完善基础设施和公共服务体系，提升乡村旅游的品质和水平。计划进一步改善道路、水利、电力等基础设施，提升乡村环境的质量和美感。与此同时，还将加强公共服务体系建设，提升游客的旅游体验和服务质量。

（2）深化产业融合发展，拓宽增收渠道。GDC 村将继续深化产业融合发展，拓宽村民的增收渠道。该村计划进一步发展设施农业和观光农业，建设新品种蔬果杂粮基地和农产品加工基地，提升农产品的附加值和市场竞争力。与此同时，还将加强乡村旅游产品的开发和创新，推出更多具有地方特色的旅游项目和活动，吸引更多游客前来观光体验。

（3）加强生态保护和环境治理。GDC 村将继续加强生态保护和环境治理，提升生态环境的稳定性。该村计划实施更加严格的环保政策和措施，加大环境监管和执法力度，杜绝污染和破坏行为。同时，还将加强生态修复和治理工作，提升生态系统的自我恢复能力和稳定性。

（4）推进乡村治理体系和治理能力现代化。GDC 村将继续推进乡村治理体系和治理能力现代化，提升乡村治理的水平和效率。该村计划加强基层党组织建设，提升党员干部的素质和能力，推动乡村治理体系和治理能力现代化。与此同时，还将加强村民自治和民主管理，发挥村民的主体作用和积极性，共同推动 GDC 村的发展和繁荣。

（5）加强宣传和推广，以提升知名度和美誉度。GDC 村将继续加强宣传和推广工作，以提升知名度和美誉度。该村计划通过媒体宣传、网络营销等方式，加大对 GDC 村乡村旅游的宣传力度，吸引更多游客前来观光体验。与此同时，还将加强与旅行社、酒店等旅游企业的合作，拓展旅游市场渠道和客源市场。

七、思考题

1. 根据案例资料，进行补充性调查，归纳总结出 GDC 村“三生共赢”的发展模式。

2. 基于目前 GDC 村乡村旅游业及生态农业的发展现状，思考如何为村民搭建平台，让他们深度参与经济发展，进而吸引青年返乡？

第七节 江苏省南京市江宁区 HLX 村：以茶为媒，以旅为径

一、基本情况

HLX 村位于江苏南京市江宁区江宁街道牌坊社区，地处江宁区中南部，所处区域是典型的丘陵山区，海拔高度约为 200 米。HLX 村因其独特的地形山貌、气候特点和土壤条件，自古以来就有种茶的传统，被誉为“金陵茶文化休闲旅游第一村”。HLX 村四季分明，常年气候温和，冬无严寒，夏无酷暑，非常适宜茶叶的生长和发育。这里的茶叶品质上乘，素有“江南第一针”之美誉。HLX 村以其优质的生态环境和绿色化的茶园管理，确保了茶叶的纯正口感和优良品质。茶园管理一直沿用人工除草、人工翻地、加施有机肥等有机化、无公害的生产模式，云集上百名炒茶能手，沿用手工工序生产茶叶，确保了茶叶的品质优良、稳定。HLX 村不仅茶叶种植的历史悠久，而且自然环境优美，村庄被竹林环绕，山峦起伏，竹海掩映，鸟语茶香，整个茶园郁郁葱葱，层层叠叠，让人置身于如诗如画的“茶海”中。HLX 村自 2013 年 4 月开始运营以来，陆续荣获多项殊荣，成为江苏省五星级乡村旅游示范区、全国乡村旅游重点村、江苏省传统村落等，并多次被评为“江苏最美乡村”“中国最美休闲乡村”。

二、挑战与问题

（1）茶旅市场拓展不全面。HLX 村的客源主要集中在南京市及马鞍山地区，周边城市的客源拓展尚不充分。这导致 HLX 村的旅游季节性较强，假日经济现象明显，游客主要集中在节假日和旅游旺季，而淡季的游客较少。此外，HLX 村的旅游宣传力度还需加大，虽然具备口碑和网络宣传，但宣传在力度和广度方面，仍存在提升空间。

（2）茶旅文化特色不明显。HLX 村虽然有着悠久的茶文化历史和优质的茶叶品质，但在茶旅文化特色的凸显上还有待加强。游客对 HLX 村的茶文化特色评价不高，这可能与 HLX 村在茶文化主题活动的策划和执行上不够深入和细致有关。HLX 村需要进一步加强茶文化主题活动的组织开展，提升游客对茶文化的体验和认知。

（3）茶旅体验产品不健全。HLX 村的茶旅体验产品相对单一，主要集中在茶园观光、茶文化体验等方面，缺乏更多样化的旅游产品和体验项目。这导致游客的旅游时间较短，景点项目有待增加，游客的重游率不高。HLX 村需要开发更多具有特色的茶旅体验产品，如茶文化研学旅行、茶文化养生度假等，以满足游客多样化的需求。

（4）茶旅服务质量不完善。HLX 村在茶旅服务质量上还存在一些不足，如旅游服务水平需提高，餐饮服务质量有待提升等。这影响了游客的旅游体验和满意度，也制约了 HLX 村茶旅融合的进一步发展。HLX 村需要加强对旅游从业人员的培训和管理，提升服务质量，为游客提供更好的旅游体验。

三、发展举措

（1）依托自然资源，打造茶文化特色。HLX 村四周茶山环绕，竹林茂密，景色秀美，具备了得天独厚的自然资源优势。在乡村振兴的过程中，HLX 村充分利用这一优势，以茶文化为特色，着力构建现代农业、休闲旅游、商贸文创的产业链条。与南京农业大学茶研所等科研单位合作，建立并推广 HLX 标准化生产体系，打造了由国资、街道、村民共享的茶叶统一品牌。这一举措不仅提升了茶叶的品质，也增加了村民的收入，2022 年 HLX 村的茶叶销售总额达到了 2 200 万元。HLX 村还盛产龙针、

龙毫两种高品质绿茶以及红茶，每年采茶季都会开展茶文化主题月活动，吸引大量游客前来体验采茶、炒茶等特色活动，进一步丰富了茶文化内涵。

（2）发展“农业+旅游”，引入新业态。HLX 村在生态旅游振兴乡村的过程中，大力发展“农业+旅游”，引入了精品民宿、农家乐、茶社、众创空间等乡村休旅新业态。这些新业态不仅将 HLX 的生态资源优势转化为旅游资源优势，也为游客提供了丰富的旅游体验。精品民宿和农家乐满足了游客的住宿和餐饮需求，同时也带动了当地农产品的销售。茶社和众创空间则为游客提供了品茶和创业的空间，进一步营造了 HLX 村的文化氛围，增强了 HLX 村的吸引力。通过发展“农业+旅游”，HLX 村成功实现了农业与旅游业的深度融合，为乡村振兴注入了新的活力。

（3）打造体育旅游品牌，拓展旅游市场。HLX 村依托其优越的自然生态环境，以“体育+茶乡”为主题，以“体育+旅游”产业为支撑，致力于打造集体育休闲旅游、体育健康养身、体育竞技比赛、体育培训服务、体育文化教育等于一体的运动休闲旅游项目。HLX 村举办了江宁春牛首马拉松、骑行赛事、HLX 最美夜跑、亲子跑等一系列体育活动，吸引了大量游客前来参与。这些体育活动不仅提升了 HLX 村的知名度，也丰富了游客的旅游体验。通过打造体育旅游品牌，HLX 村成功拓展了旅游市场，为乡村振兴提供了新的动力。

四、发展成效

（1）经济收益显著提升。HLX 村通过发展茶产业和旅游业，实现了经济的快速增长。HLX 村拥有 3 000 亩茶园和 5 000 亩林地，通过标准化生产体系的建立，茶叶的产量和品质显著提升。2013 年，牌坊村与江宁旅游产业集团合作，建立了 HLX 茶种、管、养、采、炒标准化生产体系，引导茶农进行科学种植和加工。同时，村企合作培育了“龙针”“龙毫”两大茶叶品牌，并通过积极营销，提升了 HLX 茶叶的市场竞争力。如今，HLX 村的高品质茶叶价格已提升至每斤 2 000 元，且供不应求，全村茶叶年销售总额达到 3 600 万元。除茶叶销售外，HLX 村还通过发展农家乐、特色农产品销售等旅游项目，增加了村民的收入来源。目前，在 HLX 村的 52 户村民中，有 43 户经营农家乐等旅游项目，户年均经营收入为 50 万～100 万元。同时，HLX 村还引进了服装厂、针织厂、印刷厂、机械设备厂等多家国资和民营企业，创造了超过 1 500 万元的经济收入，解决了近 200 名村民的就业问题。

（2）文化传承与创新。HLX 村不仅保留了传统的茶文化，还通过创新和发展，使其焕发新的活力。自明代以来，HLX 村便以盛产高品质茶叶而闻名。这里的茶叶品种繁多，品质优良，独具特色。HLX 村以茶文化为主题，将自然生态与茶文化完美结合，积极发展茶艺培训、茶道体验、茶叶展销等特色旅游项目，吸引了众多游客前来感受茶文化的独特魅力。HLX 村还注重非遗技艺的传承，如 HLX 村的茶叶种植、茶厂、“黄龙四宝”（茶干、笋干、鱼干、萝卜干）等传统特色产业和非物质文化遗产，都得到了有效的保护和传承。HLX 村通过举办茶文化节庆活动、茶文化展览等形式，让游客深入了解 HLX 村的茶文化，提升了 HLX 村的知名度和影响力。

（3）生态环境改善。HLX 村的生态环境得到了显著改善。HLX 村地处山水田园风光带，拥有得天独厚的地理环境和自然景观。近年来，HLX 村通过茶园绿化和保护措施，改善了村子的自然环境，使得这里的山更绿、水更清、空气更清新。HLX 村被认定为江苏省第二批五星级乡村旅游示范区，并入选首批全国乡村旅游重点村名单和首批江苏省传统村落名单，这些荣誉的获得，是对 HLX 村生态环境改善工作的肯定。HLX 村还通过规划保护，确保了村落的“山—水—茶—林—村”格局得以保持。根据南京市规划和自然资源局的规划，HLX 村的核心保护范围内，不得进行新建、扩建活动（必要的基础设施和公共服务设施除外），传统格局肌理受到严格保护。

五、经验启示

（1）加强资源依托与整合。HLX 村的成功，得益于其独特的山水资源和茶园风光。HLX 村依托这些资源，发展茶产业和旅游业，形成了“生态+产业”的良性发展模式。通过资源整合，HLX 村将茶园、林地、山水等自然资源与茶文化、历史文化等人文资源相结合，打造了一系列特色旅游项目，吸引了大量游客前来观光和体验。HLX 村的成功经验告诉我们，乡村发展应充分依托当地的自然资源和人文资源，通过资源整合和创新发展，形成具有特色的产业体系，实现经济、社会和生态效益的协调发展。

（2）加强文化传承与创新。HLX 村注重传统文化的传承与创新，通过举办茶文化节庆活动、茶文化展览等形式，让游客深入了解 HLX 村的茶文化，提升了 HLX 村的知名度和影响力。同时，HLX 村还积极引入现代科技手段，提升茶产业和旅游业的竞争力。例如，HLX 村通过网络和自媒体的销售渠道，将茶叶和其他农副产品销往全国各地，提升了产品的市场竞争力。HLX 村的成功经验告诉我们，乡村发展应注重传统文化的传承与创新，通过现代科技手段提升产业竞争力，实现传统文化的现代化转型和创新发展。

（3）注重村企合作与共赢。HLX 村的成功，离不开村企合作与共赢。HLX 村通过村企合作，建立了标准化生产体系，提升了茶叶的产量和品质，培育了“龙针”“龙毫”等茶叶品牌，并通过积极营销，提升了其茶叶的市场竞争力。HLX 村的成功经验告诉我们，乡村发展应注重村企合作与共赢，通过合作实现资源共享、优势互补，推动乡村经济的快速发展。

六、未来计划

（1）加强茶园生态环境保护。HLX 村将继续加强茶园生态环境保护，通过茶园绿化和保护措施，改善村子的自然环境。HLX 村将严格按照规划要求，保护村落的“山—水—茶—林—村”所构成的独特格局，确保传统格局肌理不受破坏。同时，HLX 村还会强化茶叶生产过程中的环保举措，推广有机种植和生态养殖模式，提高茶叶的生态品质。

（2）提升茶叶品质和市场竞争力。HLX 村将继续提升茶叶品质和市场竞争力，通过标准化生产体系的建立和完善，提高茶叶的产量和品质。HLX 村将加强与科研院所和高校的合作，引进先进的种植技术和加工设备，提升茶叶的科技含量和附加值。同时，HLX 村还将加强品牌建设和市场营销，提升其茶叶的品牌知名度和市场竞争力。

（3）打造多元化旅游产品。HLX 村将继续打造多元化旅游产品，满足不同游客的需求。HLX 村将依托茶园、山水等自然资源，开发茶文化体验、休闲观光、生态度假等旅游产品。同时，HLX 村还将加强与周边景区的合作，形成旅游线路和旅游产品的互补，提升 HLX 村的旅游吸引力和竞争力。

（4）推动乡村振兴和生态旅游发展。HLX 村将继续推动乡村振兴和生态旅游发展，通过资源整合和创新发展，形成具有特色的产业体系。HLX 村将加强与政府、企业和社会的合作，引入社会资本和先进技术，推动乡村经济的转型升级和高质量发展。同时，HLX 村还将加强生态旅游项目的开发和管理，提升游客的满意度和体验感，推动生态旅游的可持续发展。

七、思考题

1. 怎样契合城市居民周末日常的休闲与康养需求，充分借助 HLX 村的资源环境，开发出旅游体验产品，从而吸引周边城市的旅游客源？

2. 怎样依靠 HLX 村现有资源环境设计茶文化主题活动，同时借助新媒体平台制定营销方案，进而提升 HLX 村的特色形象呢？

第八节　江苏省盐城市 HB 村：筑造生态家园，推动农文旅融合

一、基本情况

HB 村位于江苏省盐城市大丰区大中街道，地处大丰城区南侧，距离城区仅 4.5 千米。全村共有 11 个村民小组、1 330 户农户，耕地面积 9 180 亩，其中林果面积为 7 260 亩。HB 村是全国文明村、国家级生态村、全国一村一品示范村和江苏省五星级乡村旅游区，具有得天独厚的自然和人文条件。HB 村拥有 50 多年的梨种植历史，梨产业一直是村里的支柱产业。恒北早酥梨久负盛名，2005 年获得欧盟有机食品认证，2014 年通过农业部绿色食品认证，2015 年获评国家地理标志商标，2017 年被列入“全国名特优新农产品名录”，2020 年获评国家地理标志农产品。这些荣誉不仅提升了恒北梨的品牌价值，也为村里的经济发展注入了强劲动力。近年来，HB 村在党支部的领导下，依托生态果园，做美环境，发展乡村旅游，带动富民强村。HB 村不仅自然环境优美，文化底蕴也十分深厚。作为国家级非物质文化遗产，大丰瓷刻工艺以刀工精致、线条流畅、意境深远和人物雕刻惟妙惟肖而著称。此外，大丰麦秆剪贴画也是江苏省非物质文化遗产，由精选处理过的麦秆进行制版、裁剪、烫色并粘贴而成，创作工艺复杂，内容涵盖人物、山水、花鸟鱼虫等。

二、挑战与问题

（1）资源与环境压力。随着乡村旅游的快速发展，HB 村面临着资源与环境方面的压力。一方面，游客数量的增加对村里的自然资源，如水资源、土地资源等，提出了更高要求；另一方面，旅游活动带来的垃圾处理、污水排放等问题也给村里的生态环境带来了挑战。

（2）产业结构单一。尽管梨产业是 HB 村的支柱产业，但产业结构相对单一，缺乏多元化的经济支撑。一旦梨产业受到市场波动或自然灾害的影响，村里的经济将面临较大风险。

（3）基础设施和公共服务不足。尽管 HB 村的基础设施和公共服务得到了显著提升，但与乡村旅游发展的需求相比，仍存在一定差距。如交通、住宿、餐饮等基础设施的配套仍需进一步完善，以提升游客的满意度和舒适度。

（4）人才短缺。乡村旅游的发展需要高素质的人才支撑。然而，HB 村在人才方面仍存在短缺问题，尤其是缺乏懂经营、会管理、善创新的复合型人才。

（5）文化挖掘与传承不足。HB 村拥有丰富的文化遗产和旅游资源，但在文化挖掘与传承方面仍存在不足。如大丰瓷刻、麦秆剪贴画等非物质文化遗产的传承和发展仍面临困境，需要进一步加大保护和传承力度。

三、发展举措

（1）加强基础设施建设。为了提升村庄整体风貌和游客的旅游体验，HB 村加强了基础设施建设。对村庄内部的道路进行了硬化和美化，修建了生态停车场、生态环保公共厕所等设施。同时，对农房进行了统一规划和改造，形成了黛瓦白墙、风貌和谐统一的乡村别墅群。在生态环境方面，HB 村连年推进道路环境的优化和生态环境的修复及美化工作，森林覆盖率达 89%。通过清理河道、种植花草等措施，改善了村庄生态环境，提升了乡村“颜值”。

（2）推动产业多元化发展。为了降低产业风险，实现多元化发展，HB 村在保持梨产业优势的同时，积极发展其他产业。依托丰富的自然资源和文化底蕴，HB 村打造了梨园风光、温泉旅游、非物质文化遗产等多个旅游项目，形成了独具特色的乡村旅游产业链。其中，恒北原乡温泉度假酒店是 HB

村的重要旅游项目之一。该酒店由温泉酒店主体建筑、温泉民宿、温泉体验中心三部分组成，提供了温泉泡池、会议室、多功能厅、餐饮、客房等功能区域。室内外泡池 51 个，客房 49 间，床位 69 个，集中医疗养、美容健体、生活体验、度假休闲等业态于一体，成为四季梨乡康养胜地。此外，HB 村还积极发展文创产业，推出了“永不分梨”酒、梨木梳、伴手礼等文创产品，以及锦绣果园、恒北非物质文化遗产产业园、本场人茶馆等特色游玩项目，丰富了乡村旅游的内涵和体验。

（3）引进和培养人才。为了提升乡村旅游的专业水平，HB 村积极引进和培养人才。通过搭建村民协商议事会、红白理事会、村民文创坊等党建平台，积极开展产业链发展技术研讨会、特色产业参观等特色活动，着力提升基层党组织治理能力。同时，HB 村还整合线上线下多种资源，运用道德大讲堂、“智慧党建”等平台，有层次、分步骤地组织实施乡土人才培训。重点从专业合作社负责人、带富能力强的大户、回乡创业的本土人才等群体中确定培训对象，“点对点”指导、“面对面”传授，逐步强化人才振兴。

（4）加强生态环境保护。在旅游业快速发展的同时，HB 村始终注重生态环境保护。通过实施排污管网工程、清理河道、种植花草等措施，保障了居民和游客的饮水安全，改善了村庄生态环境。同时，HB 村还创新推进生态农业发展，坚持发展产业与生态环境并重。在乡村旅游主干道种植景观植物、美化环境的同时，增加群众的经济收入；村内种植点缀式盆景、花卉等，打造了田园式村落，提升了乡村“颜值”。

（5）推动乡村治理现代化。为了提升乡村治理水平，HB 村积极推动乡村治理现代化。通过数字乡村示范创建项目实施了乡村数字治理软件、智慧大屏、智慧民宿、智慧导游、智慧农业、健康步道建设六大项目，实现了政务、民生、产业的网络化、信息化、数字化改造。在丰富旅游业态的同时，HB 村还促进了村庄治理信息化、服务游客便捷化，切实把党建优势转化为乡村治理新效能。通过数字技术的应用，HB 村实现了对村庄环境、旅游项目、村民诉求等方面的实时监测和管理，提高了乡村治理的效率和水平。

（6）深化移风易俗工作。为营造文明和谐的村风家风，HB 村深入推进移风易俗工作。通过制定村规民约、成立红白理事会等措施，引导村民主动转变思想观念，纠正不良思想和陈规陋习。同时，HB 村还设立了“美丽家庭”评分榜，鼓励村民积极参与文明家庭创建活动，让文明家风建设落实到每一个家庭。通过这些措施的实施，HB 村成功打造了生态宜居环境和乡村旅游项目，实现了农业、文化和旅游业的深度融合。村庄整体风貌得到了显著提升，游客数量不断增加，村民收入稳步增长，乡村治理水平不断提高。

四、发展成效

（1）生态农业与乡村旅游有机结合。HB 村是中国美丽休闲乡村和全国乡村旅游重点村，将生态农业与乡村旅游有机结合，围绕“梨园风光、生态宜居、乡村旅游”的定位，打造“恒北恒美，梨缘天下”的旅游品牌。通过多年的发展，HB 村形成了“春赏花、夏有荫、秋摘果、冬泡泉”的乡村旅游特色，每年吸引大量游客前来体验。春天，村中的梨花竞相开放，洁白如雪的花瓣给宁静的乡村增添了几分灵动的气息。夏日的树荫下，是消夏纳凉的绝佳去处；到了秋天，丰硕的梨果挂满枝头，游客们可以亲身体验采摘的乐趣；冬天，在温泉中心的泡池中，逸散的蒸汽与飘雪交织，宛如人间仙境。这些自然景观和季节性的活动，使 HB 村成为游客心中的理想休闲地。

（2）梨产业不断发展壮大。HB 村有 50 多年梨种植历史，近年来，为保持产业活力，该村新建成 50 亩梨综合示范园，积极推广新品种、新技术、新模式，带动周边村镇种植恒北梨 3.4 万亩，梨产业不断发展壮大。恒北早酥梨久负盛名，2005 年获得欧盟有机食品认证，2014 年通过农业部绿色食品认证，2015 年获评国家地理标志商标，2017 年被列入“全国名特优新农产品名录”，2020 年获评国家地理标志农产品等。梨产业的发展不仅带来了经济效益，还推动了 HB 村农业结构的优化升级。村民们通过种植梨树，实现了收入的增加，同时也带动了相关产业的发展，如梨膏糖、梨木梳等特色农产品的生产和销售。

（3）文旅康养特色鲜明。HB 村不仅自然风光秀丽，还拥有丰富的文化底蕴和独特的文旅康养特色。恒北原乡温泉度假酒店是 HB 村的一大亮点，该酒店由温泉酒店主体建筑、温泉民宿、温泉体验中心三部分组成，主体建筑包含温泉泡池、会议室、多功能厅、餐饮、客房等功能区域，室内外泡池 51 个，客房 49 间，床位 69 个。酒店将中医疗养、美容健体、生活体验、度假休闲等业态集聚一体，成为四季梨乡康养胜地。此外，HB 村还积极举办梨花节、采摘节和农民丰收节等活动，吸引了大量游客和媒体的目光。这些活动不仅展示了 HB 村的乡村魅力，还促进了村民之间的交流与合作，增强了乡村的凝聚力和向心力。

（4）环境整治提升乡村的“颜值”。在 HB 村党员干部的带领下，村民们积极参与农村人居环境整治行动，通过道路环境提升、生态环境修复及美化等措施，使村庄面貌焕然一新。HB 村连年实施生态环境修复及美化工程，森林覆盖率达 89%。修建了 10 000 平方米生态停车场，家家户户进行了厕所改造，村里还配套了 1 座生态环保公共厕所。清理河道种植花草 9 000 余平方米，投资 200 余万元完成了全村的排污管网工程，保障居民和游客的饮水安全。同时，HB 村还注重在乡村旅游主干道种植景观植物、美化环境的同时，增加群众的经济收入。村内种植点缀式盆景、花卉等，打造了田园式村落，改善了村庄人居环境，提升了乡村的“颜值”。

（5）党建引领赋能基层治理。HB 村积极探索党建引领赋能基层治理的新路径。通过搭建村民协商议事会、红白理事会、村民文创坊等党建平台，积极开展产业链发展技术研讨会、特色产业参观等特色活动，着力提升基层党组织治理能力。整合线上线下多种资源，运用道德大讲堂、“智慧党建”等平台，有层次、分步骤地组织实施乡土人才培训。重点从专业合作社负责人、带富能力强的大户、回乡创业的本土人才等群体中确定培训对象，“点对点”指导、“面对面”传授，逐步推进人才振兴工作。2023 年，HB 村通过数字乡村示范创建项目实施了乡村数字治理软件、智慧大屏、智慧民宿、智慧导游、智慧农业、健康步道建设六大项目，实现了政务、民生、产业的网络化、信息化、数字化改造。在丰富旅游业态的同时，促进了村庄治理信息化、服务游客便捷化，切实把党建优势转化为乡村治理新效能。

五、经验启示

（1）依托自然资源，发展特色农业。HB 村的成功经验告诉我们，乡村发展要依托自然资源，发展特色农业。HB 村充分利用其得天独厚的自然条件，通过种植梨树和发展梨产业，实现了农业增效、农民增收。同时，通过推广新品种、新技术、新模式，不断保持产业活力，推动农业可持续发展。

（2）结合乡村旅游，促进产业升级。HB 村将生态农业与乡村旅游有机结合，通过打造梨园风光和生态宜居环境，吸引了大量游客前来体验。这不仅促进了农业与旅游业的深度融合，还带动了相关产业的发展，如餐饮、住宿、文创等。HB 村通过举办梨花节、采摘节等活动，进一步提升了乡村旅游的知名度和影响力，实现了产业升级和经济效益的提升。

（3）注重环境整治，提升乡村的“颜值”。HB 村注重环境整治和生态修复工作，通过实施道路环境提升、生态环境美化等措施，使村庄面貌焕然一新。这不仅提升了乡村的“颜值”和吸引力，还为游客提供了更加舒适、宜人的旅游环境。同时，环境整治还推进了村民生活品质的提升和乡村文明的建设。

（4）强化党建引领，赋能基层治理。HB 村积极探索党建引领赋能基层治理的新路径，通过搭建党建平台、开展特色活动等方式，着力提升基层党组织治理能力。同时，整合线上线下多种资源，运用数字化手段推动乡村治理现代化。这不仅提高了治理效率和服务水平，还为乡村发展提供了有力保障。

（5）挖掘文化底蕴，传承非物质文化遗产。HB 村拥有丰富的文化底蕴和独特的非物质文化遗产。通过挖掘和传承这些文化资源，HB 村不仅丰富了乡村旅游的内涵和特色，还提升了游客的文化体验和满意度。同时，非物质文化遗产的传承和发展也促进了乡村文化的繁荣和振兴。

六、未来计划

（1）持续推动产业升级。未来，HB 村将继续推动产业升级和转型，通过引进新品种、新技术、新模式等方式，不断提高农业生产效率和产品质量。同时，将进一步拓展乡村旅游产业链和价值链，推动农业与旅游业的深度融合和协同发展。

（2）加强生态环境保护。生态环境保护是乡村全面振兴的重要内容之一。未来，HB 村将继续加强生态环境保护工作，通过实施生态修复、环境整治等措施，不断提升村庄的生态环境质量和吸引力。同时，将增强村民的环保意识，推动形成绿色、低碳、循环的生产生活方式。

（3）深化党建引领和基层治理。党建引领和基层治理是乡村全面振兴的重要保障。未来，HB 村将继续深化党建引领和基层治理工作，通过搭建更加完善的党建平台，不断提升基层党组织的组织力和战斗力。同时，将加强村民自治和民主管理，推动形成共建共治共享的乡村治理格局。

（4）挖掘和传承非物质文化遗产。非物质文化遗产是乡村文化的重要组成部分。未来，HB 村将继续挖掘和传承非物质文化遗产，通过举办非物质文化遗产展览、演出等活动，提升游客的文化体验和满意度。同时，将加强非物质文化遗产的保护和传承工作，推动形成具有地方特色的乡村文化品牌。

（5）推动数字化和智能化发展。数字化和智能化是未来乡村发展的重要趋势。未来，HB 村将积极推动数字化和智能化发展，通过运用大数据、云计算、物联网等先进技术，提升乡村治理的效率和水平。同时，将加强数字乡村建设，推动形成数字化、智能化的乡村生产生活方式。

七、思考题

1. 如何深化生态农业与乡村旅游的融合，实现产业的可持续发展？
2. 如何在保护生态环境的同时，实现乡村经济的快速增长？

第九节　浙江省台州市仙居县 XY 村：释放绿色产业效能，推动乡村全面发展

一、基本情况

浙江省台州市仙居县淡竹乡 XY 村，是一个位于国家 5A 级景区神仙居南入口的美丽乡村，紧靠风景如画的韦羌溪。XY 村的地理位置优越，环境优美，交通便捷，村域面积约为 10.5 平方千米，拥有 633 亩耕地和 18 448 亩山林，河流长度 2 000 多米。全村现有人口 1 503 人，共 520 户，分为 13 个村民小组，党员 57 名。XY 村在国家乡村振兴战略和“千万工程”的推动下，发生了翻天覆地的变化。从昔日的“脏乱差”到如今的“绿富美”，XY 村不仅成功改善了人居环境，还通过发展绿色经济，取得了乡村振兴的显著成效。近年来，XY 村获得了一系列荣誉称号，包括第八批全国民主法治示范村、浙江省 3A 级景区村、浙江省省级农村引领型社区、浙江省美丽宜居示范村、“浙江省气候康养乡村”、全国乡村旅游重点村、国家森林乡村、全国乡村治理示范村等。XY 村的美丽蜕变，离不开其独特的自然资源和区位优势。村庄紧邻大神仙居景区和仙居国家公园，生态环境优美，为发展乡村旅游和绿色产业提供了得天独厚的条件。此外，XY 村还拥有丰富的农业资源，大力发展杨梅、水蜜桃等经济作物，形成了独具特色的农业产业链。

二、挑战与问题

（1）生态环境保护的挑战。随着乡村旅游的快速发展，XY 村面临着巨大的生态环境保护压力。

游客数量的增加，给村庄的环境承载能力带来了严峻考验。如何在发展旅游经济的同时，保护好生态环境，成为XY村亟待解决的问题。

（2）基础设施建设的滞后。尽管XY村的基础设施建设取得了一定的成绩，但与快速发展的乡村旅游需求相比，仍存在一定的滞后性。村庄的道路、停车场、公共厕所等基础设施需要进一步完善，以满足游客的多样化需求。

（3）产业转型升级的压力。XY村的传统农业产业以杨梅、水蜜桃等经济作物为主，但随着市场需求的变化和竞争的加剧，产业转型升级的压力日益增大。如何推动农业与旅游、文化等产业的深度融合，实现产业的多元化发展，成为XY村面临的重要课题。

（4）乡村治理的复杂性。随着村庄经济的发展和人口的流动，乡村治理的复杂性日益凸显。如何建立健全乡村治理体系，实现乡村社会的和谐稳定，成为XY村必须面对的挑战。

（5）村民素质的提升。在乡村振兴的过程中，村民的素质提升至关重要。然而，受历史因素和地域条件的制约，XY村部分村民的文化素质和环保意识有待增强。如何提升村民的整体素质，培养新型职业农民，成为XY村发展的重要保障。

三、发展举措

（1）重视生态环境保护。XY村始终将生态环境保护放在首位，通过推行“绿色公约”十条、建立“绿色货币”制度、整理“绿色资产”列表等“三绿”模式，有效提升了村庄的生态环境质量。绿色公约的内容如下：XY村制定了生态环境要保护、垃圾处置要分类、各种废物要利用、田头地角要清洁、门前屋后要整齐、厕所厨房要干净、交通出行要有序、淳朴乡风要保持、乡愁记忆要留住、乡村民宿要发展。通过党员示范、群众参与、擂台比拼、督评奖励等方式，促进了全乡党员干部群众参与到生态环境保护中。绿色货币：针对游客“食、住、行、娱、游”五个环节中的低碳旅游行为，XY村推出了“绿色货币”概念。游客通过践行低碳旅游方式，如自备洗漱用品、住宿垃圾分类自清、不剩菜不剩饭等，可以兑换绿色货币，在签约商家处等价使用。这一举措不仅引导游客自觉肩负起环保责任，还有效解决了乡村旅游衍生出的交通堵塞、垃圾乱扔、餐桌浪费等问题。绿色资产：XY村对村内的古树名木、古村名居、古道古堰、摩崖石刻等进行排摸建档，并列入绿色资产清单，永久维护。通过建立绿色资产维护责任清单制度，将每件绿色资产分解到每名村党员干部，确保绿色资产得到有效保护。在“三绿”模式的推动下，XY村的生态环境质量显著提升，村庄面貌焕然一新。全村规划保留村生活污水治理覆盖率达100%，农村生活垃圾基本实现“零增长”“零填埋”，农村卫生厕所全面覆盖，农村人居环境质量居全省前列。

（2）完善基础设施建设。为了满足乡村旅游的快速发展需求，XY村加大了基础设施建设的投入力度。近年来，通过持续不断地提升改造，XY村环境优美，道路整洁，乡村别墅整齐划一，公共配套设施一应俱全。在道路建设方面，XY村对村庄内的主要道路进行了硬化和美化处理，提升了道路的通行能力和景观效果。同时，XY村还建设了停车场、公共厕所等配套设施，为游客提供了便捷的旅游服务。在民宿发展方面，XY村依托丰富的自然资源和区位优势，大力发展民宿经济。目前，全村拥有民宿106家，床位2 500个，日游客接待量可达10 000人。其中，8家民宿被评为浙江省银宿，7家民宿荣获法国开发署品牌体验民宿称号。民宿经济的发展不仅带动了村庄的旅游业发展，还提高了村民的收入水平。在公共设施建设方面，XY村还建设了游客中心、文化礼堂、体育设施等公共设施，为村民和游客提供了丰富的文化娱乐和休闲活动场所。

（3）推动产业转型升级。XY村通过推动农业与旅游、文化等产业的深度融合，实现了产业的多元化发展。在绿色产业方面，XY村大力发展杨梅、水蜜桃等经济作物产业，建成了XY村至尚仁村总长度约5 000米的“十里桃花谷”，形成了杨梅和水蜜桃两大经济作物。每年吸引游客3万余人，平均每户果农年增收5 000元。同时，XY村还积极推广绿色种植技术和有机农业，提高了农产品的品质和附加值。在乡村旅游方面，XY村依托毗邻大神仙居景区和仙居国家公园的生态优势与区位优势，以绿色化发展为引领，发展民宿经济和绿色产业。通过举办各类乡村旅游活动和文化节庆活动，吸引了大量游客前来观光旅游。2021 年，XY 村全年接待游客超 40 万人次，村民人均可支配收入达到 21 026 元。全村从事旅游业人口达到 432 人，直接撬动工商资金 20 多亿元。在文化创意方面，XY 村还积极探索文化创意产业的发展路径，通过挖掘和传承传统乡村文化，打造了一批具有地方特色的文化创意产品。这些产品不仅丰富了乡村旅游的内涵和形式，还提高了村庄的知名度和美誉度。

（4）创新乡村治理模式。XY 村在乡村治理方面进行了积极探索和创新，形成了干部、村民、游客三方共建共治共享的社会治理新模式。一是党建引领。XY 村坚持党建引领乡村治理，通过建立健全党组织体系和工作机制，充分发挥党员在乡村振兴中的先锋模范作用。同时，还积极推动村民自治和法治、德治“三治融合”，形成了良好的乡村治理氛围。二是绿色调解。XY 村创新性地推行了“绿色调解”方法，将矛盾纠纷调解与生态保护、绿色发展相结合。通过倡导绿色调解“五步五法”，做到“小事不出村，纠纷不上交”，有效化解了村庄内的矛盾纠纷，维护了乡村社会的和谐稳定。三是游客参与。XY 村还积极引导游客参与乡村治理和环境保护工作。通过推广“绿色货币”制度和“淡竹乡绿色生活清单”，鼓励游客践行低碳旅游方式，共同守护美丽的乡村环境。

（5）提升村民素质。在乡村振兴的过程中，XY 村注重提升村民的整体素质和文化水平。一是教育培训。XY 村积极组织各类教育培训活动，如农业技术培训、乡村旅游服务培训、环保知识讲座等，提高了村民的专业技能和环保意识。二是文化活动。XY 村还举办了丰富多彩的文化活动，如农民文化节、乡村运动会等，丰富了村民的精神文化生活，增强了村庄的凝聚力和向心力。三是新型职业农民培养。XY 村注重培养新型职业农民，通过政策扶持和技能培训等方式，鼓励村民从事现代农业和乡村旅游等新兴产业，进而提高了村民的收入水平和就业质量。

四、发展成效

（1）村庄环境显著改善。XY 村的发展始于 2013 年的农房改造工程。当时，该村集体经济薄弱，青壮年劳动力外流，村庄环境破旧冷清，垃圾随处可见，门前屋后杂物乱堆。为了改变这一现状，XY 村以“三改一拆”和“和美乡村”建设为契机，启动了大规模的农房改造和环境整治工程。短短两周内，XY 村拆除了露天粪坑 56 个，猪舍、鸡棚 41 处，清运垃圾 66 车，35 间房子完成立面改造。改造后的 XY 村道路整洁，乡村别墅整齐划一，公共配套设施一应俱全，村庄环境焕然一新。

（2）绿色产业蓬勃发展。依托毗邻大神仙居景区和仙居国家公园的生态优势与区位优势，XY 村大力发展民宿经济和绿色产业。近年来，通过持续不断地提升改造，XY 村已成为神仙居景区南门、公盂、淡竹休闲谷等旅游黄金线上的最佳入口和休闲后花园。全村现有民宿 106 家，床位 2 500 个，日游客接待量可达 10 000 人，其中 8 家民宿被评为浙江省银宿，7 家民宿荣获法国开发署品牌体验民宿称号。2021 年，XY 村全年接待游客超 40 万人次，村民人均可支配收入达到 21 026 元。全村从事旅游业人口达到 432 人，直接撬动工商资金 20 多亿元，切实让村民们在家门口实现了创业致富。

（3）乡风文明与产业发展相结合。XY 村在发展过程中，不仅注重经济发展，还高度重视乡风文明建设。通过建立绿色公约、绿色货币、绿色调解等“三绿”机制，XY 村充分调动了党员干部、村民群众和外来游客主动参与乡村发展绿色经济、建设绿色家园、增进绿色福祉、深化绿色改革的积极性。这些机制不仅促进了生态环境保护、文明乡风创建和绿色经济发展，还使得 XY 村的资源保护更得力、村民生活更绿色、乡风文明更和谐、美丽经济更健康。

（4）经济效益与社会效益双丰收。XY 村的绿色发展不仅带来了显著的经济效益，还产生了广泛的社会效益。2023 年春节期间，XY 村农家乐（民宿）日营业收入银行流水就近百万元，同时带动了商店、停车场、露营基地、茶室、书吧等商家经济效益增收 10%以上。通过发展乡村旅游和绿色产业，XY 村成功地将生态资源转化为发展资源、生态优势转化为发展优势、生态成果转化为发展成果，实现了“绿水青山就是金山银山”的目标。

五、经验启示

（1）坚持绿色发展理念。XY 村的发展始终坚持以绿色发展为引领，注重生态环境保护，将绿色理念贯穿村庄规划、产业发展、乡风文明建设等各个方面。通过实施绿色公约、绿色货币、绿色调解等机制，XY 村成功地将绿色发展理念转化为实际行动，推动了村庄的可持续发展。

（2）发挥生态优势与区位优势。XY 村依托毗邻大神仙居景区和仙居国家公园的生态优势与区位优势，大力发展民宿经济和绿色产业。通过提升改造村庄环境，完善公共配套设施，XY 村成功地将生态优势转化为发展优势，吸引了大量游客前来旅游观光，带动了村庄经济的发展。

（3）注重乡风文明建设。XY 村在发展过程中，不仅注重经济发展，还高度重视乡风文明建设。通过制定绿色公约、开展擂台比拼、督评奖励等活动，XY 村成功地将乡风文明建设与产业发展结合起来，营造了良好的社会氛围，提升了村民的文明素质和幸福感。

（4）创新乡村旅游发展模式。XY 村在乡村旅游发展方面进行了大胆创新。通过推出绿色货币制度，引导游客践行低碳旅游行为；通过发展特色民宿和田园综合体，满足游客的多样化需求；通过举办各种文化节庆活动，提升村庄的知名度和美誉度。这些创新举措不仅推动了乡村旅游的发展，还带动了相关产业的繁荣。

（5）加强基层治理和村民自治。XY 村的成功离不开基层治理和村民自治的加强。通过建立健全村民自治组织，完善村民自治制度，XY 村充分调动了村民参与村庄事务的积极性和创造性。同时，XY 村还注重发挥党员干部的示范引领作用，通过党员示范促协同推进、发动群众促全民参与等方式，推动了村庄各项工作的顺利开展。

六、未来计划

（1）深化绿色产业发展。XY 村将继续深化绿色产业发展，推动民宿经济和绿色产业提质增效。通过提升民宿的品质和服务水平，吸引更多游客前来旅游观光；通过发展生态农业和绿色农产品加工产业，推动农业产业转型升级；通过加强品牌建设和营销推广，提升 XY 村绿色产业的知名度和美誉度。

（2）加强生态环境保护。XY 村将继续加强生态环境保护，推动绿色发展理念深入人心。通过实施更加严格的环保政策和措施，加强生态环境监管和治理；通过加强生态修复和环境保护设施建设，提升村庄生态环境质量；通过开展环保宣传和教育活动，增强村民的环保意识，提高他们的参与度。

（3）提升乡村治理水平。XY 村将继续提升乡村治理水平，推动基层治理体系和治理能力现代化。通过加强村民自治组织建设和完善村民自治制度，提升村民参与村庄事务的积极性和创造性；通过加强党员干部队伍建设和管理，提升党员干部的示范引领能力和服务水平；通过加强社会治安综合治理和矛盾纠纷排查化解工作，维护村庄和谐稳定。

（4）推动乡村旅游创新发展。XY 村将继续推动乡村旅游创新发展，打造特色乡村旅游品牌。通过开发乡村旅游新产品和新业态，满足游客的多样化需求；通过加强乡村旅游市场营销和宣传推广，提升 XY 村乡村旅游的知名度和吸引力；通过加强乡村旅游服务质量监管和提升工作，提高游客的满意度和忠诚度。

（5）促进乡村文化传承与创新。XY 村将继续促进乡村文化传承与创新，推动乡村文化繁荣发展。通过挖掘和传承乡村优秀传统文化和民俗风情，提升乡村文化的内涵和品质；通过加强乡村文化设施建设和管理，提升乡村文化活动的丰富性和多样性；通过加强乡村文化人才培养和引进工作，提升乡村文化发展的动力和活力。

七、思考题

1. 请基于案例资料并通过开展补充调查，总结出 XY 村推行“三绿模式”的方式，并思考如何在陕南地区的山村推广应用该模式。

2. 思考如何利用大神仙居景区和仙居国家公园的生态及区位优势，推动 XY 村农业及相关产业发展？

第十节　安徽省黄山市歙县 MHY 村：小“盆景”催生“庭院经济+”多元业态新发展

一、基本情况

MHY 村位于安徽省黄山市歙县雄村镇，是一个具有千年历史的古老村落。从空中俯瞰，村庄形如一条鱼，家家户户种花卖花，村民将“鱼”字加上“三点水”，期望生活能如鱼得水，故名 MHY 村。自唐朝起，MHY 村就开始栽种盆景，是中国徽派盆景的发源地。村民世代以培育盆景花卉为生，发展徽派盆景特色生态产业，山村渐渐成为中国徽派盆景的发源地。MHY 村地处皖南深山，气候温润、雨水充沛，为盆景植物生长及树桩培育提供了优越的条件。全村园地面积 344 亩，林地面积 1 988 亩，森林覆盖率高达 95%。MHY 村盆景苗木山场达 2 000 余亩，盆景初坯苗圃 1 000 余亩，主产游龙梅和罗汉松盆景，每年成型可销售盆景花卉 4 万余钵。MHY 村在乡村振兴过程中，发挥产业优势，走上了一条强村富民兴旅的振兴之路。全村共有 206 户、670 多口人，90% 以上的村民栽种盆景，2020 年销售盆景 3 万多钵，年产值 2 000 多万元，人均收入达到 3 万元。盆景产业已成为 MHY 村的主导产业和特色产业，家家户户都以种花、培植花桩、制作销售盆景为生。村内有盆景基地 1 363 亩，小小的庭院成就了 MHY 村的“美丽经济”。近年来，MHY 村先后荣获全国生态文化村、全国“一村一品”示范村、安徽省特色景观旅游名村等称号，并入选《2022 世界旅游联盟——旅游助力乡村振兴案例》。2021 年，MHY 村被评为全国“一村一品”示范村，盆景年销售额达 2 500 余万元，外来游客超 10 万人次，旅游收入近 400 万元，年户均收入超 10 万元，村级集体经济经营性收入也有望突破 100 万元。MHY 村在乡村振兴的过程中，始终坚持以产业为重点、人才为支撑、文化为灵魂、生态为底色、组织为保障，走出了一条“产业+文化+旅游”的绿色可持续发展道路。MHY 村深入践行“绿水青山就是金山银山”理念，坚持创新创意赋能乡村振兴，以“生态产业化、产业生态化”为主线，不断拓宽传统盆景产业边界，全力建设有产业、有活力、有颜值、有创意、有乡愁的“新安山居图”村落景区，走出了一条独具特色的乡村旅游发展之路。

二、挑战与问题

（1）乡村旅游大格局尚未形成。目前，MHY 村旅游活动的季节性较强，春季观花季的游客占全年游客 95% 以上。就全域旅游而言，其协调发展水平有待提高，MHY 村的“一枝独秀”未带动周边地区同步发展，瀹岭下、瀹岭坞、朱村、庄源等毗邻村庄“百花齐放”格局尚未形成。

（2）人居环境治理存在短板。MHY 村地处山区，村庄狭长，人多地少，土地资源短缺。整个村庄一条狭窄穿村道路及小溪流，村庄建设集中式污水处理设施难度大，采取建设分散式污水处理设施又因村民住房拥挤，无法建设，造成村民生产生活污水直排小溪流污染河道环境。

（3）MHY 村盆景产业的特殊性。春季村民盆景制作修剪的大量枝条及废旧花盆等生产废弃物处理难，造成村民随意堆放甚至丢入小溪流造成污染，村民生活卫生习惯需进一步提升。

（4）精品盆景园缺乏亮点。MHY 村盆景旅游产业主要以梅花盛开赏花游为主，村内核心线路盆景园缺乏可供游客观赏的精品盆景。由于 MHY 村的盆景的商品性强，村民大多更关注盆景销售带来的实际收益，缺乏围绕盆景产业延伸乡村旅游发展意识，盆景园内植物种植与摆放比较杂乱，盆景作为“无声的诗，立体的画”这一艺术形式，未能发挥其应有效益。此外，梅花花期过后，其可观赏性有所降低。

三、发展举措

（1）筑牢“庭院经济”的基础设施根基。根据地理环境和村民急、难、愁、盼事项，结合美丽庭院建设，MHY村先后投入1 000余万元资金，打造MHY村水口，新建生产便道、自来水工程、电商大楼、洪岭旅游古道、进村循环道、停车场等项目，为发展“庭院经济”和乡村旅游打下坚实基础。

（2）推进“庭院经济+”多元业态。围绕村庄的“颜值”提升，MHY村将庭院“小盆景”和村庄“大盆景”有效融合，按照“净化为先、绿化为表、美化为本”的原则，打造了一批“美丽庭院”，进一步推动盆景庭院经济发展。MHY村家家户户的庭院，既是村民盆景展销平台，也是外来游客观光赏花的打卡点。“美丽庭院”不但催生了“庭院经济”，实现了从“方寸地”到“增收园”的转化，更激起了村民对美好生活的向往。村里的家家户户倾尽全力，精心装点出独具魅力的“美丽庭院”，让盆景转化为风景，全力创建MHY村3A级景区。

（3）举办梅花节等节庆活动。MHY村坚持以花为媒、以花促旅，加大宣传造势力度，连续举办梅花节、摄影比赛等活动，让游客有更多的体验感和更高的参与度，进一步提升MHY村的文化内涵和乡村旅游品位，提升MHY村知名度和美誉度，形成集盆景销售、盆景制作技艺展示、摄影采风、游赏观光、农家乐等多元业态于一体的特色乡村旅游新局面，实现村集体经济发展、村民增收和生态环境保护三赢。

（4）传承培育非遗人才。2008年，“MHY村盆景技艺”被列入国家非物质文化遗产。作为市级非物质文化遗产传习基地，MHY村不仅是培养传承人的基地，更是对外展示徽派盆景魅力的窗口。MHY村通过“名师带徒”做好盆景制作技艺传承，引导“名师”与“徒弟”结对，徽派盆景技艺传承队伍越来越壮大。目前，MHY村已拥有徽派盆景技艺国家级传承人1人，省级传承人1人，市级传承人12人，县级传承人21人，已形成老、中、青相结合的专业队伍86人。MHY村鼓励在外大学生、在外务工人员返乡创业，支持村民在村就地就业。全村现有35岁以下徽派盆景制作从业人员60余人，先后涌现出一批年轻技艺大师和销售能手。

（5）大力发展农村电商。MHY村积极发展农村电商，促进盆景销售。全村现有农村电子商务综合服务站点1家、经营网店40余个，有50余户村民通过自媒体直播带货和第三方电子商务平台开设网店，进行线上销售，年销售额突破500万元。

（6）推动整村运营招募活动的开展。为了更好地利用自然资源和文化遗产优势，黄山市政府与当地农业农村局合作，在MHY村推出整村运营招募活动，通过更有效的管理和运营模式，提升乡村的整体发展水平。整村运营招募行动旨在吸引各类社会资本参与其中，以实现资源的高效配置。该行动强调三个主要目标：一是促进本地经济发展，提高村民收入；二是提升基础设施建设，改善村庄居住条件，提升环境卫生水平；三是持续推进生态文明建设，确保乡村的可持续发展。在这一模式下，农民不仅是土地的拥有者，更是参与者和受益者。通过培训和技能提升，农民能够更好地参与到乡村经济的各个环节中，既提高了自身的能力，也带动了整个村庄的经济发展。

（7）建设徽派盆景小镇。MHY村秉持积极态度，精心谋划全力推动高效且可持续的发展，以绿色为发展底色，以徽派盆景为产业发展的核心，将经济发展与生态文明建设融合起来，全力打造MHY村徽派盆景小镇。小镇规划总面积3.5平方千米，分为核心区和延伸区。核心区MHY村，聚焦盆景种植、培育和成品展示，以徽派盆景特色产业为基础，融合发展乡村旅游业。延伸区辐射至其他乡村，包括大梅口、瀹岭下、瀹岭坞、鲍庄、夏坑等地，重点建设小镇会客厅、徽派盆景交易与配送管理中心，主要功能体现在盆景研学讲堂、创新服务、信息咨询、旅游服务等方面，推动盆景产业绿色、高效、可持续发展，打造集中展示中国徽派盆景文化魅力和活力的乡村旅游目的地。

四、发展成效

（1）经济发展显著。MHY村通过“盆景+”产业融合新模式，实现了经济的快速发展。盆景产业作为 MHY 村的主导产业和特色产业，近年来其销售额逐年攀升。2022 年，MHY 村的盆景年销售额突破 2 600 万元，村级集体经济经营性收入达到 100 万元，外来游客超过 10 万人次，旅游收入近 400 万元。截至 2023 年 8 月底，MHY 村的村集体收入已达 200 万元，接待游客 17.8 万人次，旅游收入 650 万元，盆景网络年销售额突破 500 万元。MHY 村的盆景产业的发展不仅带动了村民增收，还吸引了大量年轻人返乡创业。MHY 村的许多年轻人通过电商直播、盆景制作和销售等方式，获得了可观的收益。例如，90 后小伙洪某在返乡后，通过直播带货，成功提升了盆景的销量，而且带动了村内其他年轻人参与其中。目前，全村共有直播账号 40 余个，盆景产业已成为村民增收的重要途径。

（2）生态环境改善。MHY 村在发展过程中，始终坚守"绿水青山就是金山银山"的理念，坚持生态产业化、产业生态化的发展路径。MHY 村通过推行"移一培一"套种培育模式，最大程度利用现有土地资源，引导村民在裸露山地培育"梅桩"，实现了房前屋后的"增绿添绿"。MHY 村拥有 344 亩园地和 1 988 亩林地，森林覆盖率高达 95%。良好的生态环境为盆景产业的发展提供了优越的自然条件，同时也吸引了大批游客前来观光旅游。每年春季，漫山遍野的梅花竞相绽放，与粉墙黛瓦交相辉映，形成了独特的自然景观，吸引了成千上万的游客慕名而来只为一睹其迷人秀色。

（3）文化传承与创新。MHY 村是中国徽派盆景的发源地，其徽派盆景技艺先后被列入安徽省首批非物质文化遗产名录和国家级非物质文化遗产代表性项目名录。MHY 村积极实施"名师带徒"育才工程，通过引导"名师"与"徒弟"结成教学对子，实现了徽派盆景技艺的传承不息。目前，村内已形成了一支 86 人的老、中、青结合的徽派盆景技艺专业队伍，其中包括国家级传承人 1 人、省级传承人 1 人、市级传承人 12 人、县级传承人 21 人。通过举办盆景栽培、制作培训和技艺大赛等活动，不断提升村民的盆景制作技艺和文化素养。同时，MHY 村还积极探索"盆景+旅游""盆景+节庆"等产业融合新模式，借助旅游延伸盆景产业价值链，进一步提升产品的市场竞争力和影响力。

（4）荣誉与认可。MHY 村的乡村振兴之路得到了广泛认可并获得了诸多荣誉。近年来，MHY 村先后荣获全国美丽乡村示范村、全国"一村一品"示范村、全国生态文化村、中国传统村落、安徽省特色景观旅游村、安徽省乡村旅游示范村和安徽省农村电商示范村等多项荣誉称号。2022 年，MHY 村入选《全国非遗与旅游融合发展优选项目名录》（非遗旅游村寨）和《世界旅游联盟——旅游助力乡村振兴典型案例》。这些荣誉不仅提升了 MHY 村的知名度和影响力，也为其他地区的乡村振兴提供了宝贵经验和示范。

五、经验启示

（1）坚持绿色发展理念。在乡村振兴过程中，必须注重生态保护与产业发展的平衡，坚持绿色发展理念，实现经济效益与生态效益的双赢。MHY 村在乡村振兴过程中，始终坚持绿色发展理念，将生态保护与产业发展紧密结合。通过推行"移一培一"套种培育模式、引导村民在裸露山地培育"梅桩"等措施，实现了生态环境的持续改善，推动了盆景产业的绿色发展。

（2）发挥传统产业优势。在乡村振兴过程中，应充分发挥传统产业的优势，通过创新模式和提升技术水平，推动传统产业的转型升级和高质量发展。MHY 村充分利用自身传统产业的优势，通过"盆景+"产业融合新模式，实现了产业的转型升级，推动了经济的高速发展。盆景产业作为 MHY 村的主导产业和特色产业，具有悠久的历史和深厚的文化底蕴。

（3）注重文化传承与创新。在乡村振兴过程中，应注重文化传承与创新，通过挖掘和弘扬中华优秀传统文化，提升乡村的文化软实力和竞争力。同时，应积极探索传统产业与现代产业的融合发展模式，推动产业的多元化和可持续发展。MHY 村在乡村振兴过程中，注重文化传承与创新，通过实施"名师带徒"育才工程，举办盆景栽培、制作培训和技艺大赛等活动，不断提升村民的盆景制作技艺和文化素养。与此同时，积极探索"盆景+旅游""盆景+节庆"等产业融合的新模式，推动以旅游为依托延伸盆景产业的价值链。

（4）加强基础设施建设。在乡村振兴过程中，应加强基础设施建设，提升村庄的宜居性和游客的游览体验。通过完善交通、旅游、文化等基础设施，为乡村旅游和产业发展提供有力支撑。MHY村在乡村振兴过程中，高度重视基础设施建设工作，通过修通循环公路、修建停车场和旅游公厕等措施，提升了村庄的“颜值”和游客的游览体验。同时，MHY村积极整合资金，完善旅游标识牌、村庄环境整治等项目，进一步优化了村庄的发展环境。

（5）发挥党建引领作用。在乡村振兴过程中，应充分发挥党建引领作用，通过加强基层党组织建设和党员队伍建设，为乡村振兴提供坚强的组织保障。同时，应加强基层党组织建设，发挥党员的先锋模范作用，带动村民积极参与乡村振兴。

六、未来计划

（1）建设中国徽派盆景小镇。MHY村将依托盆景产业，打造中国徽派盆景小镇。通过集精微盆景、生态旅游、乡村休闲、户外运动和养生度假等于一体的模式，带动盆景产业、乡村旅游更好发展。同时，进一步完善旅游基础设施建设，丰富旅游业态，提升乡村旅游品牌的知名度和影响力。

（2）推动盆景产业转型升级。MHY村将积极推动盆景产业转型升级，通过引进新技术、新品种和培育专业人才等措施，提升盆景产业的创新能力和市场竞争力。同时，加强盆景产业与旅游产业的融合发展，推动盆景产业朝着多元化和可持续方向迈进。

（3）加强文化传承与创新。MHY村将继续加强文化传承与创新，通过实施“名师带徒”育才工程，举办盆景栽培、制作培训和技艺大赛等活动，不断提升村民的盆景制作技艺和文化素养。同时，MHY村积极探索传统文化与现代产业的融合发展模式，推动文化产业的创新发展。

（4）完善基础设施建设。MHY村将进一步完善基础设施建设，通过修通循环公路、修建停车场和旅游公厕等措施，提升村庄的“颜值”和游客的游览体验。同时，加强村庄环境整治和生态保护工作，打造宜居宜游的美丽乡村。

（5）发挥党建引领作用。MHY村将继续发挥党建引领作用，通过加强基层党组织建设和党员队伍建设，为乡村全面振兴提供坚强的组织保障。同时，加强党员教育培训和管理工作，提升党员的综合素质，发挥党员的先锋模范作用。

七、思考题

1. 怎样充分利用好徽派盆景技艺与盆景产业，实现“庭院经济”的良好发展？

2. 从全域旅游的视角思考，针对MHY村旅游活动的季节性较强、村庄狭长、人多地少等问题，如何以“徽派盆景小镇”建设为契机整合大梅口、瀹岭下、瀹岭坞、鲍庄、夏坑等周边乡村，构建、旅游产品体系，完善生态旅游产业链？

第十一节　安徽省安庆市岳西县SG乡：打造特色农业和高山运动休闲产业

一、基本情况

SG乡隶属于安徽省安庆市岳西县，地处岳西县北部，地理位置独特，东与巍岭乡、主簿镇、潜山市槎水镇交界，南与毛尖山乡接壤，西与温泉镇、来榜镇、青天乡毗邻，北与头陀镇相连。SG乡的行政区域总面积105.23平方千米，地形以中山、山地为主体，地势总体中间高、南北两端低，平均海拔840米，最高点黄毛尖顶海拔1 578.4米，最低点龙王河海拔530米。这里属于亚热带季风气候，春季气温回升慢，夏季昼夜温差大，秋季寒露来得早，冬季持续时间长，年平均气温13 ℃，年平均降水量1 600毫米，气候凉爽，适宜避暑和开展高山运动。

截至2019年年末，SG乡有户籍人口12 547人，下辖张家、蛇形、黄洋、东冲、马畈、石关、龙潭、象形8个行政村，乡人民政府驻石关村。近年来，SG乡的经济社会发展迅速，财政收入从2011年的154.68万元增长到2020年的1 516万元，农民人均可支配收入达到12 703元。SG乡拥有丰富的自然资源，境内矿产资源主要为花岗岩，有“芙蓉红”和“绿宝石”等品种。在农业方面，SG乡粮食作物以水稻、玉米为主，主要经济作物以蔬菜为主，特别是高山蔬菜种植面积稳定在2万亩以上，其中高山茭白种植面积稳定在1万亩以上，成为当地的特色农产品。高山蔬菜产业的发展不仅增加了农民收入，也推动了地方经济的多元化发展。

旅游业是SG乡的另一大支柱产业。近年来，SG乡依托其优美的自然风光和独特的地理优势，大力发展乡村旅游业，全乡农家乐数量达到120多家，其中四星级农家乐3家、三星级农家乐8家。马畈村创新打造“一宅两院”新民宿、建设乡村厨房，有力地推动了乡村旅游业的快速发展。2019年，SG乡接待游客5万多人次，旅游综合收入达5 000多万元。此外，SG乡还积极引进和培育人才，通过搭建合作平台、拓宽引才渠道、育好人才“新苗”、用好人才“引擎”等措施，不断提升乡村人才专业技术水平和整体素质，为乡村振兴提供有力人才支撑。

二、挑战与问题

（1）产业结构单一。SG乡的产业结构以农业和旅游业为主，虽然高山蔬菜产业已成为当地的特色农业，但总体上产业结构相对单一，缺乏多元化的发展模式。这导致SG乡在面对市场变化时缺乏足够的抗风险能力，经济发展容易受到外部因素的影响。

（2）基础设施薄弱。SG乡地处山区，交通不便，基础设施相对薄弱。虽然近年来SG乡在基础设施建设方面投入了大量资金，但仍然存在一些短板，如道路建设、水利设施、电力供应等方面还有待完善。基础设施的薄弱制约了SG乡的经济社会发展，影响了投资者的信心和居民的生活质量。

（3）人才流失严重。SG乡地处偏远，经济相对落后，人才流失问题严重。许多年轻人选择到城市求学和就业，导致SG乡缺乏高素质的人才队伍。这不仅影响了SG乡的经济社会发展，也制约了当地产业的升级和创新。

（4）生态环境压力大。SG乡地处山区，生态环境脆弱，面临着较大的生态保护压力。随着旅游业的发展，游客数量的增加给当地的生态环境带来了一定的压力。如何在发展经济的同时保护好生态环境，是SG乡面临的一大挑战。

（5）健康问题突出。受地理环境和地区高盐饮食习惯等因素的影响，SG乡存在村民高血压疾病高发、脑卒中发病率高的情况。这不仅影响了当地居民的健康水平，也给当地经济社会发展带来了沉重的负担。如何改善居民的健康状况、提高健康服务水平，是SG乡亟待解决的重要问题。

三、发展举措

（1）优化产业结构，推动多元化发展。SG乡将继续做大做强特色农业，巩固与提升高山蔬菜产业，同时积极引进和推广新品种、新技术，提高农产品的附加值和市场竞争力。此外，SG乡还将大力发展中药材种植加工业和乡村旅游业，推动产业多元化发展。通过建设中药材种植基地和加工厂房，发展中药材种植加工业；通过提升农家乐的品质和完善旅游设施，推动乡村旅游业的发展。

（2）加强基础设施建设，提升发展水平。SG乡将继续加大基础设施建设投入力度，完善交通、水利、电力等基础设施。通过建设环形步道、生态公园、旅游公厕等旅游设施，提升乡村旅游的品质和吸引力；通过整治河道、改建生态停车场等工程，改善乡村环境面貌；通过实施农村人居环境整治提升项目，提高农村居民的生活质量和幸福感。

（3）引进和培育人才，提供智力支持。SG乡将继续牢固树立“人才是第一资源”的理念，突出“引、育、用”三个关键环节，不断提升乡村人才专业技术水平和整体素质。通过健全引才机制、搭建合作平台、拓宽引才渠道等措施，引进和培育一支高素质的人才队伍；通过实施高山蔬菜、民宿等产业“领军人”培训工程，培育一批“土专家”“田秀才”“乡创客”，为乡村振兴提供有力的智力支持。

（4）保护生态环境，实现绿色发展。SG 乡将继续坚持绿色发展理念，加强生态环境保护。通过开展森林抚育、义务植树等活动，提高森林覆盖率；通过严厉打击各类破坏森林资源的违法犯罪行为，保护生态环境资源；通过完善污水治理、河道整治等工程，提升乡村生态环境质量。同时，SG 乡还将积极探索生态旅游的发展模式，实现经济发展与生态保护的良性循环。

（5）提升健康服务水平，改善居民健康状况。针对当地居民高血压疾病高发、脑卒中发病率高的问题，SG 乡将积极引进医疗资源和人才，提升健康服务水平。通过组织医疗志愿者进村入户开展健康教育和健康扶贫政策宣传，增强居民的健康意识，提升其健康素养；通过开展慢性病和残疾人口筛查与登记工作，建立健康档案，提供精准的健康服务；通过建设健康服务中心和配备齐全的医疗设备，提高基层医疗服务能力。

（6）发展高山运动休闲产业，着力构建独具特色的“清凉经济”模式。SG 乡将充分利用其独特的地理优势和自然资源，发展高山运动休闲产业。通过建设高山滑雪场、徒步道、攀岩基地等设施，吸引游客前来体验高山运动和休闲旅游；通过举办高山运动赛事和活动，提高 SG 乡的知名度和影响力；通过发展高山避暑度假产业，着力构建独具特色的“清凉经济”模式，吸引游客前来避暑度假。同时，SG 乡还将加强与周边地区的合作与交流，共同推动高山运动休闲产业的发展。

近年来，在国家乡村振兴战略的引领下，安徽省安庆市岳西县 SG 乡依托优越的生态环境和独特的气候资源，积极发掘乡村生态、美食、民房和文化设施等特色资源，全力发展乡村民宿、乡村休闲、乡村度假和高山运动，成功打造出了“避暑胜地、运动小镇”的新形象。本案例将从乡村发展成效、经验启示和未来计划三个方面，详细介绍 SG 乡在着力构建独具特色的“清凉经济”模式和高山运动休闲产业方面的探索与实践。

四、发展成效

（1）特色农业产业蓬勃发展。SG 乡素有“高山蔬菜之乡”的美誉，高山蔬菜种植面积稳定在 2 万亩以上，年产鲜菜 3 万吨，其中高山茭白种植面积稳定在 1 万亩以上，该品种并荣获国家地理标志保护品牌。张家、东冲等村还开展了有机茭白认证，推动高山茭白提质增效。象形、张家等村利用抛荒土地种植甜玉米共 150 亩，并通过与企业合作，形成了稳定的市场销售渠道。此外，SG 乡还投资 150 万元建成了高山蔬菜加工厂，并开展了高山蔬菜新品种试验，进一步巩固并提升了高山蔬菜的生产能力。中药材种植加工业也是 SG 乡的重要产业之一。蛇形村开展中药材种植试点 50 亩，象形村依托中石化扶贫项目，采取“公司+基地+合作社+农户”的方式，种植野菊花、水菖蒲、黄精等中药材 450 亩，亩均产值 4 000 元，全年销售额达 120 多万元，带动群众就业 70 多人。中药材加工厂房的建设和投入使用，更是为中药材产业的发展提供了有力支撑。

（2）乡村旅游产业成效显著。SG 乡以其独特的清凉资源和优美的生态环境，吸引了大量游客前来避暑休闲。近年来，SG 乡全面开展旅游资源摸底统计，梳理出可以利用的闲置民房资源，以财政资金与社会资本相结合的方式开发出试点民宿改造项目，创造出“一宅两院”建设模式。目前，全乡已有农家乐 120 多家，其中四星级农家乐 3 家、三星级农家乐 8 家，马畈村创新打造的“一宅两院”新民宿更是受到了市场的追捧。SG 乡还积极举办各类旅游活动，如潮夏纳凉音乐节、“村晚”等，吸引了大量游客线上线下参与，提升了 SG 乡的知名度和美誉度。据统计，2023 年，SG 乡全年接待游客人数突破 15 万人次，旅游综合收入达到 6 000 万元，高山运动休闲产业也呈现出蓬勃发展的态势。

（3）人居环境整治成果斐然。为了提升乡村环境质量，为游客提供更加舒适宜人的休闲环境，SG 乡党委政府高度重视人居环境整治工作。近年来，SG 乡先后投资 7 000 万元进行人居环境整治，通过拆除破旧设施、改善乡村卫生状况、加强垃圾处理、优化污水治理、推进绿化美化、完善基础设施等措施，乡村环境面貌得到了显著改善。实施马畈石关农村人居环境整治提升项目，建设了 9.6 千米环形步道、8 个生态公园和休闲健身公园、5 个旅游公厕，完善提升了 12 处污水治理设施，整治了 3 千米鹭鸶河、涓水河河道，改建了 8 个生态停车场，对近 4 000 平方米的绿化区域进行了整治提升。此外，SG 乡还积极开展森林抚育和植树造林活动，通过义务植树活动在 105 国道沿线补植金钱松 100 棵，大力打击破坏森林资源违法犯罪行为，保护生态环境。

（4）基层组织建设不断加强。SG 乡党委政府高度重视基层组织建设，通过强化政策指引、培育管理、示范带动，提升村干部发展村级集体经济的能力和水平，切实发挥党组织在村级集体经济发展中的核心引领作用。加强基层党组织标准化建设和示范党组织创建工作，扎实开展村级办公场所挂牌规范清理整顿，高质量完成“书记项目”和书记领办事项，大力发展村集体经济。象形村就是 SG 乡基层组织建设的一个典型代表。昔日的象形村是经济落后村，村级集体经济收入几乎为零。近年来，在上级党委政府的大力支持下，象形村坚持党建引领，盘活现有闲置资源和资产，采取产业振兴带动乡村全面振兴的发展思路，村级集体经济迈上了新台阶。2022 年，象形村股份经济合作社纯收益共计 78.4 万余元，荣获岳西县“集体经济发展十强村”称号。

五、经验启示

（1）坚持绿色发展理念。SG 乡在着力构建独具特色的“清凉经济”模式和发展高山运动休闲产业的过程中，始终坚持绿色发展理念，注重生态环境保护。通过加强森林抚育、植树造林和打击破坏森林资源违法犯罪行为等措施，保护生态环境，为“清凉经济”和高山运动休闲产业的发展提供了坚实的生态保障。

（2）发挥资源优势。SG 乡依托优越的生态环境和独特的气候资源，积极发掘乡村生态、美食、民房和文化设施等特色资源，因地制宜发展高山蔬菜、中药材种植加工业和乡村旅游业。通过与企业合作、开展新品种试验、建设加工厂房等措施，提升产业的附加值，推动经济高质量发展。

（3）注重品牌打造。SG 乡注重品牌打造，通过有机认证、建设高山蔬菜加工厂、举办旅游活动等方式，提升高山蔬菜和中药材的品牌知名度和美誉度。同时，通过创新民宿改造项目、打造“一宅两院”新民宿等方式，提升乡村旅游的品质和吸引力，为游客提供更加优质的旅游体验。

（4）加强基层组织建设。SG 乡高度重视基层组织建设，通过加强党组织标准化建设和示范党组织创建工作，提升村干部发展村级集体经济的能力和水平。同时，注重发挥党员的先锋模范作用，通过开展批评与自我批评、加强学习交流等方式，提升党组织的凝聚力和战斗力，为乡村发展提供坚强的组织保障。

六、未来计划

（1）继续推进产业升级。SG 乡将继续推进高山蔬菜和中药材种植加工业的产业升级，通过引进新品种、提升种植技术、建设加工厂房等措施，提高产业的附加值和竞争力。同时，将继续发展乡村旅游产业，通过创新民宿改造项目、打造乡村旅游品牌等方式，提升乡村旅游的品质和吸引力。

（2）加强生态环境保护。SG 乡将继续加强生态环境保护，通过加强森林抚育、植树造林和打击破坏森林资源违法犯罪行为等措施，保护生态环境，为“清凉经济”和高山运动休闲产业的发展提供坚实的生态保障。同时，将加强污水处理和垃圾处理设施建设，提升乡村环境质量。

（3）推进乡村全面振兴。SG 乡将继续推进乡村全面振兴工作，通过加强基层组织建设、提升村民素质和技能、完善基础设施和公共服务设施等措施，提升乡村整体发展水平。同时，将注重发挥乡村文化的引领作用，通过挖掘和传承乡村文化、举办文化活动等方式，提升乡村文化的凝聚力和影响力。

（4）加强区域合作。SG 乡将加强与周边地区的合作与交流，通过共同开发旅游资源、开展联合营销活动等方式，提升 SG 乡的知名度和美誉度。同时，将积极引进外部资金和技术，推动“清凉经济”和高山运动休闲产业的快速发展。

（5）推进数字化建设。SG 乡将积极推进数字化建设，通过搭建智慧乡村平台、开展电子商务等方式，提升乡村信息化水平。同时，将注重发挥大数据和人工智能等技术的作用，为产业发展提供智能化支持和决策依据。

七、思考题

1. 如何利用高山蔬菜、中药特色产业，高山运动、避暑休闲资源与生态环境来发展康养旅游产业呢？如何利用康养度假带动乡村相关产业的发展？

2. 基于“主客共享”的理念，思考如何利用好乡村旅游、康养、度假产品，以解决当地居民的健康问题？

第十二节　安徽省芜湖市南陵县 AL 村：山水基因激活乡村新发展

一、基本情况

AL 村位于安徽省芜湖市南陵县烟墩镇，地处芜湖市最南端，被誉为“芜湖的南大门”。AL 村由原烟墩镇格里、格外两个村于 2007 年合并而成，拥有丰富的自然资源和深厚的文化底蕴。AL 村森林覆盖面积高达 87%，保存着地球北纬 31°最为完好的原始次生林，日常负氧离子含量每立方厘米高达 26 000个，有天然氧吧之称。村内的南陵最高峰岑山（海拔 621 米）和蜿蜒而下的霭溪河道构成了独特的自然景观。此外，AL 村还拥有栀子花和菊花产业基地，以及丰富的野生葛、野生茶和多肉植物等旅游资源。AL 村的历史悠久，人文资源丰富。诗仙李白曾游历此地，留下了许多传说和故事。村民们在长期的农耕生活中，形成了独特的农耕文化和饮食习俗。例如，当地的“八大碗”、野生葛系列菜肴、有机野菜系列、伏羊肉和窖藏米酒等美食和饮品，深受游客喜爱。近年来，AL 村凭借其优美的自然风光和丰富的文化底蕴，获得了多项荣誉称号。2019 年 9 月，AL 村（休闲农业）入选第九批全国“一村一品”示范村镇名单；同月，该村入选安徽省“2019 年第一批美丽乡村重点示范村”名单；12 月，该村入选“2019 年中国美丽休闲乡村”名单。2020 年 8 月，AL 村入选第二批全国乡村旅游重点村名单。

二、挑战与问题

（1）理念不够深入。AL 乡村旅游发展是基于美丽乡村建设带动起来的新兴产业。虽然 AL 村已成为国家 AAA 级旅游景区，但游客基本是通过节庆活动在短时间内形成一定的集聚效应，活动结束后其可持续性较为薄弱。镇村干部以及各家经营业主对如何发展和经营乡村旅游的认识不够充分，方法不够新颖，游客数量较为有限，乡村旅游发展的长效运作模式仍有待开发。

（2）管理不够专业。AL 村通过从无到有发展乡村旅游，所有民宿（农家乐）均由本地农户将自家建房稍加改造而成，没有经过专业团队统一的规范管理，没有统一标准，造成服务标准不一，经营状况良莠不齐。目前，只有悠谷山庄、云水谣、状元客栈稍有民宿雏形，接待能力较低。大多经营业主不愿增加硬件设施投入和进行软服务水平提升，乡村旅游缺乏专业系统管理，影响景区后续发展。

（3）特色不够明显。AL 村以“山水原乡 · 爱你 AL”为主题口号，有北纬 31 度保存最完好的原始次森林、南陵最高山峰岑山、诗仙李白曾走过的碎石岭小道以及蜿蜒而下的霭溪河道。然而，这些乡村特色在皖南山区众多景区中并不突出。当前面临的状况是，进（近）不了山，亲（玩）不了水。小格里森林公园的基础设施（道路、旅游配套等）过去几十年未曾改变，岑山至今没有修建上山步道，碎石岭小道依旧处于未开发状态，霭溪河道稍显狭窄。

三、发展举措

（1）加强基础设施建设。为了提升游客的旅游体验，AL 村持续加强基础设施建设。近年来，南陵县加大资金投入力度，对 AL 村推进基础设施建设予以支持。例如，安排 1 000 余万元用于 AL 生态美好、民风淳朴、环境宜居等方面，以“山水原乡爱你 AL”为主题定位，打造“村委会主任有约”这一特色旅游活动品牌。同时，安排美丽乡村建设资金 4 428 万元，支持 AL 村树立起共建、共创、共享的理念，坚持生态保护优先，建成 4 个省级美丽乡村点，串点连线，整村推进。此外，AL 村还注重提升旅游配套服务水平。实施旅游厕所改扩建工程，完善旅游标识标牌，建设旅游道路、景区停车场地和游客服务中心等。借助基础设施和配套服务的优化升级，AL 村的吸引力和竞争力得到了进一步增强。

（2）推动产业融合发展。AL 村依托国家级 3A 级景区小格里森林公园，全力推进“乡村旅游+”行动，推动产业融合发展。一是成立 AL 村乡村旅游发展合作社，产业实体增至 43 家，先后建成栀子花和菊花产业基地。二是整合资金建成特色农产品加工展示销售中心，注册“AL 人家”等品牌，先后推出了“乡村旅游+康养”“乡村旅游+田园综合体”等新业态，构建起生产、加工、电商销售和休闲旅游为一体的链式发展模式。在产业扶持方面，AL 村支持成立村集体合作社抱团发展，创建芜湖市创业孵化基地，统一打造“AL 人家”品牌，积极培育十里油菜花廊、金丝皇菊、野生葛、野生茶和多肉植物等旅游资源，实现以农促旅、以旅兴农，第一、第二、第三产业融合发展，带动本地就业创业人高达 1 200 多人次。

（3）挖掘和传承乡村文化。AL 村充分挖掘和传承乡村文化，增强村民的文化自觉与文化自信，让乡村文化在乡村旅游中不断传承发展、焕发活力。一是发动全体党员收集整理当地民间故事，挖掘和整理村规民约、家谱家训，制定了 AL 村村规 30 余条。二是党员自发带领群众成立民间艺术团，编排文艺节目，丰富“群众化”的文化形式。三是举办“村委会主任有约”到 AL 过小年、中国农民丰收节等一系列文化节庆活动，将“灶文化”“爱文化”注入乡村旅游，催生了文化的产业化嬗变。通过挖掘和传承乡村文化，AL 村不仅提升了乡村旅游的文化内涵，还增强了村民的凝聚力和归属感。2020 年度，AL 村吸引游客 40 万人次，旅游收入达 1 500 万元。

（4）坚持生态绿色发展。AL 村始终坚持生态绿色发展理念，将小格里省级森林公园作为核心资源，守牢生态环境保护红线。一是围绕绿色生产方式和生活方式，关闭规模畜禽养殖场，加大水污染和农村面源污染的排查与清理力度。二是大力推进农村人居环境整治，持续开展党员示范户、美丽庭院等评选活动，广泛调动村民自主参与人居环境整治工作的积极性。三是在美丽乡村建设过程中，坚持遵循乡村肌理和生态环保理念，着力构建乡村生产、生活、生态相适宜的原乡格局。通过坚持生态绿色发展，AL 村不仅保护了优美的自然环境，还提升了乡村旅游的品质和形象。如今，AL 村已成为华东地区不可多得的原生态景区和养生福地。

（5）创新人才选拔和培养。AL 村创新人才选拔和培养方式，为乡村旅游创新创意、提质增效提供核心动力。一是创新人才选拔方式。村党委坚持内培外引相结合，在返乡创业人才、优秀退役军人中选拔培养后备干部进入村“两委”班子，返乡创业的党员数量不断增加。二是创新人才创业服务方式，成立 AL 村创业孵化党支部，做好党员创业孵化服务工作，重点围绕乡村旅游产业，融资建成具有当地特色的民宿。三是创新人才培训方式，结合 AL 村远教示范站点创建工作，有序组织开展乡村人才技能培训。根据不同需求和人员特点因材施教，组织参与各类专业技能大赛，通过以赛促学、以学促长的方式，提升乡村人才能力。通过创新人才选拔和培养，AL 村不仅提升了乡村旅游的管理和服务水平，还培养了一批本土乡村旅游人才，为乡村振兴提供了强有力的人才支撑。

（6）就地取材创意景观建设。AL 村坚持“四个就地取材”理念，立足当地资源，展示当地风情，依靠当地居民，带动农民增收、农业增效、农村增美。一是就地取建材。因地制宜进行规划设计建设美丽乡村，保持村庄原有格局肌理，注重就地利用本土竹、木、砖、石和农村老旧物料等一切可以利用的本土建筑材料开展景观建设，让乡村建设体现自然生态。二是就地取食材。AL 村的美食之所以能吸引人，与其就地取食材息息相关。三是就地取素材。充分挖掘乡村地理物产、农耕节气、饮食服饰、人文传说、民俗故事、建筑民居等文化资源，传承和演绎乡风村俗、民间技艺等传统文化。四是就地取人才。以家庭农场主、新型职业农民、乡村旅游合作社成员、返乡创业人员等为重点，加强乡土工匠、乡村厨师、民间艺人、发展能人等人才培养。

四、乡村发展成效

近年来，安徽芜湖市南陵县烟墩镇 AL 村在乡村振兴战略的总要求下，充分发挥党建引领作用，通过产业、人才、文化、生态、组织五方面的全面发力，取得了显著的乡村发展成效。

（1）产业振兴。AL 村依托国家级 3A 景区小格里森林公园，大力实施“乡村旅游+”行动，成立 AL 村乡村旅游发展合作社，产业实体增至 43 家。通过整合资金，建成特色农产品加工展示销售中心，注册“AL 人家”等品牌，推出“乡村旅游+康养”“乡村旅游+田园综合体”等新业态，形成了集生产、加工、电商销售和休闲旅游于一体的链式发展模式。这种“三产”融合的发展模式，不仅带动了 500 余人的创业就业，还显著提升了当地经济的整体发展水平。在农业方面，AL 村先后培育家庭农场等新型经营主体 12 个，发展葛、茶、菊等六大系列土特产，种植面积超万亩，重点扶持土鸡等特色养殖大户 7 个。通过“政府+旅游公司+农民合作社+互联网+农户”的联结机制，打造“十八坊”等农产品初加工和栀子食用油等深加工产业，使农产品附加值提升 30%。

（2）人才振兴。AL 村在人才方面进行了全面摸底，建立了乡村振兴人才库，登记在册“土专家”“田秀才”“乡创客”等有 30 余人。通过创新人才选拔方式，在返乡创业人才、优秀退役军人中选拔培养后备干部进入村“两委”班子 3 人，返乡创业党员数达 12 人。同时，成立 AL 村创业孵化党支部，重点围绕乡村旅游产业，融资建成具有当地特色的民宿 19 家。在人才培训方面，AL 村结合远教示范站点创建工作，组织开展乡村人才技能培训，因需因人施教，组织参与“天工杯”“AL 八大碗”等专业技能大赛，以赛促学、以学促长。此外，还打造 AL 乡村现场教学点，开设厨艺、竹编、草编等各类培训班 85 场，累计培训学员 7 000 人次。

（3）文化振兴。AL 村党委发动全体党员收集和整理出了群众津津乐道的当地民间故事 7 篇，挖掘和整理村规民约、家谱家训，制定了 AL 村村规民 30 余条。党员自发带领群众成立民间艺术团，编排文艺节目 8 个，丰富“群众化”的文化形式。通过举办“村委会主任有约”到 AL 过小年、中国农民丰收节等一系列文化节庆活动，将“灶文化”“爱文化”注入乡村旅游，催生了文化的产业化嬗变。2020 年度，AL 村吸引游客 40 万人次，旅游收入达 1 500 万元。在文化传承方面，AL 村大力发掘与弘扬“祭灶”文化、农耕文化，连续 8 年举办“AL 庆丰收”“AL 过小年”系列活动，形成了具有地域影响力的“村委会主任有约”民俗活动品牌。同时，群众自发组建农民艺术团，收集整理与诗仙桥、母子井、方圆亭等相关的历史故事 10 余则，精心编排采茶舞、打莲湘、大鼓书等文艺节目 8 个，推出大型沉浸式舞台剧《印象丰收》等原创作品。

（4）生态振兴。AL 村党委始终将小格里省级森林公园作为核心资源，守牢生态环境保护红线，围绕绿色生产方式和生活方式，关闭规模畜禽养殖场，加大水污染和农村面源污染的排查与清理力度。大力推进农村人居环境整治，村党委持续开展党员示范户、美丽庭院等评选活动，广泛调动村民自主参与人居环境整治工作的积极性。在美丽乡村建设的过程中，坚持遵循乡村肌理和生态环保理念，着力构建乡村生产、生活、生态相适宜的原乡格局。

（5）组织振兴。AL 村加强领头雁建设，选派政治素质好、年富力强、群众工作经验丰富的同志担任村党组织书记，抓班子带队伍，充分发挥党建引领作用。如今，AL 村的村“两委”成员均为“80 后”，他们既懂市场和村情，也有着更先进的理念，乐于在乡村施展抱负。同时，AL 村还成立了芜湖 AL 文化旅游开发有限公司，通过公司化经营模式带动 AL 村旅游业的全面发展。

五、经验启示

（1）党建引领是关键。AL村充分发挥党建引领作用，通过加强组织建设，确保乡村振兴各项任务得到有效落实。村党委围绕乡村振兴战略总要求，创新“五个三”模式，从产业、人才、文化、生态、组织五方面全面发力，推动乡村振兴工作不断深入。

（2）产业融合是核心。AL村通过“三产”融合，构建起集生产、加工、电商销售和休闲旅游于一体的链式发展模式。依托国家级3A景区小格里森林公园，全力推进“乡村旅游+”行动，推出“乡村旅游+康养”“乡村旅游+田园综合体”等新业态，带动500余人创业就业。同时，通过发展家庭农场、新型经营主体等，提升农产品的附加值，促进农业增效、农民增收。

（3）人才振兴是支撑。AL村在人才方面进行了全面摸底，建立了乡村振兴人才库，通过创新人才选拔、培训和服务方式，吸引和培育了一批乡村人才。同时，通过打造创业孵化党支部、现场教学点等，为乡村人才提供了良好的创业和发展环境。

（4）文化传承是灵魂。AL村注重文化传承和创新，通过挖掘和整理当地民间故事、村规民约等，丰富了乡村文化内涵。同时，通过举办文化节庆活动、组建民间艺术团等，将文化元素融入乡村旅游，催生了文化的产业化嬗变。

（5）生态宜居是基础。AL村始终将生态环境保护放在首位，通过关闭规模畜禽养殖场、加大水污染和农村面源污染的排查清理等措施，改善乡村生态环境。同时，通过推进农村人居环境整治、开展美丽庭院评选等活动，提升乡村宜居水平。

六、未来计划

（1）深化产业融合。AL村将继续深化“三产”融合，推动农业与旅游、文化等产业的深度融合。通过发展特色农产品加工、乡村旅游新业态等，提升农产品的附加值和乡村旅游品质。同时，加强与外部企业和市场的合作，拓宽农产品销售渠道，提高农民收入水平。

（2）加强人才培育。AL村将继续加强人才培育工作，通过完善人才选拔、培训和服务机制，吸引更多优秀人才返乡创业和就业。同时，加强与高校、科研机构等合作，引进先进技术和理念，提升乡村人才素质和能力水平。

（3）推进文化传承。AL村将继续推进文化传承和创新工作，通过挖掘和整理当地文化资源、举办文化节庆活动等，丰富乡村文化内涵。同时，加强与外部文化机构的合作和交流，以提升乡村文化的影响力和竞争力。

（4）提升生态环境。AL村将继续加强生态环境保护工作，通过推进农村人居环境整治、加强水污染和农村面源污染治理等措施，改善乡村生态环境。同时，加强与外部环保机构的合作和交流，引入先进环保技术和理念，从而提升乡村环保水平。

（5）加强组织建设。AL村将继续加强组织建设工作，通过完善党组织体系、加强党员队伍建设等，提升党组织的凝聚力和战斗力。同时，加强与外部党组织的合作和交流，积极学习并借鉴先进的经验和做法，以此推动乡村组织振兴工作不断深入。

七、思考题

1. 调研AL村的资源环境，利用北纬31度保存最完好的原始次森林、南陵最高山峰岑山、诗仙李白曾走过的碎石岭小道，以及蜿蜒而下的霭溪河道等资源环境设计出旅游地的特色形象与形象宣传口号。

2. 如何利用乡村旅游资源、AL村的“三农”资源及环境，开发出哪些类别的旅游产品？怎样延长游客的停留时间，提高旅游收益，进而更好地发挥乡村产业发展的带动作用？

第十三节　安徽省宣城市广德市 TY 村：整村运营赋能景村共融“新景区”

一、基本情况

TY 村位于安徽省广德市南部，地处皖南山区，自然环境优美，气候宜人。村域内山峦起伏，溪流纵横，森林覆盖率高达 80%以上，空气质量优良，是名副其实的天然氧吧。春天，桃花盛开，漫山遍野，宛如人间仙境；夏日，绿荫蔽日，凉风习习，是避暑的好去处；秋天，果实累累，层林尽染，景色如画；冬日，银装素裹，宁静祥和，别有一番风味。TY 村的历史悠久，文化底蕴深厚。据史书记载，村中曾有桃园古道，是古代商贾往来的重要通道，见证了当地的繁荣与变迁。村内保存有多座明清时期的古建筑，如古桥、古亭、古民居等，古朴典雅，具有较高的历史和文化价值。此外，TY 村还保留着丰富的民俗活动，如春节舞龙舞狮、端午赛龙舟、中秋赏月等，体现了浓郁的乡土气息和民俗风情。长期以来，TY 村以传统农业为主，主要种植水稻、茶叶、竹子等农产品。近年来，随着乡村旅游的兴起，部分村民开始尝试发展农家乐、民宿等旅游服务业，但由于缺乏统一规划和有效管理，整体发展水平不高，旅游接待能力和服务质量有待提升。

二、挑战与问题

（1）资源分散，缺乏整合。TY 村虽然拥有丰富的自然和文化资源，但这些资源大多处于分散状态，缺乏有效整合和统一规划。这导致游客在游览过程中体验不够丰富，难以形成深刻印象，影响了乡村旅游的吸引力和竞争力。

（2）基础设施滞后，接待能力不足。由于历史原因和资金投入有限，TY 村的基础设施建设相对滞后。道路狭窄，交通不便；停车场、公共卫生设施等配套设施不完善，难以满足日益增长的游客需求。同时，民宿、农家乐等旅游接待设施的数量和质量也有待提高。

（3）品牌意识薄弱，市场营销不足。TY 村在乡村旅游品牌建设方面存在明显短板，缺乏具有影响力的旅游品牌和形象标识。市场营销手段单一，主要依赖于传统的口碑传播和简单的广告宣传，难以吸引大量外地游客。

（4）人才短缺，管理水平不高。随着乡村旅游的发展，TY 村在人才方面面临着严峻挑战。缺乏专业的旅游规划、管理、营销等方面的人才，导致乡村旅游项目的管理水平和服务质量难以提升。

三、发展举措

（1）整村规划，资源整合。针对资源分散的问题，TY 村采取整村规划的策略，对村域内的自然资源、文化资源、旅游资源等进行全面梳理和整合。通过编制乡村旅游发展规划，明确发展定位、功能分区、项目布局等，形成具有特色的乡村旅游产品体系。同时，加强对古建筑、古树名木等历史文化遗产的保护和修缮，提升乡村旅游的文化内涵和品位。

（2）完善基础设施，提升接待能力。为改善基础设施滞后的问题，TY 村积极争取上级政府的支持和引导资金，加大投入力度，完善交通、停车、公共卫生设施等基础设施建设。拓宽村道，增设停车场，建设旅游厕所和游客服务中心等配套设施。同时，鼓励村民发展民宿、农家乐等旅游接待设施，提高接待能力和服务质量。通过引入社会资本和专业技术团队，对民宿进行标准化改造和运营管理，提升游客的住宿体验。

（3）强化品牌建设，创新市场营销。为提升乡村旅游的知名度和影响力，TY 村注重品牌建设和市场营销创新。通过挖掘和提炼乡村特色文化元素，设计具有地方特色的旅游形象和标识系统。利用互联网和新媒体平台，开展线上线下相结合的宣传推广活动。如举办桃花节、茶文化节等节庆活动，吸引游客参与体验；通过微信公众号、抖音短视频等平台发布旅游攻略、美食推荐等内容，提高游客的参与度和满意度。同时，加强与旅行社、在线旅游平台的合作，拓宽旅游市场渠道。

（4）引进人才，提升管理水平。为解决人才短缺和管理水平不高的问题，TY 村积极引进和培养旅游专业人才。通过举办培训班、讲座等形式，提升村民的旅游服务技能和经营管理水平。与高校、研究机构等建立合作关系，引入专家团队进行规划咨询和技术指导。同时，鼓励村民返乡创业和就业，参与乡村旅游的开发和经营管理，形成政府引导、社会参与、村民受益的乡村旅游发展模式。

（5）发展特色产业，促进农民增收。在整村运营的过程中，TY 村注重发展特色产业，促进农民增收。依托丰富的自然资源，发展生态农业和休闲观光农业。如建设生态茶园、果园等，提供采摘、体验等互动项目；利用竹林资源发展竹编工艺品等手工艺品产业。同时，鼓励村民开发特色农产品和乡村旅游纪念品，如土特产、手工艺品等，增加农民收入来源。通过发展乡村旅游特色产业，推动农村经济转型升级和可持续发展。

（6）推动社区参与，实现共建共享。在整村运营的过程中，TY 村注重推动社区参与和共建共享。通过建立乡村旅游合作社等组织形式，将村民纳入乡村旅游的开发和经营管理中，保障村民的知情权、参与权和收益权。同时，增强村民的环保意识，加强村民的法治观念教育，引导村民积极参与乡村旅游的环境保护和秩序维护等工作。通过推动社区参与和共建共享，形成政府、企业、村民等多方共赢的乡村旅游发展格局。

四、发展成效

（1）在产业振兴方面。一是创新业态融合。TY 村坚持“农业+旅游”发展思路，将农业生产、田园观光、农产品加工销售和旅游休闲度假相结合，引导村民发展民宿、农家乐、电商、采摘园等乡村旅游新业态，促进第一、第二、第三产业融合发展。二是打造特色品牌。TY 村围绕“卢湖竹海、山水桃源”主题，以“竹”为特色，建成竹篱笆、竹文化长廊、竹工艺品展示馆等景观节点，培育“竹乡画廊”旅游风景道，形成“竹元素”乡村旅游特色品牌。三是完善产业链条。TY 村引进社会资本，投资建成笠帽山生态农业观光园，集餐饮、垂钓、采摘、民宿于一体，提供游客“吃、住、游、购、娱”全方位服务，带动村内农家乐、民宿、农特产品等产业发展。

（2）人才振兴方面。一是发挥乡土人才作用。TY 村深入挖掘像“中国好人”陈先伦这样的乡土人才，借此提升村民的文明素养，营造乡村文明的新风尚。二是培育新型职业农民。依托笠帽山生态农业观光园、电商中心等平台，开展农村实用人才培训，培养一批“懂农业、爱农村、爱农民”的新型职业农民，带动村民创业就业。三是引进乡村旅游人才。TY 村通过乡贤联谊会，吸引在外成功人士返乡创业，参与乡村旅游建设。

（3）在文化振兴方面。一是挖掘文化资源。TY 村深入挖掘广德“三绝”之一——皮影戏文化资源，建立皮影文化展示馆，开展皮影戏表演，传承非物质文化遗产。二是传承农耕文化。TY 村利用闲置农房，建成农耕文化展示馆，展示传统农耕工具，留住乡愁记忆。三是弘扬红色文化。TY 村依托新四军旧址，开展红色研学旅游，传承红色基因，弘扬革命精神。

（4）在生态振兴方面。一是实施村庄整治。TY 村开展“五清一改”村庄清洁行动，拆除无功能建筑，整治乱搭乱建，清理河塘沟渠，完成改厕、改水、通硬化路、村庄绿化亮化等工程，村容村貌焕然一新。二是推进生态修复。TY 村实施水土保持、水源涵养、森林质量提升等工程，对村域范围内的山场、水系、道路进行生态修复，实现山水林田湖草沙一体化保护和系统治理。三是倡导绿色生活。TY 村开展垃圾分类，推广使用节能灯具、节水器具，引导村民树立绿色生活理念，养成绿色生活习惯。

（5）在组织振兴方面。一是加强基层组织建设。TY 村开展“星级村党组织”争创活动，选优配强村“两委”班子，加强党员教育管理，发挥党组织的战斗堡垒作用和党员的先锋模范作用。二是完善乡村治理体系。TY 村健全自治、法治、德治相结合的乡村治理体系，完善村规民约，开展移风易俗，推进乡村治理体系和治理能力现代化。三是壮大村级集体经济。TY 村成立村股份经济合作社，盘活农村闲置资源资产，发展乡村旅游，增加村级集体经济收入。

五、经验启示

（1）坚持规划引领，科学编制村庄规划。在推进美丽乡村建设的过程中，TY 村坚持规划先行，立足村庄实际，因地制宜，科学编制村庄规划，明确功能定位、空间布局、产业发展、基础设施、公共服务、生态环境保护等内容，确保一张蓝图绘到底。同时，加强规划实施监管，确保规划有效落实。

（2）注重文化传承，留住乡愁记忆。在美丽乡村建设的过程中，TY 村注重保护和挖掘乡村文化，通过建设农耕文化展示馆、皮影文化展示馆等方式，留住乡愁记忆，传承历史文化。同时，结合当地特色，开展丰富多彩的文化活动，丰富村民的精神文化生活，提升乡村文化的软实力。

（3）强化产业支撑，促进农民增收致富。产业兴旺是乡村振兴的重点。在美丽乡村建设的过程中，TY 村坚持"绿水青山就是金山银山"这一发展理念，依托当地资源，发展乡村旅游、特色农业等产业，促进农民增收致富。同时，加强农产品品牌建设，提升农产品的附加值，拓宽农民增收渠道。

（4）加强生态保护，建设宜居宜业乡村。在美丽乡村建设的过程中，TY 村注重生态保护，实施山水林田湖草沙一体化保护和系统治理，加强农村环境整治，改善农村生产生活条件。同时，加强生态文明宣传教育，增强村民的环保意识，营造人人参与环境保护的良好氛围。

（5）创新体制机制，激发乡村发展的活力。在美丽乡村建设的过程中，TY 村注重创新体制机制，通过成立村股份经济合作社等方式，盘活农村闲置的资源资产，发展壮大村级集体经济。同时，加强农村基层治理体系和治理能力现代化建设，推进乡村治理体系和治理能力现代化。

六、未来计划

（1）深化整村运营，打造乡村旅游升级版。未来，TY 村将继续完善旅游设施，加强旅游道路、停车场、旅游厕所等基础设施建设，提升旅游服务水平。继续丰富旅游产品。依托当地资源，开发乡村旅游新产品、新业态，满足游客多元化的需求。继续加强旅游营销。通过举办桃花节、丰收节等活动，加大乡村旅游宣传推广力度，提高其知名度和美誉度。

（2）推进产业升级，促进乡村产业融合发展。未来，TY 村将从三个方面着力发展。一是发展现代农业。依托当地资源，发展特色种植业、养殖业和农产品加工业，延长产业链条，提升附加值。二是培育新兴产业。依托当地生态优势和文化资源，发展生态旅游、健康养老等新兴产业，促进乡村产业多元化发展。三是加强品牌建设。加强农产品品牌建设和管理，提高品牌的知名度和美誉度，增强市场竞争力。

（3）加强生态保护，建设生态宜居美丽乡村。未来，TY 村将从三个方面着力发展。一是继续加强生态修复。实施山水林田湖草沙一体化保护和系统治理工程，加大农村环境整治和生态保护修复工作力度，提升农村生态环境质量。二是积极推进绿色发展。加大农业面源污染防治和农业废弃物资源化利用工作力度，推广绿色生产方式和生活方式，促进农业可持续发展。三是加强宣传教育。加大生态文明宣传教育力度，增强村民的环保意识，提高村民的环保参与度，营造出人人参与环境保护的良好氛围。

（4）加强基层治理，推进乡村治理体系和治理能力现代化。未来，TY 村将从三个方面着力发展。一是将加强基层组织建设。加强对村"两委"班子的建设和管理，提高村干部的素质和能力；加大对党员教育管理的力度，发挥党员的先锋模范作用；加大对村民自治组织的建设和管理力度，提高村民的自治能力和水平。二是将完善乡村治理体系。加大法治建设的力度，推进乡村治理体系和治理能力现代化；加大德治建设的力度，弘扬社会主义核心价值观；加大自治建设的力度，完善村规民约等自治制度。三是将加强平安乡村建设。加大农村社会治安综合治理力度，全力维护农村社会和谐稳定；

加大农村消防安全监管力度，保障人民群众生命财产安全；加大农村信访维稳工作力度，及时解决矛盾纠纷和信访问题。

(5) 加强人才队伍建设，为乡村振兴提供人才保障。未来，TY 村将从三个方面着力。一是将加大乡土人才培育力度。通过举办培训班、现场教学等方式加大对乡土人才的培育力度；鼓励乡土人才创新创业和带头致富；加大乡土人才队伍的建设和管理力度。二是将加大人才引进力度。通过制定优惠政策、搭建服务平台等方式吸引更多优秀人才到乡村创新创业和就业；加大人才引进和培育力度；加大人才队伍建设和管理力度。三是将加大人才培养力度。通过加强与高校、科研院所等合作等方式，加大对乡村人才的培养力度；加大人才培养体系的建设和管理力度；加大人才队伍的建设和管理力度。

七、思考题

1. TY 村针对资源分散的问题是如何解决的？

2. 将村庄整体打造成为景区，在引进外部投资与运营管理团队的同时，如何保障社区居民能够主体参与、共建共享？

第十四节　安徽省六安市金寨县花石乡 DW 村：探索茶旅融合新路径

一、基本情况

DW 村位于国家级自然保护区马鬃岭脚下，是金寨县 71 个重点贫困村之一。全村总面积 25.6 平方千米，辖 37 个居民组，共有 1 032 户、3 778 人。DW 村的地势较高，平均海拔为 800 米，是典型的高寒山区村。由于交通闭塞、资源匮乏，DW 村长期面临发展困境。2014 年，DW 村建档立卡贫困户达 242 户、707 人，贫困发生率高达 29.12%。DW 村的基础设施落后，没有一条像样的道路，村民主要依靠砍柴卖树维持生计。恶劣的自然环境、保守的思想观念、落后的经济条件，使得 DW 村的发展举步维艰。然而，DW 村也拥有丰富的自然资源。这里山清水秀，生态环境优美，拥有帽顶山、百丈岩、十二檀、三官庙等独特的自然景观，以及六安六区十四乡苏维埃政府旧址、安徽省工委旧址等一批红色旅游资源。这些资源为 DW 村的发展提供了潜力。

二、挑战与问题

(1) 基础设施落后。DW 村的基础设施建设严重滞后。道路狭窄，交通不便，村民出行困难。饮水安全难以保障，供电线路老化，缺乏稳定的电力供应。此外，村内缺乏游客服务中心、旅游厕所、生态停车场等旅游基础设施，难以满足游客的基本需求。

(2) 思想观念保守。因长期处于贫困状态，DW 村村民的思想观念相对较为保守。他们缺乏市场意识和创新精神，难以适应市场经济的发展要求。在扶贫工作中，一些村民存在“等、靠、要”的思想，缺乏自我发展的动力。

(3) 产业结构单一。DW 村的产业结构以农业为主，缺乏多元化的收入来源。其村民主要依靠种植茶叶和砍伐林木为生，收入水平较低。由于农业产业附加值处于较低水平，村民的收入难以持续增长。

(4) 人才流失严重。由于经济落后，DW 村的人才流失问题严重。许多年轻人选择外出务工，导致村内的劳动力不足。同时，由于缺乏人才支持，DW 村在产业发展、技术创新等方面难以取得突破。

三、发展举措

(1)“自力更生”打造样板。2017 年，DW 村成立旅游开发公司，将集体产权房屋改造成民宿，聘请本村村民作为“管家”负责日常运营。这不仅使村集体年均增收10万元，还为发动群众发展民宿做了示范。目前，DW村已有“细雨农家”“新云小院”“情宿大湾”等多家民宿，且各有特色。民宿店主们通过线上线下相结合的模式，带动贫困户销售茶叶、黑毛猪肉、土鸡蛋等农副产品，实现了销售新突破。

（2）“腾笼换鸟”转型升级。DW村充分利用帽顶山、百丈岩、十二檀、三官庙等自然景观和红色旅游资源，依托天马自然保护区秀美景观，融入茶文化元素，打造“基地+休闲”型景点项目。通过推进茶产业与乡村旅游、文化、康养等产业深度融合，DW村发展了富有乡村特色的民宿和养生养老基地，打造乡村旅游精品线路，丰富乡村旅游业态和产品。同时，依托大湾十里漂流项目，吸引游客前来体验，带动全村观光休闲、旅游、文化、康养收入实现了新的突破。

（3）“引凤筑巢”扩大规模。DW村积极打造3A级旅游景区，加快文化旅游与扶贫工作的结合，为乡村旅游发展营造良好的环境。通过修缮红色遗址、开发旅游景区和项目，DW村提供了近100个就业岗位，优先安排村内群众就业，就业群众月均增收2 400元。此外，DW村以自然资源入股分得门票收入的40%作为集体经济收入。

（4）“百花齐放”各显神通。随着乡村旅游业的逐渐兴起和金寨县旅游的大力对外推介，城里人到乡下休闲度假渐成时尚。在政府的支持下，部分农户开发出了以农家乐为主的乡村休闲旅游产品。目前，DW村已发展农家乐32家，乡村旅游已呈稳步发展趋势，带动60户贫困户实现增收。

（5）完善基础设施。为了提升乡村旅游的品质和吸引力，DW村不断完善基础设施。自2014年以来，DW村对未通水泥路的居民组实行道路硬化全覆盖，对之前路面较窄的道路实施“扩面延伸”，修建了5座桥，铺设完成全长47千米的水泥路。同时，通过实施集中供水和高位引水工程，解决了全村饮水的问题；积极实施供电线路改造，确保组组通生活用电。此外，DW村还新建了游客服务中心、旅游厕所、生态停车场和旅游步道等设施，为游客提供干净、舒适的旅游服务。

（6）推进生态建设。DW村实施美丽乡村建设，开展三清四拆，拆除危旧房屋95户、260间，对桥边街道实施沿街立面改造。同时，开展“三线三边”整治，实施农村垃圾、污水、厕所整治“三大革命”，完成525户的厕所改造工作。新建天然林1 000亩，植树造林500亩，并安排生态护林员进行管护。通过积极引导群众整理院落，DW村的村落面貌焕然一新。

（7）夯实产业基础。DW村立足花石乡茶产业基础，对村内1 000亩老茶园进行改造提升，新种植茶园1 000亩，全村优质茶园扩大到5 000亩。2018年，茶叶已达到“一村一品”标准。2020年茶季，仅大湾茶厂收购六安瓜片鲜叶就有5.5万千克，实现茶农增收400余万元，带动46名茶农就业，并为茶厂创造就业机会，户均年增收7 000余元。

（8）党建引领发展。DW村通过党建引领，精准识别贫困户、量身制定帮扶措施、及时解决群众的困难。激发党员的责任感，强化能人大户的帮带自觉性。组织全村61名有帮扶能力的党员与73户贫困户“结穷亲”，充分发挥党员的主心骨作用，增强群众脱贫的信心和决心。通过党建引领，DW村汇聚起脱贫攻坚、乡村振兴的强大动能。

（9）先富带动后富。随着DW村交通的便利和游客的增多，越来越多的能人前来投资建设项目，返乡创业农民工群体也日益成为现代农业的拓荒者、产销对接的连接者、美丽乡村的建设者。DW村已发展农民合作社13家、家庭农场9家、产业带头人15人，通过提供就近务工岗位、帮助发展庭院经济等措施，为当地群众带来实实在在的经济收益。

（10）发展特色农业。DW村不仅发展旅游业，还注重特色农业的发展。DW村种植桑树800余亩，黄精等各类中药材400余亩，形成多元化的产业结构。通过改良产品口感、发展电商等方式，提升农产品的附加值。例如，大湾生态农业公司的负责人朱某富通过改良金寨山核桃、小香薯等农产品，年产值超1亿元。同时，他还采取“龙头+基地+农户”产业发展模式，带动群众种植小香薯和贝贝南瓜500余亩，35人就业增收80万元。

四、发展成效

（1）产业基础不断夯实。DW 村立足花石乡茶产业，对村内 1 000 亩老茶园进行改造提升，并新种植茶园 1 000 亩，全村优质茶园扩大到 5 000 亩。2018 年，DW 村的茶叶已达到“一村一品”标准。2020 年茶季，仅大湾茶厂收购六安瓜片鲜叶就有 5.5 万千克，实现茶农增收 400 余万元，带动 46 名茶农就业，并为该厂创造就业机会，户均年增收 7 000 余元。

（2）旅游业蓬勃发展。通过积极开发民宿旅游、十里漂流等旅游项目，DW 村成功创建国家 3A 级旅游景区。2020 年，大湾景区过境游客达 35.8 万人次。2023 年以来，DW 村累计接待游客超过 37 万人次，旅游综合收入近 6 000 万元。DW 村先后荣获“全国乡村旅游重点村”“中国美丽休闲乡村”“安徽避暑旅游休闲目的地”等称号，并入选“第二届安徽省十大最美茶旅线路”。

（3）基础设施不断完善。自 2014 年以来，DW 村对未通水泥路的居民组实行道路硬化全覆盖，修建 5 座桥，铺设完成全长 47 千米的水泥路。同时，通过实施集中供水和高位引水工程，解决了全村饮水问题，并实施了供电线路改造，确保组组通生活用电。此外，DW 村还新建了游客服务中心、旅游厕所、生态停车场和旅游步道，并积极完善安置点配套工程，为游客提供干净、舒适的旅游服务。

（4）生态底色不断增亮。DW 村实施美丽乡村建设，开展三清四拆，拆除危旧房屋 95 户、260 间，对桥边街道实施沿街立面改造，并开展了农村垃圾、污水、厕所整治“三大革命”，完成 525 户的厕所改造工作。新建天然林 1 000 亩，植树造林 500 亩，并安排生态护林员进行管护。通过这些措施，DW 村的村落面貌焕然一新，生态环境得到了显著改善。

（5）村民生活水平显著提高。随着旅游业的蓬勃发展和茶产业的稳步提升，DW 村村民的生活水平显著提高。村里成立了旅游开发公司，将集体产权房屋改造成民宿，聘请本村村民作为“管家”负责日常运营，不但使村集体年均增收 10 万元，也为动员群众投身民宿发展起到了示范引领作用。目前，DW 村已发展起农家乐 32 家。民宿店主们通过线上线下相结合的模式，带动贫困户销售茶叶、黑毛猪肉、土鸡蛋等农副产品，实现了销售新突破。

五、经验启示

（1）必须通过生态优先实现绿色发展。DW 村拥有得天独厚的自然景观和文化资源，必须坚定不移地走生态优先、绿色发展之路。DW 村以“景村共建”的模式整村推进乡村旅游开发建设，坚持“原生态”规划建设，着力打造与村民共生共融的开放式景区。将小茶叶发展为大茶业，将小茶园发展为游乐园，树立“产业优、百姓富、生态美”的乡村旅游扶贫新形象。

（2）必须通过融合发展带动产业兴旺。DW 村充分挖掘贫困村的旅游资源，构建产业链条，突出扶贫村旅游特色主题，推进乡村旅游与农业、工业、文化产业、体育产业、养老产业、交通产业、城镇建设等联动。通过融合发展，DW 村不仅带动了蔬菜、畜禽等地方农产品的销售，促进了农业种植业结构调整，还带动了农副产品、土特产和旅游纪念品等旅游商品的加工销售，推动了农村加工业的发展。此外，DW 村还带动了交通运输、商贸物流、观光旅游、休闲度假等产业的发展，实现了第一、第二、第三产业互融互动。

（3）必须发挥政府引导和市场运作的双重作用。在 DW 村的扶贫模式中，政府发挥了重要的引导和扶持作用。政府通过实施一系列扶贫政策和项目，为 DW 村的发展提供了有力支持。同时，DW 村充分凸显旅游企业的市场主体地位，通过企业主体、市场运作模式，有力推动乡村旅游产业的快速发展。得益于政府引导和市场运作的双重作用，DW 村的扶贫模式更加高效且可持续。

（4）必须注重文化传承和红色教育。DW 村不仅拥有丰富的自然景观资源，还拥有丰富的红色文化资源。DW 村在发展过程中，注重传承红色基因和弘扬大别山精神，推出了红色戏剧、红色研学线路等一系列红色文化产品，吸引了大量游客前来参观学习。这些红色文化产品不仅丰富了乡村旅游的内涵，也提升了游客的旅游体验和文化素养。

六、未来计划

（1）进一步发展乡村旅游产业。未来，DW 村将进一步发展乡村旅游产业，牢固树立“绿水青山就是金山银山”的理念，坚持以企业为主体的市场运作模式，更好地发挥政府引导扶持作用。DW 村将依托天堂寨景区与马鬃岭景区所产生的辐射带动作用，以自然风光、红色文物游览为吸引点，以千亩茶园农事体验、农耕民俗文化体验为基础，以民宿体验、自驾旅游、研学旅游为主线，以旅游元素为核心，构建起丰富的乡村旅游产品体系。

（2）打造特色乡村旅游品牌。DW 村将致力于打造特色乡村旅游品牌，通过提升旅游服务质量、优化旅游环境、丰富旅游产品等方式，提高 DW 村的知名度和美誉度。DW 村将加强旅游市场营销和品牌推广，积极参加各类旅游展会和推介活动，吸引更多的游客前来参观旅游。同时，DW 村还将加强与周边地区的旅游合作，共同打造跨区域旅游线路和产品，实现资源共享和互利共赢。

（3）推动茶产业与乡村旅游深度融合。未来，DW 村将继续推动茶产业与乡村旅游的深度融合，通过发展茶文化体验园、茶主题民宿、茶产品加工销售等方式，延长茶产业链条，提高茶产业的附加值。DW 村将加强与茶叶科研机构和企业的合作，引进先进的茶叶种植技术和加工设备，提高茶叶的品质和产量。同时，DW 村还将加强对茶文化的宣传和推广，提高游客对茶文化的认识和了解，促进茶文化的传承和发展。

（4）加强基础设施建设和生态环境保护。未来，DW 村将继续加强基础设施建设和生态环境保护工作。DW 村将进一步完善交通、水利、电力等基础设施，提高村民的生活水平和旅游服务质量。同时，DW 村还将加强生态环境保护工作，通过植树造林、水土保持等措施，提高生态环境质量，为乡村旅游的可持续发展提供有力保障。

（5）深化文旅融合发展。未来，DW 村会进一步推进文旅深度融合，深度挖掘并系统整合文化资源，着力打造更多具有地方特色的文化旅游产品。DW 村将加强与文化机构和企业的合作，共同开发文化旅游项目和产品，提高文化旅游的品质和影响力。同时，DW 村还将加强红色文化的传承和弘扬工作，通过推出更多红色文化产品和活动，吸引更多的游客前来参观学习。

七、思考题

1. 面对村民存在“等、靠、要”这种保守思想的困境，DW 村是凭借什么实现旅游业发展的呢？

2. DW 村是如何以旅游业引擎驱动相关产业，实现产业的多元化发展的？

3. 特色产业，如茶产业，该如何借助旅游的引流作用与体验消费的特点实现生态价值的赋能、增值？

第十五节　安徽省六安市霍山县 DSH 村：贫困乡村崛起为高端生态旅游度假村

一、基本情况

DSH 村位于安徽省六安市霍山县上土市镇，地处大别山腹地，是一个典型的山区村庄。全村总面积 1 600 平方千米，其中山林面积 12 564 亩，耕地面积 1 683 亩，拥有丰富的自然资源，包括茶叶、中药材、蚕桑等。DSH 村下辖 25 个居民组，共有 668 户、2 535 人，其中建档立卡贫困户 145 户、430 人。DSH 村的地势险峻，重峦叠嶂，景色秀美，生态环境优良。这里地处北亚热带边缘，土壤多为沙质黄棕土壤，土层较厚且肥沃，适合多种作物生长。然而，在过去，由于山高林密、交通闭塞，DSH 村的经济发展相对滞后，是典型的山区贫困村。村民们大多以种植传统农作物为生，生活较为贫困。

近年来，DSH 村迎来了一系列发展机遇。随着乡村振兴战略的深入实施，DSH 村充分依托自身的自然资源和生态环境优势，积极探索乡村旅游的发展道路。同时，省道 318、209 贯穿 DSH 村，交通条件得到了显著改善，为 DSH 村的发展奠定了坚实基础。

二、挑战与问题

（1）交通闭塞。过去，由于地处深山，交通不便，DSH 村与外界的联系较少，经济发展相对滞后。该村的村民为了生计，不得不背井离乡打工，村庄人口流失严重。

（2）基础设施薄弱。在过去，由于投入不足，DSH 村的基础设施建设相对滞后，道路、水利、电力等基础设施不够完善，对村庄的发展形成了制约。

（3）专业人才匮乏。由于地处偏远，DSH 村难以吸引和留住优秀人才，村庄在人才方面相对匮乏，难以支撑起乡村旅游等产业的发展。

三、发展举措

（1）加强基础设施建设。为了改善村庄的基础设施条件，DSH 村加大了对基础设施建设的投入力度。近年来，DSH 村先后实施了道路提升、饮水安全提升、雨污分离、污水处理等项目，显著改善了村域基础设施条件。同时，DSH 村还加强了对生态环境的保护和治理，美化了村庄环境，提升了村庄的整体形象。

（2）依托自然资源发展乡村旅游。DSH 村充分依托自身的自然资源和生态环境优势，积极发展乡村旅游产业。DSH 村引入了知名企业参与度假区建设，依托温泉资源，打造了集旅游、休闲、度假、娱乐、运动、养生、养老于一体的高端生态旅游度假区。DSH 温泉紧邻铜锣寨景区，其“奇松、怪石、云海、温泉”称为铜锣“四绝”。温泉为天然温泉，具有百年历史，出水温度达 68 ℃，日最大供水量可达 5 000 立方米以上。温泉富含对人体有益的矿物质，其中锶含量较高，有保健、美容、护肤、疗养之功效。随着温泉度假区的建设和运营，DSH 村吸引了大量游客前来观光旅游。每逢节假日，一辆辆旅游大巴和自驾车就会从四面八方驶来，带着游客来到这里游山玩水，享受泡温泉的惬意。到了旅游旺季，度假区内的住宿更是一房难求。乡村旅游产业的发展不仅带动了村庄经济的增长，也促进了村民就业和收入的增加。

（3）发展特色农业。除乡村旅游产业外，DSH 村还大力发展特色农业。DSH 村地处大别山核心区丘陵地带，阳光充足，土壤肥沃，生态环境好，绿色无污染，特别适合种植山芋等农产品。DSH 村党支部成立了村级集体经济组织——霍山县 DSH 朝阳有机农业合作社，大力发展以山芋、茶叶、蔬菜为主的有机农业。通过“党支部+合作社+基地+农户”的模式，高品质有机农业成为 DSH 村脱贫致富的新路子。该合作社还积极帮助农户销售农产品，通过线上线下相结合的方式，将农产品销往全国各地。在疫情期间，DSH 村还帮助贫困户代售红薯粉丝等农产品，增加了贫困户的收入。特色农业的蓬勃发展不仅丰富了村庄的产业结构，也促进了村民收入的增加。

（4）推进生态文明建设。在发展过程中，DSH 村始终注重加强生态文明建设。DSH 村坚持绿色发展理念，加强对生态环境的保护和治理。通过实施退耕还林、水土保持等工程，提升了村庄的生态环境质量。同时，DSH 村还加强了对游客的环保宣传教育，引导游客文明旅游、保护环境。

（5）加强人才队伍建设。为了解决人才匮乏的问题，DSH 村积极加强人才队伍建设。DSH 村通过举办培训班、邀请专家授课等方式，提高村民的素质和技能水平。同时，DSH 村还积极引入优秀人才和前沿技术，为村庄的发展提供智力支持和技术保障。

（6）创新旅游服务和产品。为了不断提升游客体验，DSH 温泉旅游度假区不断创新旅游服务和产品。该度假区坚持以“游客满意”为服务宗旨，不断提升服务质量和水平。同时，该度假区还积极开发新的旅游产品和服务项目，如民俗表演、赛事活动、主题狂欢等，让游客在享受温泉的同时，也能感受到浓厚的文化氛围和乡村风情。

(7) 发挥组织作用与市场作用相结合。在发展过程中，DSH村充分发挥组织作用与市场作用相结合的优势。DSH村通过加强党建引领，发挥党组织的战斗堡垒作用和党员的先锋模范作用，推动村庄各项工作的开展。同时，村庄还积极引入市场机制，通过招商引资、土地流转等方式，吸引社会资本参与村庄的发展。组织作用与市场作用的有机结合，为DSH村的发展注入了新的活力。

(8) 实施乡村振兴战略。DSH村深入贯彻乡村振兴战略，以和美乡村创建为抓手，坚持党建引领，发展特色产业。DSH村通过实施“五抓五提升”行动，着力构建“一心、三区”综合发展格局。同时，DSH村还加大了对乡村振兴的宣传和推广力度，引导更多的人才、资金和技术进入村庄，推动村庄的全面发展。

四、发展成效

(1) 党建引领下的组织振兴。DSH村在乡村振兴过程中，始终坚持党建引领，通过“党建+”工作模式，充分发挥党组织的战斗堡垒作用和党员的先锋模范作用。村党支部注重加强干部队伍建设，建立了由党委书记“抓全局”、纪委书记“抓警示”、驻村点长“抓督促”、村监委主任“抓提醒”的“四个一”管理机制。通过严管与厚爱相结合，有效激励村干部担当作为、奋发有为。在人才培育方面，DSH村注重培养产业发展带头人，汇聚民宿经营管理人才、注册会计师、中医师等各类专业人才。截至2023年，全村已累计开展各类技术培训17次，涉及农户200余户，有效提升了村民的专业技能和就业能力。

(2) 基础设施与生态环境的改善。DSH村在基础设施建设方面取得了显著成效。为完善乡村基础设施，解决群众生产生活中的难点问题，DSH村先后实施了道路提升、饮水安全提升、雨污分离、污水处理等项目，显著改善了村域基础设施。在环境美化方面，DSH村盘活闲置地块，打造“小庭院”“微菜园”200余处、和美景观节点30余处，变“荒”为“宝”。依托“桥梁步道”“山花烂漫”等景观，DSH村成功打造出“温泉村庄”进阶版，成为游客休闲度假的好去处。同时，DSH村还新建了村史馆，记录了DSH村摆脱贫困、成为宜居宜业和美乡村的岁月历程，为村民提供了丰富的精神文化滋养。

(3) 特色产业的蓬勃发展。DSH村依托丰富的自然资源，形成了“文旅康养+有机农业”的产业发展模式。围绕温泉开发、中医药康养、精品民宿、特色农产品生产加工，DSH村逐步构建起多元化的产业体系。在温泉开发方面，DSH温泉小镇已成为集旅游、休闲、度假、娱乐、运动、养生、养老于一体的高端生态旅游度假区。DSH温泉小镇全年接待游客数量高达30万人次，营业纯收入超过4 000万元，带动周边200多户村民实现就业增收。在精品民宿方面，DSH村已形成由62家民宿、农家乐组成的“DSH精品民宿集群”，全年累计接待游客5万人次，营业总额达4 000万元。在有机农业方面，DSH村大力发展以山芋、茶叶、蔬菜为主的有机农业，通过“党支部+合作社+基地+农户”的模式，让高品质有机农业成为DSH村脱贫致富的新路子。DSH有机粉丝等特色农产品畅销市场，粉丝制作技艺更是入选第七批市级非物质文化遗产代表性项目名录。

(4) 乡风文明与精神生活的提升。DSH村在乡风文明建设方面同样取得了显著成效。以新时代文明实践站为阵地，DSH村积极打造“党群服务+文明实践”综合体，常态化开展“8+N”乡风文明评比活动，累计兑换文明积分10 000多分。通过评选树立身边好人、文明家庭、最美婆媳、美丽庭院等典型，DSH村积极传播社会正能量。同时，DSH村还深入开展移风易俗活动，成立“红白理事会”，引导村民树立文明新风。在精神生活方面，DSH村引导群众组建泉韵文艺队，通过大鼓书等民俗表演方式，让村民们在家门口就能享受到“文化大餐”。这些活动不仅丰富了村民的精神生活，也让党的创新理论深入人心。

五、经验启示

(1) 党建引领是核心。DSH村的成功实践表明，党建引领是乡村振兴的核心。通过强化党组织建设，发挥党员干部的先锋模范作用，DSH 村有效激发了村民的积极性和创造力，为乡村振兴提供了坚强的组织保障。

（2）产业发展是关键。产业发展是乡村振兴的关键。DSH 村依托丰富的自然资源，形成了多元化的产业体系，实现了经济实力的显著提升。通过发展温泉旅游、精品民宿、有机农业等特色产业，DSH 村为村民提供了更多的就业机会和收入来源，有效推动了乡村经济的持续发展。

（3）生态环保是基础。生态环保是乡村振兴的基础。DSH 村在发展过程中，始终坚持绿色发展理念，注重生态环境的保护和改善。通过实施一系列环保项目，DSH 村成功打造出了宜居宜业的和美乡村，为游客提供了优美的休闲度假环境。

（4）文化振兴是灵魂。文化振兴是乡村振兴的灵魂。DSH 村在乡风文明建设方面取得了显著成效，通过选树典型、开展文化活动等方式，有效提升了村民的文化素养和精神风貌。这些活动不仅丰富了村民的精神生活，也为乡村振兴注入了强大的精神动力。

六、未来计划

（1）高起点规划。未来，DSH 村将继续以“打造特色小镇平台，发展特色经济”为战略部署，结合乡镇总体规划、土地利用总体规划，大力培育发展类型多样、充满活力、富有魅力的生态康养旅游度假村。坚持“一村一业”、体现“一村一风格”，推进乡村全面振兴示范带建设。

（2）产业帮扶持续深化。DSH 村将继续立足本地资源禀赋，因地制宜发展产业，壮大村级集体经济。稳步推进有机食品基地建设，做好有机基地、红薯、茶叶、粉丝生产加工有机认证工作，提升农产品品质。同时，协同村“两委”做好符合产业政策的项目申报和组织实施，不断壮大村级集体经济。

（3）人居环境整治持续推进。DSH 村将继续推进人居环境整治工作，持续改善村容村貌。通过完善帮扶格局、加强同其他帮扶单位的沟通联系等方式，推动乡村全面振兴工作协调开展。同时，积极和帮扶单位沟通联系，大力支持村庄发展，并针对脱贫户扶制、就业帮扶、产业帮扶、医疗保障等政策，加大指导其落实的力度。

（4）防止返贫动态监测和帮扶机制完善。DSH 村将继续做好防止返贫动态监测和帮扶工作。通过指导驻村工作队持续加强动态监测、健全帮扶机制、实施结对帮扶村提升工程等方式，坚决守住不发生规模性返贫底线。同时，建立返贫预警制度，对帮扶户实行动态监测预警，及时上报并落实帮扶措施。

（5）基层治理与和美乡村建设协同推进。DSH 村将继续加强基层治理工作，落实“四议两公开”制度，加强村务监督。同时，协同推进和美乡村建设，落实行业主管部门责任，统筹使用生态环保项目、乡村全面振兴衔接项目、农村人居环境整治等资金。通过加强基层治理和美丽乡村建设，不断营造村庄环境长效管护共建共治共享的氛围。

七、思考题

1. DSH 村是如何通过生态旅游度假带动有机农业发展的？

2. 在高端生态旅游度假村建设运营中，DSH 村引入了知名企业，而乡村人才匮乏。在乡村旅游发展进程里，怎样处理好外引资本、企业与村集体、村民之间的关系，确保乡村作为受益主体，切实保障村民的利益？

第十六节　安徽省滁州市凤阳县 XG 村：推动乡村振兴的“创新”“绿色”“融合”发展之路

一、基本情况

安徽 XG 村位于安徽省滁州市凤阳县小溪河镇，地处凤阳县城东部 25 千米处，距宁洛高速（G36）凤阳出口 15 千米。这个不起眼的小村庄，因其在 1978 年率先实行“大包干”政策，成为中国农村改革的发源地，被誉为“中国农村改革第一村”。XG 村的历史可以追溯到 1978 年，当时 18 位农民以“托孤”的方式，冒着极大的风险，立下生死状，在土地承包责任书上按下了红手印，孕育出了具有深远意义的“小岗精神”，拉开了中国改革开放的序幕。这一壮举不仅激发了农民的生产积极性，还推动了农村经济的迅速发展。截至 2018 年年底，XG 村辖 23 个村民组，940 户、4 173 人，村域面积 15 平方千米，其中可耕土地面积 1.45 万亩。近年来，XG 村不仅以其在中国农村改革中的特殊地位而闻名，还因其乡村旅游的发展而备受瞩目。2024 年，XG 村成功入选联合国旅游组织执行委员会第 122 次会议的“最佳旅游乡村”名单。这一荣誉不仅是对 XG 村在乡村旅游发展方面的肯定，更是对其红色旅游与绿色生态有机结合的发展路径的认可。

二、挑战与问题

（1）土地分散经营导致的效率低下。XG 村在“大包干”政策实施后，将集体土地按人口均分到户。这种分散经营的方式在当时激发了农民的生产积极性，但随着时间的推移，其弊端也逐渐显现。土地被分割成小块，农民难以采用现代化的农业生产方式，导致农业生产效率低下，农产品市场竞争力不足。

（2）农民缺乏市场信息和销售渠道。在信息化时代，农民对市场的了解程度直接影响到农产品的销售价格和销售渠道。然而，XG 村的农民缺乏市场信息和有效的销售渠道，导致农产品往往难以卖出好价钱。这不仅影响了农民的收入水平，也制约了农村经济的发展。

（3）农村基础设施建设滞后。农村基础设施建设滞后也是制约 XG 村发展的重要因素之一。交通不便、水利设施落后等问题制约了农村经济的发展和农民生活水平的提高。这些问题不仅影响了农产品的运输和销售，也制约了乡村旅游的发展。

（4）政治符号的束缚。XG 村作为中国农村改革的发源地，被赋予了过重的政治意义。这种定位使得 XG 村在发展过程中难以按照自身的发展规律进行探索，而是被要求成为“改革的代表”和“典型”。这种矛盾的定位导致 XG 村在发展上陷入停滞，无法突破瓶颈。

（5）产业结构单一。长期以来，XG 村的产业结构以农业为主，缺乏多元化。这种模式在过去解决了温饱问题，但也限制了农村经济的进一步发展。随着经济的发展和市场的变化，单一的产业结构已经无法满足农民的需求和市场的需求。

三、发展举措

（1）推进土地流转和规模经营。为了提高农业生产效率和农产品质量，XG 村积极推进土地流转和规模经营。通过土地流转将土地集中起来进行规模经营，提高农业生产效率和农产品质量。同时，引导农民发展特色农业和绿色农业，提高农产品的附加值和市场竞争力。

（2）加强农村市场体系建设。为了解决农民缺乏市场信息和销售渠道的问题，XG 村加强了农村市场体系建设。搭建并完善农产品销售网络和市场信息服务平台，为农民提供及时准确的市场信息和销售渠道支持。同时，加大农产品品牌建设和推广力度，提高农产品的知名度和美誉度。

（3）加强农村基础设施建设。为了改善农村基础设施滞后的状况，XG 村加大了对农村交通、水利等基础设施建设的投入力度。通过修建道路、完善水利设施等措施，改善农民的生产生活条件，为乡村旅游的发展提供有力保障。

（4）打破政治符号的束缚。为了摆脱政治符号的束缚，XG 村努力打破“代表”和“典型”的矛盾定位。允许 XG 村根据自身发展规律进行探索，不再被要求成为“改革的代表”和“典型”。这种转变使得 XG 村能够更加注重自身的发展需求和市场变化，从而找到适合自身的发展路径。

（5）推动产业结构多元化。为了打破产业结构单一的瓶颈，XG 村积极推动产业结构多元化。在保持农业优势的基础上，发展非农产业，推动第一、第二、第三产业融合发展。通过发展乡村旅游、红色旅游、现代农业观光游等产业，丰富产业结构，提高经济效益和农民收入水平。

（6）大力发展红色旅游。作为中国农村改革的发源地，XG 村拥有丰富的红色旅游资源。为了充分利用这一资源，XG 村大力发展红色旅游。新建大包干纪念馆、沈浩先进事迹陈列馆等红色旅游景点，完善红色旅游景点配套设施和服务体系。通过举办红色旅游节庆活动、推出红色旅游线路等方式，吸引大量游客前来参观游览，推动乡村旅游实现发展。

（7）保护绿色生态。在乡村旅游的发展过程中，XG 村始终坚持保护绿色生态的原则。通过加强生态环境保护和治理，提升农村生态环境质量。同时，依托绿色生态资源发展乡村旅游，推动绿色生态旅游产品的开发和推广。通过发展绿色农业、绿色旅游等方式，实现经济效益和生态效益的双赢。

（8）推动农文旅融合发展。为了促进乡村旅游的可持续发展，XG 村积极推动农文旅融合发展。通过整合农业、文化、旅游等资源，打造休闲农业和乡村旅游景点。着力构建以大包干纪念馆、沈浩纪念馆和“当年农家”为重点的集红色旅游、现代农业观光游、农家乐游于一体的小岗乡村休闲农业与乡村旅游景区。同时，加强与非遗项目、传统技艺等文化资源的融合，推动非遗与旅游的“双向奔赴”，让乡村历史文化成为推动旅游发展的重要力量。

（9）完善旅游基础设施和服务体系。为了提升乡村旅游的品质和吸引力，XG 村不断完善旅游基础设施和服务体系。修建旅游大道、提升旅游服务质量和水平。同时，加大旅游人才培养和引进力度，提高旅游从业人员的专业素质和服务水平。

（10）实现村民共享旅游发展红利。在乡村旅游的发展过程中，XG 村始终坚持让村民共享旅游发展红利的原则。通过发展乡村旅游产业，带动村民就业和创业。鼓励村民参与乡村旅游的经营和管理，提高村民的收入水平和生活质量。与此同时，强化村民对乡村旅游的认知，提高村民的参与度，培养村民的旅游意识和旅游服务能力。

四、发展成效

（1）红色旅游产业的崛起。XG 村自 20 世纪 70 年代末实施家庭联产承包责任制以来，便成为中国农村改革的标志性村庄。近年来，XG 村充分依托其改革创新的政治地位，大力发展红色旅游。新建的大包干纪念馆、沈浩先进事迹陈列馆、当年农家等景点，成为游客了解中国农村改革历史的重要场所。XG 村还通过举办“XG 村葡萄文化旅游节”等系列活动，吸引大量游客前来观光游览。截至 2024 年年底，XG 村景区已成为安徽省 7 条重点红色旅游精品线路和红色旅游经典景区之一。XG 村在红色旅游发展的同时，不断完善旅游基础设施和公共服务体系，成功创建国家 5A 级景区、安徽省级农创小镇、安徽省级田园综合体系列品牌。截至 2019 年年底，XG 村全年游客接待量突破 100 万人次，实现旅游综合收入 2.6 亿元。

（2）绿色生态农业的蓬勃发展。在绿色生态农业方面，XG 村也取得了显著成效。XG 村通过科学规划、合理布局，大力推进高标准农田建设，提高农作物良种覆盖率和农机化综合水平。截至 2020 年，XG 村建成高标准农田 1.31 万亩，占耕地面积的 90%；农作物良种覆盖率达 98%，农机化综合水平高于安徽省平均水平 10.8 个百分点。XG 村还积极推进第一、第二、第三产业融合发展，构建“旅游+农业”“旅游+电商”等产业格局。通过整合小岗有机农业产业园、小岗七星农场等资源，XG 村成功推出了一系列休闲农业和乡村旅游景点。XG 村与北大荒集团、安徽农垦集团等企业合作，推广标准化先进种植技术，提升现代农业种植水平。2020 年，XG 村水稻平均亩产达到 1 400 斤，农业增效、农民增收成效明显。

（3）乡村振兴的全面推进。在乡村振兴方面，XG 村通过深化农村改革，不断激发乡村发展的活力。XG 村致力于巩固并完善农村基本经营制度，深化农村承包土地“三权分置”改革，完成村集体土地所有权确权颁证工作。通过推进土地流转，XG 村共流转土地 10 300 亩，占可耕土地面积的 71%。XG 村还积极推进农村集体产权制度改革，成立了 XG 村集体资产股份合作社，为每位村民发放了股权证书，实现了从“户户包田有地”到“人人持股分红”的转变。此外，XG 村还设立风险补偿基金，开展党建引领信用村试点工作，成功获评 3A 级信用村，为农户融资提供了有力支持。通过一系列改革措施，XG 村在乡村振兴方面取得了显著成效。2020 年，XG 村总产值达 10.6 亿元，村集体经济收入达 1 160 万元，人均可支配收入达 27 600 元。XG 村先后荣获中国美丽休闲乡村、全国乡村特色产业亿元村、全国乡村治理示范村等称号，成功获批国家级农业科技园区。

五、经验启示

（1）创新精神是乡村振兴的原动力。XG 村作为中国农村改革的发源地，一直以来都以开放包容的理念面对时代的发展。从家庭联产承包责任制的实施，到红色旅游和绿色生态农业的发展，XG 村始终敢于突破、勇于创新，走出了一条独具特色的乡村振兴之路。

（2）绿色发展是乡村振兴的必由之路。XG 村在发展过程中，始终坚持保护乡村生态，保留乡愁记忆，实现了经济与环境的协调发展。通过大力推进高标准农田建设、发展生态农业和高效农业，XG 村不仅提高了农业生产效率，还改善了乡村生态环境，为游客提供了更加美好的旅游体验。

（3）产业融合是乡村振兴的关键所在。XG 村通过推动第一、第二、第三产业融合发展，打造乡村旅游产业链，实现了农业、文化、旅游等多领域的深度融合。通过红色旅游、创意农业、乡村旅游、主题研学等业态的协调发展，XG 村不仅吸引了大量游客前来观光游览，还为当地村民提供了就业机会和增收渠道，实现了经济效益与社会效益的双赢。

（4）民生改善是乡村振兴的落脚点。XG 村在发展过程中，始终坚持以人民为中心的发展思想，着力提升村民群众的获得感、幸福感、安全感 。通过改善基础设施和公共服务配套、完善教育医疗设施、提高社会保障水平等措施，XG 村让村民过上了更加美好的生活。

六、未来计划

（1）深入推进红色旅游产业的发展。未来，XG 村将继续深入推进红色旅游产业的发展，完善红色旅游景点配套，完善旅游基础服务设施，优化公共服务体系。XG 村计划投资 20 亿元，着力打造“红色小岗·幸福小镇”旅游品牌，深度开发“研学旅游、民俗体验、田园观光、亲子游乐”四类产品。通过策划、组织一系列节庆活动，凸显文化内涵，强化旅游主题，吸引更多游客前来观光游览。

（2）推动绿色生态农业高质量发展。在绿色生态农业方面，XG 村将继续推动高质量发展。XG 村计划进一步深化与北大荒集团、安徽农垦集团等企业的合作，推广标准化先进种植技术，提升现代农业种植水平。同时，XG 村还将大力发展生态农业和高效农业，推动农产品深加工和特色农产品研发，满足游客购物的需求。

（3）促进农文旅深度融合发展。未来，XG 村将继续促进农文旅深度融合发展。XG 村将以独特禀赋和特色资源为依托，推动红色旅游、创意农业、乡村旅游、主题研学、教育培训等业态协调发展。通过打造“一站式”农事服务综合体、建设农产品电商助农孵化工坊等措施，XG 村将进一步提升乡村旅游品质，实现产区变景区、田园变公园、劳作变体验场所的目标。

（4）完善基础设施，优化公共服务体系。XG 村计划以入选全省首批和美乡村精品示范村为契机，全面改造提升核心区、严岗、石马三个集中居住区。同时，XG 村还将加快启用新建的小岗公立幼儿园、推进小岗学校改建扩建、优化小岗卫生院硬件设施等措施，提升教育医疗水平。此外，XG 村还将打造“小岗超脑”乡村智治平台、“美德银行”乡村共治区等，持续优化乡村治理体系。

（5）拓展国际合作与交流。未来，XG 村还将积极拓展国际合作与交流。借助参加国际旅游展会、举办国际乡村旅游论坛等举措，XG 村将加强与国际乡村旅游先进地区的交流与合作，汲取国际成功经验，增强乡村旅游的国际影响力和竞争力。

七、思考题

1. 如何对 XG 村“大包干”精神等红色文化资源展开富有创意的开发呢？能否通过设计红色文创 IP，来塑造 XG 村农业与农村独具特色的品牌形象？

2. 运用新质生产力理论进行剖析，在从“大包干”向土地集中经营转变的进程中，XG 村如何实现产业的高质量发展呢？

第十七节　江西省宜春市靖安县 ZY 乡：“两山”理论的康养业态创新实践

一、基本情况

ZY 乡位于江西省宜春市靖安县西南部，地处四县交界处，东邻罗湾乡和高湖镇，南界奉新县澡溪乡和仰山乡，西毗修水县黄港镇，北靠罗湾乡和武宁县石门楼镇。乡政府驻邱家街 1 号，距县城 70 千米，行政区域面积为 159 平方千米（另有资料称总面积约 195 平方千米）。截至 2019 年年末，ZY 乡户籍人口为 12 185 人，常住人口为 11 458 人。ZY 乡的地形复杂，地处九岭山脉，境内层峦叠嶂，地势西南部高于东北部。海拔千米以上的山峰有 20 座，最高峰为北部九岭尖，海拔 1 794 米；最低点位于东部向务村，海拔 350 米。这里气候宜人，属亚热带湿润季风气候，四季分明，夏季凉爽，年平均气温 14.4 ℃，无霜期约 247 天，年平均降水量 1 759 毫米。ZY 乡境内有两条主要河流，北潦南河和南源河，均发源于境内，其中北潦南河中源段全长 42 千米。ZY 乡的自然资源丰富，北部狮子崖、毛公洞一带有钨、锡、铜、钼、闪锌等金属矿，东部向务村有石英矿，南部三坪村和西部垴上村有瓷土矿。此外，境内水能资源丰富，蕴藏量达 1.53 万千瓦，邱家街有水温达到 41 ℃的温泉。全乡耕地面积 14 200.5亩，人均 1.23 亩，山林面积约 24 万亩，其中毛竹林面积约 3 000.5 亩，国家公益林约 4 000.5 亩。ZY 乡的历史悠久，文化底蕴深厚。清雍正年间（1723—1735 年），ZY 乡境域属靖安县招贤乡东源保。历经多次行政区划调整，2000 年 12 月，西岭乡并入 ZY 乡。目前，ZY 乡下辖 11 个行政村，另下辖 1 个村级单位（大杞山林场生活区），下设 146 个村民小组。近年来，ZY 乡在“禅韵靖安、水木清华”的目标定位下，大力实施“生态立乡、工业强乡、旅游兴乡、文化活乡、集镇美乡”战略，经济社会保持健康持续稳定增长。

二、挑战与问题

（1）地质灾害隐患。ZY 乡地处山区，受地理条件限制，地质灾害隐患点较多。为防范地质灾害风险，ZY 乡高度重视，采取多项措施，包括组织专题会议、落实分片分级责任制、建立预报预警联动机制、全面排查地质灾害隐患点等，确保人民群众的生命与财产安全。然而，地质灾害的防范和治理仍需长期投入和持续关注。

（2）旅游季节性壁垒。尽管 ZY 乡的旅游业发展态势蓬勃，但季节性，淡、旺季游客流量反差巨大。夏季避暑旅游是当地的旅游旺季，但冬季游客数量大幅减少，导致旅游收入极不稳定。为打破这一壁垒，ZY 乡需要开发四季皆宜的旅游项目，丰富旅游业态，吸引全年游客。

（3）民宿品位与档次较低。ZY 乡的民宿产业发展迅速，但整体品位与档次较低，缺乏高端民宿产品。许多民宿设施简陋，服务质量不高，难以满足游客对高品质住宿体验的需求。此外，部分民宿业主缺乏专业管理和营销能力，导致民宿经营效益不佳。

（4）旅游配套设施不完善。ZY 乡的基础设施建设虽有一定进展，但旅游配套设施仍不完善。交通、餐饮、娱乐等方面的设施和服务水平有待提高。特别是在旅游旺季，游客数量激增，现有设施难以满足需求，导致游客体验不佳。

（5）文化挖掘与传承不足。ZY 乡拥有丰富的历史文化资源，如唐朝的云阳寺、宋代了吉山碗平窑遗址、明代的贞节牌坊花桥、清代的古建筑九门楼等。然而，这些文化资源的挖掘与传承不足，缺乏有效的保护和利用。同时，当地的文化活动较少，缺乏具有地方特色的文娱活动，难以吸引游客深入了解当地文化。

三、发展举措

针对上述挑战和问题，ZY 乡采取了一系列发展举措，旨在践行“绿水青山就是金山银山”的发展理念，打造山乡康养度假小镇。

（1）聚焦规划引领，助推乡村旅游有序发展。ZY 乡以中源特色小镇建设为抓手，依托产业发展规划、文化旅游项目策划、中源避暑小镇专项规划等，按照“因地制宜、合理布局、突出特色”的原则，逐步完善旅游配套设施。通过促成高山滑雪等龙头项目落地实施，探索高端民宿集群化发展模式，大力招引星级酒店入驻运营，全面提升旅游接待能力。为实现全龄化、全时性、全区域旅游发展目标，ZY 乡逐步完善旅游配套设施，包括农村公路、污水管网、垃圾压缩站、河堤示范段、智慧旅游公厕、游客集散中心等。同时，加强智慧旅游服务平台建设，提高旅游信息化水平。

（2）做好多元文章，打造乡村旅游特色品牌。ZY 乡基于现有的资源禀赋，按照“一村一品”的发展思路，形成“吃在古竹山下、住在三坪合港、行在港口向务、游在龙坵洞下、购在邱家船湾、娱在塆上”的旅游发展格局。通过深入挖掘具有中源本地特色的地域文化、群众文化、传统文化、客家文化等，培育开发形式多样的文娱活动，让中源旅游朝着农耕体验、文体娱乐、旅游观光、休闲度假、健康养老等多种功能拓展。ZY 乡持续开展“星级民宿”“民宿示范点”评比活动，促使民宿产业不断提档升级。同时，加大政策扶持力度，在项目建设、产业发展等方面提供资金保障和技术指导，逐步健全乡村旅游产业发展组织体系。

（3）升级民宿产业，助推农村经济“强”起来。ZY 乡立足生态优势，乘着避暑小镇建设东风，先后打造了九岭山房、三闲居、等闲居、云上九岭等一批高端民宿接待点，引进了牛岗岭、神仙庵等一批高端民宿集群康养项目。通过推进悦榕府、怡福居等一批旅游康养项目，ZY 乡民宿产业实现了从低端到高端的升级。目前，全乡登记在册的民宿接待点有 620 余家（另有资料称 841 家），接待床铺 2.1 万余张（另有资料称 3 万余张），高峰时段日接待游客 3 万余人次，全年接待游客 120 万人次（另有资料称 45 万人次），旅游综合收入达 1.3 亿元（另有资料称 1.8 亿元）。民宿产业的发展不仅带动了当地经济，还增加了农民收入。

（4）发展乡村旅游，带动贫困群众“富”起来。ZY 乡借力民宿产业的蓬勃发展，全力促进乡村旅游产业升级，找准乡村旅游与脱贫攻坚的结合点。通过支持和引导贫困户以多种方式参与到乡村旅游开发、建设、经营中，让“旅游红利”真正落到贫困户头上。目前，ZY 乡旅游从业人员有 2 000 余人，旅游带动 345 户、861 人建档立卡贫困人口脱贫。全乡从事农家乐经营的 24 户贫困户，户均增收 2 万余元。ZY 乡还通过组织培训、考察学习等多种方式，提升贫困户脱贫致富的劳动技能，提高贫困群众创业就业“造血”能力。

（5）强化政策资金扶持，拓宽贫困群众长效增收渠道。ZY 乡紧紧抓住乡村旅游发展机遇，大力扶持贫困村和贫困户开办农家乐、建客栈民宿。为激发贫困群众的内生动力，ZY 乡出台了一系列政策措施，包括《ZY 乡农家乐休闲旅游实施意见》《ZY 乡农家乐实施细则》等。同时，成立 ZY 乡农宿文化乡村旅游协会，通过“支部+协会+农户”的方式，把分散的农家乐经营户组织起来，实行统一管理、统一制度、统一价格。此外，ZY 乡还通过招商引资、项目合作等方式，吸引社会资本投入乡村旅游产业。通过政府引导、市场运作的方式，推动乡村旅游产业持续健康发展。

（6）开发四季旅游项目，打破季节性壁垒。为打破旅游季节性壁垒，ZY 乡积极开发四季旅游项目。冬季依托高山滑雪项目，吸引滑雪爱好者前来体验；夏季则依托避暑旅游资源，打造清凉度假胜地。同时，ZY 乡还结合当地特色资源，开发农耕文化体验、客家文化展示、亲子游等旅游项目，丰富旅游业态。

四、发展成效

（1）项目建设成果丰硕。ZY 乡以项目建设为抓手，建立健全了项目谋划、生成、转化、落地的机制。目前，该乡在建重大项目有 7 个，已签订框架性协议的项目 4 个，在谈过亿元项目 1 个，累计吸引资金 80 多亿元。这些项目的实施，不仅带动了当地经济的发展，还提升了基础设施的完善水平。中源避暑小镇一期项目“四个一”工程已完工，并正有力有序推进生态环境保护和规划整治提升工作。投资 15 亿元的中天万和九犁风电项目已于 2020 年年底投入运营。投资 1.5 亿元的正特铝模板项目从洽谈、签约到完工投产只用了不到一年时间，创造了靖安县项目建设的新速度。此外，悦榕府、怡福居康养项目也正有序开工建设，其中怡福居项目用地以 337 万元/亩拍出，刷新了靖安县的亩均最高价。

（2）现代农业提效增优。ZY 乡在发展传统农业的基础上，突出特色产业，壮大农村集体经济，带动农业增效、农村增绿、农民增收。2019 年，全乡新增中药材 632.6 亩。古竹村以金利园合作社为主体，大胆探索生态西瓜、高山大米、有机蔬菜及稻田甲鱼等多元化种养模式，取得了显著成效，营业额达 70 余万元。在农产品质量安全监管方面，ZY 乡不断加大力度强化农业技术指导服务工作，指导农业科技示范户 36 户。同时，顺利开展“不忘初心感党恩、牢记使命帮民富”江西农业大讲堂下基层宣讲活动。全乡村集体经济薄弱村已全面消除，实现 5 万元以上收入全覆盖，其中有 3 个村突破 30 万元，为中源领跑山上片乡镇发展打下坚实基础。

（3）旅游产业势头强劲。ZY 乡以乡村旅游为产业龙头，以特色小镇为核心项目，大力发展“生态+大健康”产业链，打造了一批以濮源为标杆的精品民宿。2019 年，ZY 乡获得两项殊荣：三坪村入选第一批全国乡村旅游重点村名录，ZY 乡被评为江西避暑旅游目的地。ZY 乡现有民宿 721 家，接待床位 3 万余个，累计带动就业 3 000 余人，实现旅游综合收入 1.8 亿元以上。通过创新探索“党建+民宿”产业融合发展模式，ZY 乡进一步提升了民宿产业的竞争力。此外，中源国际滑雪场项目的建设，也进一步丰富了 ZY 乡的旅游业态，提升了康养小镇的品质。

（4）精准扶贫全面提质。ZY 乡始终把脱贫攻坚作为最大的政治任务、最大的责任担当、最大的民生工程。通过强化主体责任，抓好政策、责任、工作落实，全乡上下形成一切为了脱贫、一切服务脱贫的强大合力。截至 2019 年年底，未脱贫人口 13 户、35 人，贫困发生率降至 0.3%。在教育扶贫方面，全乡 156 名建档立卡贫困学生无一因贫辍学。在健康扶贫方面，贫困户大病保险、商业补充保险、大病救助、城乡居民医疗保险实现全覆盖。在安居扶贫方面，2019 年全乡实施贫困户危改 25 户，其中 13 户新建、12 户维修，资金达 58.2 万元。ZY 乡全年实施产业扶贫项目 19 个，安排各类扶贫岗位共计 180 人，为在外务工的 130 名贫困户发放交通补贴。

（5）生态环境全面改善。ZY 乡牢固树立“绿水青山就是金山银山”的发展理念，全力做好生态保护各项工作。在全乡范围内大力开展环境综合整治工作，建立“路长制”管理长效机制，重点对公路沿线环境卫生进行集中整治。深入开展“河长制”，严厉打击非法采砂、非法排污等行为，全面保护水资源、防治水污染、改善水环境、修复水生态。投入 70 万元完成三坪村污水处理站建设，完成向务村查册电站拆除工作。充分利用荒芜土地造地增粮 566 亩，大力推进屋顶光伏建设，全乡 114 户建档立卡贫困户已享受屋顶光伏收益。扎实推进绿色殡葬改革，投入 70 万元资金顺利完成古竹公益性墓地建设工作。

（6）宜居建设不断加快。ZY 乡深入推进农村人居环境综合整治，加快建设生态宜居美丽乡村。投入 270 万元资金打造古竹、船湾两个农村人居环境试点村，投入 300 万元专项资金建设洞下茶坪这一精美村庄，投入 180 万元资金新建古竹娃娃鱼广场，投入 390 万元资金全面建设邱家村、港口村、龙圻村等 14 个新农村建设点，切实改善了农村人居环境和生态环境。完成公路沿线立面改造 312 幢，庭院改造 212 户，核心区景观焕然一新。此外，ZY 乡大力推进“万村码上通”5G+长效管护平台建设，做到村庄环境“一网统管”。开展线缆“线乱拉”专项整治工作，全力构建清清爽爽的“天际线”，村庄环境秩序持续提升。

（7）教卫事业繁荣发展。ZY 乡始终把教育摆在突出位置，持续加大教育事业投入力度，不断推进“教育复兴”工程，全面改善教师住宿条件，发放偏远学校教师交通补助，对 18 名本科大学新生发放“读书人家”牌匾并为中考优秀学子发放各类助学金 6.65 万元。在医疗卫生方面，ZY 乡不断提升基层医疗服务水平，加强医疗卫生设施建设，为群众提供更加优质的医疗服务。

（8）文化气息愈发浓厚。ZY 乡全力完善文化基础设施建设，建成港口、向务两个村级综合文化服务中心，覆盖率达 100%。建成三坪“古戏台”休闲文化广场，打造“红色中源纪念馆”。ZY 乡大力培植群众文化活动亮点，成功举办“喜迎新春送春联”、重阳“千叟宴”、“乡下年味大体验”等文化活动 20 余次。在旅游旺季，ZY 乡连续两年举办了“周末大舞台”暨九岭之星评选活动，极大地丰富了游客和群众的业余生活。

五、经验启示

（1）坚持绿色发展理念。ZY 乡始终坚持绿色发展理念，把生态保护放在首位，通过科学规划和有力措施，实现了生态环境保护和经济社会发展的良性互动。这启示我们，在乡村振兴工作中，必须牢固树立绿色发展理念，坚持生态优先、绿色发展，才能实现经济效益、社会效益和生态效益的有机统一。

（2）发挥资源优势。ZY 乡充分利用自身丰富的自然资源优势，因地制宜地发展特色产业，如中药材种植、生态西瓜、高山大米等，形成了具有地方特色的产业体系。这启示我们，在乡村振兴工作中，必须充分发挥自身优势，因地制宜发展特色产业，才能增强乡村经济的内生动力和可持续发展能力。

（3）注重项目带动。ZY 乡通过实施一系列重大项目，如避暑小镇、风电项目、铝模板项目等，带动了当地经济的快速发展。这启示我们，在乡村振兴工作中，只有注重项目带动，通过实施一批重大项目，推动基础设施建设、大力促进产业升级和着力改善民生，才能为乡村振兴提供有力支撑。

（4）加强政策扶持。ZY 乡在推动民宿产业发展中，积极引进大型知名民宿运营公司，提供政策扶持和财政支持，鼓励民宿品质升级，形成了品牌化、品质化的民宿产业态势。这启示我们，在乡村振兴工作中，必须加强政策扶持和财政支持，通过制定优惠政策、提供资金保障等措施，推动乡村产业的快速发展。

（5）强化社会治理。ZY 乡在推动经济社会发展的同时，注重加强社会治理，通过常态化开展扫黑除恶斗争、化解信访积案、开展“法律七进”活动等措施，提升了社会治理水平。这启示我们，在乡村振兴工作中，必须强化社会治理，通过加强基层党建、完善乡村治理体系、提升社会治理能力等措施，为乡村振兴提供有力保障。

六、未来计划

（1）继续加强项目建设。ZY 乡将继续加强项目建设，重点推进中源国际滑雪场项目、包坑民宿群项目、九岭观瀑栈道项目等，进一步完善基础设施和配套服务设施，提升康养度假小镇的品质和吸引力。

（2）深化现代农业发展。ZY 乡将继续深化现代农业发展，以中药材种植、生态西瓜、高山大米等特色产业为龙头，带动农业增效、农村增绿、农民增收。同时，进一步加强农产品质量安全监管工作，并不断优化农业技术指导服务，提升农产品的附加值和市场的竞争力。

（3）提升旅游产业水平。ZY 乡将继续提升旅游产业水平，通过创新旅游业态、丰富旅游产品、提升旅游服务质量等措施，打造一批具有地方特色的旅游品牌。同时，加强旅游宣传和推广，提高 ZY 乡的知名度和美誉度。

七、思考题

1. 如何通过引进高端民宿集群康养项目、运营公司提升村民所经营的民宿品质与盈利能力？
2. 在大量外部引资打造康养度假小镇的过程中，如何确保村民的主体利益？
3. 除吸纳就业外，还可以通过什么方式提高贫困户的收入水平？

第十八节　山东省日照市岚山区 GCW 村：渔舟唱晚映文旅，融合生金促振兴

一、基本情况

GCW 村位于山东省日照市岚山区岚山头街道，濒临中国四大渔场之一的海州湾渔场，村南头便是国家一级渔港岚山渔港。作为岚山区最老也最专业的渔业村，GCW 村拥有得天独厚的山海资源和丰富的渔业资源，是日照市海水养殖的龙头村居。GCW 村的地理位置独特，依山傍海，具有发展渔业的天然优势。全村拥有各类渔船近 150 艘，养殖面积达到 13 000 公顷，年产值超过 2 亿元。丰富的海洋资源不仅为村民提供了稳定的生计，也为村庄的经济发展奠定了坚实基础。

GCW 村的发展历程充满了创新与变革。从最初的海洋捕捞，到后来的海水养殖，再到如今的渔文旅融合发展，GCW 村始终走在时代前列。20 世纪 90 年代，村民们开始尝试养殖海虹和牡蛎，逐渐积累了丰富的养殖经验。进入 21 世纪后，他们进一步拓展养殖品种，发展浅海立体综合养殖，海底抛扔人工鱼礁散养海参、鲍鱼，水面进行海虹、牡蛎、海带等贝藻兼养。2020 年，面对互联网时代的到来，GCW 村敏锐地捕捉到线上销售的机遇，通过电商平台将海产品销售到全国各地，甚至远销海外。这一转变不仅拓宽了销售渠道，也极大地提升了海产品的知名度和附加值。GCW 村的努力与成就得到了广泛的认可。2017 年 11 月，GCW 村被农业部评为“国家级最美渔村”；2021 年 8 月，GCW 村入选第三批全国乡村旅游重点村名单；同年 11 月，GCW 村被中华人民共和国文化和旅游部评为“全国乡村旅游重点村”；2022 年 2 月，被山东省精神文明建设委员会评为“省级文明村”。这些荣誉不仅是对 GCW 村过去努力的肯定，也为未来的发展提供了强大的动力。

二、挑战与问题

（1）产业结构单一。长期以来，GCW 村的经济主要依赖于渔业，尤其是海水养殖业。虽然近年来在电商销售方面取得了突破，但整体上产业结构仍然较为单一。这种单一性不仅限制了村庄的经济增长，也增加了经济波动的风险。

（2）文化旅游资源挖掘不足。GCW 村拥有丰富的渔文化资源和独特的山海景观，但这些资源的挖掘和利用并不充分。目前，村庄的旅游项目主要停留在观光和简单的餐饮住宿层面，缺乏深度和特色。同时，旅游纪念品的质量和品种也相对单一，缺乏吸引力和竞争力。

（3）人才与资金短缺。渔文旅融合的发展需要高素质的人才和充足的资金支持。然而，GCW 村在人才和资金方面都存在不同程度的短缺。一方面，缺乏专业的旅游策划、营销和管理人才；另一方面，

资金投入不足也限制了项目的开发和升级。

（4）生态环境保护压力。随着经济的发展和人口的增长，GCW村面临着越来越大的生态环境保护压力。海洋资源的过度开发和环境污染问题日益突出，这不仅影响了渔业生产的可持续发展，也对村庄的生态环境和旅游资源构成了潜在威胁。

三、发展举措

（1）多元化发展，优化产业结构。为了降低经济波动风险，GCW村积极推动产业多元化发展。在保持海水养殖业优势的同时，大力发展渔业加工、海产品电商、渔业旅游等新兴产业。通过延长产业链、提升附加值，形成多元化、立体化的产业结构。具体来说，GCW村依托丰富的渔业资源，发展渔业加工产业，提高海产品的加工率和附加值；同时，利用电商平台拓展销售渠道，将海产品销售到全国各地甚至海外；此外，还积极发展渔业旅游，打造渔文化体验项目，吸引游客前来观光、休闲和度假。

（2）深入挖掘渔文化资源，提升旅游品质。GCW村拥有丰富的渔文化资源和独特的山海景观，是发展渔文旅融合的重要基础。为了提升旅游品质，村庄深入挖掘渔文化内涵，打造了一系列具有地方特色的旅游项目。一方面，GCW村通过举办渔文化节庆活动、渔文化展览等方式，展示渔文化的独特魅力；另一方面，结合山海景观和渔业生产活动，开发了一系列渔文化体验项目，如海上观光、渔业捕捞体验、渔家民宿等。这些项目不仅丰富了游客的旅游体验，也提高了村庄的知名度和美誉度。此外，GCW村还注重提升旅游纪念品的质量和品种。通过引进外地优质纪念品、开发本地特色纪念品等方式，增加旅游纪念品的吸引力和竞争力。

（3）引进人才与资金，强化支撑保障。人才和资金是渔文旅融合发展的重要支撑。为了解决这个问题，GCW村积极引进高素质的旅游策划、营销和管理人才，提升村庄的旅游发展水平。同时，通过争取上级资金支持、吸引社会资本投入等方式，为项目的开发和升级提供充足的资金保障。在人才引进方面，GCW村通过举办旅游人才招聘会、与高校合作培养旅游人才等方式，吸引了一批具有专业素养和创新能力的旅游人才加入。这些人才为村庄的旅游策划、营销和管理提供了有力的支持。在资金筹集方面，GCW村积极争取上级政府的政策支持和资金扶持，同时与金融机构合作，争取贷款支持。此外，还通过招商引资等方式吸引社会资本投入，为项目的开发和升级提供了充足的资金保障。

（4）加强生态环境保护，实现可持续发展。生态环境保护是渔文旅融合发展的重要前提。为了保障渔业生产和旅游资源的可持续发展，GCW村加强生态环境保护工作，采取了一系列措施。一方面，加强海洋资源的保护和管理，严格控制捕捞强度和养殖密度，防止过度开发和资源枯竭；另一方面，加强环境污染治理和生态修复工作，提升海洋生态环境质量。同时，还积极开展环保宣传和教育活动，增强村民的环保意识，提高村民的参与度。在具体实践中，GCW村通过推广生态养殖技术、建设海洋牧场等方式，提高渔业生产的生态效益和经济效益；同时，加强垃圾分类和污水处理等基础设施建设，提升村庄的生态环境质量。

（5）党建引领，发挥党组织的积极作用。在推进渔文旅融合、助力乡村振兴的过程中，GCW村始终坚持党建引领的原则，充分发挥党组织的作用。通过加强党组织建设、提升党员干部素质等方式，为村庄的发展提供了坚强的政治保障和组织保障。

一方面，加强党组织建设，提升党组织的凝聚力和战斗力。通过换届选举、能力培训等方式，选拔了一批能力强、敢担当、有创新意识的党员干部进入领导班子；同时，加强党员的教育和管理，提高党员的党性修养和综合素质。另一方面，发挥党组织的引领作用，推动村庄各项事业的发展。通过制定发展规划、协调各方资源等方式，为村庄的发展提供了有力的指导和支持；同时，积极开展志愿服务和公益活动，为村民的生产和生活提供了便利和帮助。

四、发展成效

（1）经济转型升级。GCW村地处日照市岚山区岚山头街道，濒临中国四大渔场之一的海州湾渔场，是国家一级渔港岚山渔港的所在地。作为一个传统的渔业村，GCW 村以海洋捕捞和海水养殖为支柱产业，拥有各类渔船近 150 艘，海洋牧场 13 000 余公顷。然而，随着近海渔业资源的日益衰退，GCW 村从完全以捕捞为业，逐步转向海水养殖和海洋旅游。从 20 世纪 90 年代开始，GCW 村开始养殖海虹、牡蛎，2005 年以后发展浅海立体综合养殖，包括海底抛扔人工鱼礁散养海参、鲍鱼，水面进行海虹、牡蛎、海带等贝藻兼养。2020 年，GCW 村更是“触网”转型，将海鲜放到网上销售，进一步拓宽销售渠道。目前，GCW 村已有贻贝、海参养殖户 33 户，养殖船 178 条，养殖面积 13 000 公顷，年产值达 2 亿元。

（2）乡村旅游兴起。凭借丰富的山海资源和独特的渔业民俗文化，GCW 村大力发展乡村旅游。近年来，GCW 村以渔村特色精品民宿、民俗文化节庆体验、休闲海钓、特色海鲜品尝等为亮点，大力挖掘打造“渔文化”特色项目。2021 年 8 月，GCW 村被文化和旅游部评为“全国乡村旅游重点村”，渔村项目随之提上日程。该项目总投资 3 亿元，以渔文化推介、亲海体验、精品海钓、渔村食宿等为主，建设了以海洋渔文化为特色的民俗旅游度假村。村内建设了龙王庙、山东手造·岚山风物展示体验馆、乡村记忆馆、鱼市、民俗街等设施，全方位展示“渔文化民俗游”主题和“海滨海洋游”休闲度假特色。2024 年，GCW 村将继续推进三期建设，包括青年旅社、海产品加工体验、游船俱乐部等。GCW 村每年农历六月十三日举办“民俗祭海节”，阳历九月初七举办“渔船首丰归港庆典”等活动，把传统海洋民俗变成旅游吸引力，充分展现渔村民俗特色文化，大力推进乡村旅游文化建设。此外，GCW 村还依托滨海优势和海洋牧场产业优势，积极开发海洋研学旅行课程，吸引大批中小学生参加。

（3）文化传承与创新。在乡村振兴过程中，GCW 村不仅注重经济发展，还高度重视文化传承与创新。GCW 村通过举办各类非遗体验活动，如榫卯搭建等，让青少年体会古人的建筑智慧，感受传统文化的魅力。同时，GCW 村还深入挖掘传统渔文化，通过祭海节等形式，传承和发扬海洋渔文化。GCW 村在文化传承的基础上，不断创新文化表现形式，如将传统海洋民俗变成旅游吸引力，举办各类节庆活动，丰富游客的文化体验。此外，GCW 村还利用微信公众平台和快手、抖音等新媒体渠道，开展宣传推广和营销，打造乡村旅游品牌，提升乡村整体形象。

（4）基础设施建设与环境保护。在乡村发展过程中，GCW 村高度重视基础设施建设工作，提升村民的生活质量和游客的旅游体验。村内各项设施设备符合国家关于环境保护的要求，不造成环境污染、自然资源破坏和其他公害。同时，GCW 村还全面加强生物多样性保护，维护生态系统的生态特性和基本功能，最大限度保障生态旅游持续健康发展。近年来，GCW 村沿岸建起了 8 座码头、5 座冷藏厂和 2 处渔船修造厂，一条完整的渔业产业链逐步形成。同时，GCW 村还积极推进环境整治，提升村容村貌，为乡村旅游提供优美的自然环境。

五、经验启示

（1）立足主题定位，突出渔文化特色。GCW 村人文资源、自然生态资源、海洋渔业资源组合度好，滨海渔文化休闲旅游主题鲜明。在乡村发展过程中，GCW 村立足主题定位，突出渔文化特色，将渔业生产和旅游观光紧密结合，实现保护和开发并举，传承和利用并重。GCW 村通过大力发展渔文化特色项目，如渔村特色精品民宿、民俗文化节庆体验、休闲海钓、特色海鲜品尝等，将传统海洋民俗变成旅游吸引力，持续增强“渔文旅”的吸引力。同时，GCW 村还积极开发海洋渔业研学旅行、滨海观光休闲度假游、海钓游、精品民宿游等旅游产品，丰富游客的旅游体验。

（2）突出项目引领，实现产业升级。GCW 村以海洋牧场、渔港小镇项目为引领，积极进行“传统海洋渔业+旅游产业”转型升级，积极发展海洋休闲旅游经济。通过海上观光、采摘、垂钓等活动，GCW 村成为山东省最大的休闲海钓示范基地之一。渔港小镇一期建成启用后，配套完善了民宿、餐饮、文化体验等旅游业态，优化了旅游产业链条。同时，GCW 村还积极推进二期、三期建设，包括龙王庙、山东手造·岚山风物展示体验馆、乡村记忆馆、鱼市、民俗街、青年旅社、海产品加工体验、游船俱乐部等设施，进一步提升乡村旅游品质。

（3）党建引领发展，强化组织保障。在乡村发展过程中，GCW 村始终坚持党建引领，发挥党组织的战斗堡垒作用和党员的先锋模范作用。通过加强班子建设、开展能力培训、发挥引领作用等措施，GCW 村实现了党组织的全面领导和有效治理。在党支部领办合作社的推动下，GCW 村成立了 GCW 居股份经济合作社，经营范围包括集体资产经营与管理、集体资源开发与利用、农业生产发展与服务、财务管理与收益分配等。同时，GCW 村还通过党总支自主开展招商引资，利用资源优势开拓新发展路子，实现村集体经济的稳步增长。

（4）打造互联营销，提升品牌形象。在乡村旅游发展过程中，GCW 村注重打造互联营销，利用微信公众平台和快手、抖音等新媒体渠道开展宣传推广和营销，打造乡村旅游品牌，提升乡村整体形象。通过推出“互联网+服务”“大数据+服务”“电子信息+服务”等智慧乡村旅游服务，GCW 村为游客提供了优质的旅游体验。同时，GCW 村还积极参加各类旅游节庆活动和展览展示活动，如全省文化和旅游工作会议等，展示乡村旅游发展成果和特色产品，进一步提升乡村旅游的知名度和美誉度。

六、未来计划

（1）深化渔文旅融合，提升旅游品质。未来，GCW 村将继续深化渔文旅融合，提升旅游品质。一方面，GCW 村将继续完善旅游设施和服务体系，提升游客的旅游体验；另一方面，GCW 村还将继续挖掘渔文化资源，开发更多具有特色的旅游产品和文化活动，如海洋研学旅行、渔村文化节庆等，丰富游客的文化体验。

（2）推进产业升级，拓展发展空间。未来，GCW 村将继续推进产业升级，拓展发展空间。一方面，GCW 村将加强海洋牧场建设和管理，提高养殖效益和产品质量；另一方面，GCW 村还将积极发展海洋休闲旅游经济，拓展旅游产业链条和增值服务空间。同时，GCW 村还将加强与周边地区的合作与交流，共同打造区域旅游品牌和产业集群。

（3）强化生态保护，实现绿色发展。未来，GCW 村将继续强化生态保护，实现绿色发展。一方面，GCW 村将加强海洋生态保护和环境治理工作，维护生态系统的稳定性和生物多样性；另一方面，GCW 村还将积极推广绿色旅游和低碳生活方式，增强游客的环保意识，提高游客的参与度。同时，GCW 村还将加强与相关部门的合作与交流，共同推动绿色旅游产业的发展和壮大。

（4）加强党建引领，推动乡村全面振兴。未来，GCW 村将继续加强党建引领，推动乡村全面振兴。一方面，GCW 村将加强党组织建设，提高党组织的凝聚力和战斗力；另一方面，GCW 村还将加强乡村治理体系建设，推动乡村治理体系和治理能力现代化。同时，GCW 村还将加强与相关部门的合作与交流，共同推动乡村振兴战略的深入实施和落地见效。

七、思考题

1. 如何借助海洋 3A 级渔村的文化资源来开发旅游产品，构建 GCW 村的旅游产品体系，同时盘活“三农”资产、提升其价值？

2. 在海洋资源面临过度开发和环境污染问题，特别是日本向海洋排放核污水这一严峻危机的背景下，GCW 村该如何借助乡村旅游业实现转型发展呢？

第十九节　湖北省黄冈市YS县：以四季花海为笔，绘就旅居新镇乡村振兴画

一、基本情况

湖北省黄冈市YS县位于大别山南麓，素有“鄂皖咽喉、江淮要塞”之称。全县总面积1 439平方千米，下辖3乡、8镇、1个开发区，拥有301个行政村和39.23万人口。近年来，YS县凭借其得天独厚的自然资源，荣获国家全域旅游示范区、中国天然氧吧、中国温泉之乡、中国茶叶之乡、中国漂流之乡、中国药材之乡、中国最美休闲乡村、全国休闲农业与乡村旅游示范县、湖北旅游强县等多项荣誉。YS县以“康养英山”为引领，致力于推动现代中医药、绿色健康食（饮）品、旅游康养、医疗养生养老、运动康养“五位一体”的康养产业发展格局，旨在建设中部康养之都。除传统农业外，YS县还大力发展中药材种植，拥有多个中药材种植基地，形成了中药材产业链。此外，YS县还积极推进农业产业结构调整，发展乡村旅游、乡村电商等新兴产业，实现乡村经济的多元化发展。近年来，YS县以其优美的自然风光和丰富的文化底蕴，吸引了大量游客前来观光旅游。同时，YS县大力推动全域旅游发展，形成了“一区四带”的旅游发展格局，即以四季花海景区为核心，带动周边乡村旅游、休闲农业发展。

二、挑战与问题

（1）基础设施落后。乡村基础设施落后是制约YS县乡村振兴的重要因素之一。许多乡村地区道路、水利、电力等基础设施建设仍然滞后，影响了乡村经济发展和人民生活水平的提高。特别是在旅游旺季，交通拥堵、供水不足等问题时有发生，给游客带来不便，也影响了旅游产业的可持续发展。

（2）产业结构单一。YS县的乡村经济以农业为主，产业结构较为单一。尽管茶叶、药材等特色产业具有一定优势，但整体产业规模较小，缺乏多元化的产业发展。这导致乡村经济增长乏力，农民收入增长缓慢，对乡村振兴的全面推进造成了阻碍。

（3）人才流失严重。随着城市化进程的加快，YS县的优秀人才纷纷外出务工或求学，导致乡村人才严重流失。这不仅影响了乡村的发展动力和创新能力，还使得乡村空心化现象愈发严重，影响了乡村社会的和谐稳定。

（4）生态环境问题。在一些乡村地区，存在环境污染和生态破坏状况，这对乡村的可持续发展造成了不良影响。例如，一些农业活动导致的土壤污染和水体污染，以及旅游开发过程中的生态破坏问题，都需要引起高度重视。

（5）治理体系不健全。乡村治理体系尚不健全，基层组织建设的完善程度和村民自治水平均有待提高。这影响了乡村的和谐稳定和治理效能，制约了乡村振兴战略的顺利实施。

三、发展举措

（1）加强基础设施建设。YS县加大了对乡村基础设施建设的投入力度，加快乡村道路、水利、电力等基础设施的建设和改造。特别是针对旅游旺季的交通拥堵问题，YS县积极推进道路拓宽和交通疏导工程，提高了旅游交通的便捷性和舒适度。同时，YS县还加强了农村供水、供电、通信等基础设施建设，提高了乡村居民的生活质量和旅游接待能力。通过完善基础设施，为乡村振兴提供了有力支撑。

（2）推动产业多元化发展。YS县积极推进农业产业结构调整，发展特色农业、乡村旅游、乡村电商等产业，实现乡村产业的多元化发展。特别是在乡村旅游方面，YS县依托四季花海景区，打造了一批乡村旅游示范村和农家乐，吸引了大量游客前来观光旅游。此外，YS县还积极推进中药材种植基地

建设，形成了中药材产业链。通过发展中药材产业，不仅提高了农民收入，还促进了乡村经济的多元化发展。

（3）吸引和培养人才。为了解决人才流失问题，YS县采取了一系列措施吸引和培养人才。一方面，YS县通过政策引导和支持，鼓励外出务工人员回乡创业，为乡村经济发展注入新的活力；另一方面，YS县加强了乡村教育资源配置，提高了乡村教育质量，培养了一批具有创新精神和创业能力的乡村人才。同时，YS县还积极引进和培育高层次人才，为乡村振兴提供智力支持。通过加强人才培养和引进，为乡村振兴提供了有力的人才保障。

（4）加强生态环境保护。YS县高度重视生态环境保护工作，加大了对乡村环境污染和生态破坏的治理力度。一方面，YS县加强了对农业活动的监管和指导，推广有机肥代替化肥使用，减少农药和化肥的使用量，降低土壤和水体污染风险；另一方面，YS县加强了对旅游开发过程中的生态保护监管，严格控制旅游开发规模和强度，防止生态破坏问题的发生。此外，YS县还积极推进生态修复工程，通过植树造林、水土保持等措施，恢复和提升乡村生态环境质量。通过加强生态环境保护，为乡村振兴奠定了良好的生态环境基础。

（5）完善治理体系。YS县加强了基层组织建设和村民自治水平提升工作，完善了乡村治理体系。一方面，YS县加强了基层党组织的建设和管理，提高了基层党组织的凝聚力和战斗力；另一方面，YS县积极推进村民自治制度建设，加强了村民自治组织的建设和管理，提高了村民自治的水平和效能。同时，YS县还加强了乡村法治建设，推进了乡村治理法治化进程。通过完善治理体系，为乡村振兴提供了有力的制度保障。

（6）推进四季花海·旅居新镇建设。四季花海·旅居新镇是YS县乡村振兴的重要抓手之一。YS县以四季花海景区为核心，打造了集旅游观光、休闲度假、康养旅居等功能于一体的综合性旅游景区。通过推进四季花海·旅居新镇建设，不仅提升了旅游产业的品质和水平，还带动了周边乡村旅游和休闲农业的发展。在四季花海·旅居新镇建设中，YS县注重保护和利用乡村文化资源，挖掘和传承乡村文化资源，加强乡村文化建设。同时，YS县还注重推动产业融合发展，通过发展乡村旅游、中药材产业等新兴产业，实现了产业链、供应链的补链延链强链。

（7）加强政策支持。为了推进乡村振兴战略的顺利实施，YS县出台了一系列针对乡村振兴的优惠政策。这些政策涵盖了财政扶持、税收优惠、金融支持等多个方面，为乡村振兴提供了有力的政策保障。同时，YS县还加强了政策宣传和解读工作，提高了政策知晓率和执行力。通过加强政策支持，为乡村振兴提供了有力的制度支撑。

（8）发挥科技支撑作用。YS县注重发挥科技在乡村振兴中的支撑作用。一方面，YS县加强了对现代农业技术的推广和应用，提高了农业生产效率和品质；另一方面，YS县还加强了对乡村旅游、中药材产业等新兴产业的科技支持，推动了产业的创新发展和转型升级。通过发挥科技支撑作用，为乡村振兴提供了有力的技术支持和创新动力。

（9）加强区域合作与交流。YS县注重加强与其他地区的合作与交流，共同推进乡村振兴工作。一方面，YS县积极参与区域旅游合作与交流活动，通过举办旅游节庆活动、参加旅游推介会等方式，提高了旅游品牌的知名度和影响力；另一方面，YS县还加强了对其他地区的经验借鉴和学习交流工作，通过引进先进经验和做法，推动了本地乡村振兴工作的不断创新和发展。通过加强区域合作与交流，为乡村振兴提供了更广阔的发展空间和合作机遇。

四、发展成效

（1）产业升级与经济增长。近年来，YS县依托四季花海·旅居新镇项目，积极推动产业转型升级，实现经济增长。四季花海旅游发展有限公司成立于2014年6月，由6位英山籍在外创业的成功人士响应政府号召回乡创业设立，是一家以旅游资源开发和文旅、农旅产品高度融合发展为主的民营企业。旅游景区核心占地总面积6 200亩，总投资规模16.6亿元，年接待游客达80万人次。四季花海景区以红色引领、绿色发展为核心，不仅带动了周边大塆寨、将军山、四棵枫等 9 个村美丽乡村建设的提档升级，还直接和间接带动了 100 多人就业、创业。2023 年，YS 县红色旅游综合收入近 1 000 万元，带动绿色旅游收入实现大幅度增长。与此同时，YS 县 WQ 镇也积极推进康养名镇建设，通过发展温泉康养产业，实现了生态与经济的双赢。WQ 镇依托四季花海景区，建设了九龙湾乡村振兴先行区，覆盖温泉镇 7 个村和方咀乡 2 个村，区域面积 25. 83 平方千米，人口 24 490 人，党员 463 人。先行区成立联合党委，以“党建引领”为特色、“绿色有机农业”为基础、“生态康养产业”为核心，打造集健康养生、休闲运动、农业体验和旅居度假等于一体的九龙湾康养旅游度假区。

（2）生态环境改善。YS 县在推进乡村振兴的过程中，高度重视生态环境保护与修复。WQ 镇以流域综合治理为抓手，推动大畈河小流域综合治理试点工作，通过源头治理、控违治乱、志愿服务等方式，实现生态保护与绿色发展相统一。WQ 镇加大排查、溯源白莲河流域内水库岸线及主要支流入河口的力度，制定排污口“一口一策”整治方案。通过水库自然生态护坡、河道清淤疏浚、涵闸调度管理，加强支流治理，保障生态用水的需求。同时，创新立体种植法，实施“香榧、苍术、油茶三位一体”种植，有效保持水土。推广养殖业新技术工厂化集约模式，养殖尾水内部循环使用不外排。持续推进农村污水与垃圾治理，加强农业面源污染管控，推动小微水体整治，推进农村垃圾处理乡镇一体化。

（3）农民收入增加。四季花海 · 旅居新镇项目不仅带动了产业发展，还显著增加了农民收入。村民通过流转土地得租金、入股分红得股金、就近务工得薪金，与四季花海形成了稳固的利益联结机制。例如，大塆寨村村民严某怡一家是受益项目区的典型农户。他家的土地山林全部流转到企业，每年有一笔稳定的流转收入。严老本人参与项目用地协调工作，60 多岁的爱人当保洁员，儿媳当酒店前台接待员，儿子负责管理景区内的建筑工地，全家年收入近 30 万元。WQ 镇还通过发展红菜薹等特色产业，拓宽农户增收途径。石头咀镇 DJS 村成立“火炉尖”种植合作社，发展红菜薹产业已有 10 多年，种植规模保持在 100 亩左右，通过前期卖菜、后期制种两个途径实现增收。全村有 90 多户农户在“村党支部+基地+农户”的模式下获利。

（4）基础设施完善。YS 县在推进乡村振兴的过程中，不断完善基础设施，优化城乡接合部规划与布局。四季花海地处县城南郊 2. 5 千米，在项目发展进程中，加强配套设施建设，打造大唐风情、芬兰风情商业街，建设华美达酒店，让旅客玩得开心、买得放心、住得安心。温泉镇通过实施老旧小区改造、背街小巷整治、新建美丽塆落、铺设污水管网、新增停车位和口袋公园等措施，显著提升了城乡面貌。同时，推进农村污水与垃圾治理，加强农业面源污染管控，推动小微水体整治，推进农村垃圾处理乡镇一体化。

五、经验启示

（1）坚持绿色发展理念。YS 县在推进乡村振兴的过程中，始终坚持绿色发展理念，将生态保护与经济发展紧密结合。通过流域综合治理、生态产品价值实现等措施，将生态优势转化为发展动能，实现了“生态美、产业兴、百姓富”的目标。

（2）推动产业融合发展。YS 县通过推动农文旅产业融合发展，打造乡村旅游新业态。四季花海景区以红色引领、绿色发展为核心，将旅游产业与农业科技、文化教育、生态康养高度融合，形成了集健康养生、休闲运动、农业体验和旅居度假于一体的康养旅游度假区。WQ 镇则以流域综合治理为抓手、以共同缔造为途径推进基层社会治理、以农文旅融合发展为导向推进产业发展和乡村振兴，实现了流域“生态美、产业兴、百姓富”的目标。

（3）创新利益联结机制。YS 县在推进乡村振兴的过程中，注重创新利益联结机制，让农民更多分享产业发展红利。通过土地流转、入股分红、就近务工等方式，形成了稳固的利益联结机制，保障了农民的稳定收入。例如，四季花海景区通过建立和完善“企业+村集体+农民”的利益联结机制，让粮农蝶变成了花农，“泥腿子”变成了旅游人，实现了从“种粮食”到“种风景”、从“卖农副产品”

到“卖耕作体验”、从“山水资源”到“美丽经济”的转变。

(4) 发挥政府引导作用。YS县政府在推进乡村振兴的过程中，充分发挥引导作用，通过政策扶持、资金支持、项目带动等措施，推动产业发展、生态保护和农民增收。例如，通过招商引资、项目建设等方式，推动温泉康养产业、红菜薹特色产业等发展，带动农民增收致富。

六、未来计划

(1) 深化产业融合发展。未来，YS县将继续深化农文旅产业融合发展，推动产业转型升级。以四季花海景区为核心，打造集健康养生、休闲运动、农业体验和旅居度假于一体的康养旅游度假区。同时，加强与其他地区的交流合作，引进先进技术和管理经验，提升产业发展水平。

(2) 加强生态环境保护。YS县将继续加强生态环境保护与修复工作，推动绿色发展。加强流域综合治理和生态产品价值实现工作，提高水质和生态环境质量。同时，加强农业面源污染管控和农村污水与垃圾治理工作，推动小微水体整治和农村垃圾处理乡镇一体化进程。

(3) 完善基础设施和公共服务。YS县将继续推进基础设施和公共服务设施的建设完善工作，提升城乡接合部规划与布局水平。加强交通、水利、电力等基础设施建设，提高城乡基础设施互联互通水平。同时，加强教育、医疗、文化等公共服务设施建设，提高城乡居民生活质量。

(4) 推进乡村全面振兴示范区建设。YS县将继续推进乡村全面振兴示范区建设，发挥示范引领作用。以九龙湾乡村全面振兴先行区为核心，打造集健康养生、休闲运动、农业体验和旅居度假于一体的康养旅游度假区。同时，加强与其他地区的交流合作，引进先进技术和管理经验，提升示范区发展水平。

(5) 加强人才培养和引进。YS县将继续加强人才培养和引进工作，为乡村全面振兴提供人才保障。加强农村实用人才和新型职业农民培养工作，提高农民的素质和能力。同时，加大人才引进工作力度，吸引更多优秀人才奔赴农村投身创业就业，以此推动乡村振兴事业的蓬勃发展。

七、思考题

1. 基于“旅游+”的产业融合模式，思考如何从旅游产品（商品）开发的角度，实现中医药、绿色健康食（饮）品与旅游业的融合式发展？

2. 如何建立生态价值与旅游地社区居民利益之间的联系？如何增强当地村民生态保护意识，消除农业活动与农村生活对土壤和水体造成的污染？

第二十节　广西壮族自治区桂林市恭城瑶族自治县HY村：发展“月柿”生态农业

一、基本情况

HY村位于广西桂林市恭城瑶族自治县莲花镇，距离县城14千米，距桂林市108千米，交通便利。全村总面积18.3平方千米，耕地面积5 900多亩（1亩≈666.67平方米，下同），其中水田3 400多亩，旱地2 500多亩，下辖13个自然村，1 170户、4 460人。HY村素有“水果之乡”的美称，是全国闻名的月柿生产销售基地，全村95%以上的农户种有月柿，种植面积达1.6万多亩，年产鲜柿4万多吨，被誉为“月柿村”。

2003年以来，HY村按照“生产发展、生活宽裕、乡风文明、村容整洁、管理民主”的总体要求，围绕“生态家园、富裕家园、和谐家园”建设，充分利用区位优势和自然资源，大力发展以月柿为主的生态农业和以“农家乐”为主的乡村旅游，促进了农业增效、农民增收和农村繁荣，走出了一条具有恭城特色的社会主义新农村建设之路。HY 村先后获得全国农业旅游示范点、全国生态文化村、全国绿色小康村、全国巾帼示范村、全国生态示范村、广西壮族自治区十佳魅力乡村、广西壮族自治区生态村、广西壮族自治区文明村、桂林市十佳旅游村寨等荣誉称号。

二、挑战与问题

（1）资源环境保护压力大。HY 村在发展过程中面临着资源环境保护的压力。随着旅游业的快速发展，游客数量不断增加，给当地的生态环境带来了一定的压力。同时，在农业生产过程中，也存在化肥、农药等化学物质的使用情况，这对土壤和水资源造成了一定程度的污染。

（2）产业结构单一。HY 村的产业结构相对单一，主要以月柿产业和乡村旅游为主。虽然这两个产业在当地具有一定的优势和特色，但过于单一的产业结构使得 HY 村在面对市场变化时缺乏足够的应对能力。一旦月柿市场或乡村旅游市场出现波动，将对 HY 村的经济发展产生较大的影响。

（3）人才短缺。HY 村在发展过程中面临着人才短缺的问题。HY 村的地理位置相对偏远，交通不便，加上农村经济相对落后，很难吸引和留住高素质的人才。这使得 HY 村在推动农业现代化、乡村旅游发展等方面缺乏足够的人才支持。

（4）基础设施仍需完善。虽然 HY 村在基础设施建设方面取得了一定的成绩，但仍然存在一些不足之处，如部分道路、桥梁等基础设施仍需进一步完善，以满足村民和游客的需求。与此同时，HY 村的生活污水和垃圾处理设施的建设和管理也有待强化，从而提升农村环境质量。

三、发展举措

（1）加强基础设施建设，打造生态家园。一是抓好规划。HY 村按照“统一规划、合理布局、设施配套、完善功能”的原则，对全村进行了科学规划，确定了建设“富裕、生态、和谐”家园的目标，把 HY 村建设成为集农业观光、休闲度假、民俗体验、生态旅游于一体的社会主义新农村。二是改善设施。通过政府引导、群众参与、多方投入的方式，HY 村先后投入 3 000 多万元资金，实施了道路硬化、村屯绿化、饮水净化、路灯亮化、房屋美化、沼气普及化等“六化”工程，建设了综合文化楼、农民科技培训中心、游客接待中心、篮球场、文化广场、公共厕所、生态停车场、垃圾池、污水处理池等设施，进一步完善了农村基础设施，提升了服务功能。三是整治村容。以开展清洁乡村、生态乡村、宜居乡村、幸福乡村活动为契机，建立健全了农村环境卫生长效保洁机制，聘请了 13 名保洁员，配置了 2 辆垃圾清运车，每天对村道、河道、公共场所等进行清扫保洁，实现了垃圾日产日清。同时，在全村范围内大规模地开展植树造林活动，致力于绿化、美化村容村貌，营造出一个舒适、和谐、优美的生活环境。

（2）发展生态农业旅游，打造富裕家园。一是发展月柿产业。HY 村充分利用独特的土壤、气候等自然条件，大力发展月柿产业，通过引进新品种、推广新技术、加强病虫害防治等措施，不断提高月柿的产量和品质。同时，HY 村积极引导农民成立月柿协会，建立月柿市场，举办月柿节，拓宽销售渠道，提高产品的附加值，实现了农业增效、农民增收。目前，全村月柿的种植面积达 1.6 万多亩，年产量 4 万多吨，产值 1.6 亿多元，占农业总收入的 90% 以上，成为农民增收的主要来源。二是发展乡村旅游。依托丰富的生态资源和优美的田园风光，HY 村大力发展乡村旅游，按照“吃农家饭、住农家屋、干农家活、享农家乐”的思路，积极引导农户利用自家闲置房屋发展“农家乐”，为游客提供餐饮、住宿、娱乐等服务。同时，依托月柿产业，开发了一系列以月柿为主题的旅游产品，如月柿饼、月柿酒、月柿醋等，满足了游客的多样化需求。目前，全村共有农家乐 180 多家，床位 2 000 多张，餐位 3 000 多个，年接待游客 50 多万人次，旅游收入达 5 000 多万元，成为农民增收的新亮点。三是发展特色农业。HY 村在抓好月柿产业的同时，还积极引导农民发展特色农业，如种植桃树、李树等水果，养殖鸡、鸭、猪等家禽家畜，为游客提供新鲜的农产品。同时，依托特色农业，开发了一系列以农产品为主题的旅游产品，如土鸡蛋、土鸡、土猪肉等，丰富了旅游产品的种类，提高了旅游收入。

（3）加强精神文明建设，打造和谐家园。一是加强道德教育。HY 村积极开展社会主义核心价值观教育、公民道德教育和未成年人思想道德教育，通过举办道德讲堂、开展志愿服务活动等方式，引导村民树立正确的世界观、人生观和价值观，不断提高村民的道德素质和文明程度。二是丰富文化生活。HY 村充分利用综合文化楼、篮球场、文化广场等文化设施，组织开展了丰富多彩的文体活动，如篮球赛、文艺演出、广场舞比赛等，丰富了村民的精神文化生活，营造了健康向上的良好氛围。三是推进移风易俗。HY 村积极开展移风易俗活动，引导村民破除陈规陋习，树立文明新风。通过举办集体婚礼、开展婚丧嫁娶改革等方式，倡导文明节俭的婚丧新风，减轻了村民的经济负担和精神压力。同时，积极开展禁毒、禁赌等宣传活动，营造了良好的社会风气。

四、发展成效

（1）生态保护成效显著。HY 村地处喀斯特地貌区，生态环境较为脆弱。为推动可持续发展，HY 村采取了一系列生态保护措施，包括植树造林、水土保持、生物多样性保护等。通过实施退耕还林、封山育林等政策，HY 村的森林覆盖率显著提升，水土流失得到有效控制。同时，HY 村还注重保护当地特有的动植物资源，维护生态平衡，为月柿产业的健康发展奠定了良好的生态环境基础。

（2）月柿产业蓬勃发展。HY 村依托丰富的自然资源，大力发展月柿产业。通过引进优质品种、推广标准化种植技术、加强病虫害防治等措施，月柿的产量和质量均得到大幅提升。此外，HY 村还积极探索月柿深加工领域，开发出柿饼、柿醋、柿酒等多种产品，延长了产业链条，提高了产品的附加值。目前，月柿已成为 HY 村的主导产业，为村民带来了可观的经济收益。

（3）基础设施与公共服务不断完善。在乡村振兴战略的推动下，HY 村的基础设施和公共服务设施得到了显著改善。村内道路硬化、饮水安全、电网改造等工程相继完成，村民的生产生活条件得到了显著改善。同时，HY 村还加强了文化、教育、医疗等公共服务设施建设，满足了村民多样化的需求。这些基础设施和公共服务的健全，为 HY 村的乡村振兴提供了有力支撑。

（4）文化传承与创新并进。HY 村在乡村振兴过程中，不仅注重经济发展，还对文化传承与创新予以高度重视。通过挖掘和保护瑶族传统文化，HY 村成功打造了一批具有浓郁民族特色的文化产品和旅游项目，如瑶族歌舞表演、瑶族服饰展示、瑶族传统手工艺等，吸引了大批游客前来体验。这些文化产品和旅游项目的开发，不仅丰富了村民的精神文化生活，还推动了当地旅游业的快速发展。

五、经验启示

HY 村在乡村振兴过程中，始终坚持绿色发展理念，将生态保护放在首位。通过实施一系列生态保护措施，HY 村成功实现了经济发展与生态保护的良性循环。这一经验给予我们启示，在推进乡村振兴的过程中，必须牢固树立绿色发展理念，注重生态保护与经济发展的协调统一。

（1）发挥产业的带动作用。HY 村依托月柿产业，成功实现了产业升级和经济发展。这一经验给予我们启示，在推进乡村振兴的过程中，要深入挖掘当地资源优势，培育壮大特色产业，发挥产业的带动作用，促进农民增收致富。同时，还要注重产业链的延伸和产品的深加工，提高产品的附加值和市场竞争力。

（2）加强基础设施建设，并加大公共服务供给力度。HY 村在乡村振兴过程中，要注重加强基础设施建设，并加大公共服务供给力度，为村民提供了良好的生产生活条件。这一经验给予我们启示，在推进乡村振兴的过程中，要加大对基础设施和公共服务的投入力度，提升农村基础设施建设质量和公共服务水平，为乡村振兴提供有力保障。

（3）注重文化传承与创新。HY 村在乡村振兴过程中，成功打造了一批具有浓郁民族特色的文化产品和旅游项目。这一经验给予我们启示，在推进乡村振兴的过程中，要深入挖掘和保护当地传统文化资源，注重文化传承与创新相结合，打造具有地方特色的文化品牌和旅游项目，推动文化产业的快速发展。

六、未来计划

（1）深化生态保护与修复。在未来发展中，HY 村将继续深化生态保护与修复工作。一方面，将进一步加强对森林资源的保护和管理，提高森林覆盖率；另一方面，将加大对水土流失等生态问题的治理力度，提升生态环境质量。同时，还将加强生物多样性保护，维持生态平衡，为月柿产业的可持续发展提供坚实的生态保障。

（2）推进月柿产业转型升级。HY 村将继续推进月柿产业的转型升级。一方面，将加强月柿品种的选育和推广工作，提高月柿的产量和品质；另一方面，将加大对月柿深加工领域的投入力度，开发更多高附加值的产品。同时，HY 村还将加强品牌建设和市场营销工作，提高月柿产品的知名度和市场竞争力。通过这些措施的实施，HY 村将进一步巩固月柿产业的地位，凸显其作用，为乡村全面振兴注入新的活力。

（3）加强基础设施建设并推动公共服务水平的提升。在未来发展中，HY 村将继续加强基础设施建设和公共服务提升工作。一方面，将进一步完善村内道路、饮水、电网等基础设施；另一方面，将加大对文化、教育、医疗等公共服务设施的投入力度，提高公共服务水平。同时，HY 村还将加强农村环境整治和美化工作，改善村民的居住环境和生产生活条件。通过这些措施的实施，HY 村将进一步提升村庄的整体形象和品位，为乡村全面振兴创造更好的条件。

（4）推动文化旅游融合发展。HY 村将充分利用其独特的自然风光和丰富的民族文化资源，推动文化旅游融合发展。一方面，将深入挖掘瑶族传统文化内涵和价值，打造更多具有地方特色的文化产品和旅游项目；另一方面，将加强与文化旅游企业的合作与交流，引入前沿的文化旅游开发理念和先进的技术手段，提高文化旅游产品的质量和水平。同时，还将加强旅游市场营销和宣传推广工作，提高 HY 村的知名度和影响力。通过这些措施的实施，HY 村将进一步推动文化旅游产业的快速发展，为乡村全面振兴注入新的动力。

（5）加强人才队伍建设与科技创新。在未来发展中，HY 村将注重加强人才队伍建设与科技创新工作。一方面，将加大对农村实用人才的培养和引进力度，提高农民的文化素质和技能水平；另一方面，将加强与高校、科研院所等机构的合作与交流，引入前沿的农业科技和成熟的管理经验。同时，还将加强科技创新和成果转化工作，推动农业科技进步和产业升级。通过这些措施的实施，HY 村将进一步增强自身的创新能力和竞争力，为乡村全面振兴提供有力的人才保障和智力支持。

七、思考题

1. 游客的不断增加会在哪些方面给生态环境保护带来威胁，又能够采取哪些预防措施？

2. 基于 HY 村的资源基础，面对日益增长的旅游需求，怎样通过月柿产业、生态农业旅游带动其他产业的发展，进而解决产业结构单一的问题？

第二十一节　广西壮族自治区南宁市宾阳县 DL 村：稻花香里话发展

一、基本情况

DL 村位于广西南宁市宾阳县东部，三面环山，村西南面对三宝山，凤凰水库下游的宿车江水在村边四季川流不息，形成了山清水秀、环境优美的自然环境。DL 村的历史悠久，是古盐道上的重要驿站。清朝中叶，途经 DL 村的古盐商道就已经格外热闹，其所经之处，不仅货物运往宾阳各地，道路还直通云贵高原。村民们利用自然条件，发挥聪明才智，生产熟盐，做熟盐买卖，生意做得红红火火，熬制的熟盐占据宾阳、永淳两个县市场的很大份额。DL 村拥有得天独厚的自然资源，良田成片，适宜水稻种植。近年来，村民利用这些资源，通过引入特色水稻品种，发展稻田艺术，不仅提升了水稻的附加值，还吸引了大量游客，带动了乡村旅游的发展。DL 村的水稻种植历史悠久，以长粒香米为主，颗粒饱满，质地坚硬，富含蛋白质、脂肪、维生素、矿物质等营养物质，秉持绿色、有机、无公害的种植标准。DL 村的基础设施建设不断完善，交通条件便利。近年来，得益于国家的乡村振兴政策，政府大力推进乡村振兴战略的深入，对古辣稻花香里旅游区展开全面升级改造。

二、挑战与问题

（1）产业结构单一。尽管 DL 村在水稻种植和乡村旅游领域取得了显著成绩，但其产业结构依然相对单一。水稻种植仍是主要的经济来源，不过受天气、市场等因素的影响较大，农民收入稳定性欠佳。同时，乡村旅游的发展虽然带来了不少收入，但缺乏多元化的旅游产品，游客的停留时长较为有限，消费水平也相对不高。

（2）资金和技术投入不足。稻田艺术的创作和维护需要较高的资金和技术投入。虽然政府和企业给予了一定的支持，但资金和技术投入仍然不足，限制了稻田艺术的发展和创新。同时，乡村旅游的配套设施和服务水平也需要进一步提升，以满足游客的多样化需求。

（3）人才短缺。乡村旅游的发展需要高素质的人才支持，包括旅游规划、市场营销、酒店管理等。然而，DL 村的人才储备相对不足，缺乏专业的旅游人才和经营管理人才。这导致乡村旅游的发展受到制约，难以形成品牌效应和规模效应。

（4）生态环境压力。随着乡村旅游的发展，DL 村的生态环境承受着一定的压力。游客数量的增加，对自然资源和生态环境造成了一定的影响，需要采取切实有效的措施加以保护和修复。同时，乡村旅游的发展必须与生态环境相契合，以达成可持续发展的目标。

三、发展举措

（1）“香米+科技”模式推动产业升级。近年来，DL 村紧抓国家地理标志产品“古辣香米”的品牌效应，积极探索“香米+”系列新模式。位于古辣镇 DL 村的“古辣香米研究院”是这一模式的重要载体。该研究院与华南农业大学、广西农科院水稻研究所等科研院所达成合作，共同开展种业科技攻关。通过建立香稻新品种、新技术示范基地，引进科研院所最新审定的广粮香 2 号、粮发香丝、桂野香占等新品种，示范推广香稻增香富硒栽培技术等，为优质香稻种植规模的扩大提供强有力的技术支撑。在科技的支持下，DL 村不仅提高了香米的产量和质量，还通过引进高效农业设备和技术，提升了农业生产的效率。例如，通过批量向农户提供服务，农户育插秧费用由约 180 元/亩降至约 140 元/亩，烘干费用由约 200 元/亩降至约 160 元/亩，达成了降低成本、提高效益的目标。

（2）“香米+产业”模式促进产业集聚。在“香米+科技”模式的持续加持下，DL 村形成了一条从育秧、播种、收割到加工的“香米+产业”全产业链。位于古辣香米核心示范区的宾阳县鸿发米业有限公司是当地的龙头企业之一。该公司以“公司+农民合作社+家庭农场”的发展模式建立利益联结机制，与 18 家合作社、家庭农场签订香米种植收购协议，合作种植基地达 6 500 亩。为进一步延伸香米产业链条，促进农业增效、农民增收，2021 年 9 月，总投资 1 300 万元，由宾阳县鸿发米业有限公司与古辣镇 11 个村委（社区）合作经营的古辣“稻花香八宝”健康食品（大米制品）加工项目正式投产。该项目可年产湿粉 2 万吨、粉利 1.5 万千克、粽子 2.5 万千克、米糕系列 1 万千克、米饼 1 万千克，吸纳了群众就业 100 多人，有力推动了古辣香米深加工的发展，实现了乡村振兴与壮大村级集体经济有机融合。

（3）“香米+文旅”模式推动农文旅融合。DL 村不仅注重农业产业的发展，还积极探索农文旅融合的发展路径。依托优美的自然生态环境和独特的稻田景观，DL 村以打造广西第一幅“稻田艺术画”为契机，持续吸引优秀返乡人才回村创办大型餐馆、休闲农庄、农家乐及民宿，成为当地集生态休闲、山水游乐、养生度假等于一体的精品旅游示范点。按照“农旅融合、文旅融合、以农带旅、以旅兴农”的发展思路，DL村通过卫星遥感定点定位，在超过150亩的稻田里的不同区域内种上不同颜色的稻子，形成立体艺术图案。这一稻田艺术景区不仅吸引了大量游客前来打卡观光，还带动了乡村旅游的发展。据统计，2020—2022年，DL村旅游景区接待游客数量从28万人次增加到52万人次。2022年，接待游客实现旅游消费达600多万元，村集体收入突破300万元。

四、发展成效

（1）稻田艺术的创新与发展。DL村的稻田艺术创新实践取得了显著成效。从最初的“美猴王”到现在的“见龙在田”，稻田艺术已成为DL村的一张亮丽名片。通过卫星遥感定点定位，在超过150多亩的稻田里的不同区域内种上不同颜色的稻子，形成立体艺术图案。这些稻田艺术不仅吸引了大批游客，还有力带动了水稻种植和农产品销售业务的发展，成功实现了农业增效和群众致富“双赢”局面。“见龙在田”是DL村稻田艺术的新作，出自《易经·乾卦》，原句是“见龙在田，利见大人”，这幅稻田画以60亩稻田为“画布”，用天然彩色水稻为“颜料”打造，展现出神龙脚踏祥云、威风凛凛的形象。宾阳京兆大陆旅游开发有限公司执行总经理何某峰表示，希望通过这幅稻田画，祝愿祖国繁荣昌盛、国泰民安。

（2）乡村旅游的蓬勃发展。DL村的乡村旅游蓬勃发展，为当地带来了显著的经济效益和社会效益。2021年，DL村全年游客接待量约30万人次，村集体营业收入突破300万元。乡村旅游的发展不仅增加了村民的收入，还带动了相关产业的发展，如餐饮、住宿、交通等。在乡村旅游的推动下，DL村的基础设施不断完善，交通条件更加便利。游客能够体验乘坐小火车，或是感受玻璃滑道、彩虹滑道等游乐项目带来的乐趣，同时享受稻香美景与夏日微风。同时，景区还新推出了越野摩托车项目，游客可以驾驶着越野摩托车在开辟好的山路上纵情驰骋，尽情体验“山路十八弯”的刺激旅程。

（3）农文旅融合发展的典范。DL村以“稻”为媒、以“农”促旅，成为农文旅融合发展的典范。通过稻田艺术的创新实践，DL村将水稻种植与乡村旅游相结合，成为独特的旅游产品和旅游品牌。同时，DL村还依托丰富的历史文化和自然景观资源，开发了一系列具有地域特色的乡村旅游产品，如研学课程、花海田园、越野摩托车项目等。在农文旅融合发展的推动下，DL村不仅实现了经济的快速增长，还促进了文化的传承和创新。游客可以在欣赏稻田艺术的同时，了解当地的历史文化和民俗风情。同时，研学课程的开设，为学生们提供了亲身体验农耕文化的契机，让他们感受到粮食的来之不易。

（4）乡村振兴的示范样本。DL村的实践为乡村振兴提供了示范样本。通过稻田艺术的创新实践和乡村旅游的蓬勃发展，DL村实现了农业增效、农民增收和农村繁荣。同时，DL村还注重生态环境的保护和修复，实现了经济与生态的协调发展。在乡村振兴战略的有力推动下，DL村的基础设施不断完善，公共服务水平不断提升。此外，DL村还注重人才的培养和引进，为乡村旅游的蓬勃发展提供了有力的人才保障。这些举措，不仅大力推动了DL村的经济社会发展，也为其他乡村提供了可借鉴的经验和模式。

五、经验启示

（1）立足农业优势，打造特色品牌。DL村的成功经验告诉我们，要立足自身的农业优势，通过优化种植结构、提高产品品质等方式，打造具有地方特色的农业品牌，提高农产品的市场竞争力。

（2）挖掘农业资源，推动乡村旅游。乡村旅游是实现农村经济多元化发展的重要途径。DL村通过挖掘农业资源，建设观光设施，开发旅游项目等方式，成功推动了乡村旅游的发展，为当地经济注入了新的活力。

（3）加强宣传推广，提高知名度。在打造品牌和推动旅游的过程中，加强宣传推广至关重要。DL村通过举办各类活动、利用新媒体等方式，提高了自身的知名度和美誉度，吸引了更多游客前来体验。

（4）注重生态保护，实现可持续发展。在乡村发展过程中，要注重生态保护，实现经济效益与生态效益的双赢。DL 村通过采用生态种植方式、建设生态设施等方式，保护了当地的生态环境，为乡村旅游的可持续发展奠定了基础。

六、未来计划

（1）继续发挥“香米+”系列模式的优势。DL 村将继续发挥好“香米+”系列模式的优势，以香米产业为核心，推进产业优化升级。通过提高农业科技水平，创建水稻绿色高质高效示范基地，开展水稻生产全程社会化服务以及持续推进稻田艺术建设等措施，着力构建以香米产业为主导、农文旅深度融合的农业现代化发展新格局。在“香米+科技”方面，DL 村将继续加强与科研院所的合作，引进更多新品种、新技术，提升农业生产的科技含量和附加值。同时，强化农业技术的培训和推广工作，提高农民的科技素质和农业生产能力。在“香米+产业”方面，DL 村会持续完善全产业链的发展格局，加强产业链上下游的衔接和合作。通过引进更多龙头企业，推动农产品的深度加工和销售工作，提高农产品的附加值和市场竞争力。在“香米+文旅”方面，DL 村将继续挖掘和传承乡村文化，打造更多具有地方特色的文化产品和旅游项目。同时，加大力度推进乡村旅游基础设施建设和旅游服务体系建设，全方位提升乡村旅游的品质和水平。

（2）推进农文旅的深度融合与协同发展。DL 村将继续推进农文旅深度融合与协同发展，以农业为基础、以文化为灵魂、以旅游为平台，打造独具特色的乡村旅游品牌。通过加强农业与旅游、文化的融合，推动乡村经济的多元化发展。在农业方面，DL 村将继续发展优质香米产业，提升农产品的品质和附加值。同时，加强农业与旅游的结合，开发农业观光、农事体验等乡村旅游产品，为游客提供更加丰富多彩的乡村旅游体验。在文化方面，DL 村将继续挖掘和传承乡村文化，打造更多具有地方特色的文化产品和旅游项目，如民俗表演、手工艺制作等，为游客提供更加具有文化内涵的乡村旅游体验。在旅游方面，DL 村将继续加强乡村旅游基础设施建设和旅游服务体系建设，进而提升乡村旅游的品质和水平。同时，加大乡村旅游的市场营销力度，提高 DL 村的知名度和美誉度，吸引更多的游客前来旅游观光。

（3）加强乡村治理和生态文明建设。在推进乡村振兴的过程中，DL 村还将加强乡村治理和生态文明建设。通过加强基层党组织建设、推进村民自治、加强农村社会治理等措施，提升乡村治理水平和能力。同时，加强生态文明建设，保护生态环境和自然资源，推动乡村的可持续发展。在乡村治理方面，DL 村将继续加强基层党组织建设，发挥党组织的领导核心作用。同时，推进村民自治和民主管理，加强农村社会治理和公共服务体系建设，提升乡村治理水平和能力。在生态文明建设方面，DL 村将继续加强生态环境保护和自然资源管理。通过加强水土保持、植树造林、垃圾分类等措施，保护生态环境和自然资源。同时，加强农村环境整治和美丽乡村建设，提升乡村的生态环境质量和宜居水平。

七、思考题

1. DL 村是怎样实现以“农”促旅的？依托 DL 村现有的农业资源与生态环境，还可以开发哪些旅游产品来带动旅游消费，进而推动农旅深度融合发展？

2. 怎样借助发展乡村旅游推进“古辣香米”的品牌建设？怎样实现农产品收益的提升？

第二十二节　广西壮族自治区河池市 BM 县：盘活生态资源，赋能特色旅游扶贫

一、基本情况

BM 县位于广西西北部，县域面积 1 976 平方千米，总人口 30.5 万人，少数民族占总人口的

85.29%，其中瑶族人口占17.46%。这里曾是深度贫困县，全县曾有57个贫困村、14 405户贫困户、65 091名贫困人口。然而，经过多年的努力，特别是通过旅游扶贫，BM县成功实现了整县脱贫摘帽。BM县共辖3个镇、7个乡，有104个村委会、5个居委会、1 666个自然屯、1 872个村民小组，拥有丰富的自然资源和独特的民族文化。巴马镇是全县政治、经济、文化中心，辖有巴马、巴发、巴廖等14个村和城东、城中、城南、城北、新民5个社区。燕洞镇、甲篆镇、那社乡、所略乡、西山乡、东山乡、凤凰乡、百林乡和那桃乡等乡镇，也各自拥有独特的自然风貌和丰富的民族文化。这里山清水秀、洞奇物美，人与自然和谐共生，百岁老人众多，长寿文化源远流长，被誉为“上天遗落人间的一片净土”，是世界五大长寿乡之一。截至2023年9月，全县80岁以上老人共有6 455人，占总人口比例达2.73%，其中百岁老人102人，长寿老人比例位居世界五大长寿之乡的首位。独特的地磁、土壤、水、空气、阳光等长寿养生资源，滋养着巴马人民，也吸引着无数游客前来探寻长寿的秘密。近年来，BM县积极践行“绿水青山就是金山银山”这一发展理念，充分利用良好的生态优势，加快养老服务设施建设，推动健康养老产业高质量发展。全县森林覆盖率达到79.19%，碳汇资源丰富，是全国“绿水青山就是金山银山”实践创新基地、全国绿化模范单位、中国气候宜居县。

二、挑战与问题

（1）基础设施投入不足。旅游经济的发展不仅需要天然的环境和丰富的文化内涵，还需要完善的景区配套设施。然而，BM县的经济基础薄弱，财力十分有限，对旅游基础设施建设投入严重不足。这导致连接外界的道路、景区内部道路等级较低，路况较差，还有一些景区尚未完全通路，景区配套设施不完善，严重制约了旅游经济的快速发展。

（2）旅游产品结构单一。在过去，巴马的旅游产品以单一的景区观光游为主，缺乏多元化的旅游产品。这导致游客的停留时间短，消费水平低，难以形成持续的旅游经济效应。

（3）贫困人口脱贫难度大。BM县是文化和旅游部定点帮扶的国家级贫困县，贫困人口众多，脱贫难度大。如何将生态优势转化为扶贫优势，让贫困人口通过参与旅游业发展实现脱贫致富，是BM县面临的重要课题。

（4）专业人才匮乏。随着旅游业的快速发展，BM县对旅游专业人才的需求日益增加。然而，由于其地理位置偏远，经济发展相对滞后，BM县在吸引和留住旅游专业人才方面存在困难。

三、发展举措

（1）加强基础设施建设。为了提升旅游景区的可进入性和舒适度，BM县加大了对基础设施建设的投入。通过争取上级资金支持、引入社会资本等方式，加快推进景区道路、停车场、游客中心、旅游厕所等基础设施建设。同时，加强景区内部管理，提升服务质量，为游客提供优质的旅游体验。例如，洞天福地景区是2018年广西壮族自治区层面统筹推进的重大项目，总投资6.3亿元。项目全部完工后能提供500个就业岗位，并通过景区辐射带动周边贫困村落的经济发展。此外，BM县还积极实施传统村落保护、农村人居环境整治等项目，提升乡村整体风貌，为发展乡村旅游打下坚实基础。

（2）丰富旅游产品供给。为了改变单一的旅游产品结构，BM县积极开发多元化的旅游产品。依托丰富的自然资源和独特的民族文化，大力发展康养旅游、乡村旅游、红色旅游等特色旅游产品。BM县坚持把生态康养旅游业发展和乡村振兴同步规划、同步推进，通过党建引领、辐射带动、建立利益连接机制等举措，文旅产业逐步成为BM县群众增收致富、开启幸福生活的“金钥匙”。在生态自然环境的基础上，BM县以长寿养生文化为核心，融合自然生态文化、少数民族民俗文化、康养美食文化、红色文化等，以“康旅融合、文旅融合”为两大抓手统一布局，充分发挥文化赋能的作用。BM县还积极打造农家乐示范点，通过发展农家旅馆、农家乐等方式，让游客在体验乡村生活的同时，也能感受到当地的民族风情和文化魅力。目前，全县已发展农家旅馆200余家，床位2 000多张，有效地实现了农民的经济增长。

（3）实施旅游扶贫工程。为了推动贫困人口脱贫致富，BM 县积极实施旅游扶贫工程。通过“旅游+扶贫”的方式，将生态优势与精准扶贫巧妙结合，让贫困户收获旅游产业带来的红利。BM 县坚持将旅游发展和脱贫攻坚同步规划、一体推进。在仁寿乡舍乡村旅游区，旅游区以“仁寿”为主题打造了集饮食、民俗、养生于一体的乡村旅游区，每年吸引游客 30 万人次以上。旅游区所在的平林村，曾经是一个深度贫困村，通过发展乡村旅游，如今已成为巴马旅游扶贫明星村。

（4）加强人才培养和引进。为了提升旅游业的竞争力和发展水平，BM 县积极加强人才培养和引进。通过举办培训班、外出考察学习等方式，提升本地旅游从业人员的专业素养和服务水平。同时，积极引进旅游规划、市场营销、酒店管理等方面的专业人才，为 BM 县旅游业的发展提供智力支持。BM 县还依托当地高校和科研院所，加强产学研合作，推动旅游科技创新和成果转化。例如，与国家卫生健康委中国人口与发展研究中心、广西医科大学等科研院所深度合作，成立健康中国研究中心巴马长寿健康研究院等 10 个科技工程中心（研究院），推动巴马大健康产业提质升级。

（5）推动产业融合发展。为了拓展旅游产业链，提升旅游业的附加值，BM 县积极推动产业融合发展。依托长寿文化、瑶族文化、山水文化、农耕文化等，BM 县打造了一批凸显地方文化特色的旅游产品。同时，以盘阳河景区、水晶宫景区、洞天福地景区等景区为重点，深度挖掘、创新文化体验方式。BM 县还利用农业资源和仁寿文化资源，打造了集农业观光、农耕体验、休闲娱乐于一体的旅游基地。例如，平林村通过功能性流转、创意化改造，引入电影院、特色餐厅等全新业态，有效地盘活了老旧厂房。此外，BM 县还实施青石板路面铺装及河道整治、文化主题墙体彩绘等工程，优化了特色街区花哒街的综合环境，为打造特色文化产业街区打下了基础。

（6）加强宣传推广。为了提升 BM 县的知名度和美誉度，BM 县加大了宣传推广力度。通过举办长寿文化旅游节、巴马国际马拉松赛等活动，吸引了大量游客前来参观游览。同时，利用互联网和新媒体平台，开展线上宣传推广活动，扩大 BM 县的旅游影响力。BM 县还积极与国内外知名旅游企业和机构开展合作，共同开发旅游产品，拓展旅游市场。例如，与深圳合作建设巴马国际长寿养生旅游胜地和深圳巴马大健康合作特别试验区，推动巴马大健康产业提质升级。

四、发展成效

（1）旅游软硬件条件不断优化。为了提升旅游基础设施水平，BM 县投入大量资金进行建设。2017—2021 年，该县累计投入 3. 42 亿元建设旅游集散中心、特色乡村旅游、景区互联互通、旅游标识系统等 232 个项目，投入 19. 29 亿元健全并完善文化和旅游基础设施。县与县之间、县城与山区之间、景区与景区之间的公共交通日趋便利，枢纽地位不断得到加强。

（2）品牌影响力逐步提升。BM 县通过举办“中国-东盟传统医药健康旅游国际论坛（巴马论坛）”和巴马国际马拉松赛事，进一步丰富了旅游元素，增强了“世界长寿之乡”的品牌号召力。近年来，BM 县先后接待国内外游客 3 092. 29 万人次，实现旅游总消费 300. 64 亿元，分别是“十二五”时期的 2. 29 倍和 2. 5 倍。

（3）旅游扶贫成效显著。旅游业作为 BM 县第三产业中的支柱产业，在参与全县脱贫攻坚、助力减贫方面发挥了重要作用。通过发展乡村旅游，BM 县成功打造了一批以百魔洞景区为核心的坡月养生养老度假区、以洞天福地景区为核心的仁乡休闲度假区、以水晶宫景区为核心的大洛观光旅游区、以仁寿源景区为核心的平林长寿文化探秘区。这些区域带动 4 个乡镇的 48 000 多人实现增收，其中贫困人口 22 168 人。在平林村，仁寿乡舍乡村旅游区以“仁寿”为主题，打造了集饮食、民俗、养生于一体的乡村旅游区，每年吸引游客 30 万人次以上。通过景区带动辐射模式，平林村村民人均纯收入从 15 年前的不足 1 500 元，跃升至 2. 5 万元以上。

（4）融合发展的成功案例。BM 县还通过“旅游+”模式，优化产业发展结构。例如，“旅游+农业”模式依托特色农业发展，积极培育了那澜湾、华昱三生农场等一批农业生态观光、水果采摘等乡村旅游业态；“旅游+文化”模式以瑶族文化为基础，推出民族文化探索、体验游项目，建成了巴优瑶寨、文钱射弩文化展示馆等；“旅游+养生”模式培育了赐福湖君澜度假酒店、世纪养生园、百魔洞养生度假区等一批精品酒店和度假场所。

此外，通过“公司+合作社+基地+农户”模式运营推动旅游扶贫项目的建设，BM 县建成了食用菌产业基地生态旅游观光项目、仁寿乡舍乡村旅游区等，构建起产业融合发展的新格局。

五、经验启示

（1）坚持规划先行，科学布局。BM 县始终坚持规划先行，探索“多规合一”，优化旅游发展空间布局。通过委托专业团队编制《BM 县全域旅游总体规划设计》《BM 大健康产业发展规划》，实现了 BM 功能区规划、土地利用规划、县城总体规划、旅游总体规划、交通规划、水利规划、环保规划等规划的有机结合。科学预测旅游前景，推动单一观光游向融合大健康的康养旅游转变，为加快 BM 旅游产业转型提质奠定了坚实基础。

（2）以乡村旅游为助推器，决战脱贫攻坚。BM 县依托独特的区位优势、资源优势、品牌优势以及后发优势，以旅游开发带动脱贫攻坚。通过党建引领，采取群众自筹、政府配套、部门联动“三位一体”的模式打造了坡纳乡村旅游示范点。同时，通过景区带动辐射模式，打造了多个养生养老度假区、休闲度假区、观光旅游区和文化探秘区，带动周边群众增收致富。

（3）注重传统文化与乡村旅游开发相结合。在推进乡村旅游的过程中，BM 县注重传统文化与乡村旅游开发的结合，通过主题开发、文化展示、互动体验等形式，丰富了传统文化的内涵，增强了文化自信。例如，BM 县以光绪帝赐予百岁老人邓诚才的“惟仁者寿”牌匾为主题，打造了集长寿文化、长寿美食和民族风情于一体的仁寿源景区。

（4）坚持生态优先，实现绿色发展。生态资源是 BM 县的最大财富、最大优势、最大品牌。BM 县坚持生态优先的理念，积极实施“青山”“蓝天”“碧水”“净土”工程，加强石漠化生态治理、河域综合整治和土壤修复，推进山水林田湖草沙系统治理项目，让自然环境与人居环境完美融合，探索“生态与发展互动共赢”路径。

六、未来计划

（1）持续推动全域旅游发展。BM 县将继续推动全域旅游发展，通过优化旅游空间布局、完善旅游基础设施、提升旅游服务质量，打造具有国际影响力的康养旅游目的地。未来，BM 县将建设更多重大旅游项目，如赐福湖国际长寿养生度假小镇、巴马国际旅游集散中心、仁乡洞天福地景区等，这些项目将辐射带动更多乡镇和群众增收。

（2）深化产业融合发展。BM 县将继续深化“旅游+”模式，推动旅游与农业、工业、商业、文化、体育、交通、扶贫等相关部门和行业的融合。通过部门联合、产业融合，创造新的亮点和经济增长点，构建起多点支撑、全面发展的“大旅游、大市场、大产业”格局。

（3）加强生态环境保护与治理。BM 县将继续加强生态环境保护与治理，实施更加严格的生态保护措施，确保生态环境质量持续改善。通过推进山水林田湖草沙系统治理项目，加强石漠化生态治理、河域综合整治和土壤修复，让 BM 县的天更蓝、山更绿、水更清。

（4）提升乡村治理水平。BM 县将进一步提升乡村治理水平，通过党建引领、村民自治等方式，加强乡村基层组织建设，提高乡村治理效能。同时，通过举办各类培训活动，提升村民的文化素质和技能水平，为乡村旅游发展提供人才保障。

（5）推动乡村全面振兴与脱贫攻坚有效衔接。BM 县将推动乡村全面振兴与脱贫攻坚有效衔接，通过发展乡村旅游、特色农业等产业，巩固拓展脱贫攻坚成果，实现乡村全面振兴。未来，BM 县将继续打造一批乡村旅游示范点，通过示范引领，带动更多乡村走上富裕之路。

七、思考题

1. BM 县是借助什么方式提高其旅游品牌影响力的？

2. 请立足“世界长寿之乡”这一品牌与山清水秀、洞奇物美、人与自然和谐共生的生态资源环境，设计出深度体验的康养度假旅游产品，以提高乡村整体收益。

3. 在面临脱贫难度大、财力有限、人才匮乏的困境，且有引进外部资金的情况下，该如何发挥村民的主体作用，保障村民的利益，切实提高村民的收入水平呢？

第二十三节　海南省三亚市华侨城 ZL 村：文旅融合点亮美丽乡村建设之路

一、基本情况

ZL 村位于海南省三亚市吉阳区，是一个拥有百年历史的纯黎族村庄，共包含 8 个自然村，总人口约 3 000 人。ZL 村西接 G224 国道，南邻三亚绕城高速和东线高速，交通便利，地理位置优越。距海棠湾约 10 千米，距亚龙湾约 12 千米，距三亚中心城区约 25 千米，半小时车程即可辐射三亚重要的旅游度假区及中心城区。ZL 村不仅自然环境优美，而且黎族文化底蕴深厚。ZL 村的四周被竹篱笆和槟榔树环绕，黎族图腾和色彩绚丽的文化墙相得益彰，乡村的恬静风景如诗如画。这里保留了丰富的黎族传统舞蹈、黎锦技艺和黎陶制作等非物质文化遗产，为文化旅游的发展奠定了坚实的基础。然而，在美丽乡村建设之前，ZL 村也曾面临基础设施落后、环境卫生脏乱差等问题。村民的生活条件较差，收入来源单一，村庄发展缺乏动力。2015 年，ZL 村启动了美丽乡村建设，按照“不砍树、不拆房、不占田、不贪大、不求洋”的原则，逐步打造成“望得见山、看得见水、记得住乡愁”的文明和谐新黎村。

二、挑战与问题

（1）基础设施落后。ZL 村原有的基础设施较差，没有路灯，道路多为土路，坑坑洼洼，下雨天积水严重，车辆难以通行。ZL 村村民的生活条件较为艰苦，缺乏基本的公共设施，如游客中心、公共洗手间等。

（2）环境卫生脏乱差。ZL 村的环境卫生较差，围墙破破烂烂，村民随地吐痰、乱丢垃圾。ZL 村内缺乏统一的垃圾收集和处理系统，环境卫生管理不到位。

（3）收入来源单一。ZL 村的村民的收入主要依赖于传统的农业生产，收入来源单一，缺乏稳定的经济来源。村庄经济发展滞后，村民生活水平较低。

（4）文化传承断层。尽管 ZL 村拥有丰富的黎族文化，但随着现代化进程的推进，年轻一代对传统文化的兴趣逐渐减弱，文化传承面临断层的风险。

（5）村民参与度低。在美丽乡村建设的初期，村民的参与度较低，缺乏主动参与村庄建设的意识和积极性。

三、发展举措

（1）基础设施完善。政府投资 5 000 多万元，对 ZL 村的基础设施进行完善和提升。完成主入口改造提升、村主干道基础设施完善、水环境优化（中和湖莲花栈道建设）、绿化景观提升、民居美化、村道亮化等工程。同时，建立全新游客中心、公共洗手间等公共设施，提升游客的旅游体验。此外，ZL 村还着重关注交通道路的建设工作，将原有的泥土路改造成宽敞平坦的柏油马路，贯穿村庄始终。这不仅方便了村民的出行，也吸引了更多的游客前来参观。

（2）环境卫生整治。ZL 村积极开展环境卫生整治行动，建立“户分类、村收集、企转运”的垃圾收集转运方式，统一收集，每日清运。同时，发动村民做好房前屋后卫生管理，定期开展大扫除活动，加强村内的环境卫生管理。通过集中整治和长效管理相结合的方式，开展庭院评比“积分制”，正向激励和树立标杆，辐射带动更多村民主动参与到人居环境整治中来。村庄的环境卫生状况得到了极为显著的改善，村容村貌焕然一新。

（3）产业转型升级。ZL 村积极引进华侨城（海南）集团等大型企业，推动村庄的产业转型升级。华侨城集团投入资金逾 5 000 万元，对 ZL 村各类资源进行科学统一规划，整体布局，提升村民的人居环境质量。村庄内打造了村上书屋、黎家小院、大榕树广场、南非叶茶坊、艾鲁工坊等文旅场所，推出“中廖黎物”品牌，包含中廖土鸡蛋、中廖山兰酒、中廖鸡、中廖鹅等系列产品。同时，引入多方资源，联动企业、商家、村民发展餐饮、民宿、食品加工等第二产业，增加游客消费选项。在民宿方面，ZL 村已建成 9 栋民宿、55 间客房，每年直接带动村民创收 182.34 万元。民宿的装修和装饰元素大多就地取材，每一处设计都匠心独运，让住客体验别样黎族风情。

（4）文化传承与发扬。ZL 村注重黎族文化的传承与发扬，通过举办各种演艺活动和文化展示，吸引游客前来参观体验。村庄内精心布置了莲花池、黎家小院、大榕树广场等演艺点，排练各种演艺节目定时进行表演活动。同时，与海南热带海洋学院进行合作，引入海南特色非遗项目，让非物质文化遗产得以更好地传承和发展。ZL 村还成立了黎锦阁、黎乐屋等场所，展示黎族传统舞蹈和黎锦技艺，让游客能够深入了解黎族文化。

（5）村民参与与就业。在美丽乡村建设的过程中，ZL 村积极发动村民参与，提高村民的参与度和积极性。ZL 村通过租赁村民闲置房屋及土地、聘用农村职工等方式，直接或间接带动村民就业，促进村民创收。在村庄中推行了“一户一味”“一村百美”相关产品，带动村民从事相关美食产品的发展。同时，开展特色共享产品，如共享菜地、共享厨房、共享集市等，进一步增加村民的收入。此外，ZL 村还注重培养村民的服务意识，提高其技能水平。通过培训和考核方式，让村民具备胜任各类旅游服务岗位的能力。许多村民加入了华侨城集团，成为村民演员或运营人员，实现了家门口就业。

（6）党建引领与乡村治理。ZL 村坚持党建引领乡村治理，通过抓党建、强服务、树新风等举措，打造红旗、幸福、宜居、文明、和谐“五型”村居。村庄内构建了五级党建网格化治理模式，将党员纳入网格中，走访搜集群众诉求、进行政策宣传解读，并定期巡查网格，实时了解网格动态。同时，ZL 村注重发挥“一约四会”作用，通过村务协商议事会、四议两公开等形式共商共议、群策群力，进一步健全完善村规民约、红白理事会、村民议事会、道德评议会和禁毒禁赌会等村民自律组织。村庄内还开展了丰富多彩的志愿服务活动，如“敲门行动”、健康科普、家风家教、反诈科普、禁毒教育等，帮助解决困境儿童的生活、教育、就医等问题，呵护青少年健康快乐成长。

（7）生态宜居与可持续发展。在美丽乡村建设过程中，ZL 村注重生态宜居与可持续发展。村庄内保留了原有的自然景观和生态环境，通过绿化景观提升和水环境优化等措施，打造了一个绿色、生态、宜居的乡村环境。同时，ZL 村还注重资源的节约和循环利用，推广绿色生活方式和低碳发展理念。村庄内建立了垃圾分类和污水处理系统，实现了垃圾的无害化处理和污水的达标排放。此外，ZL 村还计划引进“上廖泊宁中医康养产业基地项目”，打造“中医康养、生态疗养、休闲度假、文化娱乐、医学”五大产业板块。通过构建教、学、医、养、护等中医康养产业生态循环体系，为村民传授技艺，带动村民就业和增收。

四、发展成效

（1）经济收入显著提升。ZL 村位于海南省三亚市吉阳区，是一个纯黎族村庄，共包含 8 个自然村，约 3 000 人。在华侨城（海南）集团的进驻和开发建设下，ZL 村的经济收入实现了显著提升。2013—2015 年，ZL 村全村 3 800 多人，年轻人以外出务工或在家务农为主，村民人均年收入约为 6 800 元。自 2017 年 4 月华侨城集团进驻后，通过开发旅游项目，带动了村民大幅增收。2018 年，带动村民创收约 500 万元，其中贫困户创收达到 71 万元/年。当前，通过旅游业的快速发展，村民人均年收入已提升至 12 000 元。村民不仅通过参与旅游服务获得收入，还通过开设民宿、特色餐饮等方式增加了收入来源。

（2）基础设施和公共服务不断完善。在华侨城集团的帮助下，ZL 村的基础设施和公共服务得到了显著提升。政府投资约 5 000 万元用于基础设施完善及自然环境提升，包括主入口改造、村主干道基础设施完善、水环境优化、绿化景观提升、民居美化、村道亮化等。公共设施也得到了升级改造，包括建立全新游客中心、公共洗手间，以及打造特色蔬果“花园”——黎夫彩园，供游人休憩玩耍的阿爸茶社、儿童乐园等。这些设施不仅提升了游客的旅游体验，也丰富了村民的日常生活。

（3）乡村文化得到传承和发展。ZL 村拥有丰富的黎族文化，通过华侨城的开发建设，这些文化得到了更好的传承和发展。华侨城集团对村民的原生态表演进行了包装，在村内设置了莲花池、黎家小院、大榕树广场等演艺点，定时进行表演活动，吸引了大量游客前来参观。同时，ZL 村与海南热带海洋学院合作，引入了海南特色非遗项目，让非物质文化遗产得以更好地传承和发展。村内还深入挖掘和继承了黎族文化，设计了一批极具特色的黎族形象 IP 代表，如大力神、椰壳怪、槟榔族等，进一步增强了村庄的文化魅力。

（4）生态环境得到保护和优化。在美丽乡村建设过程中，ZL 村始终注重生态环境的保护和优化。村庄按照“不砍树、不拆房、不占田、不贪大、不求洋”的原则进行建设，确保了优美的自然环境得以保留。通过水环境优化、绿化景观提升等措施，ZL 村的生态环境得到了显著改善。如今的村庄绿树成荫、碧水潺潺，竹篱笆和槟榔树环绕的黎家小屋，富有海南特色的黎族图腾、色彩绚丽的文化墙相得益彰，乡村的恬静风景如诗如画。

（5）社会治理和文明风尚不断提升。ZL 村在社会治理和文明风尚方面也取得了显著进步。通过开展廉政警示教育活动、落实“三会一课”、组织生活会等制度，村“两委”干部强化了纪律意识和规矩意识，推动了党风廉政建设的深入开展。结合主题党日活动，统筹开展美丽乡村建设和农村人居环境整治工作，村民的参与意识显著增强。通过推广“积分制”，进一步激活了村民参与环境整治的积极性，形成了“党员干部带头干，群众共同跟着干”的共建共治新局面。同时，ZL 村还开展了丰富多样的文化活动，如黎乐、黎陶培训等，形成了以非遗助力乡村振兴的文化产业链，拓宽了村民的就业渠道，增加了村民的收入。

五、经验启示

（1）资源整合与规划先行。ZL 村的成功经验首先在于资源整合与规划先行。华侨城集团进驻后，对 ZL 村进行了深入的考察和规划。华侨城集团充分挖掘并利用村庄的自然资源和文化资源，制定出一套科学合理的开发方案。通过整合乡村旅游资源，华侨城集团对 ZL 村进行了原址提升规划改造，还原了农村原有的生活场景，完好地留存了秀美的水景与景致，同时引入了城市公共服务设施，实现了乡村与城市生活的充分结合。

（2）文化传承与创新发展。在美丽乡村建设过程中，ZL 村注重文化传承与创新发展。通过包装原生态表演、引入非遗项目、设计黎族形象 IP 代表等方式，ZL 村成功地将传统文化与现代旅游相结合，形成了独具特色的文化旅游产品。

这些措施不仅吸引了大量游客前来参观，也提升了村民的文化自信和认同感，促进了乡村文化的传承和发展。

（3）政府引导与村民参与。ZL 村的成功还离不开政府的引导和村民的积极参与。三亚市政府和吉阳区政府在 ZL 村美丽乡村建设中发挥了重要作用，提供了政策支持和资金保障。同时，村“两委”干部也积极履行职责，推动了各项工作的顺利开展。村民的积极参与是 ZL 村成功的关键。通过参与旅游服务、开设民宿、特色餐饮等方式，村民不仅增加了收入，也提升了自身的素质和能力。同时，村民还积极参与环境卫生整治、文化活动等，为村庄的发展贡献了自己的力量。

（4）多方合作与共赢发展。ZL 村的成功经验还在于多方合作与共赢发展。华侨城集团作为开发企业，充分发挥了自身的品牌影响力和资源优势，为 ZL 村提供了资金、技术和人才支持。同时，华侨城集团也注重与村民的合作，通过租赁闲置房屋、提供就业岗位等方式，实现了与村民的共赢发展。此外，ZL 村还与海南热带海洋学院等高校合作，引入了更多的智力支持和文化资源。这些合作不仅提升了 ZL 村的文化内涵和旅游品质，也为村庄的可持续发展奠定了坚实基础。

六、未来计划

（1）深化旅游产品开发。未来，ZL 村将继续深入推进旅游产品的开发工作，进一步提升旅游品质，为游客打造更优质的旅游体验。通过丰富旅游项目、优化旅游线路、提升旅游服务等方式，吸引更多的游客前来参观。同时，ZL 村还将加强旅游产品的创新和研发，推出更多具有地方特色和文化内涵的旅游产品，以满足游客的多样化需求。

（2）推进乡村产业融合发展。ZL 村将继续推动乡村产业融合发展，实现农业、旅游业等产业的深度融合。通过发展特色农业、农产品加工业等方式，延长产业链条，提升产品附加值。同时，ZL 村还将加强与周边地区的合作与交流，实现资源共享和优势互补，推动区域经济的协同发展。

（3）加强生态环境保护。ZL 村将继续加强生态环境保护，确保优美的自然环境得以保留。通过加强水环境治理、绿化景观提升等措施，进一步提升生态环境质量。同时，ZL 村还将加大环境监管和执法的力度，防止环境污染和生态破坏行为的发生，确保村庄的可持续发展。

（4）提升社会治理水平。ZL 村将继续提升社会治理水平，推动村庄的和谐稳定发展。通过加强基层组织建设、完善社会治理体系等方式，提升社会治理能力和水平。同时，ZL 村还将加强村民的法治教育和道德教育，增强村民的法律意识，提升村民的道德素质，营造文明和谐的社会氛围。

（5）推动乡村全面振兴示范点建设。作为三亚“十镇百村”工程的示范村，ZL 村将继续推进乡村全面振兴示范点建设。通过总结经验、推广做法等方式，为其他村庄提供可借鉴的经验和模式。同时，ZL 村还将加强与上级部门的沟通与协作，争取更多的政策支持和资金保障，推动村庄的全面发展。

七、思考题

1. 在 ZL 村年轻人对传统文化的兴趣逐渐减弱的情况下，该如何通过文旅融合的方式？开发哪些文化旅游产品引导年轻人参与其中，从而更好地保护传统文化并推动其传承发展呢？

2. 在引入华侨城（海南）集团进驻并开发建设的过程中，ZL 村应采取什么措施以实现双方共赢？如何保障村集体的权益与村民的收益呢？

第二十四节　重庆市 WL 区：“旅游+N”模式下多产业协同共促乡村振兴卷

一、基本情况

WL 区地处重庆市东南部，拥有丰富的自然资源和深厚的历史文化底蕴，是全国唯一同时拥有“世界自然遗产”“国家 5A 级景区”“国家级旅游度假区”“国家绿色旅游示范基地”“联合国可持续发展城市示范奖”五块金字招牌的县级区。WL 区辖 4 个街道、12 个乡、10 个镇，地理条件多样，为其发展旅游业赋予了得天独厚的条件。WL 区的自然资源丰富，尤其是喀斯特地貌景观，包括天生三桥、芙蓉洞等著名景点，被誉为“世界喀斯特地貌的博物馆”。仙女山国家森林公园更是以其秀美的自然风光吸引了大量游客。此外，WL 区还拥有丰富的水资源，乌江、芙蓉江等河流穿境而过，为水上旅游项目提供了良好的条件。WL 不仅自然风光旖旎，历史文化也源远流长。全区下辖的多个乡镇，如赵家乡、石桥苗族土家族乡等，都保存着丰富的民族文化和历史遗迹。当地的土家族、苗族等少数民族文化丰富多彩，如印象 WL 山水实景演出、仙女山露营音乐节等文化体育活动，已成为 WL 旅游的重要名片。WL 区经济发展经历了从贫困落后到快速发展的巨大转变。重庆直辖初期，WL 区的地区生产总值仅为 10.2 亿元，传统农业占据“半壁江山”，农民人均收入仅为 1 482 元。然而，通过全区抓旅游、创建“旅游 N”的“WL 模式”，WL 区大力发展生态旅游产业，加速绿色崛起、富民兴区，成功探索出一条贫困山区旅游扶贫的新路子。WL 区的交通条件日益完善，铁路、高速、国道、省道、县道及旅游公路交叉纵横，景区与景区、乡镇与景区之间的路网通达。仙女山机场的投用，更是为 WL 区的发展插上了翅膀。然而，在“出行”便利上仍需下功夫，尤其是乡村旅游点未开通公交车，旅游大巴车不能通行乡镇道路和部分县道路，制约了乡村旅游的发展。

二、挑战与问题

（1）旅游资源开发与生态保护之间的矛盾。WL 区的旅游资源丰富，但生态环境脆弱。如何在旅游资源开发过程中保护好生态环境，推动可持续发展，是 WL 区面临的重要问题。尽管旅游业已成为 WL 区的支柱产业，但过度依赖旅游业可能导致经济结构单一，缺乏抗风险能力，一旦旅游业受到冲击，整个区域经济可能会受到较大影响。尽管 WL 区的旅游业发展迅速，但旅游产业结构相对单一，主要以观光旅游为主，缺乏多样化的旅游产品。

（2）区域竞争压力。在旅游市场竞争日益激烈的背景下，WL 区面临着来自周边地区的竞争压力。如何在竞争中脱颖而出，成为 WL 区旅游业发展的一大挑战。

（3）基础设施和公共服务设施不足。随着旅游业的快速发展，WL 区的基础设施和公共服务设施面临较大压力，特别是在旅游旺季，交通拥堵、住宿紧张等问题较为突出。

（4）人才短缺。旅游业的发展需要大量高素质的人才支持，而 WL 区在旅游规划、管理、营销等方面的人才储备相对不足，影响了旅游业的转型升级和高质量发展。

（5）交通联动问题。尽管 WL 区的交通条件已经大大改善，但仍然存在一些瓶颈问题。尤其是景区与城区、景区与景区、景区与交通枢纽之间的公交车次数较少，乡村旅游点未开通公交车，旅游大巴车不能通行乡镇道路和部分县道路，制约了乡村旅游的发展。此外，仙女山机场的航班次数较少，且受天气原因的影响，取消航班的现象偶有发生。

（6）旅游扶贫带动效应不足。尽管 WL 区通过旅游扶贫取得了一定成效，但部分贫困地区的旅游扶贫带动效应仍然不足，贫困居民参与度不高，所获收益在程度上较为有限。

三、发展举措

（1）拓展旅游产业链。发展休闲度假、纳凉避暑、康体运动、会议会展、养老养生等多种旅游业态，丰富旅游产品的多样性和吸引力。依托 WL 区的自然资源和人文资源，打造研学旅游、婚恋旅游、康养旅游等特色旅游产品，满足不同游客的需求。

（2）“旅游+N”的产业融合。WL 区以旅游业为主导，积极融合文化、体育、商业、农业等多个产业，形成多点支撑、融合发展的“大旅游、大市场、大产业”格局。在“旅游+文化”方面，WL 区推出了一系列文化体育活动，如“印象 WL”山水实景演出、国际山地户外运动公开赛等，成为 WL 旅游的重要名片。在“旅游+农业”方面，WL 区通过发展休闲农业和乡村旅游，实现了旅游与农业的深度融合，带动了农民增收致富。推动“旅游+农业”“旅游+工业”“旅游+服务业”等产业融合，培育一批具有地方特色的旅游商品和纪念品，提高旅游综合收入。

（3）完善基础设施和公共服务设施。加快推进仙女山机场建设，完善公路和铁路交通网络，构建立体旅游交通体系，提高旅游交通的便捷性和舒适性。健全旅游综合服务体系，丰富旅游自驾服务体系，完善旅游标识系统，推动旅游厕所革命，提升旅游公共服务水平。搭建智慧管理平台，推广智慧技术应用，提高旅游服务的智能化水平，为游客提供更加便捷、高效的旅游服务。

（4）强化旅游扶贫的带动效应。确立仙女山旅游扶贫带、白马山旅游扶贫带、石桥湖旅游扶贫带、桐梓山旅游扶贫带四个旅游黄金廊道，推动旅游资源的集聚和共享。加大乡村旅游专业合作建设力度，鼓励农民发展涉旅“十小”企业，积极引导高山移民和集镇居民大力发展旅游商贸服务业，提高贫困居民的参与程度和受益程度。通过廊道带动型增收模式、集镇带动型增收模式、景区带动型增收模式、专业合作社带动型增收模式等多种增收模式，推动旅游扶贫的精准施策和可持续发展。

（5）加强区域合作与对外交流。积极参加渝东南联盟组织的各项旅游推广活动，与周边知名景区打造跨区域精品旅游线路，提高 WL 区旅游的知名度和影响力。加强与国内外旅游机构的合作与交流，引进高端旅游人才和先进技术，提升 WL 区旅游的国际化和专业化水平。举办各类旅游推介会和展览会，如四川国际旅游交易博览会等，展示 WL 区旅游的特色和优势，吸引更多的游客前来观光旅游。

（6）推进绿色发展与创新示范。秉承“森林是 WL 的命根子”“生态是 WL 区最大的财富，最大的资源”的理念，坚持在保护中发展，在发展中保护，实现旅游与生态的协调发展。推进绿色旅游示范区建设，加强旅游资源的节约和循环利用，降低旅游对环境的影响。加大科技创新力度，推动智慧旅游和智能旅游的发展，提高旅游服务的智能化和便捷化水平。

四、发展成效

（1）旅游扶贫的显著成效。WL 区是全国唯一同时拥有“世界自然遗产”“国家 5A 级景区”“国家级旅游度假区”“国家绿色旅游示范基地”“联合国可持续发展城市示范奖”五块金字招牌的县级区。丰富的自然资源和人文资源为 WL 区的旅游扶贫奠定了坚实的基础。WL 区通过“旅游+扶贫”模式，实现了贫困人口的显著减少和生活水平的提升。数据显示，自实施旅游扶贫以来，WL 区已成功消除 48 个贫困村，使 3.2 万余贫困人口脱贫。通过旅游产业的发展，WL 区不仅提升了居民收入，还推动了区域经济的多元化发展。例如，WL 区仙女山片区的 7 个乡镇、50 个行政村，通过旅游扶贫，近 5 万农民人均纯收入超过 12 000 元。此外，通过整合资金 5.9 亿元，大力推进高山生态扶贫搬迁，WL 区已建成移民新村 169 个，搬迁安置 10 951 户、38 331 人。这些举措不仅改善了居民的生活环境，还带动了相关产业的发展。

（2）农文旅融合的实践。WL 区积极推进农文旅融合，将农业、文化和旅游业紧密结合，形成了一条特色鲜明的发展路径。WL 区通过发展高山蔬菜、高山茶叶等特色农业，不仅提高了农业产值，还丰富了旅游产品供给。近年来，WL 区利用自然生态优势，发展高山番茄产业，将其确定为全区“一主两辅”主导产业之一。通过高标准谋划打造“高山番茄谷”，WL 区成功吸引了全国农业专家和企业家齐聚，共同探讨番茄产业的发展路径。这不仅提升了高山番茄的种植技术，还促进了相关农产品加工和销售的产业链延伸。此外，WL 区还依托丰富的山地草场资源，发展山羊养殖业。通过延伸产业链条，WL 区将山羊养殖与旅游相结合，形成了从养殖到加工再到销售的完整产业链，进一步提升了农业附加值。在乡村旅游方面，WL 区已认定 4 个中国美丽休闲乡村、1 个全国乡村旅游重点乡镇（街道）、3 个全国乡村旅游重点村、7 个市级乡村旅游重点村等，构建起了多点支撑、全域覆盖的乡村旅游格局。通过发展乡村民宿、自驾骑行、房车露营等业态，WL 区不仅丰富了旅游产品供给，还提升了乡村旅游的品质和效益。

（3）生态工业与绿色发展的并进。在推进旅游业发展的同时，WL 区还注重生态工业的发展，形成了绿色发展的新模式。近年来，WL 区加快培育以清洁能源、绿色建材、旅游装备和消费品为主导的生态工业集群，实现了生态与经济的双赢。2022 年，WL 区成为国际消费中心城市发展试点区县，开始打造以生态旅游业为龙头的绿色服务业产业集群。通过创建国家级夜间文旅消费集聚区，WL 区进一步提升了旅游服务品质，推动了绿色服务业的快速发展。在绿色发展的道路上，WL 区始终坚持“绿水青山就是金山银山”的理念，坚定筑牢长江上游重要生态屏障。WL 区通过深入推进山水林田湖草沙系统治理，提高世界自然遗产地管护利用水平，不仅增强了生态涵养能力，还提升了生态环境质量。数据显示，WL 区的空气质量优良天数、森林覆盖率、水质达标率等主要生态指标稳居全市前列，成功创建国家生态文明建设示范区和国家级“两山”实践创新基地。这些成绩的取得，充分展示了 WL 区在绿色发展方面的努力和成效。

五、经验启示

（1）坚持生态优先，推动绿色发展。WL 区的发展经验表明，坚持生态优先是推动绿色发展的关键。通过合理利用生态资源，WL 区不仅保护了生态环境，还促进了经济的快速增长。在旅游开发中，WL 区注重生态保护与旅游开发的有机结合，通过科学规划和严格管理，确保了旅游产业的可持续发展。同时，WL 区还大力发展清洁能源和绿色建材等生态工业，形成了绿色发展的新模式。这些举措不仅提升了 WL 区的生态环境质量，还为其他地区提供了可借鉴的经验。在推进经济发展的过程中，必须注重生态保护，推动经济与环境的协调发展。

（2）注重产业融合，推动多元化发展。WL 区通过“旅游+N”模式，推动了多产业的融合发展。通过推进旅游与文化、体育、商业、交通、农业、工业等相关部门和行业的融合，WL 区形成了多点支撑、融合发展的“大旅游、大市场、大产业”的局面。在产业融合的过程中，WL 区注重发挥各自的优势，实现资源共享和优势互补。例如，通过发展高山蔬菜和山羊养殖等特色农业，WL 区不仅提升了农业产值，还丰富了旅游产品供给。同时，通过发展生态工业和绿色服务业，WL 区进一步推动了经济的多元化发展。这些经验表明，在推进产业发展的过程中，必须注重产业融合，实现多产业的协同发展。各产业通过发挥自身优势，凝聚形成合力，进而推动经济的快速增长和社会的全方位进步。

（3）坚持创新驱动，提升发展质量。WL 区在发展过程中，始终坚持创新驱动，不断提升发展质量。通过引进国际先进技术和管理经验，WL 区不断提升旅游服务品质和产业竞争力。例如，在旅游发展中，WL 区注重提升旅游产品的品质和文化内涵。通过打造一批高品质的旅游景区和项目，WL 区不仅吸引了大量游客前来观光旅游，还提升了旅游产业的附加值。同时，WL 区还注重提升旅游服务水平，通过完善旅游设施和加强人员培训等措施，不断提升游客的满意度。在产业创新方面，WL 区积极推动传统产业转型升级，培育新兴产业。例如，通过发展清洁能源和绿色建材等生态工业，WL 区不仅实现了产业结构的优化升级，还推动了经济的可持续发展。这些经验表明，在推进经济发展的过程中，必须坚持创新驱动，不断提升发展质量。通过引进先进技术和管理经验，推动产业升级和转型，可以实现经济的快速增长和社会的全面进步。

六、未来计划

（1）建设世界知名旅游目的地。未来五年，WL 区将加快建成世界知名旅游目的地，塑造旅游国际化发展新标杆。通过推动旅游产业的转型升级和高质量发展，WL 区将初步构建起具有全球吸引力的旅游产品体系和服务体系。具体而言，WL 区将高起点做好旅游规划布局，构建错位协同、功能互补、全域覆盖的旅游发展格局。通过做精做美生态观光游、做大做强康乐养生游、做兴做旺文化体验游和做细做优度假休闲游等措施，WL 区将全面提升旅游产品的品质和内涵。同时，WL 区还将创新发展研学旅游、冰雪旅游、科技旅游等新型主题旅游，培育水上旅游、马术运动、户外拓展、低空飞行等业态。通过引进国际性赛事活动和体育组织，建设全国亚高原训练基地等措施，WL 区将进一步提升旅游产业的国际影响力和竞争力。

（2）打造绿色发展创新示范区。在推进绿色发展的过程中，WL 区将坚定践行“绿水青山就是金山银山”的理念，构建“两带多廊多绿核”生态安全格局。通过深入推进山水林田湖草沙系统治理和提高世界自然遗产地管护利用水平等措施，WL 区将不断增强生态涵养能力。未来五年，WL 区将加快建成绿色发展创新示范区，拓展生态产业化产业生态化新路径。通过大幅提升资源能源利用效率和发展生态经济等措施，WL 区将形成一批在全国示范推广的生态产品价值实现路径模式。同时，WL 区还将加强生态文明宣传教育，推动生态文明成为共同价值追求。在生态工业方面，WL 区将加快打造以“三个百亿”为主导的生态工业产业集群。通过发展清洁能源、绿色建材、旅游装备和消费品等产业，WL 区将推动产业结构的优化升级和经济的可持续发展。

（3）推进商文旅体融合发展。未来，WL 区将深入推动商文旅体融合发展，构建高品质的旅游消费市场。通过打造一批高品质商务聚集区和培育“两核两区”商圈布局等措施，WL区将提升旅游消费市场的品质和内涵。同时，WL区还将深化拓展国际消费体验场景和创新“消费+人文”“消费+生态”“消费+艺术”“消费+智能”等业态模式。通过举办国际山地户外运动公开赛和仙女山露营音乐节等活动，WL区将打造生态绿色、创新融合、多元包容的消费新场景。在培育国际旅游产品集群方面，WL区将着力招引具有国际品牌运作能力的商业投资商和运营商，并引进知名品牌“首店”、旗舰店、体验店和连锁店等。通过提升服务业国际竞争力和整体发展水平，WL区将进一步推动旅游产业的国际化发展。

七、思考题

1. WL区的生态资源环境在旅游业及相关产业的发展中如何得到有效保护，并如何借助旅游业及其相关产业转化为经济收益？

2. WL区“旅游+N”的产业融合模式如何推动乡村经济的多元化发展？

第二十五节　四川省雅安市MS区：茶香飘四海，全域旅游带动乡村振兴

一、基本情况

雅安市MS区位于四川省中部，是四川省布局的30个茶叶重点县之一。MS区因境内有世界茶文化圣山——蒙顶山而得名，因茶产业而闻名，是世界有文字记载最早人工种茶的地区，被誉为“世界茶文明发祥地、世界茶文化发源地”。全区总面积广阔，茶园面积达到39.2万亩，农民人均茶园面积2.1亩，居全国第一。90%以上的农户种茶，75%的人口从事茶产业相关工作，茶业已成为MS区的支柱产业。MS区地形多样，包括平坝、浅丘和山地，气候温和，雨量充沛，四季分明，年均气温16.3度，年降水量1 326毫米，全年无霜期300天。优越的自然条件造就了丰富的农产品资源，茶叶、蚕桑、食用菌、果蔬、林竹等农业结构调整的支柱项目已形成基地和规模，且起点高，发展势头良好。近年来，MS区紧紧围绕“以茶为本、文化为魂、茶旅融合、生态康养、全域旅游”的发展思路，加快推进以“茶”为核心的休闲农业与乡村旅游融合发展，为助推乡村振兴提供有力支撑。MS区先后入选“2022年国家农业现代化示范区”名单，获评“中国特色农产品优势区”“中国茶业百强县”等称号。

二、挑战与问题

（1）产业结构单一。尽管茶产业是MS区的支柱产业，但产业结构相对单一，对茶产业的依赖度较高。一旦茶产业受到市场波动或自然灾害的影响，将对全区经济造成较大冲击。因此，需要进一步优化产业结构，发展多元化经济，降低对单一产业的依赖。

（2）基础设施薄弱。MS区部分乡村地区的基础设施建设相对滞后，交通、水利、电力等基础设施不完善，制约了乡村旅游的发展。特别是在旅游旺季，交通拥堵、住宿紧张等问题时有发生，影响了游客的旅游体验。因此，需要加强基础设施建设，提升旅游接待能力。

（3）旅游产品开发不足。MS区拥有丰富的茶文化旅游资源，但旅游产品的开发相对不足，缺乏具有市场竞争力的旅游产品和品牌。现有的旅游产品主要集中在观光旅游和休闲度假方面，缺乏深度体验和互动性的旅游产品。因此，需要加大旅游产品的开发力度，丰富旅游产品种类，提升旅游产品的品质和竞争力。

（4）人才短缺。MS区在推进全域旅游和乡村振兴过程中，面临着人才短缺的问题。特别是在旅游规划、市场营销、酒店管理等方面，缺乏高素质的专业人才。这制约了MS区旅游产业的发展水平

和竞争力。因此，有必要强化人才的培养和引进工作，以此提升旅游产业的综合素养和竞争力。

生态环境保护压力。MS 区作为茶叶重点县，茶园面积广阔，生态环境优美。然而，随着旅游产业的快速发展，生态环境保护压力日益加大。如何在发展旅游的同时，保护好生态环境，实现可持续发展，是 MS 区目前面临的重要课题。

三、发展举措

（1）做强优势产业，筑牢根基。MS 区继续做强茶产业这一优势产业，筑牢乡村振兴的根基。一是扩大茶园面积，提高茶叶的产量和品质。通过引进优良品种、推广先进种植技术、加强茶园管理等措施，提高茶叶的产量和品质。二是加强茶叶加工和销售体系建设。建成全国唯一的茶叶类大宗商品交易平台——蒙顶山茶叶交易所和西南地区最大的茶叶交易市场——蒙顶山世界茶都干茶交易市场，构建“1+1+N”茶叶流通销售体系，提升茶叶的附加值和市场竞争力。三是加强品牌建设。通过举办茶文化节、参加国内外茶叶博览会等方式，提升蒙顶山茶品牌的知名度和美誉度。

（2）传承茶文化，焕发活力。MS 区注重茶文化的传承和保护，通过实施茶文化遗产“理论+实体”双保护，焕发茶文化的活力。一是加强茶文化研究。组织专家学者对蒙顶山茶文化进行深入挖掘和研究，出版茶文化丛书，构建以“五茶文化”为内核的蒙顶山茶文化系统。二是培育非遗代表性传承人。通过举办培训班、开展技艺传承活动等方式，培育一批非遗代表性传承人，传承和发扬蒙山茶传统制作技艺。三是加强茶文化宣传。通过构建以茶为重点的全媒体宣传矩阵，蒙顶山茶得到了亚欧多个国家和驻美大使馆的官方推荐，成功入选第二批中欧地理标志协定保护名录，提升了蒙顶山茶文化的国际影响力。

（3）创新融合发展，全面振兴。MS 区创新推进“茶文化+”“旅游+”跨界融合，促进第一、第二、第三产业深度融合发展，实现全面振兴。一是打造茶旅融合空间布局。依托好山好水好茶，确立“1+7+N”茶旅融合空间布局，建成贯穿全境的中国至美茶园绿道 150 千米，沿线建成科普茶乡——牛碾坪、骑游茶乡——红草坪、浪漫茶乡——月亮湖等 7 个各具特色、错位发展的茶乡组团。二是培育旅游新业态。依托独特的自然禀赋和悠久的茶文化旅游资源，MS 区将民宿产业作为全域旅游的引爆点，拓展旅游的新型业态。通过发展以“茶观光”和“茶体验”为主的乡村民宿集群，吸引来自全国各地的游客。三是推出精品旅游线路。梳理全区特色景区景点，打造茶道体验之旅、茶源寻根之旅、茶香花海漫步之旅、茶园绿道骑游之旅等精品茶文化旅游线路，为游客提供多元化的旅游体验。

（4）加强基础设施建设，提升接待能力。MS 区加强基础设施建设，提升旅游接待能力。一是完善交通设施。加快交通道路建设，实现村村通水泥路，提升旅游交通的便捷性和舒适性。二是加强水利设施建设。加强水利设施建设和维护，保障旅游区域的用水需求。三是提升电力设施。加强电力设施建设，保障旅游区域的用电需求。四是加强旅游服务设施建设。建设旅游服务中心、停车场、公共厕所等旅游服务设施，提升旅游接待能力和服务质量。

（5）开发旅游产品，丰富旅游业态。MS 区加大旅游产品的开发力度，丰富旅游业态。一是开发茶文化体验产品。通过打造茶文化体验场景、推出亲子互动、春茶采摘、手工炒茶等体验项目，让游客亲身体验茶文化的魅力。二是开发茶会节旅游产品。以“月月有活动，季季有盛会”为标准，定期开展茶文化节、茶叶博览会等特色活动，吸引游客前来参观和体验。三是开发旅游商品。依托 MS 区丰富的茶资源，开发茶小吃、茶伴手礼等旅游商品，满足游客的购物需求。

（6）加强人才培养和引进，提升产业素质。MS 区加强人才培养和引进，提升旅游产业的综合素质和竞争力。一是加强旅游人才培养。通过举办培训班、开展交流活动等方式，提升旅游从业人员的业务素质和服务水平。二是引进高素质人才。通过制定优惠政策、搭建人才平台等措施，吸引高素质的旅游规划、市场营销、酒店管理等专业人才来 MS 区工作。三是加强校企合作。与高校和科研机构建立合作关系，共同开展旅游研究和人才培养工作，提升旅游产业的创新能力和竞争力。

（7）加强生态环境保护，实现可持续发展。MS 区在推进全域旅游和乡村振兴过程中，注重生态环境保护，实现可持续发展。一是加强茶园生态保护。通过大力推进生态茶园建设、加强茶园病虫害防治等措施，保护茶园生态环境。二是加强旅游区域生态保护。加强旅游区域的生态环境保护和管理，防止旅游活动对生态环境造成破坏。三是加强生态修复和治理。对已经受到破坏的生态环境进行修复和治理，恢复生态系统的功能和稳定性。

四、发展成效

（1）茶业经济蓬勃发展。MS 区作为四川省布局的 30 个茶叶重点县之一，始终坚持“以茶为本”的发展思路。截至 2022 年年底，MS 区茶园面积达 39.2 万亩，其中全国绿色食品原料茶叶标准化生产基地 27 万亩，农民人均茶园面积 2.1 亩，居全国第一。90%以上的农户种茶，75%的人口从事茶产业相关工作。MS 区构建了“1+1+N”茶叶流通销售体系，建成全国唯一的茶叶类大宗商品交易平台——蒙顶山茶叶交易所，以及西南地区最大的茶叶交易市场——蒙顶山世界茶都干茶交易市场。这些平台的建立，不仅提升了茶叶交易效率，还进一步推动了茶业经济的发展。2022 年，MS 区荣获“中国茶业百强县”称号，茶业发展综合实力强劲。

（2）茶文化传承与创新。MS 区在茶文化传承与创新方面也取得了显著成绩。通过实施茶文化遗产“理论+实体”双保护，MS 区精心打造茶文化精品节目，出版蒙顶山茶文化丛书，培育代表性非遗传承人，构建以“五茶文化”为内核的蒙顶山茶文化系统。蒙山茶传统制作技艺被列入“国家级非物质文化遗产代表性项目名录”和联合国教科文组织“人类非物质文化遗产代表作名录”。此外，MS 区还投资 10 亿余元，完成全国唯一遗存的“茶马互市”官衙茶马司遗址的提升打造，建成全国第一个茶史博物馆——蒙顶山茶史博物馆，恢复提升千年茶马古道。这些举措不仅让千年文脉再放异彩，还进一步提升了 MS 区的文化软实力。

（3）茶旅融合推动全域旅游。MS 区依托好山好水好茶，创新推进“茶文化+”“旅游+”跨界融合，确立“1+7+N”茶旅融合空间布局，促进第一、第二、第三产业深度融合发展。全区建成贯穿全境的中国至美茶园绿道 150 千米，沿线建成 7 个各具特色、错位发展的茶乡组团，包括科普茶乡——牛碾坪、骑游茶乡——红草坪、浪漫茶乡——月亮湖等。目前，MS 区已培育精品民宿 32 家，星级茶家乐 45 家，乡村度假旅游接待点 210 余家，形成了连点成线、连线成片的茶旅融合、全域旅游的发展格局。2022 年，MS 区实现茶旅游综合收入 65.79 亿元，农村居民可支配收入在全省同类区县居第一位。

（4）生态环境与基础设施改善。在生态环境和基础设施方面，MS 区也取得了显著成效。以中峰镇朱场村为例，该村通过实施农村生活垃圾定时定点清运、全面实施厕所革命、污水处理、面源污染防治等措施，基本实现了“零增长”和“零填埋”，农村人居环境质量居全区前列。同时，自来水管网、农村电网、天然气管道等基础设施全面覆盖，提升了村民的生活质量。此外，MS 区还积极推进乡村治理，设立新时代文明实践所，积极开展“身边好人、道德模范、星级文明户、洁美家庭”等创建评选活动，对规范村民的道德行为、提升农村精神文明建设起到了积极作用。

五、经验启示

（1）资源要有市场影响力。MS 区的成功首先得益于其丰富的茶叶资源。蒙顶山具有 2 000 多年的植茶、贡茶历史，历代名人的诗词也为蒙顶山茶增添了深厚的文化底蕴。这种具有深厚历史文化底蕴的资源，使得 MS 区的茶产品市场前景广阔，对投资者来说具有极大的吸引力。

（2）抓好融资关键环节。发展旅游需要大量的资金，MS 区在融资方面采取了灵活多样的方式。政府与企业合作，政府出资源、出规划，企业出资金、搞建设，实现了资源的有效整合和利用。同时，MS 区还积极争取上级资金支持，通过市场化运作，成功融资 5 亿多元用于旅游开发，为旅游业的快速发展提供了坚实的资金保障。

（3）高标准规划与管理。MS 区在旅游开发中注重高标准规划与管理。从蒙顶山的开发到茶园绿道的建设，MS 区都提前做好了详细的规划，并严格按照规划实施。同时，政府还加强了对旅游市场的监管，确保旅游市场的健康有序发展。这种高标准规划与管理，不仅提升了旅游景区的品质，还进一步增强了游客的满意度和忠诚度。

（4）注重文化传承与创新。MS 区在茶文化传承与创新方面也取得了显著成绩。通过采取诸如茶文化遗产保护、打造茶文化精品节目、培育非遗代表性传承人等一系列措施，MS 区成功构建了以“五茶文化”为内核的蒙顶山茶文化系统。这种文化传承与创新，不仅提升了 MS 区的文化软实力，还进一步增强了游客的文化体验感和认同感。

（5）创新融合发展模式。MS 区创新推进“茶文化+”“旅游+”跨界融合，促进第一、第二、第三产业深度融合发展。通过建设茶园绿道、打造茶乡组团、培育精品民宿等措施，MS 区成功实现了茶业与旅游业的融合发展。这种创新融合发展模式，不仅提升了茶业经济的附加值，还进一步推动了乡村经济的多元化发展。

六、未来计划

（1）深化茶业经济发展。未来，MS 区将继续深化茶业经济发展，提升茶叶的品质和附加值。一是加强茶园管理，推广绿色生态种植技术，提高茶叶品质和产量；二是加强茶叶品牌建设，提升蒙顶山茶的品牌知名度和美誉度；三是加强茶叶加工和流通体系建设，完善茶叶加工产业链和流通渠道，提高茶叶加工和流通效率。

（2）推动茶文化传承与创新。MS 区将继续推动茶文化传承与创新，加强茶文化研究和传播。一是加强茶文化遗产保护和利用，推动茶文化遗产与旅游产业的融合发展；二是加强茶文化精品节目的创作和推广，提升茶文化节目的影响力和传播力；三是加强茶文化教育和培训，培养更多的茶文化传承人和专业人才。

（3）拓展茶旅融合发展。MS 区将继续推动茶旅融合发展，以及茶业与旅游业的深度融合。一是加强茶园绿道和茶乡组团的建设和管理，提升茶园绿道和茶乡组团的品质和吸引力；二是加强精品民宿和星级茶家乐的培育和管理，提升乡村旅游的品质和服务水平；三是加强茶文化旅游节等活动的策划和组织，提升茶文化旅游的影响力和知名度。

（4）加强生态环境与基础设施建设。MS 区将继续加强生态环境与基础设施建设，提升乡村宜居度和吸引力。一是加强生态环境保护和治理，推动乡村生态环境持续改善；二是加强基础设施建设和管理，提升乡村基础设施的完善度和便利性；三是加强乡村治理和公共服务体系建设，提升乡村治理水平和公共服务质量。

（5）推动区域协同发展。MS 区将积极推动区域协同发展，加强与周边地区的合作与交流。一是加强与川藏经济协作区的合作与交流，推动区域经济的协同发展；二是加强与周边区县的合作与交流，推动旅游资源的共享和市场的共同开发；三是加强与国内外知名企业和机构的合作与交流，引进更多的优质项目和人才资源。

七、思考题

1. 怎样借助乡村旅游，达成文化对 MS 区茶产业的赋能，进而提升茶产业的品牌影响力与产业价值？

2. 基于“旅游+”的融合模式，怎样充分利用好茶园、茶山的生态资源环境与茶文化资源，开发出体验式、互动式且具深度体验感的旅游产品？

第二十六节　四川省成都市蒲江县 MY 村：以“陶艺+”为特色，生态旅游铸就乡村经济繁荣

一、基本情况

MY 村隶属于四川省成都市蒲江县甘溪镇，位于甘溪镇的西部，地处大五面山浅丘地带，蒲江县、邛崃市和 MS 区交会之处。全村面积 6.78 平方千米，森林覆盖率高达 46.2%，拥有耕地面积 3 470.41 亩，人均耕地面积 1.7 亩，总人口 2 218 人。MY 村在地理位置上具备得天独厚的优势，四周被茶园和竹林环绕，自然生态环境优美，是一个典型的浅丘地区乡村。在 2009 年之前，MY 村还是市级贫困村，村民人均纯收入仅 4 772 元，农业经济效益低，基础设施薄弱，农民居住条件差。然而，自 2012 年起，MY 村依托其独特的陶艺文化，逐步走上了一条以“陶艺+”为特色的乡村振兴之路。

二、挑战与问题

（1）经济基础薄弱。MY 村曾是市级贫困村，经济基础相对薄弱，村民收入较低，缺乏稳定的产业支撑。

（2）基础设施落后。过去，MY 村的基础设施建设滞后，道路狭窄，交通不便，自来水普及率低，严重影响了村民的生产生活。

（3）人才外流严重。经济发展滞后，年轻人纷纷外出打工，导致人才流失严重，村庄缺乏活力和创新力。

（4）生态环境脆弱。MY 村虽然拥有优美的自然环境，但由于缺乏有效的保护和管理，生态环境面临一定程度的破坏和污染。

（5）产业结构单一。MY 村的传统农业以茶叶和雷竹种植为主，产业结构单一，缺乏多样化的经济来源。

三、发展举措

（1）明确发展定位，修复陶艺文化。MY 村的发展始于对陶艺文化的挖掘和修复。2012 年，陶艺师李敏来到 MY 村，发现了保存完好的明月窑。李敏随即提出在 MY 村发展陶艺产业的计划，并致信蒲江县政协原主席徐耘，得到了地方政府的大力支持。为了修复明月窑，政府出资、村集体和村民共同筹资，成立了明月乡村旅游专业合作社，负责项目的策划、规划、招商和推广工作。合作社的成立，为 MY 村的发展奠定了坚实的组织基础。

（2）引进新村民，注入文创活力。在修复明月窑的基础上，MY 村通过引进新村民，注入了文创活力。政府通过土地政策、创业环境等优惠措施，吸引了一批有影响力、有创造力、有情怀的企业或个人参与到乡村的发展建设中。截至 2021 年 3 月，MY 村共引进文创项目 50 个，其中 30 个已经建成并对外开放。这些文创项目涵盖了陶艺、蓝染、篆刻、草木染等多个领域，形成了陶艺手工艺文创区、林盘民居创客院落、谌塝塝瓦窑山村民创业区等创业创意集群。新村民的入驻，不仅带来了浓厚的文艺气息，更引来了宝贵的资金和人气。他们租赁农民闲置的宅基地，改造成为各具特色的工作室，吸引了全国各地的陶艺家、收藏家、作家、设计师、画家来到 MY 村，共同推动乡村的发展。

（3）打造“陶艺+”产业，推动农商文旅融合。MY 村在发展过程中，始终坚持“陶艺+”产业的发展模式，通过陶艺与农业、商业、文化、旅游的深度融合，推动了乡村经济的多元化发展。一方面，MY 村利用生态、科学的手段进行农业生产，通过浇水保湿、覆盖增温等科学的种植手段，提高了农产品的品质和市场竞争力。MY 村成立了明月乡村旅游专业合作社，推出“明月酿”“远山活物”雷竹

笋等农产品品牌，借力“互联网+”，拓宽了农产品的销售渠道。另一方面，MY 村以陶艺为核心，构建了多层级的生态产业圈。在修复明月窑的基础上，MY 村引入了陶艺、篆刻、草木染等文创项目，形成了民宿、酒店、餐饮、酒馆、手作、剧场等一系列旅游业态。这些文创项目和旅游业态的引入，不仅丰富了乡村的文化生活，更有力地带动了乡村经济发展。

（4）政府引导，多方参与。MY 村在发展过程中，政府起到了重要的引导作用。政府通过抽调人员组建工作组，统领村子的规划和招商工作，为 MY 村的发展提供了政策支持、人才支持和财政支持。同时，政府还通过土地政策、创业环境等优惠措施，吸引了社会资本和人才的参与。MY 村通过改造院落、自建房屋等方式，引进了符合产业发展需求的新村民，为他们提供了改造补贴和创业支持。此外，政府还通过成立合作社、开展培训等方式，引导老村民参与到乡村的发展建设中。合作社不仅为新老村民提供了服务，还带动了村民的创业和就业，提高了村民的收入水平。

（5）注重生态保护，打造宜居环境。MY 村在发展过程中，始终注重生态环境的保护。政府聘请专业人士制定高质量的建设发展规划，确定了以陶为本、文创兴村的思路。同时，政府还划定了“茶园竹海松林水域”保护区，对村落马尾松挂牌保护，保留了原生态川西林盘韵味和乡村风貌。此外，MY 村还通过改造闲置土坯房、建立蜀山窑陶瓷艺术博物馆等方式，带动了村民改造庭院景观、净化周边环境。政府还引进了专业团队负责公共区域卫生和垃圾运送，与每户家庭签订“门前三包”和垃圾分类处理责任书，持续推动村庄整体环境的改善与提升。

（6）开展文化活动，丰富乡村生活。MY 村在发展过程中，注重开展丰富多彩的文化活动，丰富村民的精神文化生活。政府通过举办春笋艺术月、中秋诗歌音乐会等品牌文化活动，推出了《明月甘溪》《茶山情》等原创歌舞作品，发行了新老村民共同创作的诗集《明月集》。同时，MY 村还成立了“3+2 读书会”等民间阅读组织，开办了“明月夜校”“明月讲堂”等培训活动，定期邀请乡建、文创领域的专家、学者到 MY 村讨论“乡村建设与文化传承”，助推 MY 村的产业升级。

（7）发展生态旅游，提升乡村形象。MY 村通过发展生态旅游，成功提升了乡村的形象和知名度。政府通过打造 8.8 千米的旅游环线，为游客提供了徒步、骑行等便利条件。同时，政府还在 MY 村的接待中心设置不同种类的单车，供游客选择租赁。为了满足游客的休闲需求，MY 村还开设了特色的食堂、咖啡馆、酒馆等餐饮场所，以及多家民宿。这些餐饮场所和民宿不仅为游客提供了优质的服务，还带动了乡村经济发展。

四、发展成效

（1）经济繁荣与收入增长。MY 村在 2009 年的人均年收入仅为 4 772 元，村民生活拮据。然而，经过十多年的努力，2023 年 MY 村的人均年收入已超过 20 000 元，实现了显著的经济增长。MY 村通过发展茶叶、雷竹和陶艺等产业，结合生态旅游，不仅提高了农产品的附加值，还带动了文创产品的销售，增加了村民的收入来源。

（2）产业多元化与融合。MY 村依托茶山、竹海和明月窑等资源，大力推进农旅融合，形成了茶产业、雷竹产业和陶艺产业的多元化发展格局。在茶产业方面，MY 村拥有 3 000 余亩有机茶叶基地，开展茶叶良种培育、品牌茶叶生产加工，并开展茶树观光旅游、茶叶采摘体验等活动。在雷竹产业方面，依托 8 000 余亩雷竹园区，MY 村不仅提供竹笋加工产品，还通过农家乐开发全竹宴，吸引游客前来品尝。在陶艺产业方面，MY 村修复并活化利用明月窑，打造蜀山窑、明月陶等系列文创产品，并开设陶艺体验活动，吸引陶艺家和艺术家驻留创作。

（3）基础设施建设与生态环境。MY 村在基础设施建设和生态环境保护方面也取得了显著成效。近年来，MY 村进行了绿道建设、风貌整治、院落美化和川西林盘修复，改善了乡村宜居宜业宜游的发展环境。同时，MY 村践行“绿水青山就是金山银山”这一发展理念，注重茶山、竹海、松林等生态本底的保护与发展，统筹推进“七改七化”，持续优化乡村整体环境。

（4）文化传承与创新。MY 村不仅注重传统文化的传承，还积极推动文化创新。通过对明月窑的修缮和活化利用，MY 村打造了“明月国际陶艺村”，吸引了众多陶艺家和艺术家前来创作和驻留。同时，MY 村还引入了“3+2 读书荟”等公益组织，开展文化活动，提升村民的文化素养，并通过民宿、餐厅等文创项目，将传统手工艺与现代创意相结合，开发出具有地方特色的文创产品。

（5）社会认可与荣誉。MY 村的发展成果得到了社会各界的广泛认可。MY 村先后荣获中国美丽休闲乡村、中国传统村落活化最佳案例等殊荣，并入选联合国第二届国际可持续发展试点社区。这些荣誉不仅是对 MY 村发展的肯定，也为 MY 村未来的发展提供了更多的机遇和平台。

五、经验启示

（1）精准定位与清晰思路。MY 村的成功首先得益于精准的定位和清晰的发展思路。MY 村充分挖掘自身的自然资源和文化底蕴，将传统的农业与现代的文创、旅游产业相结合，走出了一条特色鲜明的发展道路。MY 村不仅注重农产品的生产和销售，还通过文创产品和旅游体验提升农产品的附加值，形成了“文创赋能休闲农业、推动产村融合发展”的发展模式。

（2）政府引导与多方参与。MY 村的发展离不开政府的引导和多方力量的参与。政府在 MY 村的发展中扮演了“总设计师”和“项目经理”的角色，负责统筹规划、招商引资、协调各方利益。同时，政府还积极引进公益组织、陶艺家和艺术家等，丰富村庄的文化内涵，提升村庄的知名度和影响力。此外，MY 村还成立了明月乡村旅游专业合作社，由村集体、村民和财政产业扶持资金共同出资，负责村庄的整体运营和管理，解决村庄发展的资金问题和管理难题。

（3）文化传承与创新并重。MY 村在发展中注重传统文化的传承与创新。通过对明月窑等历史文化遗产的修缮和活化利用，MY 村不仅保护了传统文化，还通过文创产品和旅游体验将传统文化与现代创意相结合，形成了独特的文化品牌。MY 村还通过引入“3+2 读书荟”等公益组织，开展文化活动，提升村民的文化素养，营出了浓厚的文化氛围。

（4）生态优先与绿色发展。MY 村在发展中始终坚持生态优先和绿色发展的理念。MY 村注重茶山、竹海、松林等生态本底的保护与发展，通过绿道建设、风貌整治、院落美化和川西林盘修复等措施，不断改善乡村的整体环境。同时，MY 村还注重农产品的生态种植和加工，通过科学种植手段和生态种植技术提升农产品的品质和市场溢价。

（5）乡村振兴与多方共赢。MY 村的发展模式实现了乡村振兴与多方共赢。通过发展茶叶、雷竹和陶艺等产业，MY 村不仅提高了村民的收入水平，还带动了文创产品的销售，增加了村民的收入来源。同时，MY 村的发展还吸引了陶艺家和艺术家等人才的驻留，丰富了村庄的文化内涵，提升了村庄的知名度和影响力。此外，MY 村的发展还促进了乡村生态环境的改善，实现了经济效益、社会效益和生态效益的协调发展。

六、未来计划

（1）深化农旅融合。MY 村将继续深化农旅融合，推动茶产业、雷竹产业和陶艺产业的协同发展。MY 村将进一步优化旅游环线和绿道建设，提升旅游体验的品质，丰富其多样性。同时，MY 村还将开发更多的农事体验活动，如采茶、挖笋等，让游客在体验中感受乡村文化的魅力。

（2）拓展文创产品。MY 村将继续拓展文创产品的种类和品质。MY 村将依托明月窑等历史文化遗产，开发更多的文创产品，如陶艺制品、蓝染制品等，提升产品的附加值和竞争力。同时，MY 村还将加强与高校和艺术机构的合作，引入更多的创意人才和资源，推动文创产品的创新和发展。

（3）加强基础设施建设水平的提高。MY 村将继续提升基础设施建设的水平和质量。MY 村将加强道路、水利、电力等基础设施的建设和维护，提高村庄的通达性和便利性。同时，MY 村还将加强公共服务设施的建设，如医疗、教育、文化等，提升村民的生活质量和幸福感。

（4）加强生态环境保护。MY 村将继续加强生态环境的保护和治理。MY 村将坚持生态优先和绿色发展的理念，加强对茶山、竹海、松林等本地生态的保护。同时，MY 村还将加强农村人居环境的整治和提升，推进垃圾分类、污水处理等工作，改善村庄的整体环境。

（5）推动乡村全面振兴与产业升级。MY 村将继续推动乡村振兴与产业升级的深度融合。MY 村将加强与政府、企业、高校等机构的合作，引入更多的资金、技术和人才，推动乡村经济的持续发展和产业的升级转型。同时，MY 村还将加强乡村治理和社区建设，提升村民的自治能力和参与度，形成共建共治共享的乡村发展新格局。

七、思考题

1. MY 村是如何利用生态资源，实现生态与经济双赢的？

2. MY 村空间是怎样借助明月窑遗址的文化资源，打造出旅游吸引力，进而带动乡村旅游发展的？

3. 如何进一步深化“陶艺+”模式，推动多元产业协同发展？

第二十七节　四川省广元市利州区 BC 乡：打造“月坝样本”，推动乡村振兴

一、基本情况

BC 乡位于四川省广元市利州区西部，龙门山脉东端，东连利州区三堆镇、宝轮镇，南接青川县建峰镇和剑阁县下寺镇、上寺乡，西邻青川县七佛、茶坝两乡，北界青川县观音店乡。区域面积 142.28 平方千米，截至 2019 年年末，户籍人口 6 165 人。BC 乡地处龙门山脉东端马鞍山东坡，地势西高东低，最高点位于新房村西南边缘的黄蛟山，海拔 1 917 米；最低点位于鹅掌村南部边缘的徐家岩窟陈家河河谷，海拔 549 米。

BC 乡属亚热带湿润季风气候，其特点是四季分明，雨热同季，降水分配不均，且高差大，立体气温特征明显。BC 乡年平均气温 13.9 ℃，1 月平均气温 3 ℃，极端最低气温-8.3 ℃（1990 年 12 月 18 日），7 月平均气温 23.6 ℃，极端最高气温 33.6 ℃（2011 年 8 月 26 日）。BC 乡的无霜期年平均 248 天，年平均降水量 940 毫米。BC 乡的境内河道属长江流域，流域面积 146.3 平方千米，主要河道有三级河白龙江支流苍溪河，四级河 7 条，总长 45.7 千米，境内最大河流为苍溪河，境内流长 21.7 千米。

BC 乡的历史悠久，原属昭化县宝轮乡和青川县茶坝乡。1950 年，析茶坝乡东南境置罗家乡，属青川县第三（关庄）区。1951 年，析宝轮乡西境置白马乡，属昭化县宝轮区。1952 年，青川县罗家乡划归昭化县三堆区，罗家乡并入白马乡。1958 年，乡改公社。1981 年，白马公社更名 BC 公社。1984 年，公社改乡。2007 年 1 月，属广元市利州区。截至 2020 年 6 月，BC 乡下辖 1 个社区和 8 个行政村。

BC 乡拥有丰富的自然资源，已探明地下矿藏有煤炭、耐火土、石英等。林地面积 16.4 万亩，森林覆盖率 78%，树木以马尾松、青冈为主，其次为杉、柏杨、枫树、漆树、樟木、银杏等。林下有天麻、柴胡、山药、大黄、党参、羌活、半夏、细辛、木通、杜仲、黄柏、厚朴等中草药，有薇菜、蕨菜等野菜及竹茹、松口蘑、牛肝菌、蛋黄菌、青冈菌、养面菌等野生食用菌。野生动物 381 种，其中国家一级保护动物有金雕、豹、云豹 3 种，国家二级保护动物有大鲵、鸳鸯、苍鹰、雀鹰、松雀鹰、鹰雕、秃鹫、白尾、灰背隼、燕隼、红腹锦鸡、白冠长尾雉、猕猴、水獭、黄喉貂、斑林狸、大灵猫、小灵猫、金猫、林麝等 26 种。

近年来，BC 乡的经济持续发展，农业耕地面积 8 615 亩，其中水田 2 796 亩。粮食作物以水稻、小麦、玉米为主，辅以苹果、梨、柑橘等水果和核桃、板栗等干果。畜牧业以饲养生猪、羊、家禽为主。工业以非煤矿山企业和煤矿企业为主。2011 年 BC 乡的工业总产值 3 000 万元，实现工业增加值 1 200万元，比上年增长 20%。

二、挑战与问题

（1）交通不便。BC 乡地处偏远山区，交通不便一直是制约当地经济发展的重要因素。尽管近年来交通基础设施有所改善，但通往各村和外界的道路仍然较为崎岖，交通成本高，影响了农产品和游客的进出。

（2）产业结构单一。BC 乡的传统产业以农业为主，农业产值占比较高，但农产品附加值低，市场竞争力不强。同时，当地工业基础薄弱，缺乏大型企业和产业支撑，难以形成有效的产业链条。

（3）人才短缺。BC 乡地处偏远，经济发展相对滞后，导致人才流失严重，尤其是青年人才和技能人才。当地缺乏高素质的人才队伍，难以满足乡村振兴和产业发展的需求。

（4）生态环境脆弱。BC 乡地处龙门山脉，生态环境脆弱，自然灾害频发，如旱涝、风雹、地震等。这些自然灾害不仅影响了当地的生产生活，也给乡村振兴带来了不小的挑战。

（5）思想观念落后。部分村民思想观念落后，缺乏市场意识和创新精神，难以满足市场经济的发展需求。同时，由于信息闭塞，村民对新技术、新观念接受程度较低，对乡村振兴的推进造成了影响。

三、发展举措

（1）强化组织领导，建立工作专班。BC 乡成立了乡村振兴工作专班，下设多个工作小组，确保乡村振兴工作落实落细见成效。同时，加大动态监测和产业发展工作的推进力度，坚持每月对各行业推送的风险线索及时排查、及时反馈，对于确实存在返贫风险的居民加强政策帮扶。

（2）加强基础设施建设，改善交通条件。BC 乡大力推进交通基础设施建设，改善通往各村和外界的道路条件。通过修建和硬化道路，提高交通的便捷性，降低交通成本，为农产品和游客的进出提供便利。同时，加强农村电网、通信网络等基础设施建设，提高农村信息化水平。

（3）发展特色产业，促进产业升级。BC 乡依托当地丰富的自然资源和独特的地理优势，发展特色产业，促进产业升级。一是大力推动民宿旅游业的发展，精心打造具有地方特色的民宿品牌，以此吸引游客前来感受独特的乡村风情。二是加大力度推动食用菌产业发展，巩固并提升月坝民宿、羊肚菌等产业品牌，以此带动本地居民实现就业增收。三是发展高山生态农业，利用高山气候条件，种植优质农产品，提高农产品的附加值和市场竞争力。

（4）培育乡村工匠，赋能乡村振兴。BC 乡积极培育乡村工匠，通过举办职业技能竞赛、评选优秀工匠等方式激发人才热情。同时，搭建供需对接平台，建立“订单式、委托式、网约式”劳务输出新模式，增加就业信息的获取渠道，创造更多就业机会。通过培育乡村工匠和搭建劳务输出平台，为乡村振兴提供人才支撑和就业保障。

（5）加强生态保护，实现绿色发展。BC 乡坚持绿色发展理念，加强生态保护和环境治理。一是加强森林植被保护，提高森林覆盖率，防止水土流失和生态破坏；二是加强河道治理和水资源保护，确保水质安全和生态平衡；三是加强地质灾害防治和监测预警工作，确保人民群众的生命与财产安全。

（6）创新基层治理，保障基础配套。BC 乡大力推进新时代文明站所建设，开展新时代文明实践活动，提高村民文明素质和乡村治理水平。同时，加强各村（社区）文化设施建设，推动文化振兴助推乡村振兴。通过创新基层治理和保障基础配套，为乡村振兴提供有力的社会支持和保障。

（7）打造“月坝样本”，推动全域旅游发展。BC 乡以 YB 村为示范点，打造“月坝样本”，推动全域旅游发展。一是加强旅游资源开发和整合，打造具有地方特色的旅游品牌；二是加强旅游基础设施建设，并着力提升服务质量，提高旅游品质和游客满意度；三是加强旅游营销和推广工作，吸引更多游客前来旅游观光和休闲度假。通过打造“月坝样本”和推动全域旅游发展，为乡村振兴注入新的活力和动力。

四、发展成效

（1）经济发展与收入增长。YB 村位于广元市利州区 BC 乡西北部，距广元主城区 54 千米，面积

52.2 平方千米，下辖 6 个村民小组、345 户、1 138 人。过去，由于地理位置偏僻、交通枢纽功能不完善、发展观念滞后等，YB 村曾是一个典型的贫困村落。青壮年大多外出务工，留守的多为孤寡老人和留守儿童。近年来，YB 村抢抓“精准扶贫”政策机遇，依托 1.68 万亩高山湿地和 2 处古村落等自然资源优势，大力发展康养旅游特色小镇。通过“政府引导+村集体组织主体+农户参与”的农旅融合发展经营模式，YB 村实现了经济的快速增长。2021 年，村集体经济收入突破 300 万元，村民人均可支配收入达 3 万元，高出全区农民人均可支配收入近 1 倍。YB 村还成立了富民专业合作社，通过“统一规划建设、统一经营管理、统一实施分红、禁止村民个体经营”的“3 统 1 禁”管理经营机制，盘活农村“沉睡”资源资产，增加了财产性收入。如今，村民不仅可以通过土地流转、务工、农副产品售卖等方式获得收入，还能享受集体经济分红。

（2）基础设施建设与人居环境改善。YB 村的基础设施建设同样实现了显著提升。近年来，广元市利州区财政局连续数年向月坝新村倾斜投入资金，用于建房修路、改造民宿、投资特色饮食等。如今，老街老屋的破旧面貌已然不再，取而代之的是宽敞整洁的街道和富有特色的民宿。“宝七路”交通主干道的建设，大大改善了 YB 村的交通条件，吸引了众多游客前来观光旅游。同时，YB 村还加强了文化设施建设，推动文化振兴，助力乡村振兴。通过开展新时代文明实践活动、建设文化墙、制作宣传板等方式，YB 村提升了居民的文化素养和文明程度。在人居环境改善方面，YB 村坚持生态优先的绿色发展理念，将美丽的原生态风光融入村庄建设，变资源优势为经济优势。通过湿地生态修复、高山湖泊构建等措施，YB 村不仅改善了生态环境，还提升了村庄的整体形象。如今，YB 村已成为一个宜居宜业、环境优美的乡村典范。

（3）乡村旅游与产业融合发展。YB 村充分利用自然资源的优势，全力推动乡村旅游蓬勃发展，形成了“吃住游购娱”一体化的康养旅游规划愿景图。YB 村聘请专业机构规划了“一湖（近月湖）、一廊（麻柳长廊）、一山（黄蛟山）、一水（水上乐园）、一街（罗家老街）、一学院（乡村振兴学院）”的发展思路，走上了乡村旅游发展村集体经济的新路子。YB 村的乡村旅游产业不仅带动了本地居民就业增收，还吸引了大量游客前来观光旅游。据统计，2022 年，YB 村接待游客 15 万余人次，村集体经济实现收入 270 余万元。乡村旅游产业的发展，不仅增加了村民的收入，还提升了村庄的知名度和美誉度。YB 村还通过发展订单农业、特色农产品等方式，推动农业与旅游业的融合发展。村民按照绿色种养标准回购月坝时令蔬菜、风干鸡、盐竹笋、腊肉等特色农产品，并通过电商平台进行销售，进一步拓宽了增收渠道。

五、经验启示

（1）坚持生态优先，绿色发展。YB 村的成功经验告诉我们，坚持生态优先、绿色发展是实现乡村振兴的关键。YB 村充分利用自然资源优势，通过湿地生态恢复、高山湖泊建设等措施，改善了生态环境，提升了村庄的整体形象。同时，YB 村还坚持绿色种养标准，发展特色农产品，推动了农业与旅游业的融合发展。YB 村的发展经验表明，只有保护好生态环境，才能实现可持续发展。因此，在乡村振兴的过程中，必须注重生态环境的保护和治理，推动绿色发展。

（2）创新发展模式，实现产业融合。YB 村通过创新“政府引导+村集体组织主体+农户参与”的农旅融合发展经营模式，实现了经济的快速发展。这一模式不仅盘活了农村“沉睡”资源资产，增加了财产性收入，还推动了农业与旅游业的融合发展。YB 村的发展经验告诉我们，在乡村振兴的过程中，必须注重创新发展模式，实现产业融合。通过发展乡村旅游、特色农产品等方式，推动农业与旅游业的融合发展，可以拓宽增收渠道，提升村庄的知名度和美誉度。

（3）加强组织领导，发挥基层治理作用。YB 村的成功经验还表明，加强组织领导、发挥基层治理作用是实现乡村振兴的重要保障。YB 村成立了富民专业合作社，通过“3 统 1 禁”管理经营机制，盘活了农村“沉睡”资源资产。同时，YB 村还加强了基层党组织建设，发挥了基层党组织的战斗堡垒作用和党员的先锋模范作用。在乡村振兴的过程中，必须注重加强组织领导、发挥基层治理作用。

通过建立健全工作机制、加强基层党组织建设等方式，可以推动乡村振兴工作的落实落细见成效。

（4）培育人才队伍，提升发展动力。YB 村还注重培育人才队伍，提升发展动力。通过吸引返乡人才、开展培训等方式，YB 村培养了一批懂经营、善管理的人才队伍。这些人才不仅为 YB 村的发展提供了智力支持和技术保障，还带动了村民的增收致富。在乡村振兴的过程中，必须注重培育人才队伍。通过吸引返乡人才、开展培训等方式，培养一批懂经营、善管理的人才队伍，可以为乡村振兴提供有力的人才保障和智力支持。

六、未来计划

（1）完善基础设施建设，提升旅游品质。未来，YB 村将继续完善基础设施建设，提升旅游品质。该村计划对罗家老街进行升级改造，提升民宿的品质和服务水平。同时，还将加强景区内道路、停车场、公共卫生设施等基础设施的建设和管理，提升游客的旅游体验。

（2）拓展乡村旅游产业链，推动融合发展。YB 村将继续拓展乡村旅游产业链，推动农业与旅游业的融合发展。该村计划通过发展生态农业、特色农产品等方式，丰富乡村旅游的内涵和形式。同时，还将加强与电商平台的合作，推动农产品的线上销售，进一步拓宽增收渠道。

（3）加强生态环境保护，实现绿色发展。YB 村将继续加强生态环境保护，实现绿色发展。该村计划通过湿地生态修复、高山湖泊保护等一系列举措，来优化生态环境，进而提升村庄的整体形象。同时，还将加强环保宣传和教育，增强村民的环保意识。

（4）强化基层组织建设，提升治理能力。YB 村将继续强化基层组织建设，提升治理能力。该村计划通过加强基层党组织建设、培养村干部和党员队伍等方式，提升基层组织的凝聚力和战斗力。同时，还将加强村民自治和民主管理，推动乡村全面振兴工作的落实落细见成效。

（5）推广“月坝样本”，助力乡村全面振兴。YB 村的成功经验为乡村全面振兴提供了有益的借鉴和启示。未来，YB 村将继续推广“月坝样本”，助力乡村全面振兴。该村计划通过举办培训班、现场观摩等方式，向其他地区传授 YB 村的成功经验和发展模式，推动乡村全面振兴工作的深入开展。

七、思考题

1. BC 乡依托高山独特的自然生态环境发展出了哪些特色农业？怎样借助“农业+旅游”的模式，延伸农业产业链，提高农产品附加值呢？

2. 京津怎样看待 BC 乡培育乡村工匠并开展劳务输出的这种发展模式呢？又该如何让当地村民全面参与当地旅游业发展之中，从而提高村民的收益水平呢？

第二十八节　四川省眉山市丹棱县 XF 村：农文旅融合理念下的古村基因重组

一、基本情况

XF 村位于四川省眉山市丹棱县顺龙乡，距离县城以西 14 千米，属于亚热带温湿性季风气候，气候湿润，雨量充沛，夏无酷热，冬有霜雪。全村面积 11.5 平方千米，耕地面积 2 165 亩，林地面积 9 585亩，水域面积 230 亩，森林覆盖率约为 65%。XF 村的历史悠久，文化底蕴深厚。村内保存有清代康熙年间（1662—1722 年）的石拱桥赵桥、“茶马古道”“盐铁古道”历史遗址，景点有着大量丰富多彩的传说。XF 村四社民居基本保持着川西山区原始古朴的风格，整个村庄如同一幅农耕文明的活标本。村民们以种庄稼为生，斗笠、蓑衣、箢箕、背篓、竹耙、犁头、渔笆笼等工具在这里都是原生态的实用物品。XF 村的自然环境优美，村内的山水林田路院构成了一体的村落格局。XF 村内土墙青瓦的川西民居依山而建，面河而立，古桥相连，错落有致。20世纪80年代，XF村因是电影《被爱情遗忘的角落》的外景拍摄地而闻名，但随后又因为交通不便、经济落后等，逐渐被人遗忘。然而，随着国家乡村公园建设的推进，XF村迎来了新的发展机遇。2014年，四川省旅游局在全省开展乡村旅游提升试点行动，XF村因其独特的古村落资源，被列入2014—2016年全省乡村旅游提升试点13个项目之一，并作为省旅游局直接联系点。随后，四川川旅锦江旅游投资有限公司与丹棱县人民政府开始合作，进行XF村旅游综合开发项目，游客中心、停车场等旅游服务设施相继建成。

二、挑战与问题

（1）人口老龄化与人才流失。随着城镇化进程的加快，许多年轻人选择外出务工，导致XF村人口老龄化问题严峻，年轻劳动力匮乏。2012年以前，全村123人中，有1/3的人外出务工，村里难寻年轻人的身影。人才流失使得村庄缺乏活力和创新力，难以有效保护和利用传统村落资源。

（2）基础设施薄弱。在乡村旅游开发之前，XF村的基础设施建设相对滞后。村内道路狭窄，交通不便；缺乏卫生厕所和污水处理设施，生活品质有待提高；旅游服务设施不完善，游客接待能力不足。这些问题限制了乡村旅游的发展，影响了游客的旅游体验。

（3）文化特色挖掘不足。XF村虽然拥有丰富的历史文化资源，但在过去的一段时间里，这些资源没有得到充分挖掘和利用。村庄的文化特色相对滞后，旅游的季节性较强，旺季时游客如潮，淡季则门可罗雀。如何挖掘更多的地方文化，让游客一年四季都能有满意的体验，成为XF村亟待解决的问题。

（4）生态保护与旅游开发的矛盾。XF村在发展乡村旅游的过程中，面临着生态保护与旅游开发的矛盾。如何在保护古村落风貌和生态环境的同时，合理开发旅游资源，实现经济效益和社会效益的双赢，是XF村必须面对的挑战。

三、发展举措

（1）构建共建共享模式。XF村以市场为检验机制，整合“公司、合作社、原住民、新村民”等多方力量，构建起“公司+合作社+村民”的共建共享模式。村民通过土地房屋参股、提供服务、销售产品等方式，为古村乡村旅游发展赋能。这种模式既保护了村民的利益，又激发了他们的积极性和创造性，为乡村旅游的发展提供了源源不断的动力。

（2）构建乡村旅游产品体系。XF村依托丰富的自然和文化资源，打造出了一系列乡村旅游产品。将观光度假、农事体验、民俗文化、休闲游憩、乡村民宿、研学旅游、节庆活动等农文旅产品自然地融入古村之中，构建起“幸福古村”新乡村生活方式。依照古村肌理脉络，精巧布局5处精品民宿，打造幸福书坊公共文化空间、石磨豆坊、私房菜、文创体验空间等20余处特色业态，梳理建设游步道37千米，形成“两环两纵”游览线路。

（3）推进农业供给侧结构性改革。XF村依托农业供给侧结构性改革，建设集观光、采摘、体验于一体的示范园。通过调整农业产业结构，发展特色种植业和养殖业，提高农产品的附加值和市场竞争力。同时，结合乡村旅游的发展，推出农产品采摘、农耕体验等旅游项目，吸引游客前来体验农事活动，感受农耕文化的魅力。

（4）挖掘和传承地方文化。为了增强乡村旅游的文化内涵，XF村深入挖掘和传承地方文化。通过举办传统节日活动、民俗文化展览、手工艺制作体验等活动，展示XF村的独特文化魅力。同时，XF村依托古村落资源，打造具有历史文化底蕴的旅游景区和景点，如赵桥、茶马古道、盐铁古道等，让游客在游览中感受历史的厚重和文化的魅力。

（5）强化基础设施和公共服务建设。为了提升乡村旅游的品质和游客的满意度，XF村大力加强基础设施和公共服务建设，投入资金整治农村人居环境，实现卫生厕所全覆盖、污水治理率达95%，生活品质显著提升。同时，完善旅游服务设施，如游客中心、停车场、旅游厕所等，提高游客接待能力。此外，还建立了志愿服务队伍，为游客提供咨询、导游、救援等服务，确保游客的安全和舒适。

（6）实现“三个转变”。围绕乡村振兴的目标，XF 村实现了“三个转变”。一是从“干部干群众看”到“带动群众一起干”的转变。通过引导群众自发担当多重角色，积极参与文明建设，提高了村民自治意识。二是从“传统农业”到“现代农业+乡村旅游”的转变。通过调整农业产业结构，发展乡村旅游，拓宽了农民增收致富的渠道。三是从“落后村”到“示范村”的转变。通过加强配套设施建设、挖掘乡村特色资源、丰富创新业态类型等，XF 村成为中国美丽休闲乡村和乡村振兴的示范村。

（7）加强品牌建设和营销推广工作。为了提升 XF 村的知名度和影响力，加强品牌建设和营销推广工作至关重要。XF 村积极参加各类旅游节庆活动和展览，展示乡村旅游的特色和亮点。同时，XF 村利用互联网和新媒体平台，开展线上营销和推广活动，吸引更多游客前来游览。此外，XF 村还与周边景区和旅行社合作，通过推出联票和套餐类产品，提高游客的满意度和忠诚度。

（8）注重生态保护与可持续发展。在乡村旅游的发展过程中，XF 村始终注重生态保护与可持续发展。通过制定严格的保护规划和措施，加强对古村落风貌和生态环境的保护。同时，XF 村推广绿色旅游和低碳旅游理念，引导游客文明旅游、环保旅游。此外，XF 村还加强与科研院所和高校的合作，开展对生态旅游和可持续旅游的研究和实践，为乡村旅游的可持续发展提供理论支撑和技术支持。

四、发展成效

（1）经济效益显著提升。近年来，通过实施农文旅融合发展战略，XF 村的经济效益显著提升。XF 村的主导产业以“含硒”脆红李为主，拥有专业合作社、家庭农场等 13 家。2023 年，全村集体经济收入达到 120 万元，人均可支配收入达到 4.3 万元。与 2019 年相比，XF 村的集体经济收入增长 176.12%，实现了从“发展底子薄、发展后劲弱、资产资源匮乏”到集体经济收入从少到多、从弱到强的转变。此外，XF 村还依托脆红李现代农业产业园区，积极引进客商共建共营脆红李果品交易市场，助推果农标准化、专业化、规模化生产。XF 村通过定点采摘、直播带货等新销售模式，果农人均收入突破 2.7 万元。

（2）社会效益逐步显现。除经济效益的提升外，XF 村在社会效益方面也取得了显著成效。XF 村先后被评为全国绿色村庄、全国生态文化村、全国特色景观旅游名村、全国首批乡村旅游重点村和天府旅游名村等荣誉称号。XF 村以“质朴原乡”为主题，通过“民宿+度假”乡村旅游产品，实现了“生活环境、生活方式以及精神面貌”三大改变。村内构建起“公司+合作社+村民”的共建共享模式，村民通过土地房屋参股、提供服务、销售产品等方式，为古村乡村旅游发展赋能。在基础设施建设方面，XF 村依照古村肌理脉络，精巧布局 5 处精品民宿，打造幸福书坊公共文化空间、石磨豆坊、私房菜、文创体验空间等 20 余处特色业态，梳理建设游步道 37 千米，形成“两环两纵”游览线路。

（3）文化旅游品牌影响力增强。XF 村作为 20 世纪 80 年代电影《被爱情遗忘的角落》的拍摄地，拥有保存完整的古村落资源。通过推动农文旅融合发展，XF 村的文化旅游品牌影响力不断增强。近年来，XF 村在保留原有古村落风貌的基础上，融入现代元素，提升基础设施和公共服务的水平。XF 村通过举办冻粑制作、文化交流、传统节日主题活动等，丰富了文化旅游产品，吸引了大量游客前来观光旅游。2023 年 1 月至 9 月，幸福古村接待游客 20 万人次，销售额达到 300 多万元，预计全年可达 500 万元。随着幸福古村高端民宿的建成投运，已经在周边形成了热度，丹棱文旅的宣传力度得到显著增强，其宣传效果也大幅提升。

五、经验启示

（1）立足资源禀赋，挖掘文化内涵。XF 村的成功经验在于立足自身资源禀赋，充分挖掘文化内涵。XF 村拥有丰富的古村落资源，通过“严格保护、尊重传统、适度开发、产村相融”的思路，打造了“记得住乡愁，守得住幸福”的 XF 村落。在发展过程中，XF 村注重保护和传承古村落文化，修复开发盐铁古道、清代石拱桥、大寨梯田等历史人文遗迹，完善古村民宿、景观节点、导视系统等规划。同时，XF 村大力弘扬农耕、民俗、知青文化，引领群众讲好原乡故事。

（2）多方合作共建，形成发展合力。XF 村通过“公司+合作社+村民”的共建共享模式，形成了发展合力。XF 村积极整合“公司、合作社、原住民、新村民”等多方力量，共同推动乡村旅游发展。在此过程中，政府、企业、村民等各方积极参与，形成了良好的合作机制。政府提供政策支持，并推进基础设施建设，企业负责市场运营和产品开发，村民通过土地房屋参股、提供服务、销售产品等方式参与乡村旅游发展，实现了经济效益和社会效益的双丰收。

（3）创新金融服务，支持产业发展。XF 村的成功还得益于金融服务的创新支持。在推进乡村旅游发展过程中，XF 村面临资金短缺的问题。为此，农业银行丹棱县支行和丹棱农商银行等金融机构提供了有力的信贷支持。2022 年，农业银行丹棱县支行给 XF 村所在的公司授信 1.35 亿元，已贷款5 922万元用于建设位于幸福古村核心区的乡村生态民俗风情体验区——幸福岭民宿。金融服务的支持，快速推动了幸福古村硬件设施的升级，丰富了民宿、美食、特产、文创产品等项目，提升了游客的旅游观光体验。

（4）注重生态保护，实现绿色发展。XF 村在发展过程中，始终坚持生态保护，实现绿色发展。XF 村注重生态环境保护和修复，通过实施有机肥替代化肥、采用水肥一体技术等措施，提高脆红李产业的品质，推动可持续发展。同时，XF 村还加强农村环境综合整治，改善村容村貌，采取措施提升村民的生活质量。通过发展生态旅游，XF 村实现了经济效益和生态效益的双赢。

六、未来计划

（1）创建省级全域旅游示范区。未来，XF 村将以创建省级全域旅游示范区为统揽，推进以 XF 村为核心的省级旅游度假项目建设。XF 村将加强旅游基础设施建设，提升旅游服务质量，完善旅游产品体系，打造更多高品质的旅游产品和线路。通过推进全域旅游发展，XF 村将进一步拓展旅游市场，吸引更多游客前来观光旅游，提升文化旅游品牌的影响力。

（2）整体提升 XF 村业态产品。XF 村将以幸福谷人文旅游度假区项目为驱动，整体提升 XF 村业态产品。XF 村将加快打造乡村精品民宿，建设村史博物馆，设置常态化演艺场所，拉长古村游线，丰富游客的旅游体验。同时，XF 村还将加强与其他旅游项目的合作，形成旅游产业集群效应，提升旅游产业的竞争力和附加值。

（3）加强品牌宣传和推广。未来，XF 村将加强品牌宣传和推广，提升文化旅游品牌的知名度。XF 村将通过线上线下相结合的方式，开展丰富多彩的宣传推介活动，吸引更多游客前来观光旅游。XF 村将加强与旅游机构、媒体等合作，拓宽宣传渠道，提升宣传效果。同时，XF 村还将加强与其他地区的交流和合作，共同打造跨区域旅游线路，达成资源共享和客源互送的良好局面。

（4）推动农文旅深度融合发展。未来，XF 村将继续推动农文旅深度融合发展，促进农村第一、第二、第三产业融合发展。XF 村将加强农业、旅游、文化等产业的融合，打造更多具有地方特色的旅游产品，举办更多彰显地方特色的文化活动。通过发展乡村旅游，XF 村将带动农业、手工业等相关产业的发展，增加农民收入，促进乡村全面振兴。同时，XF 村还将加强文化创意产业的培育和发展，提升旅游产品的文化内涵和附加值。

（5）加强基层党建引领，提升治理能力。未来，XF 村将继续加强基层党建引领，提升治理能力。XF 村将加强党组织建设，完善村民自治机制，提升村干部和村民的综合素质和能力。通过加强基层党建引领，XF 村将提升乡村治理水平，推动乡村振兴各项工作的落实。同时，XF 村还将加强与社会各界的交流和合作，共同推动乡村振兴事业的发展。

七、思考题

1. XF 村基本保持着川西山区原始古朴的风格，是农耕文明的活标本。乡村旅游的发展会对古村落的原真性带来哪些威胁，应该如何避免？

2. 农民在原真性的古村落文化的传承与发挥中究竟发挥着怎样的作用？在乡村旅游发展中，究竟该如何利用农民资源，为游客打造原真的生活体验？

3. 古村落旅游究竟该通过何种途径盘活乡村资源，并以此带动农业相关产业发展呢？

第二十九节　四川省乐山市峨边彝族自治县GJ村：彝风文旅融合，引领乡村产业振兴

一、基本情况

GJ村位于四川省乐山市峨边彝族自治县西南部，距离县城63千米，距黑竹沟镇约12千米。GJ村紧邻黑竹沟景区，地理位置偏僻，但自然风光旖旎，是一个风光秀丽、生态良好的彝族村寨。全村海拔1 500米左右，拥有丰富的自然资源和独特的生态环境。GJ村三面环山，气候适宜，四季分明，是一个宜居宜业的美丽乡村。全村耕地364亩，退耕还林1 199.2亩，农作物以玉米、土豆为主。在脱贫攻坚的推动下，GJ村的人均年收入从2017年的7 452元增长到2021年的13 050元，实现了显著的脱贫成效。GJ村曾是省定贫困村和市级极度贫困村，但依托党的好政策和独特的地理位置优势，通过文旅赋能，实现了翻天覆地的变化。GJ村不仅摘掉了穷帽子，还被评为“四川省首批省级乡村文化振兴样板村”和“天府旅游名村”，成为乡村振兴的典范。GJ村拥有丰富的彝族文化资源，彝族文化在这里得到了充分的保护和传承。GJ村深挖彝族毕摩文化、农耕文明、婚恋习俗等文化资源，打造了一系列彝族文化产品，如彝族婚俗产业园区、村史馆、非遗馆等。GJ村还推出了“彝恋黑竹沟”婚俗沉浸式实景剧，活态传承展示彝族风情，吸引了大量游客前来体验。GJ村还利用毗邻黑竹沟景区的优势，发展“沟内游、沟外住”的旅游模式，推进农文旅深度融合，培育了文化体验、生态美食、亲子研学等旅游业态。GJ村的新寨建设既突出彝族特色，又兼顾乡村旅游发展，改建新寨108户、微田园43户，打造出一个既适宜居住又适宜游览的美丽乡村。

二、挑战与问题

（1）人力资源匮乏。GJ村虽然拥有丰富的自然和文化资源，但人力资源匮乏一直是制约其发展的瓶颈。GJ村的地理位置偏僻，教育和就业机会有限，村民的文化素质和技能水平普遍较低。这导致GJ村在旅游开发和管理方面缺乏专业人才，难以有效推动旅游业的发展。

（2）旅游开发初期的问题。在旅游开发的初期阶段，GJ村面临着基础设施不完善、旅游产品单一、服务质量不高等问题。由于缺乏科学的规划和有效的管理，GJ村的旅游资源没有得到充分的利用和开发，游客的满意度和回头率较低。同时，GJ村的村民在旅游发展的多方博弈中处于劣势，难以从旅游发展中获得应有的收益。

（3）生态保护与旅游发展之间的矛盾。GJ村在推进旅游业发展的同时，也面临着生态保护与旅游发展之间的矛盾。一方面，旅游业的发展需要良好的生态环境作为支撑；另一方面，旅游开发可能会对生态环境造成一定的破坏和污染。如何在保护生态环境的前提下，推动旅游业的可持续发展，是GJ村面临的一个重要挑战。

三、发展举措

（1）加大本土人力资源投资力度。为了解决人力资源匮乏的难题，GJ村采取了加大本土人力资源投资力度的措施。一方面，从人才引进角度，GJ村采用“项目+人才”模式，在打造村寨旅游项目的过程中精准引进技能型和管理型人才。通过引进专业人才，GJ村提升了旅游开发和管理水平，推动了旅游业的快速发展。另一方面，从人才培养角度，GJ村利用院校研培、职业技术培训、师徒传承等多

种形式，对村民进行定期化、专题化的培训。其培训内容涵盖普通话、旅游经营管理、互联网知识、旅游演艺等方面，旨在提升村民的文化素质和技能水平。通过培训，GJ 村培养了一批懂技术、善管理的本土人才，为旅游业的可持续发展提供了有力的人才保障。

（2）创新旅游发展模式。为了解决旅游开发初期的问题，GJ 村创新了旅游发展模式。GJ 村采用“政府主导，协会引领，村民自营”的发展模式，积极外派村民学习民宿经营知识，成功实现了村寨民宿产业的从无到有。截至 2021 年 10 月，GJ 村内共有 78 家民宿，年均吸引游客 2 万多人次。GJ 村还成立了全县首个民宿协会，加强民宿的规范化管理提升民宿的服务质量。GJ 村还坚持生态复古和文化复兴，挖掘彝族文化资源，打造彝族婚俗产业园区、村史馆、非遗馆等文化产品。同时，GJ 村利用毗邻黑竹沟景区的优势，发展“沟内游、沟外住”的旅游模式，推进农文旅的深度融合，培育了文化体验、生态美食、亲子研学等旅游业态。通过创新旅游发展模式，GJ 村实现了旅游业的快速发展和村民收入的显著提升。

（3）健全收益分配机制。为了解决村民在旅游发展中收益不足的问题，GJ 村健全了收益分配机制。GJ 村构建了“公司+合作社+农户”的模式，通过盘活乡村闲置资源，引进建成云上古井精品民宿等旅游项目。GJ 村进一步还成立了旅游合作社，着力加强旅游资源的整合和管理，显著提高旅游发展的组织化程度。在收益分配方面，GJ 村建立了旅游合作社社员的考核及评价体系，制定兼顾公平与效率的分红制度。通过分红制度，GJ 村确保了村民能够从旅游发展中获得应有的收益，激发了村民参与旅游发展的积极性。同时，GJ 村还建立了适度的外部监督机制，在村务公开、财务收支与审核等关键环节进行规范化管理，保障了收益分配的公平性和透明度。

（4）加强生态保护与文化传承。为了破解生态保护与旅游发展之间的矛盾，GJ 村加强了生态保护和文化传承。GJ 村坚持绿色发展理念，将生态保护作为旅游业发展的前提和基础。在旅游开发过程中，GJ 村注重生态环境的保护和修复，加强了对旅游活动的监管和管理，防止了对生态环境的破坏和污染。同时，GJ 村还加强了对彝族文化的保护和传承。GJ 村深挖彝族文化资源，打造了一系列彝族文化产品，如彝族婚俗产业园区、村史馆、非遗馆等。GJ 村还通过举办彝族火把节等文化活动，展示了彝族文化的独特魅力，增强了村民的文化认同感和自豪感。通过加强生态保护和文化传承，GJ 村达成了旅游业与生态环境的和谐共生，推动了文化的繁荣发展。

（5）推动数字化营销与产业升级。为了进一步提升 GJ 村的知名度和影响力，GJ 村积极推动数字化营销大力促进产业升级。GJ 村与抖音、小红书等知名直播平台联合，提升了“新农人”数字新媒体的营销技能。GJ 村还派送村民参加“数字新媒体预备讲师进阶训练营”等互联网培训活动，系统性地培养了一批本地直播电商、短视频创作的预备讲师。通过数字化营销，GJ 村打开了民族地区特色农产品、手工艺品电商渠道，实现了村民创收增收目标。同时，GJ 村还推动了产业升级。GJ 村依托黑竹沟景区的优势资源，开发了一系列特色旅游线路和产品。GJ 村还加强了与周边村寨的合作与交流，实现了资源共享和优势互补。通过产业升级，GJ 村进一步丰富了旅游产品供给，提升了旅游服务质量，增强了游客的满意度和回头率。

四、发展成效

（1）生态宜居的彝家新寨。GJ 村依托靠近景区的地理位置优势，结合彝族传统建筑风格，建设了 108 户具有彝族特色的新寨。这些新寨依山就势，采用梯田式设计，将彝族传统红黄黑三色、牛图腾等文化元素融入建筑设计中，既保留了彝族传统风貌，又兼顾了现代生活需求。同时，GJ 村还实施了彩化行动和亮化工程，沿主要景观通道种植了高山红枫、红叶石楠等彩色林木，建设了 3 千米亮化通道，打造了一个海拔 1 500 米的“高山不夜新寨”。GJ 村在推进彝家新寨建设的同时，还大力整治农村人居环境，巩固退耕还林成果，扎实推进“垃圾、污水、厕所”三大革命，完善生活污水处理设施，开发公益性保洁员岗位，着力打造“生态宜居”良好环境。这些措施不仅提升了村民的生活质量，也为乡村旅游发展奠定了坚实的基础。

（2）彝族文化与旅游融合发展。自 2019 年以来，GJ 村积极推动彝族文化与旅游融合发展，创新开发了彝家婚俗文化游、彝族美食游、彝族特色民宿游等旅游产品。GJ 村创新建设了全国首个彝族婚俗文化产业园，配套建成了彝族婚俗沉浸式体验走廊、彝族刺绣体验馆、峨岭云边特色产品展销中心、云上古井民宿、森林康养民宿等设施。GJ 村常态化开展“彝恋·黑竹沟”沉浸式演出，通过“一台山水实景剧、一场彝家婚俗礼、一次彝乡民俗体验”特色游，吸引了大量游客慕名而来。这些文化活动不仅展示了彝族文化的独特魅力，也为 GJ 村带来了可观的旅游收入。

（3）“三农”文旅深度融合与产业振兴。GJ 村在推动彝族文化与旅游融合发展的同时，还加快了农文旅深度融合的步伐。GJ 村大力发展民俗文化游、民宿体验游、生态美食游等旅游产品，弘扬传承彝族刺绣、银饰、婚俗等彝族非物质文化遗产。目前，GJ 村已经开发出了 30 余个“彝家味”特色农产品，并实施了民宿改造提升工程，建成了云上古井客栈 1 个、独栋民宿 20 栋、特色民宿 52 家、农家乐 20 个。随着民宿和农家乐的规模化发展，GJ 村吸引了大量返乡创业农民工和创客青年。2021 年，GJ 村接待游客 3.8 万人次，旅游综合收入达到 460 万元，农村人均纯收入从 2019 年的 5 300 元增长至 2021 年的 13 050 元，同比增长 146%。

五、经验启示

（1）依托资源优势，发展特色产业。GJ 村的成功首先得益于其独特的地理位置和丰富的彝族文化资源。GJ 村紧邻国家 4A 级景区黑竹沟，拥有得天独厚的自然风光和浓郁的彝族文化氛围。GJ 村依托这些资源优势，大力发展乡村旅游和彝族文化产业，成功实现了产业转型升级。GJ 村的成功经验告诉我们，乡村振兴必须立足当地资源优势，因地制宜地发展特色产业。只有深入挖掘和传承当地文化，才能打造出具有吸引力的旅游产品，推动乡村经济的可持续发展。

（2）创新旅游产品，提升游客体验。GJ 村在推动乡村旅游发展的过程中，注重创新旅游产品，提升游客体验。GJ 村不仅推出了彝家婚俗文化游、彝族美食游等传统旅游产品，还创新开发了彝族刺绣体验、高山康养民宿等新型旅游产品，满足了游客多样化的需求。GJ 村还通过常态化开展“彝恋·黑竹沟”沉浸式演出，让游客能够深入体验彝族文化的独特魅力。这些创新举措不仅提升了游客的满意度和忠诚度，也为 GJ 村带来了可观的旅游收入。

（3）加强基础设施建设，改善乡村环境。GJ 村在推进乡村振兴的过程中，注重加强基础设施建设，改善乡村环境。GJ 村实施了彩化行动和亮化工程，提升了村庄的整体形象；推进了农村人居环境整治，完善了生活污水处理设施；建设了金融综合服务站，为村民提供了便捷的金融服务。这些基础设施的完善，不仅提升了村民的生活质量，也为乡村旅游发展提供了有力的支撑。GJ 村的成功经验告诉我们，乡村振兴必须注重基础设施建设，打造宜居宜业的乡村环境。

（4）发挥金融助力，推动产业发展。在 GJ 村的乡村振兴过程中，金融力量发挥了重要作用。峨边农信联社等金融机构积极为 GJ 村提供信贷支持，帮助村民解决建房资金短缺问题；通过整村授信、民宿贷等金融产品，支持村民发展民宿和农家乐等乡村旅游产业。金融的支持不仅解决了村民的资金难题，也为 GJ 村的乡村旅游产业发展提供了有力的保障。GJ 村的成功经验告诉我们，乡村振兴必须充分发挥金融的助力作用，推动产业发展和农民增收。

六、未来计划

（1）深化农文旅融合，丰富旅游产品。GJ 村将继续深化农文旅融合，不断丰富旅游产品供给。GJ 村计划依托黑竹沟景区的旅游资源，开发更多的乡村旅游线路和旅游产品，如古井核心景区一日康养游等。同时，GJ 村还将加强与周边地区的合作，共同打造乡村旅游产业集群。GJ 村还将进一步提升旅游服务质量，加强旅游基础设施建设，完善旅游公共服务体系。GJ 村计划建设更多的旅游厕所、停车场、游客中心等基础设施，提升游客的便利性和舒适度。

（2）挖掘文化内涵，传承民族文化。GJ 村将继续深入挖掘彝族文化内涵，传承和弘扬彝族文化。

GJ 村计划加强对彝族婚俗、毕摩文化等传统文脉资源的保护和利用，建设更多的文化展示馆和体验馆，让游客能够更深入地了解彝族文化。GJ 村还将加强对彝族非物质文化遗产的保护和传承，如彝族刺绣、银饰等。GJ 村计划举办更多的非物质文化遗产展示和体验活动，吸引更多的游客前来参观和体验。

（3）加强人才培养，提升村民素质。GJ 村将继续加强人才培养，提升村民的综合素质和就业能力。GJ 村计划开展更多的职业技能培训和创业指导活动，帮助村民掌握更多的实用技能和创业知识。GJ 村还将加强与高校和科研院所的合作，引进更多的专业人才和智力资源，为乡村全面振兴提供有力的人才支撑。GJ 村计划建立更加完善的人才引进和培养机制，吸引更多的青年人才返乡创业和就业。

（4）推动绿色发展，建设生态乡村。GJ 村将继续坚持绿色发展理念，推进生态乡村建设。GJ 村计划加强生态环境保护和治理，完善生态补偿机制，推动绿色产业发展。GJ 村还将加强农村人居环境整治和美丽乡村建设，提升村庄的整体形象和品质。GJ 村计划建设更多的绿化带和景观节点，打造宜居宜业的生态乡村。GJ 村的成功经验表明，乡村全面振兴必须立足当地资源优势，深入挖掘和传承民族文化，加强基础设施建设，发挥金融助力作用。未来，GJ 村将继续深化农文旅融合，挖掘文化内涵，加强人才培养和绿色发展，推动乡村全面振兴，实现更高质量的发展。

七、思考题

1. GJ 村采用什么样的旅游开发方式，既能避免对彝族文化原真性造成破坏，又能实现文化的发展与传承呢？

2. GJ 村是如何破解旅游开发和管理方面专业人才缺乏的困境的？采取了哪些措施提升了当地村民参与旅游经营管理的能力？

3. 根据案例资料总结，GJ 村是以何种方式利用彝族文化资源的呢？究竟开发出了哪些类型的旅游产品？

第三十节　贵州省黔东南州施秉县 BD 村：世界遗产生态势能与红色基因解码乡村振兴

一、基本情况

BD 村位于贵州省黔东南州施秉县城北部，距离县城约 18 千米。全村约 95%的面积位于施秉喀斯特世界自然遗产保护地内，自然环境优美，村中处处皆是美景。村庄地势起伏，蜿蜒的沥青路从村庄中穿越而过，与四周的景色相映成趣，构成了一幅绝美的画卷。BD 村不仅有着得天独厚的自然生态资源，还蕴藏着丰富的红色文化资源。1934 年，红六军团在 BD 村对战数倍装备精良的敌军，以较小的伤亡代价成功甩掉了敌人的围追堵截，取得了战略转移的胜利。这一历史事件为 BD 村留下了宝贵的红色文化遗产，也为村庄的未来发展提供了独特的发展契机。近年来，BD 村在各级政府的支持和引导下，积极依托红色文化资源和世界自然遗产地绿色生态资源优势，通过发展红色文化研学、绿色生态体验、乡村人居环境整治等举措，走出了一条生态美、产业兴、发展旺、百姓富的乡村振兴之路。村庄面貌焕然一新，村民们住上了崭新靓丽的楼房，喝上了干净卫生的水源，走上了平坦洁净的硬化路，生活品质得到了显著提升。

二、挑战与问题

（1）红色文化遗产保护重视程度不够，管理体制不健全。BD 村的红色文化资源虽然丰富，但保护和利用工作仍存在一些不足。由于管理体制不健全，部分红色文化遗址未能得到及时有效的保护，导致部分遗址年久失修而损毁。例如，红六军团位于黑冲的指挥部和驻地等遗址，因保护措施缺失，正逐渐走向破败。这不仅影响了红色文化的传承和弘扬，也对村庄的旅游发展造成了不利影响。

（2）红色文化氛围不够浓厚。尽管 BD 村在红色文化资源的挖掘和利用方面取得了一定进展，但整体上红色文化氛围仍不够浓厚。村庄内缺乏具有特色的红色文化活动和项目，导致游客在体验红色文化时缺乏深度和广度。此外，村庄的整体旅游氛围也有待提升，需要进一步增强游客的参与感和体验感。

（3）红色文化尚未有效挖掘，体验项目单一。目前，BD 村的红色旅游资源开发相对简单，缺乏具有吸引力的红色文化项目。现有的红色旅游项目主要以纪念碑和纪念馆为主，缺乏特色和内涵，无法满足游客多样化的需求。因此，需要进一步挖掘红色文化资源，开发具有特色的红色旅游项目，提升游客的满意度和忠诚度。

（4）基础设施和公共服务设施尚不完善。尽管 BD 村的基础设施和公共服务设施得到了一定程度改善，但仍存在部分不足。例如，村庄内的交通、环卫等设施仍有待进一步优化，以提升游客的出行和游览体验。此外，村庄内的住宿、餐饮等旅游服务设施也需要进一步提升其品质和服务水平，以满足游客的多样化需求。

（5）村民参与度和积极性有待提高。乡村振兴是一个系统工程，需要广大村民的积极参与和共同努力。然而，目前 BD 村部分村民对乡村振兴的参与度和积极性不高，缺乏主动性和创造性。这在一定程度上影响了村庄的整体发展速度和效果。因此，需要进一步激发村民的积极性和创造性，引导他们积极参与乡村振兴的各项工作。

三、发展举措

（1）坚持红色引领，传承红色基因。BD 村的成功经验表明，坚持红色引领是乡村振兴的重要路径。通过深入挖掘红色文化资源，BD 村将红色基因融入乡村振兴的全过程，激发了村民的爱国热情和奋斗精神。同时，BD 村还采用建设红色文化纪念设施、开展红色教育活动等举措，传承红色基因，弘扬革命精神，为乡村振兴注入了强大的精神动力。

（2）注重生态保护，实现绿色发展。BD 村在乡村振兴过程中，始终注重生态保护，实现了绿色发展。通过加强生态环境保护，BD 村保持了优美的自然环境，为发展乡村旅游和绿色产业提供了有力支撑。同时，BD 村还通过发展生态康养民宿产业等方式，将绿色生态优势转化为经济发展优势，实现了生态效益和经济效益的双赢。

（3）发挥产业优势，实现多元化发展。BD 村在乡村振兴过程中，充分发挥产业优势，实现了多元化发展。通过发展红色旅游、绿色生态旅游和金色产业（烤烟、黄金脆梨、黄桃等精品水果），BD 村形成了多元化的产业结构，为村民提供了更多的就业机会和收入来源。同时，BD 村还注重发挥龙头企业的带动作用，通过流转土地、聘请村民等方式，带动村民增收致富。这种多元化的产业发展模式，不仅提高了村民的收入水平，还增强了村庄的自我发展能力。

（4）加强基层党建，发挥组织保障作用。BD 村在乡村振兴过程中，始终注重加强基层党建，发挥党组织的领导核心作用。通过加强党员队伍建设、完善党组织体系等方式，BD 村提高了党组织的凝聚力和战斗力。同时，BD 村还注重发挥党员的先锋模范作用，通过党员示范引领、志愿服务等方式，带动村民积极参与乡村振兴事业。这种强有力的组织保障，为 BD 村的乡村振兴奠定了坚实的政治基础。

四、发展成效

（1）在红色文化资源的保护与利用方面。BD 村所在的施秉县黑冲，是红六军团的重要战斗遗址。1934 年秋，红六军团在黑冲成功牵制了敌人，实现了战略转移。这段历史为 BD 村注入了丰富的红色文化内涵。近年来，BD 村紧紧依托红色文化资源，积极开展红色文化遗址的保护和修复工作。该村修复了战斗遗址，建设了纪念广场、纪念碑等纪念设施，提升了红色旅游的吸引力和影响力。同时，该村通过组织开展红色教育，将红六军团战斗遗址作为党员干部理想信念和党性教育的教学基地，接待各类学习、培训人员，传承红色基因。为了更好地宣传红色文化，BD 村还组建了 24 人的县、乡、村三级解说员队伍，累计开展讲解员培训 28 期、培训 350 余人次，让当地干部群众熟悉红色事迹，会讲红色故事。通过这些努力，BD 村不仅保护和利用了红色文化资源，还进一步增强了村民的爱国情感和民族自豪感。

（2）在绿色生态资源的开发与利用方面。BD 村地处施秉喀斯特世界自然遗产保护地内，全村约 95%的面积处于遗产保护范围之中，自然生态资源丰富。BD 村充分利用这一优势，推进绿色生态资源的开发与利用，取得了显著成效。一是 BD 村依托独特的喀斯特地貌景观，发展乡村旅游。通过完善交通、环卫等基础设施，打造了一系列精品乡村旅游线路，如“春探人间花海、夏品特色水果、秋走研学之旅、冬寻雪中美景”。这些线路不仅吸引了大量游客前来观光游览，还带动了当地农家乐、民宿等旅游经济的发展。二是 BD 村还大力发展生态农业。通过流转农户的土地，聘请群众到基地干活，传授专业技术，带动村民种植精品水果、中药材等特色农产品。目前，BD 村已成为远近闻名的“水果之乡”，精品水果种植面积达 1 850 余亩，预计年产量达 100 万千克。此外，还种植了太子参、油茶、黄精、烤烟等经济作物，进一步增加了村民的收入来源。

（3）在红色与绿色旅游的融合发展方面。BD 村在推进乡村振兴的过程中，注重红色与绿色旅游的融合发展。通过打造“红色+绿色”的旅游模式，实现了红色文化与绿色生态的有机结合。一方面，BD 村利用红色文化资源，推出了一系列红色旅游项目，如“重走红军路”“吃忆苦思甜饭”等体验活动，让游客在体验红色文化的同时，领略革命先烈的英勇事迹领悟革命精神。另一方面，BD 村还依托绿色生态资源，推出了生态康养、农耕体验、特色民宿等绿色旅游项目。通过延长绿色经济的产业链条，丰富文旅业态，为游客提供了多样化的旅游体验。在红色与绿色旅游的融合发展中，BD 村不仅提升了旅游产业的附加值，还带动了当地经济的全面发展。据统计，目前，BD 村已接待县内外各级单位组织党史学习教育现场教学、培训等 160 余期 11 600 余人次，带动了当地农家乐、民宿等旅游经济实现增收 30 余万元。

五、经验启示

（1）坚持党建引领，发挥基层组织作用。在 BD 村的乡村振兴过程中，党建引领发挥了重要作用。村党支部始终坚持把党的建设摆在首位，通过加强基层组织建设，提升党员干部的凝聚力和战斗力，为乡村振兴提供了坚强的组织保障。在推进红色文化资源的保护和利用方面，村党支部积极组织党员干部参与红色遗址的修复和保护工作，通过党员的示范带动作用，充分激发了村民的参与热情。同时，村党支部还利用红色文化资源，开展党员干部理想信念和党性教育，提升了党员干部的思想政治素质。在推进绿色生态资源的开发和利用方面，村党支部积极组织党员干部参与生态农业和乡村旅游的发展，通过党员的示范带动作用，引导村民发展特色农业和乡村旅游产业。

（2）注重规划引领，科学布局产业发展。在 BD 村的乡村振兴过程中，规划引领发挥了重要作用。村党支部和村委会根据村庄的实际情况和资源优势，科学制定了乡村发展规划，明确了产业发展的方向和重点。在红色文化资源的保护和利用方面，BD 村注重挖掘红色文化内涵，通过修复战斗遗址、建设纪念设施等方式，提升红色旅游的吸引力和影响力。同时，BD 村还注重红色旅游项目的创新开发，通过推出体验活动、打造红色教育基地等方式，丰富红色旅游的内涵和形式。在绿色生态资源的开发和利用方面，BD 村注重发挥生态优势，通过发展生态农业和乡村旅游产业，实现了绿色发展与经济效益的双赢。同时，BD 村还注重产业的融合发展，通过打造“红色+绿色”的旅游模式，提升了旅游产业的附加值和竞争力。

（3）注重创新驱动，提升产业发展水平。在 BD 村的乡村振兴过程中，创新驱动发挥了重要作用。村党支部和村委会注重引入新技术、新模式和新业态，推动传统产业转型升级和新兴产业加快发展。在红色文化资源的保护和利用方面，BD 村注重利用数字技术提升红色旅游的智能化水平。通过创建有声图书馆和红色旅游 APP 等方式，为游客提供了便捷、个性化的旅游服务体验。同时，BD 村还注重红色旅游项目的创新开发，通过推出“重走红军路”“吃忆苦思甜饭”等体验活动，增强了游客的参与感和体验感。在绿色生态资源的开发和利用方面，BD 村注重引进生态农业技术和模式，推动传统农业向现代农业转型升级。通过发展生态农业和特色农产品加工业等方式，提升了农产品的附加值和市场竞争力。同时，BD 村还注重乡村旅游产业的创新发展，通过打造生态康养、农耕体验、特色民宿等新型业态，丰富了乡村旅游的内涵和形式。

六、未来计划

（1）继续深化红色文化资源的保护与利用。未来，BD 村将继续深化红色文化资源的保护与利用工作。一方面，将进一步加强红色遗址的修复和保护工作，确保红色文化资源的真实性和完整性；另一方面，将积极探索红色旅游项目的创新开发方式，通过推出更多具有特色的体验活动和打造红色教育基地等方式，提升红色旅游的吸引力和影响力。同时，BD 村还将加强红色文化的传承和弘扬工作。通过举办红色文化活动、开展红色教育等方式，让更多的人了解和认识红色文化，传承红色基因和革命精神。

（2）加快推进绿色生态资源的开发与利用。未来，BD 村将继续加快推进绿色生态资源的开发与利用工作。一方面，将进一步推动生态农业的发展，通过引入新技术、新模式和新业态等方式，提升生态农业的效益和水平；另一方面，将积极探索乡村旅游产业的创新发展方式，通过打造更多具有特色的乡村旅游项目和精品线路等方式，提升乡村旅游的吸引力和竞争力。同时，BD 村还将加强生态环境保护和治理工作。通过加强植树造林、水土保持等措施，提升村庄的生态环境质量。同时，将加强垃圾处理和污水处理等基础设施建设，改善村庄的人居环境。

（3）推动红色与绿色旅游的融合发展。未来，BD 村将继续促进红色与绿色旅游的融合发展。一方面，将加大红色旅游项目的创新开发和宣传推广力度，提升红色旅游的知名度和影响力；另一方面，将加大绿色旅游项目的创新开发和宣传推广力度，提升绿色旅游的吸引力和竞争力。同时，BD 村还将积极探索红色与绿色旅游项目的融合发展方式。通过打造“红色+绿色”的旅游模式，实现红色文化与绿色生态的有机结合。同时，将推动旅游产业的融合发展。具体而言，通过促进红色旅游与乡村旅游、生态农业等产业的深入融合，提升旅游产业的附加值和竞争力。

（4）加强人才队伍建设和技术创新。未来，BD 村将加强人才队伍建设和技术创新工作。一方面，将积极引进和培养专业人才和复合型人才，为乡村全面振兴提供人才保障；另一方面，将加强技术创新和科技成果转化工作，推动传统产业转型升级和新兴产业加快发展。同时，BD 村还将加强人才培养和引进的激励机制建设。通过制定优惠政策、提供创业扶持等方式，吸引更多的人才到 BD 村来创业就业。同时，将加强人才培养和引进的规划和布局工作，确保人才队伍建设与乡村全面振兴的需要相适应。

七、思考题

1. BD 村约 95%的面积位于喀斯特世界自然遗产保护地内，如何在保护好遗产地生态环境的前提下利用好这一资源发展生态旅游，带动相关产业发展？

2. 红色旅游资源在乡村振兴中可以发挥什么样的作用？如何激发村民的内生动力？又需要通过什么路径来发挥这些作用？

3. 运用新质生产力的相关理论分析创新是怎样驱动 BD 村的高质量发展的？

第三十一节　云南省丽江市玉龙县白沙镇 YH 村：生态资本活化驱动的乡村发展新范式

一、基本情况

YH 村位于云南省丽江市玉龙纳西族自治县白沙镇，地处玉龙雪山旅游景区腹地，被誉为“雪山脚下第一村”。村子依山傍水，风景如画，是玉龙县境内古典纳西建筑风貌保存最完整的村落之一。YH 村下辖 9 个村民小组，农户 383 户，总人口 1 465 人，其中农业人口 1 385 人、劳动力 732 人。全村总面积 77.78 平方千米，海拔 3 200 米，年平均气温 8.9 ℃，年降水量 935.8 毫米，适宜种植玉米、小麦、土豆、蔓菁等农作物。YH 村具有丰富的自然资源和厚重的历史文化背景。玉湖是明代以前由木氏家族组织开挖的一个人工湖，湖畔曾建有木氏家族的避暑夏宫、玉龙书院和养鹿场。YH 村最早的居民是为纳西王护宫养鹿的人，因此也被称为“窜阔罗”。YH 村不仅自然风光秀美，还保存了大量的文物古迹和纳西族的民俗文化，如洛克故居、玉柱擎天石刻、纳西传统民居等。然而，在 21 世纪初，YH 村曾面临严峻的贫困和发展问题。部分村组干部存在政治思想建设薄弱的问题，一些群众的法治观念较为淡薄，致使乱砍滥伐、私挖滥采、违规建房等不良现象屡禁不止。当地甚至传出了“有女不嫁 YH 村”的说法。YH 村的经济收入极低。2003 年，全村经济总收入仅为 234 万元，其中旅游收入仅为 18 万元，农民年人均纯收入仅为 937 元，人均粮食 300 多千克，村民吃粮靠返销，花钱靠贷款，生产靠救济，是丽江市典型的后进村。

二、挑战与问题

（1）基础设施不完善。YH 村的乡村基础设施较为落后，交通不便，道路硬化率低，水利设施不完善，饮水安全存在隐患。同时，村内缺乏完善的公共卫生设施，影响了村民的生活质量和健康水平。

（2）农业生产水平低。YH 村的农业生产以传统农业为主，缺乏高效、高产的农业技术和品种，农业产出低，经济效益差。农民的收入来源单一，缺乏可持续发展的产业支撑。

（3）生态环境破坏。受历史因素和村民的环保意识淡薄的影响，YH 村曾存在乱砍滥伐、私挖滥采等现象，生态环境受到破坏，自然资源的可持续利用面临威胁。

（4）缺乏专业人才。YH 村的村民普遍受教育程度较低，缺乏专业技能和创业能力，难以适应现代产业的发展需求。同时，因其地理位置偏远，故而难以吸引并留住外来人才。

（5）旅游资源开发不足。尽管 YH 村拥有丰富的旅游资源，但由于缺乏科学的规划和有效的开发，旅游资源的价值未能得到充分发挥。旅游基础设施和服务设施落后，旅游产品在质量提升和丰富多样性方面，仍有较大的提升空间。

三、发展举措

（1）生态立村。YH 村将生态环境保护作为发展的基础，通过一系列措施加强生态文明建设。一是加强制度建设。YH 村制定了一系列环保制度，明确了村民在生态保护中的责任和义务，建立了环保奖惩机制，激发了村民参与生态保护的积极性。二是改善乡村环境。YH 村投入大量资金用于改善乡村环境，完成了油路建设、村道硬化、兴玉渠建设等基础设施项目，修建了停车场、管理房、环保厕所等公共服务设施，实施了人畜饮水工程，提高了村民的生活质量。三是保护自然资源。YH 村加强对自然资源的保护，通过封山育林、退耕还林等措施，恢复了植被，提高了森林覆盖率。同时，加强对水源地的保护和水源区水利设施建设，确保了水资源的可持续利用。四是发展绿色产业。YH 村依托自然资源优势，发展生态农业、有机农业等绿色产业，鼓励农民种植绿色有机蔬菜、水果，养殖生态畜禽，提高农产品的附加值和市场竞争力。五是整治村容村貌。YH 村通过庭院美化、厕所净化等工程，改善了村民的居住环境，提升了乡村的整体形象。同时，加强对古建筑和文物古迹的保护和修缮，传承和弘扬了纳西族的传统文化。

（2）旅游富村。YH 村充分利用自然景观和民族文化资源优势，大力发展乡村旅游，推动经济发展。一是开发旅游资源。YH 村以“沿着洛克足迹，走进玉龙雪山”为主题，开发了骑马徒步生态观光旅游项目，吸引了大量游客前来观光游览。同时，YH 村还发展了乡村民宿、旅游餐饮、旅游购物等旅游配套产业，形成了完整的旅游产业链。二是创新旅游模式。YH 村成立了旅游开发合作社，组织全体村民合作开发旅游资源，共享旅游发展的成果。通过合作社的统一调度和安排，村民以户为单位轮流参与旅游经营，形成了家家户户参与旅游、人人受益的局面。三是提升旅游品质。YH 村加强对旅游基础设施和服务设施的建设和完善，提高了旅游产品的质量和多样性。同时，加强对旅游从业人员的培训和管理，提高了旅游服务的质量和水平。四是推广旅游品牌。YH 村积极推广旅游品牌，通过举办旅游文化节、音乐节等活动，提高了 YH 村的知名度和美誉度。同时，加强与旅行社、酒店等旅游企业的合作，拓宽了旅游市场渠道。五是发展特色产业。YH 村依托旅游资源优势，发展了黄牛、蔓菁、雪桃等高原特色产业，推动了农旅融合发展。通过发展特色产业，YH 村不仅增加了村民的收入来源，还提高了农产品的附加值和市场竞争力。

（3）文化兴村。YH 村深入挖掘和传承纳西文化，推动文化与旅游的融合发展。

（4）梳理与重构纳西文化。YH 村从“生产生活、精神信仰、文化艺术”三大方面入手，梳理和重构了纳西文化，打造了“纳西文化+”模式。通过挖掘和传承纳西族的民俗文化、传统手工艺等，YH 村丰富了旅游产品的文化内涵和多样性。一是推进文旅融合发展。YH 村将文化与旅游紧密结合，通过举办文化旅游节、音乐节等活动，吸引了大量游客前来体验纳西文化。同时，YH 村还开发了创意旅拍、非遗院落等旅游项目，让游客在游览自然风光的同时，深入了解纳西文化。二是加强文化宣传教育。YH 村通过举办文化讲座、培训班等活动，加强对村民的文化宣传教育，提高了村民的文化素质。同时，YH 村还积极推广纳西文化，加强了与外界的文化交流与合作。三是培育文化产业。YH 村依托纳西文化资源优势，培育了文化产业，如东巴纸艺、东巴木雕等手工艺品制作和销售。通过发展文化产业，YH 村不仅增加了村民的收入来源，还传承和弘扬了纳西文化。四是加强文化设施建设。YH 村加强了对文化设施的建设，如修建了文化广场、图书馆等公共设施，为村民提供了丰富的文化娱乐活动场所。同时，YH 村还加强了对文物古迹的保护和修缮，传承和弘扬了纳西族的传统文化。

四、发展成效

（1）经济收入的显著提升。YH 村过去经济落后，村民生活贫困。2003 年，全村经济总收入仅为 234 万元，农民年人均纯收入仅为 937 元。然而，通过实施“生态立村、旅游富村、文化兴村”战略，YH 村的经济状况发生了翻天覆地的变化。截至 2022 年年底，全村经济总收入增加到 1 600 万元，村民人均纯收入提高到 1 万多元。这一显著的增收，主要得益于旅游业的快速发展和养殖业的稳步推进。

（2）旅游业的蓬勃兴起。YH 村充分发挥自然景观和民族文化资源的优势，着力发展极具纳西古村落与纳西民族文化特色的乡村旅游。目前，全村已形成特色民居建筑群、洛克故居、黑白水古战场遗址、白沙细乐、东巴文化、民风民俗等文化旅游景点。通过成立旅游开发合作社，组织全体村民合作开发，共享旅游发展的成果。全村参与旅游服务的人员近 800 人，YH 村已成为丽江市乡村旅游的热点地区。YH 村在旅游开发过程中，不仅注重基础设施的完善，还积极推进产业融合。例如，沪滇协作资金投入 650 万元，在 YH 村村口实施了白沙镇 YH 村文旅示范点（玉湖马场）建设项目，高标准建设了马场管理中心和生态马场养殖区。2022 年，沪滇协作继续投入 1 000 万元，实施乡村振兴示范村（游客中心）建设项目，为游客提供咖啡休闲餐饮、民俗文化展示、村史陈列展览等服务，进一步提升了游客的体验感。此外，YH 村还积极探索新兴旅游业态，如特色马经济、雪山旅拍、迷笛音乐节、高端主题民宿、雪山生态营地等，这些项目不仅增加了群众收入，也为纳西古村落注入了新活力。2022 年，YH 村共接待海内外游客 12 万人次，旅游业已成为村民增收的重要渠道。

（3）生态环境的显著改善。YH 村过去曾有乱砍树木、乱挖矿石等行为，导致生态环境不断恶化。然而，近年来，YH 村吸取经验教训，重新规划村落布局和民居建设，加强生态环境保护。通过实施“五个带动”（环保制度、旅游发展、项目建设、绿色产业、整治村容村貌），YH 村在生态文明建设中受益匪浅。在基础设施方面，YH 村先后投入 300 多万元，完成了油路建设、村道硬化、兴玉渠建设等工程，修建了停车场、管理房、环保厕所，打造了景观水系，并完成了全村人畜饮水工程。这些举措不仅提升了村民的生活质量，也为旅游业的发展奠定了良好的硬件基础。同时，YH 村还积极推进半山酒店建设，打造“藏在山间、隐没林中、外观古朴、内部高端、设施现代、服务一流”的精品酒店。墅家玉庐、石洛克等 10 余家国内知名民宿、精品酒店入驻玉湖，进一步提升了 YH 村的旅游品质。

（4）文化产业的繁荣发展。YH 村作为纳西族传统村落，拥有丰富的文化资源。近年来，YH 村在文化传承和创新方面取得了显著成效。通过梳理与重构纳西文化，YH 村从“生产生活、精神信仰、文化艺术”三大方面入手，打造“纳西文化+”模式，推动文旅融合发展。在文化活动方面，YH 村成功举办丽江雪山音乐节、小小骑士拉力赛和大地艺术节等活动，吸引了大量游客和文化爱好者。同时，YH 村还积极推进非物质文化遗产传承，打造十大非遗院落，让游客在体验旅游的同时，深入了解纳西文化。通过实施文化兴村战略，YH 村不仅丰富了村民的精神文化生活，也提升了 YH 村的知名度和美誉度。YH 村先后荣获“中国传统村落名录”“中国少数民族特色村寨”“中国美丽休闲乡村”“中国宜居村庄”“全国乡村旅游重点村”等多项殊荣。

五、经验启示

（1）坚持党建引领。YH 村在乡村振兴过程中，始终坚持党建引领，充分发挥党组织的战斗堡垒作用和党员的先锋模范作用。通过深入开展“支部夺旗、党员争星”活动，将“党员身份亮出来”标识牌悬挂在大门显眼位置，引导党员干部为群众办实事、办好事。同时，全面推行“五主十责”法，建立起网格化服务管理新机制，扎实开展评比活动，引导群众移风易俗，弘扬社会美德。

（2）因地制宜，规划先行。YH 村在发展过程中，始终坚持因地制宜，规划先行。通过高标准编制《YH 村“多规合一”实用性规划》，充分发挥雪山、玉湖、草甸、古村、洛克文化等资源优势，融入高端、时尚、国际、年轻等现代元素，构建起“特色马经济+创新旅拍+四大导流项目+十大非遗院落+X 个旅游配套”等“1+1+4+10+X”旅游体系。这些规划的实施，为 YH 村的乡村振兴提供了有力保障。

（3）创新发展机制。YH 村在乡村振兴过程中，不断创新发展机制，通过转让、出租、转包、入股、互换等方式，创新农村土地流转机制；鼓励农户以荒地入股、栽种时出力出肥，由村合作社投资苗木、管理经营，见效后农户按入股面积分红、合作社适当提成的方式，切实增加农民收入。同时，通过成立旅游开发合作社，组织全体村民合作开发，共享旅游发展的成果。这些创新机制的实施，激发了村民的积极性和创造力，推动了 YH 村经济的快速发展。

（4）注重生态保护和文化传承。YH 村在乡村振兴过程中，始终注重生态保护和文化传承。通过加强生态环境保护，实施村容村貌整治，提升了村庄的宜居性和吸引力。同时，通过挖掘和展示纳西文化，打造了一批具有纳西特色的旅游项目，促进了文化的传承和发展。这些措施的实施，不仅保护了生态环境和文化遗产，还提升了 YH 村的知名度和美誉度。

六、未来计划

（1）继续深化沪滇协作。YH 村将继续深化沪滇协作，加强与上海等地区的交流合作，引进更多优质资源和项目，推动乡村旅游的规范化、市场化和品牌化发展。同时，将继续加强与上海援滇干部的联系和沟通，争取更多的政策和资金支持，为 YH 村的乡村全面振兴提供有力保障。

（2）推动农文旅融合发展。YH 村将继续推动农文旅融合发展，通过发展特色农业、乡村旅游和文化产业，打造一批具有纳西特色的旅游项目和产品。同时，将加强与其他地区的交流合作，引进更多先进的理念和技术，推动 YH 村的产业升级和转型。

（3）加强人才培养和引进。YH 村将强化人才培养和引进举措，通过举办各类培训班、引进专家团队等途径，提升村民的综合素质和专业技能水平。同时，将积极引进外来人才和智力资源，为 YH 村的乡村全面振兴提供人才保障和智力支持。

（4）加强基础设施和公共服务建设。YH 村将继续加强基础设施和公共服务建设，完善道路、供水、供电、通信等基础设施，提升教育、医疗、文化等公共服务水平。同时，将加强生态环境保护和环境治理工作，打造更加宜居宜业的美丽乡村。

七、思考题

1. YH 村采取了哪些措施，以确保每位村民都能受益？又通过哪些方式实现了村民收入水平的增加？

2. 从非物质文化遗产资源开发的角度思考，YH 村可以采取哪些措施让文化为乡村旅游业发展发挥助力作用？

第三十二节　云南省红河哈尼族彝族自治州元阳县 AZK 村：共奏人与自然和谐曲，内源发展促共生

一、基本情况

AZK 村位于元阳县新街镇，海拔 1 880 米，地处哈尼梯田世界文化遗产核心区。全村总面积 1.43 平方千米，年平均气温 14 ℃，年降水量 1 370 毫米，适宜种植水稻、玉米等农作物。村内有水田 568 亩，森林 598 亩，水资源丰富，生态环境优越。截至 2021 年年底，AZK 村共有 64 户、479 人，均为哈尼族。全村分为 1 个村民小组，劳动力 287 人，其中从事第一产业人数 257 人。村民住房以土木结构住房和砖木结构住房为主，其中，蘑菇房作为哈尼族的传统民居，是村内的一大特色。AZK 村的经济来源主要依靠种植业和畜牧业。在 2010 年，全村经济总收入仅为 61.7 万元，农民人均纯收入 1 038 元，属于典型的贫困村。尽管拥有丰富的自然资源和文化遗产，但 AZK 村一度陷入“美丽的贫困”之中。

AZK 村是红河哈尼梯田申遗成功的五个重点村之一，也是第三批国家级传统村落。村落景观独特，尤其是蘑菇房保存完好，共有 61 栋国家级保护民居。AZK 村内保存了完整的哈尼族人文风光，成为游客游览哈尼梯田的必到之处。

二、挑战与问题

（1）人口外流与村落空心化。随着现代化进程的推进，AZK 村的年轻人纷纷外出求学、务工，导致村落空心化严重。传统生产生活方式难以为继，村内脏、乱、差，传统民居和梯田面临消失的危险。

（2）旅游接待无序。在“阿者科计划”实施之前，游客自由进出村庄，旅游接待散漫无序，村内环境脏、乱，缺乏统一的规划和管理。这不仅影响了游客的体验，也对村落的生态环境和文化遗产造成了破坏。

（3）经济基础薄弱。AZK 村的经济基础薄弱，人均年收入仅 3 000 元，是元阳县典型的贫困村。村民缺乏稳定的收入来源，生活水平低下，亟须找到一条可持续的发展道路。

（4）传统文化保护压力。作为哈尼族传统村落，AZK 村承载着丰富的传统文化和民俗活动。然而，随着现代化进程的推进，传统文化面临着被边缘化和遗忘的风险。如何在发展中保护好传统文化，成为 AZK 村面临的一大挑战。

三、发展举措

（1）编制“阿者科计划”。2018年，元阳县政府邀请中山大学旅游学院保继刚教授团队，为AZK村编制了“阿者科计划”。该计划旨在通过旅游开发带动村民增收，同时保护好传统民居和梯田，实现遗产保护与经济发展的双赢。

（2）实施内源式村集体企业主导模式。“阿者科计划”实行内源式村集体企业主导的开发模式，村民们成立了阿者科旅游公司对村庄进行整治，并开展旅游接待活动。AZK旅游公司的收入归全村所有，村民以梯田、房屋和生活方式等具有旅游吸引力的资源入股，参与公司的运营管理。这一模式强化了村民在保护利用哈尼梯田文化遗产中的主人翁地位，为政府引导和技术援助提供了微创平台，走出了一条安民、惠民、富民的传统村落旅游发展路子。

（3）严格保护传统民居和梯田。为了保护千年古村落，留住心灵深处的乡愁，“阿者科计划”明确了四条底线，即不租不售不破坏、不引进社会资本、不放任本村农户无序经营、不破坏传统。AZK旅游村集体公司成立后，不再允许村民出租、出售或破坏传统民居，违者视为自动放弃公司分红权。同时，该公司推出梯田分红制度，鼓励村民继续耕种梯田，保护梯田景观。通过这一制度，村民在获得旅游分红的同时，也承担起了保护传统民居和梯田的责任。

（4）推出深度定制游项目。AZK村定位精品旅游接待，合理控制客流规模、商业化程度及发展速度。通过对村内自然资源、人文资源、周边梯田生态资源进行梳理、保护和利用，科学开发深度定制游项目。目前，AZK村推出了“自然野趣、传统工艺、哈尼文化”三大主题的活态文旅体验项目，包括梯田徒步、梯田捉鱼、识草药、插秧、草编、纺线、染布、踩石碓、长街宴、拜访非遗等19种精品活动。所有体验活动均交由村民来组织开展，部分活动交由全村村民轮流开展，保证参与公平性。这一举措不仅满足了游客深度探索自然山水、哈尼族传统文化以及农耕文明的需求，也有效调动了村民参与旅游的积极性，实现了从资源到产品的转化。

（5）改善人居环境。在“阿者科计划”实施之前，游客自由进出村寨留下大量白色垃圾无人清扫，村内卫生脏、乱、差。AZK旅游公司成立后，雇佣村民常规打扫，规范游客行为，村内卫生环境有了很大的改观。此外，项目还顺利完成公厕改建、水渠疏通、房屋室内宜居化改造等工作，村庄人居环境相比之前得到大幅度改善。这些举措不仅提升了游客的满意度，也提高了村民的生活质量。

（6）激发内生动力。“阿者科计划”通过利益联结机制激发村民的内生动力。旅游经营利润的30%由村集体公司留成，用于后续管护建设及壮大集体经济；AZK旅游利润的70%分给全村65户村民。对村民的分红再分四部分执行：传统民居分红40%、梯田分红30%、居住分红20%、户籍分红10%。这一分红细则鼓励村民保护蘑菇房传统民居、保育梯田景观、继续居住在村里、保留阿者科原住民核心人文景观。同时，也为建档立卡贫困户提供了管理、织布技师、售票、检票、清洁、向导等就业岗位，实现了家门口就业和旅游分红的多重收益。

（7）拓展旅游资源。AZK村不断拓展旅游资源，优化旅游项目，推出了自然野趣、传统工艺、哈尼文化三大主题性体验产品，让游客充分体验和分享丰富的梯田文化。同时，AZK村也在积极探索文创产品开发及土特产销售，意在发挥旅游产业对周边农业、手工业等的带动作用。

（8）加强乡风文明建设。“阿者科计划”不仅带来了收入的增加，还改变了村民的生活方式。村内积极推进乡风文明建设，借助制度保障，充分发挥精神文明建设潜移默化的作用，为村子注入了内生动力。例如，67岁的马建昌每天下午3点都要在村边的古树广场为游客演唱哈尼古歌，这是村里一项重要的文化体验活动。此外，村内还有时尚的咖啡厅、餐厅和客房，绣娘缝制的哈尼族服装也颇受游客青睐。

四、发展成效

（1）经济发展显著。AZK村自2018年实施“阿者科计划”以来，取得了显著的经济成效。通过成立村集体旅游公司，开发特色产品和精心营销，成功将哈尼梯田的自然美景和丰富文化推向市场。截至 2023 年年底，AZK 村共接待国内外游客 17.72 万人次，实现旅游收入 459.52 万元，户均累计分红超过 3 万元。

（2）村民生活水平提高。随着旅游业的蓬勃发展，AZK 村不仅为村民创造了 14 个就业岗位，还孵化出住宿、餐饮、民族服饰等多个个体经营户。村民通过参与旅游体验项目，实现了家门口就业和旅游分红的双重收益。例如，村民高美华不仅家里的田地和蘑菇房能参与分红，还被招聘到村旅游公司上班，每月能拿到 2 000 多元的工资。

（3）文化遗产得到保护与传承。"阿者科计划"在推动经济发展的同时，也高度重视文化遗产的保护与传承。通过实行"内源式村集体企业主导"的旅游开发模式，村民在收获旅游分红的同时，自发保护传统村落，达到了权利与义务的统一。AZK 村的传统民居、梯田和哈尼文化得以保留和传承，成为吸引游客的重要资源。

（4）生态环境持续优化。AZK 村在发展过程中，始终坚持"科学规划、适度开发、永续利用"的发展理念，不破坏传统，不放任村民无序经营，确保了生态环境的持续优化。通过推出自然野趣、传统工艺、哈尼文化等活态文旅体验项目，游客在观赏梯田的过程中，还能深入探索自然山水、哈尼族传统文化的底蕴以及农耕文明的内涵，充分满足了城市游客回归自然的本真需求。

五、经验启示

（1）坚持内源式发展。"阿者科计划"的成功，关键在于坚持内源式发展。通过成立村集体旅游公司，村民以梯田、房屋和生活方式等资源入股，实现了资源变资产、村民变股民的转变。这种发展模式不仅激发了村民参与和保护传统资源的积极性，也确保了村民在旅游发展中的主体地位和利益最大化。

（2）利益分配机制合理。AZK 村在利益分配上，实行了"三七开"的分配机制，即旅游经营利润的 30%由村集体公司留成，用于后续管护建设及壮大集体经济，旅游经营利润的 70%分给全村村民。村民的分红再按照"四三二一"原则细化，即传统民居的分红占比为 40%、梯田的分红占比为 30%、居住相关的分红占比为 20%、户籍相关的分红占比为 10%。这种合理的利益分配机制，有效提升了村民对乡村旅游发展的认同感和参与度，保障了"四素同构"生态环境的原真性、完整性和可持续性。

（3）政府与高校合作。"阿者科计划"的成功实施，离不开元阳县政府和中山大学专业团队的紧密合作。元阳县政府以 AZK 村为试点，用活用好梯田自然资源风光、传统村落保护与乡村旅游发展紧密结合，为践行"绿水青山就是金山银山"这一理念开辟了全新的空间。中山大学旅游学院保继刚教授团队为 AZK 村专门编制了"阿者科计划"，并派出技术人员驻村指导，确保了计划的顺利实施。

（4）立足资源优势，打造精品旅游项目。AZK 村立足其丰富的自然文化资源和生态资源，定位精品旅游接待，合理控制客流规模、商业化程度及发展速度，在保持村落原真性和遗产完整性的基础上，实现精品数量的增长。通过对村内自然资源、人文资源、周边梯田生态资源进行梳理、保护和利用，科学开发深度定制游项目，推出了自然野趣、传统工艺、哈尼文化三个主题的活态文旅体验项目，满足了游客的多样化需求。

（5）强化生态保护与村落管理。AZK 村在发展过程中，始终重视生态保护与村落管理。通过加强对哈尼梯田"四素同构"生态系统的保护，依托绿水青山所蕴含的生态资源优势，巧妙利用山水风光及生态资源，打造生态村落、生态景点。同时，坚持四条基本原则，即不租不售不破坏、不引进社会资本、不放任本村农户无序经营、不破坏传统，确保了村落的可持续发展。

六、未来计划

（1）推动产业升级与拓展。AZK 村在未来将继续推动产业升级与拓展，进一步优化旅游资源，开发更多具有哈尼族特色的旅游产品和活动。例如，可以依托梯田风光和哈尼文化，推出农耕研学、非物质文化遗产体验、民宿度假等旅游产品，不断丰富旅游业态体验，满足游客的多样化需求。

（2）加强人才培养与引进。AZK 村的发展离不开人才的支持。未来，AZK 村将加强人才的培养与引进工作，通过举办培训班、引进专业人才等方式，提升村民的旅游服务技能和管理水平。同时，鼓励和支持村民返乡创业，利用自己的知识和技能为家乡的发展贡献力量。

（3）探索数字化与智慧化发展。随着科技的不断发展，数字化与智慧化已成为乡村旅游发展的重要趋势。AZK 村在未来将积极探索数字化与智慧化发展，通过建设智慧旅游平台、推广电子门票等方式，提升旅游服务的便捷性和智能化水平。同时，利用大数据和人工智能技术，对游客的需求和行为进行分析，为旅游产品的开发和优化提供科学依据。

（4）深化合作与交流。AZK 村的成功经验值得其他乡村借鉴和学习。未来，AZK 村将深化与国内外相关机构的合作与交流，分享自己的发展经验和做法，共同推动乡村旅游的可持续发展。同时，积极引进先进的理念和技术，不断提升自身的综合实力和竞争力。

（5）持续关注生态保护与文化传承。AZK 村在未来的发展中，将继续关注生态保护与文化传承。通过加强生态环境监测和治理，确保梯田生态系统的健康稳定。同时，加强对哈尼传统文化的挖掘和保护，通过举办文化活动、搭建文化设施等途径，传承和弘扬哈尼文化，为乡村旅游的发展注入更多的文化内涵和生命力。

（6）推动乡村全面振兴与全面发展。AZK 村将把乡村全面振兴作为未来发展的核心目标，通过推动农业、旅游、文化等产业的融合发展，实现乡村的全面振兴。同时，注重提升村民的生活质量和幸福感，加强基础设施建设，推动社会事业发展，为村民提供更好的生活条件和公共服务。

七、思考题

1. AZK 村具体采取哪些措施实现了“安民、惠民、富民”，使村民成为乡村发展的受益主体？

2. 旅游的过度商业化会给千年古村落的保护带来哪些威胁？从 AZK 村的做法与经验中总结如何在旅游开发中做好古村落的保护。

3. 村民在乡村旅游文化中具有什么作用？在旅游开发中，应该如何开发村民资源，引导村民以怎样的方式参与旅游开发经营才能有效保护古村落文化的原真性与生命力？

第三十三节　云南省世博集团：推进 HN 梯田遗产保护与旅游减贫一体化

一、基本情况

HN 梯田位于云南省元阳县，是人与自然高度和谐的良性循环生态系统，被誉为“大地上的雕刻艺术”。HN 梯田不仅仅是一片农田，更是一种独特的农耕文化和生态系统。由森林、村庄、梯田、水系四种元素共同构成的 HN 梯田，在 2013 年成功申报成为世界文化遗产。这一地区不仅是农耕文明的瑰宝，也是哈尼族人民世代劳作与智慧的结晶，他们通过引水和灌溉系统，将梯田变成了富饶的粮仓。HN 梯田不仅为当地人民提供了生计，也成为世界级的旅游景观。

二、挑战与问题

（1）基础设施落后。元阳县地处山区，交通不便，基础设施相对落后。交通不便不仅制约了当地经济的发展，也影响了 HN 梯田旅游资源的开发和利用。公路、桥梁等基础设施的建设和维护需要大量资金和技术支持，而当地政府的财力有限，难以满足这些需求。

（2）生态环境脆弱。HN 梯田所在的生态系统相对脆弱，容易受到自然灾害和人为因素的破坏。

例如，干旱、洪涝等自然灾害会对梯田的灌溉系统造成严重影响，进而影响农业生产。此外，不合理的农业活动和过度开发也会对梯田的生态环境造成破坏，威胁到梯田遗产的保护。

（3）贫困问题突出。元阳县哈尼族村落的贫困问题仍然突出。当地居民的收入来源有限，主要以农业种植和畜牧业为主，收入水平较低。贫困问题不仅影响了当地居民的生活水平，也制约了当地经济的发展和旅游资源的开发。

（4）文化传承困难。HN 梯田不仅是物质文化遗产，更是非物质文化遗产的重要载体。然而，随着现代化进程的推进，许多年轻人开始离开乡村，前往城市务工，导致传统农耕文化和哈尼族文化的传承面临困难。如何保持和传承哈尼族文化，成为一个亟待解决的问题。

（5）旅游开发不足。尽管 HN 梯田拥有世界级的旅游资源，但其旅游开发仍然不足。一方面，交通不便和基础设施落后制约了旅游资源的开发和利用；另一方面，缺乏专业的旅游开发和管理人才，导致旅游产品的品质和服务水平有待提高。

三、发展举措

（1）加强基础设施建设。为改善元阳县的交通和基础设施状况，云南世博集团投入了大量资金，并提供了技术支持。他们修建了公路、桥梁等基础设施，提高了交通的便捷性和安全性。同时，他们还加强了对水利、电力等基础设施的建设和维护，为当地经济的发展和旅游资源的开发提供了有力保障。例如，元阳县交通运输局按照“打好梯田牌，交通畅、旅游旺、产业兴、乡村美、百姓富”的总体思路，将公路绿化景观与世界遗产 HN 梯田、沿线各类景观进行融合建设。通过对美丽交通网络的构建，把宝贵的梯田资源、千年农耕文明及哈尼文化等文旅资源转化为元阳的美丽经济。此外，他们进一步推进绿美公路建设，通过栽种绿化树和地被植物，提高了公路的绿化美化水平，为游客营造出了更加舒适和美丽的旅游环境。

（2）保护和修复生态环境。为了保护 HN 梯田的生态环境，云南世博集团采取了一系列措施。他们加强了生态环境的监测和评估工作，及时发现和解决生态环境问题。同时，他们还实施了生态修复和保护工程，通过植树造林、水土保持等措施，提高了梯田的生态效益和景观价值。在绿美交通建设过程中，云南世博集团坚持规划引领，根据元阳县高海拔地区寒冷、低海拔河谷地带干热的特殊气候，结合原有自然生态，适当进行“加”“减”“疏”“补”，实现了乔、灌、地被多层次立体全覆盖绿化美化。这些措施不仅提高了公路的绿化美化水平，也保护了梯田的生态环境，维护了其景观价值。

（3）推动旅游产业发展。为了推动 HN 梯田的旅游产业发展，云南世博集团充分发挥自身优势，将“旅游发展”和“扶贫带动”紧密相连，探索出了“景带村”旅游扶贫模式。他们依托 HN 梯田的旅游资源，开发了一系列旅游产品，包括观光旅游、休闲度假、文化体验等。同时，他们还加强了旅游营销和宣传工作，提高了 HN 梯田的知名度和美誉度。例如，云南世博集团旗下的元阳 HN 梯田景区累计覆盖了云南省 9 个县的 100 多个自然村，直接带动当地 7 000 多人就业，催生了 500 多家旅游经营户。此外，他们还通过举办观鸟节、农耕文化节等活动，吸引了大量游客前来参观和体验。这些活动不仅推动了当地经济的发展和旅游资源的开发，也传承和弘扬了哈尼族文化。

（4）促进文化传承与发展。为了促进哈尼族文化的传承与发展，云南世博集团采取了一系列措施。他们加强了对哈尼族文化的挖掘和研究工作，整理了哈尼族的历史和文化资料。同时，他们还举办了各种文化活动和文化展览，展示了哈尼族文化的独特魅力。在绿美公路建设中，云南世博集团将民族文化、民俗风情、梯田文化融入其中，致力于修路造景、路景相映，实现历史人文传承，彰显美丽特色文化。此外，他们还通过培训和教育等方式，提高了当地居民对哈尼族文化的认识和认同感。这些措施不仅促进了哈尼族文化的传承与发展，也增强了当地居民的文化自信和归属感。

（5）加强扶贫帮困工作。为了加强扶贫帮困工作，云南世博集团积极履行社会责任，投入了大量资金和资源。他们通过提供就业机会、资金支持和技术培训等方式，帮助当地居民脱贫致富。同时，他们还加强了对贫困地区的产业扶持和基础设施建设，提高了当地居民的生活水平和生产条件。例如，在元阳县新街镇，云南世博集团充分发挥旅游环线的作用，推动农文旅产互动发展，共计建有客栈、农家乐266户，户均年增收约8万元，带动就业858人（建档立卡贫困户87人），就业群众年增收约3万元。在南沙镇，他们以呼山公路为依托盘活了呼山片区土地资源，带动产业发展。

（6）深化"景带村"旅游扶贫模式。云南世博集团不断完善"景带村"旅游产业扶贫模式，构建集观光休闲农业、文创产品打造、旅游配套服务等多元产业于一体的融合发展体系。他们通过构建以核心景区为支撑、以美丽乡村景点为补充、大景区小景点互联互通的发展格局，极大丰富了旅游产品，使景区群众在旅游文化产业发展中受益更多、幸福感更强。例如，在昆明轿子山景区，云南世博集团依托区位优势，通过修建旅游专线和完善基础设施，吸引了大量游客前来观光和休闲。同时，他们还通过举办观鸟节等活动，提高了景区的知名度和美誉度。这些措施不仅推动了当地经济的发展和旅游资源的开发，还带动了周边村庄迈向脱贫致富的进程。

（7）加强党建引领和民族团结。为了加强党建引领和民族团结工作，云南世博集团积极发挥党组织的战斗堡垒作用和党员的先锋模范作用。他们通过加强党的建设、推动民族团结进步创建工作等方式，提高了当地居民的政治觉悟和文化素质。同时，他们还加强了与当地政府和各族群众的沟通与合作，共同推动当地经济的发展和社会的进步。在民族团结进步创建工作中，云南世博集团确立了"旅游+民族团结进步创建"的模式，树立了"全域旅游+创建"的理念。他们通过挖掘中华民族大团结内涵，全面实施宣传教育工程、培根铸魂工程、视觉形象工程等，搭建旅游景区促发展平台、文旅深度融合平台、旅游产品供应延伸平台。这些措施不仅有力推动了民族团结进步事业的发展，也提高了当地居民的幸福感和归属感。

四、发展成效

（1）文旅资源转化为经济收益。根据云南省、红河州绿美公路建设工作部署要求，元阳县制定了《元阳县绿美交通三年行动实施方案（2022—2024年）》，明确了三年行动的建设任务目标。截至2024年，已完成建设320.22千米，栽种绿化树59 512株，地被绿化面积达178 556.3平方米。这些举措不仅优化了公路景观风貌，还带动了沿线乡村的美丽乡村建设工作。

（2）实现了"公路+旅游"的深度融合。通过"公路+绿美"和"公路+旅游"的模式，将HN梯田旅游景区和沿线旅游特色村及农业庄园连接起来，构建了休闲农业与乡村旅游精品走廊。例如，元阳县新街镇依托绿美公路建设，充分发挥旅游环线的作用，推动农文旅产业互动发展。

（3）盘活了土地资源，带动了产业发展。呼山片区枇杷种植面积达2.8万余亩，年产值4 780万元；芒果种植面积1.6万余亩，年产值800万元，带动了750户种植农户。这些产业的发展不仅提高了当地农户的收入水平，还增强了他们的获得感和幸福感。

（4）通过挂钩帮扶工作，推动了乡村振兴。自开展乡村振兴工作以来，云南世博集团认真制订帮扶计划，按照"尽锐出战"的选派标准对驻村队员进行了轮换，配合当地政府开展好动态监测、疫情防控、文明创建等工作。2021年，云南世博集团持续开展挂钩帮扶工作，捐赠资金解决九保村合作社新型产业开发经费困难问题，连续三年开展金秋助学活动，加大对当地群众的技能培训力度，为巩固当地拓展脱贫攻坚成果同乡村振兴有效衔接作出了贡献。

五、经验启示

（1）注重顶层设计和规划引领。在绿美公路建设工作中，元阳县成立了由县委、县政府主要领导任双组长的绿美交通三年行动工作领导小组，并制定了详细的实施方案。通过强化组织领导这一有力举措，确保了各项工作的顺利推进。同时，根据元阳县特殊的气候和自然景观，结合原有自然生态，进行了科学合理的规划，实现了乔、灌、地被多层次立体全覆盖绿化美化。

（2）坚持政府主导、部门参与、群众配合的工作格局。在绿美公路建设工作中，元阳县充分整合交通、林草、自然资源等部门资源，动员社会力量积极参与，营造出了共建、共管、共治、共享的良好氛围。这种多方参与的模式，不仅提高了工作效率，还增强了群众的主人翁意识，促进了项目的顺利实施。

（3）注重产业融合和文化传承。云南世博集团将HN梯田旅游景区和沿线旅游特色村及农业庄园连接起来，构建了休闲农业与乡村旅游精品走廊。同时，将民族文化、民俗风情、梯田文化融入绿美公路建设中，实现了历史人文传承和美丽特色文化的彰显。这种产业融合和文化传承的方式不仅丰富了旅游产品，还提升了旅游品质，吸引了更多游客慕名前来观光游览。

（4）注重品牌打造和市场营销。云南世博集团凭借世博园的成功经验，将“世博”品牌打造成市场核心品牌，通过提升改造世博园，将其早日建成世界名园。同时，积极开展品牌营销和宣传推广工作，提高了HN梯田和元阳旅游的知名度和影响力。这种品牌打造和市场营销的方式不仅提升了旅游产品的附加值，还推动了当地经济的发展。

（5）高度重视人才培养和团队建设。云南世博集团构建了独具世博特色的人才培养体系，对集团关键人才实施分级分类梯队培养。通过主题培训、智慧分享、实地考察、现场交流等方式，提升了企业领导人的经营管理能力和综合素质。这种人才培养和团队建设的方式为企业的可持续发展提供了有力的人才保障。

六、未来计划

（1）继续推进绿美公路建设。根据《元阳县绿美交通三年行动实施方案（2022—2024年）》的要求，元阳县将继续加大工作推进力度，确保在2024年内完成既定目标。同时，将进一步提升公路景观品质、强化绿化美化效果，提升游客的出行体验。

（2）加强HN梯田的保护和修复工作。HN梯田作为世界文化遗产，具有极高的历史和文化价值。云南世博集团将积极配合当地政府和相关部门，加强HN梯田的保护和修复工作，确保其可持续发展。同时，将加大对HN梯田的宣传力度，增强游客的保护意识。

（3）推动旅游产业升级和多元化发展。云南世博集团将继续深化“公路+旅游”的融合发展模式，推动旅游产业升级和多元化发展。通过开发新的旅游产品、拓展旅游市场、提升旅游服务质量等方式，提高HN梯田的旅游品质和经济效益。同时，将积极引进和培育新的旅游业态，如民宿、康养、研学等，丰富旅游产品供给。

（4）加强人才培养和团队建设。云南世博集团将继续构建独具世博特色的人才培养体系，加强对关键人才的分级分类梯队培养。同时，将积极引进和培育高素质人才，提升企业的创新能力和竞争力。通过加强人才培养和团队建设，为企业的可持续发展提供有力的人才保障。

（5）加强品牌营销和宣传推广工作。云南世博集团将继续加强品牌营销和宣传推广工作，提高HN梯田和元阳旅游的知名度和影响力。通过举办各种旅游节庆活动、开展网络营销和宣传推广等方式，吸引更多游客慕名前来观光游览。同时，将加强与国内外旅游机构的合作与交流，拓宽旅游市场渠道，整合旅游资源。

（6）积极参与乡村全面振兴工作。云南世博集团将继续发挥自身优势，积极参与乡村振兴工作。通过挂钩帮扶、产业扶持、技能培训等方式，帮助当地农户提高收入水平和生活质量。同时，将积极引进和推广先进的农业技术和管理模式，推动当地农业产业的升级和转型。

七、思考题

1. 根据案例资料补充调查，请总结“景带村”模式。

2. HN梯田景区累计覆盖了云南省9个县的100多个自然村，在以“景带村”的发展过程里，怎样避免乡村间的同质化竞争，又该如何处理好自然村之间的竞争、合作与利益划分问题？

3. 如何通过旅游发展提升当地居民对哈尼族文化的认识和认同感，增强其归属感？

第三十四节　云南省楚雄彝族自治州元谋县JB乡：多“旅”融合启新章

一、基本情况

JB乡位于云南省元谋县境内，是一个自然风光秀丽、人文历史底蕴深厚的边陲小镇。JB乡地势起伏，山川秀美，森林覆盖率较高，拥有大量的珍稀植物和野生动物资源。境内河流纵横交错，金沙江从乡境穿过，形成了壮丽的峡谷景观。此外，JB乡还拥有丰富的土地资源，土壤肥沃，适宜多种农作物生长，尤其是热带水果和特色蔬菜种植方面具有显著优势。JB乡是彝族、傈僳族等少数民族的聚居地，民族风情浓郁，传统节庆活动丰富。彝族火把节、傈僳族刀杆节等传统节日，展现了JB乡独特的民族文化魅力。同时，JB乡还拥有丰富的历史遗迹，如古老的民居建筑、传统手工艺等，这些文化遗产成为吸引游客的重要资源。尽管JB乡拥有丰富的自然资源和人文资源，但经济基础相对薄弱。农业是JB乡的主要产业，但农业发展水平较低，农业基础设施不完善，农产品加工能力有限，农民收入不高。此外，JB乡的旅游业发展起步较晚，旅游设施的完善程度和服务水平均有待提高，旅游业对经济的带动作用尚未充分发挥。

二、挑战与问题

（1）生态环境压力大。JB乡地处金沙江畔，生态环境脆弱。随着人口的增加和经济的发展，对自然资源的过度开发和不合理利用，导致生态环境受到破坏，水土流失、土壤退化等问题日益严重。这不仅影响了JB乡的可持续发展，也对“绿旅”发展带来了挑战。

（2）农业产业结构单一。JB乡的农业产业结构相对单一，主要以传统种植业为主，缺乏高效农业和现代农业的支撑。农产品的附加值低，市场竞争力不强，农民增收困难。同时，该乡的农业基础设施薄弱，灌溉条件差，抵御自然灾害的能力较弱，制约了农业的发展。

（3）旅游业发展水平低。JB乡的旅游业起步较晚，旅游设施和服务水平相对较低。旅游景点开发不够深入，旅游产品单一，缺乏特色和吸引力。旅游宣传和推广力度不足，知名度和美誉度不高，难以吸引大量游客前来观光旅游。

（4）人才和资金短缺。JB乡地处偏远，人才和资金的短缺成为阻碍其发展的瓶颈。缺乏高素质的专业人才和管理人才，导致乡村旅游、生态农业等产业的发展受到限制。同时，资金投入不足，难以满足基础设施建设和产业升级的需求。

三、发展举措

（1）加强生态环境保护，推动“绿旅”发展。一方面，实施生态修复工程。JB乡针对生态环境脆弱的问题，加大生态修复力度，实施退耕还林、水土保持等工程，恢复植被，改善生态环境。同时，加大对金沙江沿岸区域的保护力度，防止水土流失和环境污染。另一方面，发展绿色产业，依托JB乡丰富的自然资源，发展绿色产业，如生态农业、林业经济等。鼓励农民种植绿色农产品，提高农产品的附加值和市场竞争力。同时，加大对绿色产业的扶持力度，推动其向规模化、产业化方向发展。同时，打造生态旅游品牌，利用JB乡独特的自然风光和生态环境优势，打造生态旅游品牌。开发具有特色的生态旅游线路和产品，如徒步旅行、自驾游、生态摄影等，吸引游客前来观光旅游。同时，加大对生态旅游的宣传和推广力度，提高知名度和美誉度。

（2）优化农业产业结构，推动“农旅”融合。在发展现代农业方面，JB乡依托气候和土壤的优势，发展现代农业，如设施农业、节水灌溉农业等。引进新品种、新技术，提高农产品的产量和品质。

同时，加强对农民的技术培训，提高其种植技能和收入水平。在推进农业产业化经营方面，鼓励农民成立专业合作社和家庭农场等新型农业经营主体，推进农业产业化经营。通过规模化种植、标准化生产、品牌化营销等方式，提高农产品的市场竞争力和附加值。同时，加大对农业龙头企业的扶持力度，推动其与农民形成紧密的利益联结机制。在开发农业旅游产品方面，结合 JB 乡的农业资源和旅游资源优势，开发农业旅游产品。如开展采摘体验、农耕文化展示等活动，让游客亲身体验农业生产的乐趣和魅力。同时，加大对农业旅游产品的宣传和推广力度，吸引更多游客前来参与。

（3）挖掘文化资源，推动“文旅”融合。在保护和传承民族文化方面，JB 乡加大对民族文化的保护和传承力度。通过挖掘和整理民族历史、民俗风情等资源，打造具有特色的民族文化品牌。同时，加大对民族文化遗产的保护和修缮力度，防止其受到破坏和消失。在开发文化旅游产品方面，结合 JB 乡的文化资源优势，开发文化旅游产品。如开展民族文化节庆活动、手工艺制作体验等活动，让游客深入了解 JB 乡的民族文化魅力和历史底蕴。同时，加大对文化旅游产品的宣传和推广力度，提高知名度和美誉度。在加强文化旅游设施建设方面，加大对文化旅游设施建设的投入力度。完善旅游基础设施和服务设施，提高旅游接待能力和服务水平。同时，加大对旅游从业人员的培训和管理力度，提高其服务质量和专业素养。

（4）加强人才和资金保障。一是引进和培养人才，JB 乡加大对人才的引进和培养力度。通过制定优惠政策、提供发展平台等方式，吸引高素质的专业人才和管理人才到 JB 乡工作。同时，加大对当地农民的培训和教育力度，提高其文化素养和技能水平。二是加大资金投入力度，JB 乡加大对发展的资金支持力度。通过争取上级政府扶持、吸引社会资本投入等方式，为 JB 乡的发展提供充足的资金保障。同时，加大对资金使用的监管和管理力度，确保资金的安全和有效使用。三是推动产业融合发展，JB 乡加强“绿旅”“农旅”“文旅”之间的融合发展。通过整合资源和优势，形成产业链和产业集群效应。同时，加大对产业融合发展的政策支持和引导力度，推动其向更高水平、更深层次发展。

四、发展成效

（1）绿色发展引领乡村蜕变。JB 乡在推进绿色发展方面，始终坚持生态优先、绿色发展理念。通过植树造林、环境整治等措施，JB 乡不断改善生态环境，实现了绿色蜕变。近年来，JB 乡在推进生态环境保护和治理方面取得了显著成效，乡村面貌焕然一新。在环境整治方面，JB 乡在环境整治方面下大力气，通过推进生活垃圾处理、污水处理和绿化美化工程，全面改善乡村环境。在各级政府和村民的共同努力下，JB 乡已建成多个生态宜居示范村，人居环境显著改善。在林业发展方面，JB 乡充分发挥自然资源优势，大力开展植树造林活动，通过种植经济林、防护林等，提高了森林覆盖率，增加了农民收入。目前，JB 乡的林业经济已成为村民增收的重要渠道之一。在生态旅游方面，依托优美的自然风光和良好的生态环境，JB 乡大力发展生态旅游，通过开发生态景观、建设生态旅游设施，吸引了大量游客前来观光旅游，推动了乡村经济的快速发展。

（2）农旅融合助推乡村振兴。在推进农旅融合方面，JB 乡充分发挥农业资源优势和旅游资源优势，通过打造现代农业园区、举办农业节庆活动等措施，推动了农业与旅游业的深度融合。JB 乡依托丰富的农业资源，打造了一批现代农业园区，通过发展高效农业、设施农业和生态农业，提高了农业生产效益。同时，现代农业园区也成为游客参观体验的好去处，带动了乡村旅游的发展。JB 乡每年举办多场农业节庆活动，如葡萄采摘节、草莓文化节等，通过举办活动，吸引游客前来体验乡村生活，品尝特色农产品，推动了农业与旅游业的融合发展。同时，JB 乡通过延伸农旅产业链，推动了农产品加工、乡村旅游和特色手工艺品的发展。目前，JB 乡已形成了集种植、加工、销售、旅游于一体的农旅产业链，实现了农业与旅游业的相互促进和共同发展。

（3）文旅兴盛焕发乡村活力。在推进文旅融合方面，JB 乡依托丰富的红色资源和文化底蕴，通过挖掘红色文化、举办文化节庆活动等措施，推动了文化与旅游业的深度融合。在红色文化方面，JB 乡拥有丰富的红色文化资源，如红军长征纪念馆等。通过挖掘红色文化，JB 乡打造了一批红色旅游景点，吸引了大量游客前来参观学习，推动了红色旅游的发展。在文化节庆活动方面，JB 乡每年举办多场文化节庆活动，如春节联欢会、民族风情节等，通过举办活动，展示了 JB 乡丰富的文化底蕴和独特的民族风情，吸引了大量游客前来观赏体验。在文化旅游产业链方面，JB 乡通过发展文化旅游产业链，推动了文化产业与旅游业的融合发展。目前，JB 乡已形成了集红色旅游、民族文化旅游、乡村旅游于一体的文化旅游产业链，实现了文化与旅游业的相互促进和共同发展。

五、经验启示

（1）坚持绿色发展理念。在推进绿色发展方面，JB 乡始终坚持生态优先、绿色发展理念。通过植树造林、环境整治等措施，改善了生态环境，为旅游业的发展提供了良好的生态环境保障。这一经验给予我们启示，推进绿色发展是实现乡村可持续发展的重要保障，必须始终放在首位。

（2）注重农旅融合发展。在推进农旅融合方面，JB 乡注重发挥农业资源优势和旅游资源优势，通过打造现代农业园区、举办农业节庆活动等措施，推动了农业与旅游业的深度融合。这一经验给予我们启示，推进农旅融合发展是实现农业增效、农民增收和农村繁荣的重要途径，必须加大力度推进。

（3）挖掘文化资源潜力。在推进文旅融合方面，JB 乡注重挖掘红色文化和民族文化资源潜力，通过打造红色旅游景点、举办文化节庆活动等措施，推动了文化与旅游业的深度融合。这一经验给予我们启示，挖掘文化资源潜力是实现文化繁荣和旅游发展的重要手段，必须充分挖掘和利用当地文化资源。

（4）加强政府引导和支持。在推进“绿旅”“农旅”“文旅”融合发展方面，JB 乡得到了政府的大力引导和支持。政府在政策制定、资金扶持、项目建设等方面给予了 JB 乡很大的帮助和支持。这一经验给予我们启示，加强政府引导和支持是实现乡村融合发展的重要保障，必须充分发挥政府的作用。

六、未来计划

（1）持续推进绿色发展。JB 乡将继续坚持绿色发展理念，加大生态环境保护和治理力度，借助植树造林、环境整治等措施，进一步改善生态环境。同时，JB 乡将积极发展绿色农业和生态旅游，推动乡村经济的可持续发展。

（2）深化农旅融合发展。JB 乡将继续深化农旅融合发展，通过打造现代农业园区、举办农业节庆活动等措施，推动农业与旅游业的深度融合。JB 乡将继续打造现代农业园区，通过发展高效农业、设施农业和生态农业，提高农业生产效益和农民收入。同时，JB 乡将注重农业园区的观光体验功能，打造一批农业观光园区和农事体验基地。

（3）加强文旅融合发展。JB 乡将继续加强文旅融合发展，通过挖掘红色文化和民族文化资源潜力，打造一批文化旅游景点和线路。例如，继续挖掘红色文化资源，打造一批红色旅游景点和线路（如红军长征纪念馆等）。同时，JB 乡将继续挖掘民族文化资源潜力，打造一批民族文化旅游景点和线路，如民族风情园、民俗博物馆等，为游客提供更加优质的旅游体验。

（4）加强政策支持和项目推进。JB 乡将继续加强政策支持和项目推进，通过制定优惠政策、引进资金和技术等措施，推动乡村融合发展的深入实施。例如，JB 乡将继续制定和完善相关政策措施，为乡村融合发展提供政策保障和支持。同时，JB 乡将注重政策的宣传和推广工作，切实提高政策的知晓率和执行力。同时，JB 乡将强化对项目的管理和监督工作，确保项目的顺利实施并取得实际成效。

（5）加强人才培养和引进。JB 乡将继续加强人才培养和引进工作，通过培养本地人才和引进外来人才等措施，为乡村融合发展提供人才保障和支持。对本地人才培养，JB 乡将通过举办培训班、提供学习机会等措施，提高本地人才的素质和能力。同时，JB 乡将注重本地人才的激励和扶持，激发他们的工作热情和创造力。对外来人才引进，JB 乡将通过提供优惠政策、创造良好的环境等措施，吸引更多的外来人才到 JB 乡工作和生活。同时，JB 乡将注重外来人才的安置和管理，为他们提供良好的工作和生活条件。

七、思考题

1. JB 乡采取了哪些措施来开展生态环境的保护与修复工作呢？
2. 怎样借助“绿旅”融合发展的模式，达成生态资源对 JB 乡农业价值的赋能提升？

第三十五节　西藏自治区 LZ 市：从“美丽贫困”到“富美乡村”——旅游扶贫的探索实践

一、基本情况

LZ 市位于西藏自治区东南部，下辖林芝、工布江达、米林、朗县、波密、察隅和墨脱七县，共 54 个乡镇和 526 个村民委员会，总人口约 16.5 万人。这里是一个以藏族为主体的多民族聚居区，除藏族外，还有汉族、回族、怒族、门巴族、珞巴族、独龙族、白族、纳西族、傈僳族 9 个民族。这一地区不仅地理特征多样，且自然景观丰富，是全球保存最完整、全国最大的原始林区之一，被誉为青藏高原的“生物基因库”“花果之乡”“高原氧吧”。LZ 市拥有众多世界级的自然景观，如世界第一大峡谷——雅鲁藏布大峡谷、中国最美山峰——南迦巴瓦峰以及美丽的米堆冰川等。这些自然资源的存在，使得 LZ 成为一个重要的世界旅游目的地。

二、挑战与问题

（1）基础设施薄弱。LZ 市地处深山峡谷区域，交通不便，道路状况较差，旅游交通基础设施亟待改善。此外，部分村庄缺乏完善的生活污水处理和垃圾收集设施，影响了乡村的环境质量和旅游体验。

（2）产业发展滞后。LZ 市乡村旅游产业发展相对滞后。一是开发资金不足，旅游产品开发力度较小，多数景区仍处于待开发状态，制约了乡村旅游的进一步发展；二是资源优势向经济优势的转化程度较低，宣传力度不够强，导致 LZ 市旅游景区的知名度偏低，客源增长受限。

（3）农牧民参与度不高。尽管 LZ 市拥有丰富的旅游资源，但农牧民参与旅游开发的积极性不高，主要原因在于他们缺乏相关的知识和技能，缺乏有效的组织和引导。一些偏远村庄的农牧民的思想观念落后，商品意识淡薄，难以主动参与到旅游发展中来。

（4）专业人才匮乏。LZ 市经济社会发展相对落后，高素质的旅游管理人才和专业技术人才短缺。专业藏汉双语高素质管理人才总量小，后劲不足，且分布不平衡，农牧民参与实用人才类培训的积极性不高。加之在乡村振兴和乡村旅游发展的大好前景下，区内外的优秀人才竞争激烈，LZ 市在吸引和集聚乡村人才方面面临培养难、引进难、留不住等问题与挑战。

（5）人才工作机制不健全。LZ 市在人才工作机制方面存在创新不足、整合力度不够的问题，因才施策的办法不多，乡村人才成长发展受到影响。同时，培养机制不健全，培养力度不够，人才培养与人才需求信息不对称，导致乡村人才短缺，难以满足旅游扶贫的需求。

三、发展举措

（1）加强基础设施建设。LZ 市大力推进基础设施建设，特别是交通和通信设施的改善。近年来，LZ 市提高拉萨至 LZ 市的公路等级，改扩建 LZ 市机场，整治云南贡山至西藏察隅的公路以及墨脱通县公路，使 LZ 市成为除拉萨外游客进出西藏最重要、最便利的通道。截至 2020 年年底，LZ 市新增公路里程 1 373.78 千米，通外航线增加到 6 条，为旅游业的发展提供了有力的交通保障。在村庄环境治理方面，LZ 市加大环境整治力度，以农牧区厕所改造、人畜分离、村庄清洁为切入点，大力开展人居环境整治，持续改善农牧区生活条件。全市建成 317 个行政村生活污水处理设施，495 个行政村垃圾集中收集点，74 个行政村开展了垃圾分类，219 个村实现村庄清洁常态化。这些基础设施的完善，为旅游扶贫创造了良好的条件。

（2）创新旅游扶贫模式。LZ 市在旅游扶贫的过程中，注重创新模式，通过开展“清零消薄”行动，探索村集体经济实现转型升级、提质增效的全新路径。LZ 市以波密县为试点，立足资源禀赋和市场需求，探索“清零消薄”行动提质模式、创收模式、组织模式，推动村集体经济转型升级、提质增效，激发乡村内生动力。一是创新闲置资源盘活模式。LZ 市建立优质闲置资源活化利用机制，探索盘活闲置资产、壮大集体经济发展新路径。通过引入资金对闲置农贸市场进行改造提升，建设酒店等方式，增加村集体经济收入。二是创新资金整合模式。LZ 市打破乡镇、村（社区）之间的“玻璃墙”，探索资金、资源、政策等发展要素化零为整形成规模效益，推动村集体经济“好村”向“强村”升级。通过整合乡村两级党建经费、强基惠民工作经费等，支持发展前景好、造血能力强的村集体经济项目。三是创新企业与偏远村联动发展模式。LZ 市坚持企业帮扶和挖潜赋能相结合的方式促进村集体经济发展，支持引导国企帮扶挖掘偏远村资源，探索建立收益共享反哺机制，提升偏远村集体经济发展的内生动力。

（3）推动乡村全面振兴。LZ 市在推进旅游扶贫的过程中，注重与乡村全面振兴相结合，以乡村振兴战略为引领，推动乡村旅游产业的升级和发展。LZ 市围绕群众风貌提升、村庄环境治理和基础设施改善三项重点工作，加快推进美丽乡村建设，全面提升群众的获得感、幸福感和安全感。一是加强乡风治理。在全市 224 个建制村实施树立农牧民新风貌提质扩面行动，推广运用积分制、红黑榜办法，激发引导群众更加讲卫生、讲文明、讲进步，推动乡村实现由表及里、形神兼备的全面提升。二是加大环境整治力度。通过农牧区厕所改造、人畜分离、村庄清洁等措施，持续改善农牧区生活条件，建成多个行政村生活污水处理设施和垃圾集中收集点，实现村庄清洁常态化。三是加快推进乡村建设。以改善农牧区基础设施和提升公共服务水平为重点，制定《LZ 市乡村建设行动方案》，投入大量资金实施行政村基础设施条件巩固提升工程，扩大宜居宜业和美乡村建设成果。

四、发展成效

（1）基础设施显著改善。为了打破封闭，LZ 市近年来着力改善交通基础设施状况。提高拉萨至 LZ 市的公路等级、改扩建 LZ 市机场、整治云南贡山至西藏察隅的公路、整治我国最后的通县公路——墨脱公路，改善乡村公路通车条件等。截至 2020 年年底，LZ 市新增公路里程 1 373. 78 千米，通外航线增加到 6 条，使 LZ 市成为除拉萨外游客进出西藏最重要、最便利的通道。不断打破封闭，敞开了高原山区开放的胸怀。例如，过去从公路到索松村只能乘牛皮筏子，2016 年国家投资修通了水泥路，以前人迹罕至的村庄一下子热闹起来。

（2）生态旅游带动增收。LZ 市的旅游业发展迅猛，成为农牧民增收的重要途径。2013 年，拉巴卓玛开起客栈，又先后两次扩建，家庭收入由 20 万元增加到 48 万元。朗县洞嘎镇卓村的索朗卓玛说：“家乡的风景很美，但那时候没人能利用美景赚钱。2014 年年底，我们开始做家庭旅馆，2015 年收入 15 000 多元。”LZ 市有我国第二大林区，过去采伐树木是群众收入的重要来源之一，而当地盛产的松茸、天麻、核桃、木耳等众多土特产变现十分困难。旅游业的发展，有效承接禁伐后乡村产业空白，解决了群众增收难题，乡村经济转向绿色、环保方向发展。羌纳乡巴嘎村退伍军人久米 10 多年前以采伐、销售林木为生，旅游业兴起后，他与人合伙投资 150 万元，组建供销合作社，收购松茸、核桃、虫草等当地土特产，年收入超过 40 万元。2014 年，他还投资 600 多万元做起了特色精品民宿旅游。产业融合发展合力支撑，使生态游、休闲游、农村体验游等业态星火燎原，全域旅游迅速兴起，大批农牧民从事旅舍、藏餐、客运等行业发家致富。仅 2023 年 1 月至 4 月，LZ 市就接待国内外游客 213. 8 万人次、实现旅游收入 15. 2 亿元，与 2012 年同期相比分别增长 93. 1%和 110. 4%。全市参与旅游服务的农牧民群众达 1 358 户、8 207 人次，实现收入 6 122 万元。

（3）特色产业发展壮大。LZ 市把产业扶贫摆在脱贫攻坚工作的重要地位，基于自身的资源优势，大力培育和壮大以特色农牧业、生态旅游业、藏医藏药业、文化产业、民族手工业等产业为主的扶贫龙头企业，加强产业基地建设和经济合作组织建设，在扶贫实践中探索出适合自己的产业扶贫模式。在波密县，天麻种植是当地的特色优势产业，为带动当地经济发展注入了源源不断的动力。西藏波密高原藏天麻产业开发有限公司副总经理董某说："我们 2023 年扶持的天麻种植大户，采挖工作目前已基本结束，最高收益可达 14 万元。"林芝镇立定村村民白玛在路边兜售土特产，2022 年在这里卖土特产收入 7 万多元。有着 10 多年经商经历的德吉旺姆，回到老家米林市吞白村民小组建起了农庄。农庄总投资 800 万元，其中吞白村 35 户村民占股 65%，试营业 2 个月利润就达 30 余万元。"公司+农户"的方式不仅在曾经被忽略的美景中打造了精品民宿，还引导村民进行施工建设、向导服务、土特产销售、餐饮接待等旅游服务工作。地处高山峡谷间的朗县拉多乡吉村，通过奖励扶持资金，因势利导启动了牦牛和山羊养殖项目，在壮大村集体产业同时，进一步促进群众增收。目前，该村养殖牦牛 107 头、山羊 206 头。拉多乡吉村乡村振兴专干索朗曲珍说："饲草一部分是在外地购买的，一部分是在本村老百姓家购买的。这样既能增加群众收入，又能保证饲草安全。养殖项目开展以来，群众的积极性和参与度都很高。"

五、经验启示

（1）精准施策，深入攻坚。LZ 市精准聚焦深度贫困区域和贫困人口，依托丰富的旅游资源和生态环境，持续加大投入力度，扎实推进旅游扶贫。通过精准施策、深入攻坚，以产业融合发展带动千家万户增收致富。LZ 市在扶贫工作中，不仅注重"输血"，更注重"造血"，通过发展产业，提高贫困人口的自我发展能力。

（2）政府引导，社会参与。在政府的引导下，LZ 市积极吸引社会力量参与扶贫工作。例如，广东在对 LZ 的援藏扶贫中，通过政府引导，保利、恒大、珠江投资、广中旅、广药集团等企业参与小镇开发。这些企业的参与，不仅引入了资金和技术支持，还带来了先进的管理经验，拓宽了市场渠道，为 LZ 市的扶贫工作注入了新的活力。

（3）保护生态，绿色发展。LZ 市在扶贫工作中，始终注重生态保护，坚持绿色发展。通过发展生态旅游，LZ 市实现了经济效益和生态效益的双赢。在旅游业的发展过程中，LZ 市注重保护自然资源和生态环境，通过科学规划和管理，确保旅游业的发展不会对生态环境造成破坏。同时，LZ 市还通过发展绿色农业和特色产业，推动农业产业的转型升级，提高农业的综合效益和竞争力。

（4）产业融合，创新发展。LZ 市在扶贫工作中，注重产业融合发展，通过创新发展模式，推动旅游、农业、文化等产业的深度融合。例如，LZ 市通过发展乡村旅游，将自然景观和人文景观相结合，打造了一批具有地方特色的乡村旅游产品。同时，LZ 市还通过发展特色农业和文化产业，推动农业和文化的深度融合，提高了农产品的附加值和文化内涵。

六、未来计划

（1）提升旅游品质，打造国际品牌。LZ 市将继续提升旅游品质，打造国际生态旅游区和全域旅游示范区。通过加强旅游基础设施建设，提高旅游服务水平，推动旅游业向高端化、智能化、绿色化方向发展。同时，LZ 市还将加强旅游品牌建设，打造一批具有国际影响力的旅游品牌，提高 LZ 旅游的知名度和美誉度。

（2）推动产业升级，培育新兴产业。LZ 市将继续推动产业升级，培育新兴产业。通过加强科技创新和人才引进，推动传统产业向高端化、智能化方向发展。同时，LZ 市还将积极培育新兴产业，如数字经济、文化旅游、健康养生等产业，推动 LZ 市经济结构的优化升级。

（3）加强生态保护，实现绿色发展。LZ 市将继续加强生态保护，实现绿色发展。通过加强生态环境保护和管理，确保旅游业的发展不会对生态环境造成破坏。同时，LZ 市还将积极推动绿色农业和特色产业的发展，提高农业的综合效益和竞争力，实现经济效益和生态效益的双赢。

（4）加强人才培养，提高人员素质。LZ 市将继续加强人才培养和引进工作，提高人员素质。通过加强职业教育和技能培训，提高贫困人口的就业能力和创业能力。同时，LZ 市还将积极引进高层次人才和创新创业团队，为 LZ 市的经济社会发展提供有力的人才保障。

（5）加强区域合作，实现共赢发展。LZ 市将继续加强区域合作，实现共赢发展。通过加强与周边地区的合作和交流，推动区域经济的协同发展。同时，LZ 市还将积极融入国家发展战略和区域合作框架，争取更多的政策支持和资源投入，为 LZ 市的经济社会发展创造更加有利的条件。

七、思考题

1. LZ 采用了怎样的产业发展模式？借助哪些特色产业来实现生态价值的转化，进而带动乡村脱贫与乡村全面振兴？

2. 针对 LZ 乡村旅游产业发展以及乡村振兴过程中所面临的农牧民参与度不高、专业人才匮乏等问题，能够采取哪些措施？

第三十六节　陕西省宝鸡市凤县 XLC 村：绘就山水田园度假村

一、基本情况

XLC 村位于陕西省宝鸡市凤县县城西北 6 千米处，双唐红旅游专线穿境而过，是宝鸡市乡村旅游重点村之一。村落沿小峪河走势散布，群山环抱，风景秀丽，地处秦岭腹地，自然环境得天独厚。XLC 村的历史悠久，清末为古时通往甘肃的重要集镇，交易兴旺，因此以“兴隆”为名。近年来，XLC 村依托优美的自然环境、特色农业和丰富的历史人文资源，积极推进乡村生态旅游建设，逐步发展成为集产业型、度假休闲型、和谐型于一体的村庄。目前，XLC 村已经开发建成了农业采摘、林麝和梅花鹿养殖观赏、休闲垂钓、房车影院、荷塘月色网红打卡地等多个旅游景点，成为宝鸡市十大最美休闲乡村之一。在村庄基础设施方面，XLC 村在推进旅游产业扶贫工作中，聘请中国科学院研究员、华农教授黄仁煌做技术指导，发展了核桃 400 亩、猕猴桃 200 亩，并建成了规范化生猪良种繁殖场。此外，依托易地扶贫搬迁项目，新建的 60 米新街主体工程即将完工，集镇配套基础设施建设已启动。在村庄经济方面，XLC 村通过实施“合作社+农户+林麝”共养项目，不仅丰富了产业结构，还增加了村集体与村民的收入。目前，XLC 村的林麝存栏量已从最开始的 51 只发展到现在的 100 余只，村集体经济光林麝一项收入便达 20 余万元，实现了集体经济的长期发展和农民的持续增收。在文化方面，XLC 村不仅拥有神秘的响水洞、古银杏、古桂花树等自然景观，还有集镇老街、古盐道等历史人文资源。这些资源为 XLC 村发展乡村旅游提供了坚实的基础。村上还积极挖掘文化底蕴，通过宣传，让世人了解 XLC 村的历史文化，使其充满灵气，富于神秘色彩。

二、挑战与问题

（1）基础设施建设滞后。尽管 XLC 村在推进旅游产业扶贫工作中取得了一些进展，但基础设施建设仍相对滞后。特别是在交通、通信、供水、供电等方面，仍存在一定的短板。这在一定程度上制约了 XLC 村乡村旅游的发展。

（2）产业结构单一。XLC 村的产业结构相对单一，主要以农业为主，且缺乏具有竞争力的特色产业。尽管村里推行了“合作社+农户+林麝”的扶植项目，但这一产业的规模和效益仍有待提升。此外，XLC 村在农产品深加工和旅游产品开发方面也存在不足，未能充分发挥自然资源的优势。

（3）旅游资源开发不足。XLC 村拥有丰富的自然和人文旅游资源，但目前的开发程度仍较低。一些潜在的旅游景点和特色项目尚未得到充分挖掘和利用。此外，XLC 村在旅游服务方面也存在不足，如住宿、餐饮、娱乐等配套设施不完善，影响了游客的满意度和回头率。

（4）资金投入不足。XLC 村在推进乡村旅游建设过程中，面临资金不足的困境。由于地处山区，交通不便，招商引资难度较大。同时，村集体经济薄弱，难以承担大规模的投资和建设任务。这在一定程度上制约了 XLC 村乡村旅游的发展速度，影响了其发展质量。

（5）人才短缺。XLC 村在推进乡村旅游建设过程中，缺乏专业人才的支持。特别是在旅游规划、市场营销、旅游服务等方面，缺乏具有专业知识和技能的人才。这导致 XLC 村在乡村旅游发展中存在一定的盲目性和低效性。

三、发展举措

（1）加强基础设施建设。XLC 村应加大基础设施建设力度，完善交通、通信、供水、供电等配套设施。特别是在交通方面，应加强与周边地区的联系，提高交通便利度。同时，应加快推进集镇配套基础设施的建设，着力提升村庄的整体形象。

（2）优化产业结构。XLC 村应进一步优化产业结构，发展具有竞争力的特色产业。在农业方面，XLC 村应继续推进核桃、猕猴桃等特色种植项目的发展，提高农产品的附加值。同时，XLC 村应积极探索农产品深加工和旅游产品开发的途径，延长产业链条。在养殖业方面，XLC 村应继续推进“合作社+农户+林麝”共养项目的发展，扩大养殖规模，提高养殖效益。此外，XLC 村还应鼓励村民发展农家乐、民宿等旅游服务产业，增加村民收入。

（3）深化旅游资源开发。XLC 村应深化旅游资源的开发，充分挖掘和利用潜在的旅游景点和特色项目。在自然景观方面，XLC 村应加强对响水洞、古银杏、古桂花树等景点的保护和开发，提升景点的知名度和美誉度。在人文资源方面，XLC 村应加强对集镇老街、古盐道等历史人文资源的挖掘和利用，打造具有地方特色的旅游品牌。同时，XLC 村应完善旅游服务设施，提高游客的满意度和回头率。

（4）加大资金投入力度。XLC 村应加大资金投入力度，多渠道筹集资金。一方面，应积极争取上级政府和部门的支持和帮助，争取更多的政策和资金支持；另一方面，应加强与周边地区的合作与交流，吸引更多的社会资本投入乡村旅游建设。同时，应鼓励村民积极参与乡村旅游建设，发挥村民的主体作用。

（5）引进和培养人才。XLC 村应引进和培养专业人才，提高乡村旅游发展的专业化水平。一方面，应加强与高校和科研机构的合作与交流，引进具有专业知识和技能的旅游规划、市场营销、旅游服务等方面的人才；另一方面，应加强对村民的培训和指导，提高村民的综合素质和技能水平。同时，应建立激励机制，鼓励村民积极参与乡村旅游建设和管理。

（6）加强宣传推广。XLC 村应加大宣传推广力度，提高知名度和美誉度。一方面，应充分利用各种媒体和平台，宣传 XLC 村的自然风光、人文景观和特色旅游产品；另一方面，应加强与旅行社和在线旅游平台的合作与交流，拓展旅游市场。同时，应举办各种旅游节庆活动和赛事活动，吸引更多的游客前来参观和体验。

（7）推动产业融合发展。XLC 村应推动产业融合发展，实现乡村旅游的可持续发展。一方面，应推动农业与旅游业的融合发展，打造农业观光园、农产品采摘园等旅游景点；另一方面，应推动文化与旅游业的融合发展，打造富有特色的文化旅游节庆活动和独具魅力的文化旅游产品。同时，应推动生态与旅游业的融合发展，加强生态环境保护，打造生态旅游品牌。

（8）加强社区参与。XLC 村应加强社区参与，发挥村民的主体作用。一方面，应建立村民参与机制，让村民参与到乡村旅游的规划、建设和管理中来；另一方面，应加强对村民的培训和指导，提高村民的综合素质和技能水平。同时，应建立激励机制，鼓励村民积极参与乡村旅游建设和管理。

（9）注重生态保护。XLC 村在推进乡村旅游建设过程中，应注重生态保护。一方面，应加强对自然资源的保护和利用，避免过度开发和破坏；另一方面，应加强对生态环境的监测和治理，提高生态环境质量。同时，应加强对游客的环保教育和引导，培养游客的环保意识。

（10）推动乡村振兴战略。XLC 村应积极响应国家乡村振兴战略，将乡村旅游作为推动乡村振兴的重要抓手。一方面，应加强与上级政府和部门的沟通和协作，争取更多的政策和资金支持；另一方面，应加强与周边地区的合作与交流，实现资源共享和优势互补。同时，应加强对乡村振兴战略的宣传和推广，提高村民对乡村振兴战略的认识和参与度。

四、发展成效

（1）经济发展与村民增收。近年来，XLC 村依托独特的自然资源，通过发展集体经济和特色产业，实现了经济的快速增长和村民收入的稳步提高。在村集体经济联合社分红大会上，村民们纷纷领到了村集体经济的分红款，这已经是他们第三次领到分红。2023 年，该村集体经济收入达到 100 余万元，为 48 户群众发放了 27 135 元分红款。XLC 村积极盘活村级闲置资产，建起了云湾山居民宿等项目，大力发展"合作社+农户"林麝共养项目、草莓等产业。其中，林麝共养项目尤为突出，村集体投资六成，村民收益七分，不仅降低了村民的投资风险，还带动了村民的增收致富。通过共养项目，村民不仅每年有固定收入，还能在林麝基地打工，生活质量显著提高。此外，XLC 村还通过举办花椒采摘节、四季村晚示范展、苹果王大赛等系列活动，助推农旅深度融合，带动周边 30 余人稳定就业，进一步促进了村民增收致富。

（2）人居环境改善与基础设施建设。XLC 村在乡村振兴过程中，高度重视人居环境的改善和基础设施的建设。通过张贴标语、上门动员、互评互比等形式，全方位、多角度开展人居环境整治宣传工作，动员村民人人参与、个个有责，营造出共建美丽家园的良好氛围。在基础设施建设方面，XLC 村进行了全面升级。通过逐户对村民宅前屋后、道路、绿化、林地、河道、公共设施等重点区域开展针对性整治，实现了村巷宽敞洁净、民房清爽敞亮、柴棚整齐安全。同时，村上还改建了旱厕 40 余座，修建了一处篮球场，进一步提升了村民的生活品质。

（3）文明乡风与精神文明建设。XLC 村在推进物质文明发展的进程中，也高度重视精神文明建设。村党支部坚持抓党风、带乡风、树新风，不断巩固强化移风易俗治理成效。通过制定完善村规民约，建设"社会主义核心价值观""二十四孝""二十四节气"等彩绘文化墙，开展十星级文明户、好媳妇好婆婆、美丽庭院等评比活动，大力弘扬知荣辱、明是非、讲正气、促和谐的文明乡风。为了培育良好家风，XLC 村建设了 460 平方米的家风家训馆及长廊，充分展示传统文化、风土人情、乡贤义举、优秀家风家训等内容。党员带头弘扬社会主义核心价值观，促进了优秀传统文化的传承。同时，村里还积极开展志愿服务项目，主动服务困难老人、残疾人、重病家庭等弱势群体，营造了和谐友爱的社会氛围。

（4）乡村旅游与农旅融合。XLC 村依托秀丽的自然风光和丰富的文化底蕴，大力发展乡村旅游。通过引进项目、发动群众广泛参与，逐步构建起集生态观光、康养旅游、休闲娱乐于一体的综合旅游体系。村里还举办了"庆丰收 促和美"乡村篮球赛等文体活动，丰富了村民的文化体育生活，吸引了大量游客前来观光旅游。借助"万企兴万村"行动契机，XLC 村推动企业负责人和村上负责人实现双向挂职，积极开展致富带头人和农村土专家评选活动，为群众增收致富树立了典型和榜样。通过举办花椒采摘节、苹果王大赛等活动，XLC 村助推农旅深度融合，带动了餐饮、民宿、垂钓、采摘等多种经营活动快速发展，让乡村走上了可持续发展之路。

五、经验启示

（1）强化党建引领，发挥党支部的作用。XLC 村在乡村振兴过程中，始终坚持党建引领，强化组织建设。通过完善"三会一课"制度，丰富主题党日内容，将党员教育管理与丰富群众文化生活、党员干部和群众学习培训相结合，发挥了凝聚群众、教育群众、服务群众的功能作用。村党支部还通过举办新时代文明实践活动，引领群众破除陋习、崇尚文明，推动了乡村社会的现代文明秩序构建。同时，村党支部还依托"直接服务群众"网格平台，推动精细化治理，实现了需求发现在网格、问题解决在网格、群众满意在网格。

（2）创新发展模式，实现多元增收。XLC 村在产业发展过程中，注重创新模式，实现多元增收。推行“合作社+农户+林麝”共养项目，不仅壮大了村集体经济，还带动了村民增收致富。村集体让利于民，帮村民承担了投资风险，双方一起享受利益分红，解决了村民资金不足、技术不到位、圈舍修建不标准、销售渠道不稳定等难题。此外，XLC 村还积极发展草莓、苹果等特色产业，通过举办采摘节等活动，助推农旅深度融合。同时，XLC 村还注重发展民宿、餐饮等乡村旅游产业，形成了多元化的增收渠道。

（3）注重文化传承，弘扬文明乡风。XLC 村在乡村振兴过程中，高度重视文化传承和文明乡风建设。通过制定完善村规民约，打造富有特色的彩绘文化墙，开展评比活动等形式，大力弘扬了知荣辱、明是非、讲正气、促和谐的文明乡风。同时，XLC 村还注重培育良好家风，建设家风家训馆及长廊，展示传统文化、风土人情、乡贤义举等内容，促进了优秀传统文化的传承。通过开发志愿服务项目，服务弱势群体，营造了和谐友爱的社会氛围。

（4）引入市场机制，推动产业升级。XLC 村在产业发展过程中，注重引入市场机制，推动产业升级。通过借助“万企兴万村”行动契机，推动企业负责人和村上负责人实现双向挂职，加强了企业与村庄的合作。与此同时，村里积极组织开展致富带头人和农村土专家的评选活动，为产业发展提供了人才支持。通过举办花椒采摘节、苹果王大赛等活动，XLC 村吸引了大量游客前来观光旅游，推动了乡村旅游产业的快速发展。此外，村里还注重发展民宿、餐饮等配套产业，形成了完整的产业链条。

六、未来计划

（1）持续壮大集体经济，实现共同富裕。XLC 村将继续推动集体经济的发展壮大，通过引进更多项目、发展更多产业，实现集体经济的长期稳定发展。同时，村里将注重利益分配机制的创新，让集体经济收益惠及更多村民，实现共同富裕。在未来，XLC 村将继续推行“合作社+农户”共养项目，扩大林麝养殖规模，提高养殖效益。同时，村里还将积极发展其他特色产业，如中药材种植、食用菌生产等，形成多元化的产业格局。

（2）提升基础设施建设水平，改善人居环境。XLC 村将继续加强基础设施建设，提升村庄整体形象。通过完善道路、绿化、河道等基础设施，改善村民的生活环境。同时，村里还将加强公共服务设施的建设，如学校、医院等，提高村民的生活质量。在未来，XLC 村计划修建更多的公共设施，如健身器材、文化广场等，以此丰富村民的文化体育生活。同时，村里还将加大力度推进环境卫生整治工作，以此确保村庄始终保持干净整洁的面貌。

（3）深化精神文明建设，弘扬文明乡风。XLC 村将继续深入推进精神文明建设，弘扬文明乡风。通过加强教育管理、制定完善村规民约、开展评比活动等形式，提高村民的文明素养。同时，村里还将注重培育良好家风，促进优秀传统文化的传承。在未来，XLC 村将计划举办更多的文化活动，如文艺演出、道德讲堂等，以此丰富村民的精神文化生活。同时，村里还将继续开展志愿服务活动，服务弱势群体，营造和谐友爱的社会氛围。

（4）推动乡村旅游发展，实现可持续发展。XLC 村将继续推动乡村旅游的发展，通过引进更多项目、开发更多旅游资源，吸引更多的游客前来观光旅游。同时，村里还将注重提升旅游服务质量，提升游客的满意度。在未来，XLC 村将计划建设更多的旅游设施，如停车场、游客中心等，完善旅游服务体系。同时，村里还将加强旅游宣传推广工作，提高村庄的知名度和美誉度。通过发展乡村旅游产业，带动餐饮、民宿、垂钓、采摘等多种经营活动快速发展，让乡村走上可持续发展之路。

七、思考题

1. 从林麝共养项目来思考，XLC 村该如何保障村民的利益，切实实现村民富裕呢？
2. XLC 村如何借助现有资源，通过农旅产业融合发展发挥生态资源的价值，提高乡村经济发展水平？
3. XLC 村如何平衡乡村旅游发展与生态保护的关系？

第三十七节　青海省西宁市大通回族土族自治县 BMG 村：景区示范效应激活乡村美丽经济

一、基本情况

BMG 村位于青海省西宁市大通回族土族自治县朔北藏族乡东部，距离大通回族土族自治县县城约 14 千米。村庄地理位置优越，自然环境优美，平均海拔约 2 800 米，年降雨量 580 毫米，绝对无霜期 68 天。BMG 村下辖 3 个自然村，总人口 612 人（另有统计数据显示为 554 人），共 162 户（另有统计数据显示为 148 户）。村民主要由汉族、藏族、蒙古族、土族等民族构成，其中少数民族占比较高，约为 57%。辖区总面积 3.5 平方千米，耕地面积 1 600 亩（另有数据显示为 1 537.38 亩），人均耕地 2.5 亩。农作物以种植油菜、小麦、土豆为主，村民的经济收入主要依赖农业生产。BMG 村因其独特的自然资源和生态环境而得名。村名中的“边麻花”是青海浅脑山地区常见的一种野生灌木植物，开黄色和白色的小碎花，学名分别为“金露梅”和“银露梅”。一到夏季，BMG 村漫山遍野盛开着这种野花，吸引了众多游客前来观赏。在 2006 年乡镇合并前，BMG 村隶属于鹞沟乡，是鹞沟乡最偏远、最深的一个村子。由于地理位置偏远、气候高寒，这里长期饱受霜冻、冰雹、干旱等自然灾害的困扰，加之区位条件不佳，BMG 村的发展一直较为迟缓，村民的经济收入普遍较低。过去，村民主要以种植油菜、青稞、土豆等传统农作物为生，缺乏其他收入来源，是一个典型的贫穷落后村。甚至有外乡人戏称 BMG 村为“一年只有半年粮，有女不嫁边麻沟郎”。然而，近年来，在各级党委、政府的关怀和支持下，BMG 村党支部充分发挥基层党组织的战斗堡垒作用，带领全体村民共同奋斗，实现了从贫穷落后到美丽宜居的华丽转身。如今的 BMG 村，村庄美、产业强、村民富、乡风好、管理精，处处都是一幅看得见山、望得见水、记得住乡愁的美丽画卷。

二、挑战与问题

（1）自然环境恶劣。BMG 村地处高寒山区，气候冷凉，农作物产出低，农业生产效益不高。同时，自然灾害频发，如霜冻、冰雹、干旱等，对农业生产造成了严重影响。

（2）经济基础薄弱。BMG 村的地理位置偏远，交通不便，其经济基础一直较为薄弱。村民缺乏其他收入来源，主要以传统农业为生，经济收入普遍较低。

（3）人口结构失衡。随着城市化进程的加快，越来越多的年轻人选择外出务工，导致村庄人口结构失衡，老龄化问题严重。同时，土地撂荒现象也比较突出，影响了村庄的整体发展。

（4）生态环境破坏。在过去的一段时间里，由于过度放牧和砍伐树木，BMG 村的生态环境遭到了严重破坏。山沟两侧都是荒山，杂草丛生，严重影响了村庄的美观度和生态环境质量。

（5）基础设施落后。由于资金缺乏和历史遗留问题，BMG 村的基础设施建设一直比较落后。道路狭窄、交通不便，给排水设施不完善，农户墙体、厕所和厨房等基础设施破旧不堪，严重影响了村民的生活质量和村庄的整体形象。

三、发展举措

面对这些挑战和问题，BMG 村党支部在乡党委的领导下，带领全体村民积极探索新的发展路径，采取了一系列切实有效的发展举措。

（1）加强基层党组织建设。BMG 村党支部始终把加强基层党组织建设作为推动村庄发展的根本保障。在党员和广大村民的支持配合下，党支部不断加强政治建设，深入学习贯彻党的二十大精神和习近平法治思想，充分发挥基层党组织的战斗堡垒作用和党员的先锋模范作用。同时，党支部还积极开展精神文明创建、移风易俗、乡风文明等工作，修订完善村规民约，制定红白事办理标准，引导广大群众自觉反对和抵制天价彩礼、大操大办等不良风气，培育文明新风。

（2）发展乡村生态旅游。针对BMG村自然环境优美、生态资源丰富的特点，村党支部决定依托本村森林资源的优势，发展乡村生态旅游。自2015年起，BMG村启动实施了“边麻沟花海景区”项目，着力打造乡村花海，发展森林生态乡村旅游。通过整合扶贫项目、流转村民土地、引进高原适生花卉和景观树种、搭建供游客体验的设施等措施，BMG村成功打造了一个占地800亩的花海景区。每年从6月到10月中旬，不同花卉绽放，呈现出不同主题色彩，吸引了大量游客前来观赏。同时，BMG村还大力扶持村民开办农家院、自助茶园、游乐场等旅游服务设施，初步形成了集餐饮、住宿、游乐、森林康养于一体的森林生态旅游区。截至2023年，BMG村已发展农家院63家、家庭宾馆15家，在花海景区务工的有160余人。花海景区自2016年建成以来，已累计接待省内外游客200余万人次，实现景区门票、农家乐餐饮、乡村特色小吃、农副产品销售收入等综合收入5 000余万元。

（3）改善基础设施条件。为了提升村庄的整体形象和改善村民的生活条件，BMG村党支部积极争取多部门扶持资金，实施了环境卫生综合整治、农家乐提升改造、山体绿化等基础设施建设项目。同时，还实施了柏油道路、给排水改造、农电网入地、农户墙体、厕所和厨房等基础设施改造建设。如今，柏油路已通到了群众家门口，园林景观式墙体装饰着农家庭院，给排水管网解决了群众的后顾之忧。村庄面貌焕然一新，村民的生活质量和幸福感得到了大幅提升。

（4）加强景区的安全保障工作并提高服务质量。为了提升游客的旅游体验和安全保障水平，BMG村党支部还加强了景区的安全保障和服务质量提升工作。他们设置了失物招领处、行李寄存处并提供广播服务等一系列配套设施和服务，为老人、残障人士、母婴群体等特殊人群配备了相应的服务设施。同时，还加大了对景区环境卫生的整治和管理力度，确保游客能够在一个文明舒适的环境中游玩。此外，BMG村还积极打造“冰雪节”“灯光节”等游玩设施，丰富了游客的旅游体验，同时拓展了多样化的文化娱乐活动。

（5）推动乡村振兴和基层治理现代化。在推动乡村振兴和基层治理现代化的过程中，BMG村党支部充分发挥党组织的引领作用，积极探索“支部推动、党员行动、党群互动”的工作机制。他们通过举办各种文体活动、志愿服务活动等方式，弘扬中华优秀传统文化，丰富群众的精神文化生活。同时，还利用“五星级文明户”创建、“好婆婆”“好媳妇”评选等主题活动，广泛弘扬“好家风、好家教、好家训”，激励群众争做文明村民。这些举措不仅提升了村民的文明素质和精神风貌，也为推动乡村振兴和基层治理现代化奠定了坚实基础。此外，BMG村还积极发挥村级“爱心超市”的作用，开展环境卫生整治“模范党员”“美丽庭院”获得者积分奖励兑换活动，凝聚党员群众共同参与建设宜居宜业和美乡村的合力。这些举措不仅激发了村民的积极性和创造力，也为村庄的可持续发展注入了新的活力。

四、发展成效

（1）经济发展成效显著。BMG村自2015年起，秉承“绿水青山就是金山银山”的发展理念，启动实施“边麻沟花海景区”项目。该项目不仅推动了乡村生态旅游的发展，还带动了周边产业的发展。截至2022年年底，花海景区年收入已达900余万元，接待游客70万人次。全村农家院发展到55家，家庭宾馆15家，在花海景区务工人员160余人，他们的月工资均在3 000元以上。全村总收入达到1 200万元，村民收入稳步提高。通过土地流转、宅基地流转、花海务工、村集体股份经济合作社分红等多种方式，BMG村村民的收入渠道得以拓宽。2015年，全村人均纯收入近万元。2021年，全村农民人均可支配收入已达到14 986.75元。这一变化不仅体现了村民生活水平的提高，也彰显了BMG村在经济发展方面的显著成效。

（2）生态环境得到改善。BMG村在发展过程中，始终坚持生态保护与经济发展双赢的原则。通过花海景区建设，村庄得到绿化和美化，周围的林地得到保护，人与自然和谐相处。花海景区不仅吸引了大量游客，还极大地改善了区域生态环境。具体而言，它优化了当地气候条件，切实保持水土，充分涵养水源，有力防止土壤肥力流失，显著净化空气。景区建设进一步推动了基础设施的完善进程。BMG村完成了道路硬化3 400米，停车场硬化13 000余平方米，并建成3座观景台、2个中心花坛、休憩长廊、仿古景区山门等配套景观。这些措施不仅提升了景区的整体竞争力，也为村民提供了更加便捷和舒适的生活环境。

（3）文化传承与民族团结。BMG村是一个多民族聚居村，汉族、藏、蒙古族、土族等各民族在这里和睦共处。在景区建设过程中，BMG村始终坚持铸牢中华民族共同体意识，通过民族团结“进乡村”创建、乡村精神文明建设等活动，树立文明村风，得到了各族群众的信任和支持。BMG村依托民族风俗民情，将传统文化与乡村旅游相结合，打造出了独具特色的文化旅游品牌。花海景区不仅展示了BMG村的自然美景，还融入了丰富的民族文化元素，吸引了大量游客前来观光旅游。这不仅促进了经济的发展，也加强了民族文化的传承与交流。

五、经验启示

（1）党建引领，强化组织保障。BMG村党支部在景区建设过程中，始终坚持党的领导，强化组织保障。通过加强班子自身建设，形成“支部主导、党员带头、群众参与”的工作格局。村党支部利用“农户小党校”等学习阵地，强化理论武装，不断凝聚思想共识，为村庄发展谋思路、定举措。此外，BMG村还试点实施“跨村联建”，联合周边发展一般和相对较弱的村党支部，共同成立党总支，实现对策共商、难题共解、实事共办，有力地推动了共同发展。这一做法不仅增强了党组织的凝聚力和战斗力，也为乡村发展提供了有力的组织保障。

（2）因地制宜，发展特色产业。BMG村依托良好的生态资源和优美的自然风光，因地制宜地发展了乡村旅游产业。通过精心打造花海景区，BMG村不仅吸引了大量游客，还带动了农家乐、乡村民宿、农家种植养殖业等相关产业的发展。在景区建设过程中，BMG村还注重文化元素的融入，将传统文化与乡村旅游相结合，打造出了独具特色的文化旅游品牌。这一做法不仅提升了景区的文化内涵，也促进了民族文化的传承与交流。

（3）生态优先，实现绿色发展。BMG村在景区建设过程中，始终坚持生态优先的原则，实现了绿色发展。通过花海景区建设，BMG村不仅改善了生态环境，还推动了绿色产业的发展。花海景区不仅吸引了大量游客，还带动了周边村民的就业和增收。此外，BMG村还注重生态环境的保护，通过植树造林、开展水土保持工作等一系列措施，保持了水土、涵养了水源、净化了空气。这些措施不仅提升了景区的生态环境质量，也为村民提供了更加宜居的生活环境。

（4）多元投入，推动共同富裕。BMG村在景区建设过程中，注重多元投入方式，有力推动了共同富裕目标的实现。通过争取项目资金、村民集资入股、流转土地入股等方式，BMG村组建了农业观光专业合作社，村民在家门口实现了就业，以“分红+工资”形式走上了致富路。此外，BMG村还通过招商引资方式，购置了迷你观光小火车、玻璃悬廊观景台、双轨旱滑道等娱乐设施，进一步提升了景区的吸引力和竞争力。这些措施不仅推动了经济的发展，也带动了周边村民的就业和增收。

六、未来计划

（1）完善基础设施，提升景区品质。BMG村将继续完善基础设施，提升景区品质。计划对景区内的道路、停车场、观景台等设施进行升级改造，提升游客的游览体验。与此同时，景区还将强化安全保障措施，为游客提供更加安全、舒适的游览环境。

（2）丰富旅游产品，拓展旅游市场。BMG村将继续丰富旅游产品，拓展旅游市场。计划开发冬季旅游项目，如灯光节、花灯节、嬉雪节等，进一步延长旅游季节，提高景区的吸引力和竞争力。同时，还将加强与周边景区的合作，共同打造旅游线路，实现资源共享、互利共赢。

（3）加强生态保护，推动绿色发展。BMG村将继续加强生态保护，推动绿色发展。BMG村计划加强植树造林、水土保持等措施，进一步提高景区的生态环境质量。同时，还将积极推广绿色旅游理念，引导游客文明旅游、环保地开展旅游活动，携手共同保护美丽的自然环境。

（4）推动文化传承，促进民族团结。BMG 村将继续推动文化传承，促进民族团结。BMG 村计划加强与周边民族村落的交流与合作，共同举办民族文化活动，如文艺演出、体育比赛等，增进各民族之间的了解和友谊。同时，还将加强对民族文化的保护和传承，让传统文化在乡村旅游中发挥更大的作用。

七、思考题

1. 面对高寒气候的挑战，森林生态乡村旅游该如何发展？如何发挥生态旅游对的带动作用，应对农作物产出低、农业生产效益不高的问题，带动乡村特色产业发展？

2. BMG 村采取了哪些措施确保村民成为产业发展的受益主体，如何实现村民的共同富裕？

3. 多民族聚集的 BMG 村在民族文化旅游开发、乡村治理中应注意哪些问题？

第三十八节　新疆维吾尔自治区阿勒泰地区 HNS 蒙古族乡：韧性发展框架下的保护性开发范式

一、基本情况

新疆阿勒泰地区布尔津县的 HNS 蒙古民族乡，位于布尔津县北部，地理位置独特，东接蒙古国，南邻冲乎尔镇，西与哈巴河县铁热克提乡相邻，北与哈萨克斯坦和俄罗斯接壤。其区域面积达到 3 453. 68平方千米，户籍人口为 2 667 人（截至 2018 年）。作为布尔津县下辖的重要乡级行政区，HNS 蒙古民族乡不仅是自然资源的宝库，也是多元文化交汇的重要节点。HNS 蒙古民族乡因拥有禾木村这一喀纳斯旅游区的核心景区而闻名遐迩。禾木村被誉为“神的自留地”，以其独特的自然风光和丰富的游牧文化吸引了大量游客和摄影师。这里水源丰沛，草场密布，高山、森林、河流、湖泊等自然景观交相辉映，构成了一幅如诗如画的画卷。禾木村不仅浓缩了喀纳斯地区的精华，更以其独特的蒙古族图瓦人文化，成为许多游客心中的向往之地。禾木村在入选《中国传统村落名录》后，旅游业得到了迅猛发展。然而，这种发展也带来了诸多挑战和问题。随着游客的不断涌入，禾木村的环境压力逐渐增大，商业化趋势日益明显，文化景观保护面临空前的压力。

二、挑战与问题

（1）环境压力增大。随着游客数量的增加，禾木村的环境负担日益加重。垃圾处理、水资源保护、草场恢复等问题变得尤为突出。部分游客和经营者缺乏环保意识，随意丢弃垃圾，对当地生态环境造成了严重影响。同时，过度放牧和旅游活动也加剧了草场的退化，威胁到当地的生态平衡。

（2）商业化趋势明显。随着旅游业的发展，禾木村的商业化程度不断提高。大量民宿、饭店、商店等旅游设施如雨后春笋般涌现，使得原本宁静的村落变得喧嚣不已。这种商业化的发展态势，不仅对村落原有的空间形态与肌理造成了破坏，还对当地传统文化的传承与发展构成了威胁。部分传统建筑被拆除或改造，使得村落的历史风貌和文化特色逐渐淡化。

（3）文化景观保护面临压力。禾木村作为传统村落，拥有丰富的文化景观资源。然而，随着旅游业的快速发展，这些文化景观面临着被破坏的风险。一些具有历史价值的建筑和设施因年久失修而逐渐破败，一些传统习俗和手工艺也面临着失传的危险。如何在旅游业发展的同时，保护好这些珍贵的文化景观资源，成为 HNS 蒙古民族乡亟待解决的问题。

（4）旅游服务质量有待提升。随着游客数量的增加，禾木村的旅游服务压力逐渐增大。部分民宿、饭店等旅游设施的服务质量参差不齐，游客的满意度有待提高。同时，旅游基础设施的完善程度也直接影响到游客的旅游体验。因此，提升旅游服务质量，完善旅游基础设施，成为HNS蒙古民族乡旅游业发展的重要方向。

三、发展举措

（1）加强环境保护与治理。为了减轻环境压力，HNS蒙古民族乡加强了环境保护与治理工作。一方面，通过宣传教育，增强游客和经营者的环保意识，倡导绿色旅游、低碳生活；另一方面，加强垃圾处理和水资源保护工作，建立垃圾分类处理系统，完善污水处理设施，确保垃圾和污水得到妥善处理。同时，加强对草场的保护和恢复工作，通过合理放牧、种草养畜等措施，促进草场的生态恢复。此外，HNS蒙古民族乡还积极开展生态修复工程，对受损的生态环境进行修复和治理。通过植树造林、湿地保护等措施，恢复生态系统的稳定性和多样性。这些举措的实施，不仅提升了当地的生态环境质量，也为旅游业的发展提供了有力的保障。

（2）合理规划旅游开发。为了实现开发与保护的并重，HNS蒙古民族乡对旅游开发进行了合理规划。一方面，根据村落的历史风貌和文化特色，制定旅游发展规划，明确旅游发展的目标和方向；另一方面，加强对旅游项目的审批和管理，确保旅游项目符合村落的整体风貌和文化特色。同时，加强对旅游市场的监管和规范，防止过度商业化和无序竞争现象的发生。在旅游开发过程中，HNS蒙古民族乡注重挖掘和传承当地的文化资源。通过举办文化节庆活动、展示传统手工艺等方式，让游客深入了解当地的文化内涵和特色。同时，加强对传统建筑和设施的保护和修复工作，确保村落的历史风貌和文化特色得到传承和发展。

（3）提升旅游服务质量。为了提升游客的旅游体验，HNS蒙古民族乡积极提升旅游服务质量。一方面，加强对民宿、饭店等旅游设施的管理和规范，提高服务质量和水平；另一方面，完善旅游基础设施，如道路、厕所等，确保游客的便利和舒适。同时，加强对旅游从业人员的培训和教育，提高他们的专业素养，增强其服务意识。此外，HNS蒙古民族乡还积极开展旅游宣传和推广工作，通过举办旅游节庆活动、参加旅游交易会等方式，提高村落的知名度和影响力。这些举措的实施，不仅提升了游客的旅游体验，也推动了当地旅游业的发展。

（4）推动乡村振兴与文化传承。为了实现乡村振兴和文化传承，HNS蒙古民族乡采取了一系列措施。一方面，加强农村人居环境整治工作，改善村民的生活环境和条件。通过实施“三清三改两提升”等措施，清理垃圾、整治污水、改善道路等基础设施，提升村容村貌和村民的生活质量。另一方面，加强对传统文化的挖掘和保护工作，通过建设村史馆、举办文化节庆活动等方式，传承和弘扬当地的文化传统。同时，HNS蒙古民族乡还积极推动文化产业的发展，通过开发特色旅游产品、打造文化品牌等方式，促进当地经济的转型升级和可持续发展。这些举措的实施，不仅推动了乡村振兴和文化传承，也为当地旅游业的发展注入了新的活力。

（5）加强政策支持和资金保障。为了实现开发与保护的并重，HNS蒙古民族乡积极争取政策支持和资金保障。一方面，加强与上级政府的沟通和协调，争取政策支持和项目资金。另一方面，通过招商引资、社会捐赠等方式，筹集资金用于村落的保护和开发工作。同时，加强对资金使用的管理和监督，确保资金的安全和有效使用。在政策支持和资金保障的基础上，HNS蒙古民族乡还积极推动与周边地区的合作与交流，共同推动区域旅游业的发展。通过加强区域合作和资源共享，实现互利共赢和共同发展。

四、发展成效

（1）乡村旅游产业蓬勃发展。走进禾木村，远山如黛，近水含烟，禾木河畔惬意的风光尽显郊野之趣，独具特色的民宿点缀其间，吸引着八方游客前来休闲度假。数据显示，近年来，禾木村的民宿生意火爆，尤其是夏末秋初的避暑季节，来自北京、上海等地的游客络绎不绝。他们在这里避暑、赏景、品尝牧家菜，感受乡村生活的宁静与美好。例如，“90后”返乡创业大学生毕热古力在禾木村经营着一家民宿，近期民宿生意非常火爆，民宿小院里充满欢声笑语。另一家民宿的主理人桂某也提到，他的民宿拥有 8 间客房，在旅游旺季，客房每日皆处于满房状态，网上订单已经排到数月之后。这不仅为民宿经营者带来了可观的收入，也带动了整个村子的经济发展。

（2）基础设施不断完善。随着乡村旅游产业的发展，HNS 蒙古族乡持续完善基础设施建设，配套建设步栈道、娱乐设施、旅游景观，提升了游客的游览体验。禾木村与哈纳斯村的民宿经营者，还共同举办了一场参观交流座谈会，分享经验，共同提升服务质量。在中心村建设过程中，阿勒泰地区将村级阵地建设统一纳入建设规划，按照实用、实效、适度、超前的原则，统一设计、统一建设，实现了中心村功能的“五配套”，有效地解决了“行路难、吃水难、上学难、就医难、销售难、治安难”的“六难”问题。

（3）文化传承与创新。禾木村不仅拥有纯净自然的生态环境，还保留了游牧民族的文化传承和独具特色的传统风貌。当地不允许新建木屋，当木屋的破旧程度存在安全隐患时，可以申请翻新、重建，但只能在原有的位置，不能扩建。为了保留古村落的传统格局和历史风貌的地域特色，当地正积极协调加强保护与利用，促进传统村落的高质量发展。布尔津县出台的《布尔津县 HNS 蒙古族乡传统村落保护利用规划》，对历史文化保护体系、传统村落建设规划等方面作出了明确要求。这不仅保护了传统村落的历史风貌，也为乡村旅游的发展提供了坚实的文化支撑。

五、经验启示

（1）坚持绿色发展理念。在发展过程中，HNS 蒙古族乡始终坚持绿色发展理念，注重生态环境的保护和恢复。当地通过实施严格的生态保护措施，确保了自然资源的可持续利用。同时，通过发展生态旅游和绿色农业，实现了经济效益与生态效益的双赢。

（2）注重文化传承与创新。在开发过程中，HNS 蒙古族乡注重传承和弘扬当地的文化传统，通过举办文化节庆活动、建设文化展示馆等方式，让游客深入了解当地的文化底蕴。同时，通过创新文化产品和服务方式，满足了游客多样化的文化需求，提升了乡村旅游的吸引力。

（3）发挥政府引导作用。政府在 HNS 蒙古族乡的发展过程中发挥了重要的引导作用。通过制定科学的规划和政策措施，政府为乡村旅游的发展提供了有力的支持和保障。同时，政府还通过加强与企业的合作，推动了项目的落地和实施，促进了乡村旅游产业的快速发展。

（4）激发村民参与热情。HNS 蒙古族乡的成功还离不开当地村民的积极参与。通过发展乡村旅游产业，当地村民不仅增加了收入，还提高了生活水平和幸福感。同时，通过参与乡村旅游的经营和管理，村民也增强了自身的责任感和归属感，为乡村旅游的发展注入了新的活力。

六、未来计划

未来，HNS 蒙古族乡将继续坚持开发与保护并重的理念，进一步优化产业结构，提升服务质量，推动乡村旅游产业的持续健康发展。

（1）深化产业融合发展。HNS 蒙古族乡将继续深化“民宿+”新业态的发展模式，推动民宿产业与农业、文化、体育等产业的融合发展。通过开发农业观光、文化体验、户外运动等旅游产品，丰富乡村旅游的业态和内容，提升游客的游览体验和满意度。

（2）提升基础设施建设水平。未来，HNS 蒙古族乡将继续完善基础设施建设，提升旅游景区的承载能力和服务质量。该蒙古族乡计划建设更多的步栈道、观景台和停车场等设施，满足游客的多样化需求。同时，加强景区内的环境卫生整治和安全管理，确保游客的安全和舒适。

（3）加强文化传承与创新。HNS 蒙古族乡将继续加强文化传承与创新工作，通过挖掘和整理当地的文化资源，打造具有地方特色的文化品牌。该蒙古族乡计划建设更多的文化展示馆和民俗博物馆等设施，展示当地的文化底蕴和民族风情。同时，通过举办文化节庆活动和文艺演出等方式，丰富游客的文化体验和精神享受。

（4）推动旅游国际化发展。随着旅游产业的快速发展，HNS 蒙古族乡将积极推动旅游国际化发展。该蒙古族乡计划加强与国内外旅游机构的合作与交流，引进先进的旅游管理经验和技术手段，提升乡村旅游的国际竞争力和影响力。同时，通过举办国际旅游节庆活动和赛事等方式，吸引更多的国际游客前来观光旅游，推动当地旅游产业的国际化发展。

（5）强化生态保护与可持续发展。在发展过程中，HNS 蒙古族乡将始终增强生态保护意识，注重生态环境的保护和恢复。该蒙古族乡计划实施更加严格的生态保护措施，加强对自然资源的监管和利用。与此同时，通过发展生态旅游和绿色农业等方式，达成经济效益与生态效益的协同共进，有力推动乡村旅游产业的可持续发展。

七、思考题

1. 什么是“文化生态系统”？旅游发展会给 HNS 蒙古族乡的“文化生态系统”造成哪些威胁？
2. 如何通过 HNS 蒙古族乡文化资源的开发，确保村民成为旅游业发展的主要参与者？

第三十九节　新疆维吾尔自治区阿克苏地区 WS 县：全域旅游推动，开启农牧民增收脱贫新篇章

一、基本情况

WS 县位于天山南麓、塔里木盆地西北边缘，东与阿克苏市、温宿县相邻，西与克州阿合奇县相连，南与柯坪县隔山相望，北与吉尔吉斯共和国接壤，边境线长 137. 2 千米，县域总面积 9 082 平方千米。县域海拔在 1 200~5 153 米之间，地形呈“两山夹一谷”特征，地势西北高、东南低，山区面积占 59. 9%，戈壁荒滩面积占 27. 6%，谷地平原面积占 12. 5%，俗称“六山、三滩、一分地”。WS 县总人口 23. 2 万人，居住着维吾尔族、汉族、回族、柯尔克孜族等 19 个民族，其中维吾尔族占 91%，汉族占 6%，其他少数民族占 3%。WS 县的历史悠久，文化底蕴深厚，是自治区历史文化名城。西汉时期，WS 为古西域三十六国中的“温宿国”，唐置温肃州，州治大石城，是古丝绸之路中的交通要道和边塞重镇。乾隆二十年（1755 年），将地名汉文定为 WS。WS 县自古就是古丝绸之路中道的重要城镇，是一座边城、一座泉城、是一座历史古城。WS 县先后被命名为“中国沙棘之乡”“中国核桃之乡”“中国鹰嘴豆之乡”。WS 县境内水资源丰富，托什干河贯穿全境，生态环境良好，被纳入“国家重点生态功能区”。WS 县的风景秀丽，气候宜人，物产丰富、生态宜居，素有“丝路泉城”和“半城山色半城泉”之美誉。近年来，WS 县依托得天独厚的旅游资源大力发展全域旅游，并由此探索推进“旅游+扶贫”模式，积极引导贫困户参与到全域旅游发展之中，借此实现脱贫并走向富裕。

二、挑战与问题

（1）旅游资源分散，开发难度大。WS 县地处偏远，旅游资源较为分散，景点之间距离较远，导致开发难度较大。加之基础设施相对落后，交通不便，这在一定程度上制约了旅游资源的开发和利用。

（2）贫困人口多，就业压力大。WS 县贫困人口较多，且大部分生活在偏远山区和农村地区，就业压力大。由于 WS 县的教育水平有限，缺乏专业技能，贫困人口难以通过传统方式实现脱贫。因此，如何通过全域旅游带动贫困人口就业，成为 WS 县一个亟待解决的问题。

（3）旅游产品单一，缺乏吸引力。WS 县的旅游产品较为单一，主要以观光旅游为主，缺乏深度体验和互动性强的旅游产品。这导致游客停留时间短，消费能力有限，难以形成持久的旅游经济效应。

（4）旅游服务水平有待提高。WS 县的旅游服务水平相对较低，缺乏专业的旅游人才和服务团队。旅游从业人员整体素质不高，服务意识和专业技能有待提升。这在一定程度上影响了游客的旅游体验，

制约了旅游产业的进一步发展。

（5）生态环境保护与旅游开发之间的矛盾。WS县拥有丰富的自然资源和生态环境，但在旅游开发过程中，如何平衡生态环境保护与旅游开发之间的关系，成为一个重要的问题。如何在保护生态环境的前提下，实现旅游产业的可持续发展，是WS县需要解决的一大难题。

三、发展举措

（1）加强基础设施建设，提升旅游的便利性。WS县加大了基础设施建设的投入，以提升旅游的便利性。通过修建公路、改善交通条件，加强景区之间的连通性，缩短游客旅行时间。同时，加强景区内部基础设施建设，进一步完善诸如游客服务中心、停车场、旅游厕所等配套设施，提升游客的旅游体验。

（2）推进“旅游+扶贫”模式，带动贫困人口就业。WS县积极探索推进“旅游+扶贫”模式，通过发展乡村旅游、农家乐等方式，带动贫困人口就业。政府引导贫困户参与到全域旅游发展之中，利用扶贫资金入股农家乐、景区等旅游项目，实现分红收益。同时，优先为贫困户家庭剩余劳动力提供就业岗位，包销农副产品，指导旅游创业，有效带动周边贫困农户脱贫致富。例如，WS县奥特贝希乡色日克阿热勒村村民艾山江·达吾提在村里的农家乐找到了厨师的工作，不仅在家门口实现了就业，而且一个月能拿到6 000元的工资，每年还能获得1 500元的分红。同样，在农家乐上班的帕提古丽·苏来曼利用孩子上学期间到农家乐打工，一天能获得100元左右的收入。这些举措有效地提升了贫困人口的收入水平，促进了脱贫攻坚工作的深入开展。

（3）丰富旅游产品，提升吸引力。WS县积极丰富旅游产品，提升吸引力。通过挖掘历史文化资源，打造特色旅游线路和旅游产品，如杏花节、食用菌采摘系列活动等，吸引游客前来体验。同时，开发农业观光、休闲度假等旅游产品，满足游客多样化的旅游需求。在“‘5·19’中国旅游日”阿克苏分会场活动暨WS县“醉美7村”第三届食用菌采摘系列活动中，WS县推出了17项系列活动，包括采摘食用菌、看节目、品美食、赏美景等，吸引了大量游客前来参与。这些活动不仅展示了WS县的旅游形象，也提升了WS县的知名度和美誉度。

（4）提升旅游服务水平，打造专业团队。WS县注重提升旅游服务水平，打造专业团队。通过加强旅游从业人员培训，增强服务意识，提高专业技能水平。同时，积极引进专业人才和管理团队，提升旅游服务质量。WS县通过组织阿克托海乡、WS镇贫困户成立了旅游合作社，对旅游从业人员进行岗前培训，提升他们的服务能力和专业素养。同时，WS县还积极动员各景区、酒店承担社会责任，通过吸纳当地大中专毕业生、适龄青年、农村富余劳动力到项目公司、景区、酒店等不同岗位就业，带动周边贫困农牧民就业脱贫。

（5）加强生态环境保护，实现可持续发展。WS县在旅游开发过程中，注重加强生态环境保护，实现可持续发展。通过制定严格的生态保护措施，加强对旅游资源的保护和管理。同时，推广绿色旅游理念，倡导低碳环保的旅游方式，减少旅游活动对生态环境的影响。WS县依托丰富的自然资源和生态环境优势，积极推动生态旅游发展。例如，在奥特贝希乡杏花村，WS县整合旅游、安居富民、援疆项目等资金，对特色民居进行保护、新建，形成独具特色的传统民居旅游接待区。这不仅有效改善了贫困群众的生产和生活的条件，也带动了周边农牧民群众通过从事旅游接待服务工作拓宽收入渠道，逐步实现脱贫致富。

四、发展成效

（1）全域旅游推动经济增长。WS县依托得天独厚的旅游资源，大力发展全域旅游，实现了由景点旅游模式向全域旅游模式的转变，由“小旅游”向“大旅游”格局的升级。近年来，WS县成功跻身第二批国家全域旅游示范区创建单位行列，其旅游景区景点不断增加，接待能力显著提高。目前，WS县已开发且具备接待能力的旅游景区景点共26家，其中星级及准星级宾馆2家、社会宾馆8家、生态酒店1家、4A级景区2家、农业观光新景点3个、星级农家乐10家。以2023年“五一”假期为例，WS县各景区、农家乐迎来旅游高峰，有力带动了美食小吃、文创产品、地方特产等各类文旅产品的销售，旅游市场运行平稳有序，热度持续升温。据统计，2024年“五一”小长假前两天，WS县接待国内游客3.87万人次，同比增长65.30%，实现旅游收入1 292.21万元，同比增长36.68%。

（2）旅游业带动就业增收。WS县通过全域旅游的发展，不仅吸引了大量游客，也带动了本地居民实现就业并增加收入。特别是在“旅游+扶贫”模式的推动下，WS县积极引导贫困户参与到全域旅游发展之中，通过分红、就业、包销农副产品等方式实现脱贫致富。例如，WS县奥特贝希乡色日克阿热勒村村民艾山江·达吾提，通过参与农家乐的经营，不仅在家门口实现了就业，而且每月能拿到6 000元的工资。此外，WS县还通过组织旅游合作社，对贫困家庭富余劳动力进行岗前培训，使他们参与到旅游服务工作中。目前，已有22人通过旅游合作社的岗前培训，参与到燕泉河景观带旅游服务工作中，实现了就近就地就业。WS县还通过整合旅游、安居富民、援疆项目等资金，对特色民居进行保护、新建，形成独具特色的传统民居旅游接待区，在改善贫困群众生产生活条件的同时，带动周边农牧民群众通过从事旅游接待服务工作拓宽收入渠道。

（3）旅游设施不断完善。为提升旅游体验，WS县不断投入资金完善旅游设施。近年来，WS县投资1.9亿元新建燕泉河生态旅游景观带，建设了九眼泉广场、历史文化长廊、咏泉廊架、生态湿地、风雨廊桥、亲水平台等，打造了一条集自然风光观赏、休闲、养生与文化体验于一体的城市滨河景观带。此外，WS县还打造了多个旅游景区，如水上绿洲生态园、沙棘林湿地景区、燕子山景区公园等，这些景区的建成并投入使用，不仅丰富了WS县的旅游资源，也提升了其旅游接待能力。特别是泉域星空国际滑雪场，作为南疆第一大、四季不停业的综合性滑雪场，不仅满足了游客冬季滑雪的需求，还通过举办冰雪文化旅游节等活动，吸引了大量游客前来体验。

五、经验启示

（1）坚持政府引导与市场运作相结合。WS县全域旅游的成功发展，离不开政府的引导和市场的运作。政府通过制定规划、出台政策、投入资金等方式，为全域旅游的发展提供了有力保障。同时，WS县还积极引入社会资本，通过市场化运作，提升旅游项目的运营效率和经济效益。例如，在旅游扶贫方面，WS县整合了贫困户扶贫资金、旅游项目资金和社会资本，通过签订经营合同和入股分红合同，实现了贫困户的增收脱贫。这种政府引导与市场运作相结合的方式，既保证了项目的顺利实施，又实现了经济效益和社会效益的双赢。

（2）注重产业融合与创新发展。WS县在全域旅游的发展过程中，注重产业融合与创新发展。通过“旅游+”模式，WS县将旅游业与农业、文化、体育等产业深度融合，精心打造了一系列具有特色的旅游产品。例如，WS县依托丰富的农业资源，大力发展乡村生态游和农业观光游，吸引了大量游客前来体验农家生活和农业文化。同时，WS县还通过举办冰雪文化旅游节等活动，将旅游业与体育、文化等产业相结合，丰富了旅游产品的种类和内涵。

（3）突出文化特色与品牌塑造。WS县在全域旅游的发展过程中，注重突出文化特色与品牌塑造。WS县的历史悠久，文化底蕴深厚，是烽燧文化、丝路文化和西游文化的交汇地。WS县充分利用这些文化资源，打造了一系列具有地方特色的旅游品牌。例如，WS县通过举办文化旅游节、非遗展演等活动，展示了WS县丰富的文化资源和民俗风情。同时，WS县还注重旅游景区的品牌塑造，如燕泉山景区、沙棘林湿地景区等，都以其独特的自然风景和历史文化成为游客们休闲观光的好去处。

六、未来计划

（1）持续优化旅游设施与服务。未来，WS县将继续优化旅游设施与服务，以提升游客的旅游体验。WS县将进一步健全旅游交通网络体系，提升旅游景区的可达性和便利性。同时，WS县还将加强旅游服务人员的培训和管理，提升旅游服务的质量和水平。此外，WS县还将加强旅游信息化建设，通过智慧旅游平台的建设和运营，为游客提供更加便捷、高效的旅游服务。通过持续优化旅游设施与服务，WS 县将进一步提升其旅游竞争力，吸引更多游客前来旅游观光。

（2）深化产业融合与创新发展。未来，WS 县将继续深化产业融合与创新发展，打造更多具有特色的旅游产品。WS 县将充分利用其丰富的农业资源和文化资源，将旅游业与农业、文化、体育等产业深度融合，打造一系列具有地方特色的旅游品牌。例如，WS 县可以依托其丰富的林果资源，发展林果采摘游和农产品加工体验游；同时，WS 县还可以依托其丰富的文化资源，发展文化旅游和民俗体验游。通过深化产业融合与创新发展，WS 县将进一步丰富其旅游产品的种类和内涵，提升旅游业的综合效益。

（3）加强区域合作与市场推广。未来，WS 县将加强区域合作与市场推广，提升其旅游的知名度和影响力。WS 县将加强与周边地区的旅游合作，共同打造跨区域的旅游线路和产品，实现资源共享和优势互补。同时，WS 县还将加大市场推广和营销力度，通过线上线下相结合的方式，提升 WS 县旅游的知名度和影响力。例如，WS 县可以加强与旅行社、在线旅游平台等机构的合作，推出更多优惠的旅游产品和线路；同时，WS 县还可以通过举办旅游节庆活动、参加旅游交易会等方式，展示 WS 县丰富的旅游资源和旅游产品。通过加强区域合作与市场推广，WS 县将进一步提升其旅游市场的影响力，吸引更多游客前来游览。

七、思考题

1. 基于案例收集资料，分析 WS 县是如何从景点旅游模式向全域旅游模式转变的？

2. WS 县是如何使贫困户参与到全域旅游发展之中，提高其收入水平的？

3. 从全域旅游角度思考，如何通过旅游产品开发、设施建设等方式解决旅游资源分散、景点之间距离较远的问题？怎样更好地发挥散布于各景点之间的乡村在全域旅游中的作用呢？

第六章 国际乡村生态旅游经典案例

第一节 意大利西西里大区桑布卡市：AIRBNB“1 欧元房屋”乡村旅游振兴项目

一、基本情况

桑布卡（Sambuca）位于意大利西西里岛东部，坐落在小山之巅，环拥地中海，背靠群山森林。小镇拥有美丽的景致，出门即是阳光、沙滩、海浪，还有大片的葡萄园和橄榄林，仿佛一幅动人的油画。桑布卡曾在 2016 年被提名为意大利最美城镇之一，其独特的自然风光和丰富的历史文化资源，使其成为一个理想的旅游目的地。目前，桑布卡小镇约有 6 000 名居民，主要从事农业、手工业和旅游业。然而，在过去几十年中，随着年轻人口不断迁往大城市寻求更好的生活和发展机会，桑布卡也饱受人口流失的困扰。这一趋势导致了经济活力的下降和大量房屋的空置。桑布卡小镇融合了意大利和北非的文化建筑风格，随处可见巴洛克和阿拉伯建筑风格的网格，以及迷宫般的地下砂石通道。这些建筑由红粉石砌成，有的自带庭院和拱廊，有的则是拜占庭风格的建筑或中世纪城堡，使小镇充满了浓厚的历史底蕴和人文风情。

二、挑战与问题

（1）人口流失与经济衰退。人口流失是桑布卡面临的最大挑战之一。随着年轻劳动力的外流，小镇的经济活力逐渐下降，许多传统产业如农业和手工业陷入困境。与此同时，人口减少、消费市场萎缩，导致商业活动减少，进一步加剧了经济衰退。

（2）房屋空置与资源浪费。人口流失带来的另一个问题是大量房屋的空置。这些房屋大多年久失修，不仅浪费了宝贵的资源，还影响了小镇的整体美观。据统计，意大利有近 1/4 的镇市和村庄由于人口外迁，产生了大量被废弃的无主房屋，桑布卡便是其中之一。

（3）文化遗产保护与文化传承。桑布卡拥有丰富的文化遗产，包括古老的建筑、传统的手工艺和独特的民俗文化。然而，随着人口流失和经济衰退，这些文化遗产面临着被遗忘和消失的风险。如何保护和传承这些文化遗产，成为桑布卡面临的一个重要问题。

（4）缺乏投资和外部支持。由于缺乏投资和外部支持，桑布卡难以实施有效的振兴计划。基础设施落后、公共服务不足、就业机会有限等问题限制了小镇的发展潜力。同时，由于地理位置相对偏远，桑布卡难以吸引外部资金和人才的支持。

三、发展举措

（1）启动爱彼迎"1欧元房屋"项目。为了应对上述挑战，桑布卡小镇在2019年发起了"1欧元房屋"活动，旨在通过低价出售房产吸引外来人口和投资，振兴当地经济。这一活动获得了广泛关注，但收效甚微。然而，在2023年，爱彼迎（Airbnb）的加入为这一活动注入了新的活力。爱彼迎启动了"1欧元房屋"乡村旅游振兴项目，面向全球招募热情好客的旅居体验者，在一年时间内免费入住位于桑布卡的一栋三层别墅，并成为这幢别墅的房东。凭借远程办公的灵活性，体验者可以"一边旅居工作、一边收租养家"，同时还可以携家人朋友一同住进这幢极富设计感的意大利复古别墅中。这幢风景如画的三层别墅位于桑布卡小镇的中心地带，由爱彼迎与意大利建筑公司Studio Didea合作进行了全面的设计改造。别墅内部融合了现代设计与当地手工元素，宽敞明亮，功能齐全。一楼包含一个小客厅和带独立浴室的主卧套房，二楼包含客厅、厨房、工作区、浴室和跃层卧室，三楼则设有额外的起居空间和一张大号沙发床。通过这一项目，爱彼迎不仅为体验者提供了一个绝佳的旅居机会，还为桑布卡小镇带来了前所未有的关注和曝光。这一活动吸引了来自世界各地的申请人，他们被桑布卡的美丽景色和丰富文化吸引，渴望在这里度过一段难忘的旅居时光。

（2）远程办公与旅游结合。随着科技的发展和工作方式的变革，远程办公逐渐成为一种新的趋势。爱彼迎"1欧元房屋"项目充分利用了这一趋势，将远程办公与旅游结合起来，为体验者提供了一种全新的生活方式。在桑布卡，体验者可以在宽敞明亮的别墅中远程办公，享受高效便捷的工作环境。同时，他们还可以利用空闲时间游览小镇的美景，感受当地的文化氛围。此外，他们还可以将空闲房间出租给游客，赚取额外的收入。这种"一边旅居工作、一边收租养家"的生活方式不仅提高了生活质量，还增加了收入来源。

（3）社区融入与文化传播。为了促进体验者与当地居民的融合和交流，爱彼迎还为体验者准备了丰富的社区活动和文化课程。在桑布卡，体验者将有机会参与当地的葡萄收获、橄榄采摘等传统农业活动，感受当地人的生活方式和文化习俗。同时，他们还可以参加意大利语课程和西西里菜肴烹饪课程，学习当地的语言和美食文化。通过这些活动，体验者不仅能够更好地融入当地社区生活，还能深入了解桑布卡的历史文化和风土人情。他们将在社交平台和爱彼迎平台上分享自己的旅居体验和感受，为桑布卡带来更多的曝光和关注度。这不仅有助于提升小镇的知名度和美誉度，还能吸引更多的游客和投资者来到桑布卡。

（4）文化遗产保护与利用。在爱彼迎"1欧元房屋"项目中，爱彼迎不仅关注体验者的旅居体验和生活质量，还注重文化遗产的保护和利用。他们与桑布卡小镇政府合作，对别墅进行了全面的设计改造和保护工作。在保留传统建筑风格的基础上，融入了现代设计元素和舒适的生活设施。同时，爱彼迎还鼓励体验者积极参与文化遗产的保护和传承工作。他们可以通过组织文化活动、举办艺术展览等方式，为桑布卡的文化遗产注入新的活力和内涵。这些活动不仅能够提升小镇的文化品位和吸引力，还能推动当地文化产业的发展。

（5）政府支持与社会参与。桑布卡小镇政府对"1欧元房屋"项目给予了大力支持。他们不仅提供了必要的政策和资金支持，还积极协调各方资源，为项目的顺利实施创造了良好的环境。同时，他们还通过社交媒体和宣传渠道对项目进行广泛宣传和推广，吸引了更多的关注和参与。除政府支持外，社会各界也对"1欧元房屋"项目给予了积极回应和参与。许多当地居民和企业主动参与到项目的实施和推广中来，为体验者提供了丰富的旅游资源和便利的服务。这些努力不仅促进了项目的顺利实施，还提升了小镇的整体形象和竞争力。

（6）可持续发展与长期规划。"1欧元房屋"项目不仅关注短期的旅居体验和经济效益，还注重长期的可持续发展和规划。爱彼迎与桑布卡小镇政府共同制定了详细的长期发展规划和实施方案。他们计划通过持续的投资和改造工作，着力提升小镇的基础设施建设和公共服务水平；通过发展旅游业和文化产业等新兴产业，增加就业机会和收入来源；通过加强文化遗产保护和利用工作，提升小镇的文化品位和吸引力。

四、发展成效

（1）振兴当地文化遗产。桑布卡村位于意大利西西里岛，拥有约 6 000 名居民，是一个融合了意大利和北非文化建筑风格的独特村庄。然而，与许多意大利村庄一样，桑布卡村也面临着人口流失和文化遗产衰败的问题。为了应对这一挑战，桑布卡村在 2019 年发起了“1 欧元房屋”活动，旨在依靠低价出售空置房屋来实现当地文化遗产的振兴。而爱彼迎的介入，无疑为这一活动注入了新的活力。通过“1 欧元房屋”项目，爱彼迎在全球范围内招募热情好客的旅居体验者，邀请他们免费入住位于桑布卡村的一栋三层别墅，并成为这幢别墅的房东。这一举措不仅吸引了大量游客前来体验，还通过社交媒体等平台，将桑布卡村的文化遗产和美丽风光传播到了世界各地。许多游客在入住后，对村庄的历史文化和自然风光赞不绝口，纷纷表示愿意再次探访并推荐给他人。

（2）促进当地经济发展。“1 欧元房屋”项目不仅为桑布卡村带来了文化上的振兴，还直接促进了当地经济的发展。一是项目的实施吸引了大量游客前来参观和体验，为当地的旅游业注入了新的活力。游客在村庄内的消费，如餐饮、购物、观光等，都为当地经济带来了可观的收入。二是项目还鼓励游客将空闲房屋出租，实现“边旅游边收租”的理想生活。这一模式不仅为游客提供了额外的收入来源，还带动了当地民宿产业的发展。随着民宿数量的增加和质量的提升，桑布卡村的旅游吸引力进一步增强，形成了良性循环。此外，爱彼迎还为入选的游客提供了往返交通费用、意大利语课程和西西里菜肴烹饪课程等福利，帮助他们更好地融入当地生活。这些举措不仅提升了游客的居住体验，还为他们提供了与当地居民交流和互动的机会，进一步促进了当地经济的发展。

（3）吸引年轻人群回归。“1 欧元房屋”项目的另一个重要成效是吸引了年轻人群的回归。随着城市化进程的加速，许多年轻人纷纷离开乡村前往城市谋生。然而，随着乡村旅游的兴起和“1 欧元房屋”项目的推广，越来越多的年轻人开始重新审视乡村的价值和魅力。通过参与项目，年轻人不仅可以免费获得一处优质的居住环境，还可以通过出租房屋和运营民宿等方式获得收入。这种“以房养人”的模式，不仅降低了他们的生活成本，还为他们提供了创业和就业的新机会。因此，越来越多的年轻人开始考虑回到乡村发展，为桑布卡村的未来注入了新的活力和希望。

五、经验启示

（1）创新乡村旅游模式。“1 欧元房屋”项目的成功，首先得益于其创新的乡村旅游模式。传统的乡村旅游往往以观光和休闲为主，而该项目则通过免费住宿和出租房屋等方式，将旅游与居住、工作等要素相结合，形成了一种全新的乡村旅游模式。这种模式不仅吸引了大量游客前来体验，还为他们提供了更多的选择和可能性。此外，项目还注重与社交媒体的结合，通过游客的分享和传播，将桑布卡村的文化遗产和美丽风光传播到了世界各地。这种线上线下相结合的推广方式，不仅提高了项目的知名度和影响力，还为当地旅游业的发展带来了新的机遇。

（2）挖掘乡村文化内涵。乡村旅游的核心在于其文化内涵。只有深入挖掘和展示乡村的文化内涵，才能吸引更多的游客前来体验和感受。在“1 欧元房屋”项目中，爱彼迎和桑布卡村共同致力于挖掘和展示村庄的历史文化和自然风光。通过改造和设计别墅、举办文化活动和节日庆典等方式，将村庄的文化内涵和魅力充分展现出来。同时，项目还注重与游客的互动和交流。通过提供意大利语课程和西西里菜肴烹饪课程等福利，帮助游客更好地了解当地的文化和生活方式。这种双向互动的交流方式，不仅增强了游客的归属感和认同感，还为当地文化的传承和发展提供了新的动力。

（3）借助外力推动发展。“1 欧元房屋”项目的成功，还得益于其借助外力的推动。爱彼迎作为全球领先的民宿平台，拥有丰富的资源和经验。通过与爱彼迎的合作，桑布卡村不仅获得了资金和技术的支持，还开拓了更广阔的市场，拓宽了更多的渠道。这种借助外力推动发展的模式，不仅加速了项目的实施和推进，还为当地经济的发展提供了新的机遇和动力。此外，项目还注重与国际社会的合作和交流。通过邀请国际游客前来体验和参观，将桑布卡村的文化和魅力展现给全世界。这种国际化的合作和交流方式，不仅提高了项目的知名度和影响力，还为当地旅游业的发展带来了新的机遇和挑战。

六、未来计划

（1）深化乡村旅游内涵。未来，“1 欧元房屋”项目将继续深化乡村旅游的内涵和品质。通过进一步挖掘和展示村庄的历史文化和自然风光，打造更具特色和吸引力的乡村旅游产品。同时，项目还将注重提升游客的居住体验和服务质量，为游客提供更加舒适和便捷的居住环境和服务。此外，项目还将加强与当地企业和居民的合作和交流，共同推动乡村旅游的发展。通过举办文化活动和节日庆典等方式，增强游客的归属感和认同感，为当地文化的传承和发展提供新的动力。

（2）拓展乡村旅游市场。未来，“1 欧元房屋”项目还将积极拓展乡村旅游市场。通过加强与国内外旅游机构和企业的合作和交流，将桑布卡村的文化和魅力展现给更多的游客。同时，项目还将注重开发新的旅游线路和产品，满足不同游客的需求和期望。此外，项目还将注重提升乡村旅游的智能化和信息化水平。通过引入先进的技术和设备，提高游客的便利性和满意度。同时，项目还将加强与社交媒体的结合和推广，提高项目的知名度和影响力。

（3）推动乡村的可持续发展。未来，“1 欧元房屋”项目还将致力于推动乡村的可持续发展。通过加强环境保护和资源节约等措施，保护当地的生态环境和文化遗产。同时，项目还将注重提升当地居民的生活水平和幸福感，为他们提供更多的就业机会和收入来源。此外，项目还将加强与政府和社会各界的合作和交流，共同推动乡村的全面振兴和发展。通过引入先进的理念和技术，推动乡村的产业转型升级。同时，项目还将注重加强乡村治理和公共服务体系建设，提高乡村的治理能力和服务水平。

七、思考题

1. 分析总结爱彼迎是如何通过“1 欧元房屋”项目使小镇焕发活力的？

2. 桑布卡的村民要怎样借助“1 欧元房屋”的低价出售契机，于房产项目里获得收益，并最终成为受益主体呢？

第二节　保加利亚“与风之爱”城堡：保护与旅游开发的协调发展之路

一、基本情况

保加利亚，这个位于欧洲东南部的国家，以其丰富的文化遗产和美丽的自然风光闻名于世。在这片古老而神秘的土地上，矗立着一座承载着梦想与爱的城堡——“与风之爱”城堡。这座城堡不仅见证了保加利亚的历史变迁，更成为该国旅游业的一颗璀璨明珠。“与风之爱”城堡位于保加利亚的某个宁静乡村，这里远离城市的喧嚣，四周环绕着郁郁葱葱的森林和绵延起伏的山丘。乡村的居民们世代以农业为生，生活节奏缓慢而宁静。然而，随着“与风之爱”城堡的声名远播，这个曾经默默无闻的乡村逐渐吸引了来自世界各地的游客。城堡的建造者 Georgi Kostadinov Tumpalov，自小便怀揣着建造一座城堡的梦想。1996 年，他在这片土地上用铁锹画下了一个大“×”，标志着城堡建设的开始。他与家人以及来自附近拉瓦迪诺沃小镇的工人们，用汗水和智慧一砖一瓦地建造起了这座城堡。城堡的设计充满了浪漫与奇幻元素，每一处细节都透露着建造者的匠心独运。

经过多年的努力，“与风之爱”城堡在 2016 年被评为欧洲五大最美城堡之一，并入选了保加利亚最受欢迎的旅游景点。城堡的知名度迅速提升，吸引了大批游客慕名前来参观。这不仅为城堡本身带来了可观的收益，也为周边的乡村经济注入了新的活力。乡村的基础设施在城堡的带动下得到了显著改善。道路得到了拓宽和硬化，交通更加便捷；电力、通信等基础设施也得到了完善，为乡村的现代化发展提供了有力保障。此外，城堡的旅游业还带动了乡村的餐饮、住宿、手工艺品等相关产业的发展，为当地居民提供了更多的就业机会和收入来源。

二、挑战与问题

（1）文化遗产保护的压力。“与风之爱”城堡作为一座具有重要历史和文化价值的建筑，其保护工作显得尤为重要。然而，随着游客数量的不断增加，城堡面临着日益严峻的保护压力。一方面，游客的涌入可能对城堡的文物和建筑造成损害；另一方面，如何平衡旅游开发与文化遗产保护之间的关系，成为一个亟待解决的问题。

（2）生态环境破坏的风险。城堡周边的生态环境是吸引游客的重要因素之一。然而，随着旅游业的发展，生态环境面临着被破坏的风险。游客的活动可能对周边的植被、水源等造成污染和破坏，影响乡村的可持续发展。

（3）旅游资源的同质化竞争。保加利亚拥有丰富的旅游资源，包括众多美丽的城堡、教堂、博物馆等。然而，这也带来了旅游资源的同质化竞争问题。“与风之爱”城堡需要在众多的旅游景点中脱颖而出，吸引更多的游客前来参观。

（4）社区参与程度不足。在城堡的旅游开发中，当地社区的参与程度并不高。这可能导致社区居民对旅游业的认同感不强，甚至产生抵触情绪。同时，缺乏社区参与的旅游开发也可能导致利益分配不均等问题，影响乡村的和谐稳定。

（5）旅游设施和服务水平有待提升。尽管城堡的旅游业为乡村带来了显著的经济效益，但目前的旅游设施和服务水平仍有待提升。例如，周边的餐饮、住宿等配套设施还不够完善，游客的住宿和用餐需求得不到充分满足。此外，导游、解说等旅游服务水平也有待提高，以更好地满足游客的需求。

三、发展举措

（1）加强文化遗产保护。为了保护“与风之爱”城堡的文化遗产价值，乡村采取了一系列保护措施。一是制定了严格的保护政策和规定，限制游客的活动范围和方式，防止对城堡造成损害；二是加强了城堡的日常维护和保养工作，定期对文物和建筑进行检查和修复；三是通过举办文化活动、展览等方式，提高游客对文化遗产的认识水平，增强他们的保护意识。

（2）推动生态旅游发展。为了平衡旅游开发与生态环境保护之间的关系，乡村积极推动生态旅游发展。一方面，加强了对游客的环保教育，引导游客文明旅游、爱护环境；另一方面，通过植树造林、垃圾分类等措施，改善周边的生态环境质量。此外，还开发了一系列生态旅游产品，如徒步旅行、野生动植物观赏等，满足游客对自然风光的向往和追求。

（3）打造特色旅游产品。为了在众多旅游景点中脱颖而出，“与风之爱”城堡致力于打造特色旅游产品。通过挖掘城堡的历史和文化内涵，开发了一系列富有特色的旅游项目，如城堡之夜、文化讲座、手工艺制作等。这些项目不仅丰富了游客的旅游体验，还提高了城堡的知名度和美誉度。

（4）加强社区参与。为了提高当地社区对旅游业的认同感和参与度，乡村采取了一系列措施。一是通过举办社区活动、培训等方式，提高社区居民对旅游业的认识和了解；二是鼓励社区居民参与旅游开发和服务工作，如开设民宿、餐馆等，为游客提供更好的服务；三是通过利益共享机制，确保社区居民在旅游业发展中获得合理的收益。

（5）提升旅游设施和服务水平。为了提升旅游设施和服务水平，乡村加大了对旅游基础设施的投入和建设力度。一方面，完善了周边的交通、电力、通信等基础设施；另一方面，加强了餐饮、住宿等配套设施的建设和管理。此外，通过开展培训、引进专业人才等方式，提高导游、解说员等旅游服务人员的专业素养和服务水平。

（6）加强国际合作与交流。为了借鉴国际先进的旅游开发经验和管理模式，“与风之爱”城堡加强了与国际旅游组织的合作与交流。通过参加国际旅游展会、研讨会等活动，了解国际旅游市场的最新动态和发展趋势；同时，引入国际前沿的旅游开发理念和技术手段，提高城堡的旅游开发水平和竞争力。

（7）推广数字化旅游。随着信息技术的快速发展，数字化旅游已经成为旅游业发展的重要趋势。为了跟上这一趋势，“与风之爱”城堡加强了数字化旅游的建设和推广工作。通过建设官方网站、社交媒体平台等渠道，发布城堡的最新动态和旅游信息；同时，利用虚拟现实（VR）、增强现实（AR）等技术手段，为游客提供更加丰富的旅游体验。

（8）实现可持续发展。为了实现旅游业的可持续发展，“与风之爱”城堡注重平衡经济效益、社会效益和环境效益之间的关系。通过制定科学的旅游发展规划和管理措施，确保旅游业的发展不会对生态环境造成破坏；同时，借助强化在社会责任感和公益事业等方面的投入，提高城堡的社会形象，增强其影响力。

四、发展成效

（1）经济效益显著。“与风之爱”城堡自建成以来，迅速成为保加利亚的热门旅游景点之一。2016 年，该城堡被 Edan Network 评选为欧洲五大最美城堡之一，并入选保加利亚最受欢迎的旅游景点。城堡的知名度和吸引力带来了大量游客，不仅增加了当地旅游业的收入，还带动了周边餐饮、住宿、纪念品销售等相关产业的发展。根据世界旅游联盟发布的《世界旅游联盟旅游减贫案例》，保加利亚“与风之爱”城堡通过旅游开发创造了大量就业机会。城堡的日常运营和维护需要大量劳动力，周边诸如餐饮、住宿等配套产业也吸纳了众多当地居民就业。这些就业机会不仅提高了当地居民的收入水平，还减少了贫困人口数量。

（2）社区参与度高。“与风之爱”城堡的成功离不开当地社区的积极参与和支持。在城堡的建设和运营过程中，当地居民不仅提供了大量劳动力，还通过提供农产品、手工艺品等方式参与到旅游产业链中。这种社区参与模式不仅增强了居民的获得感和归属感，还促进了当地文化的传承和发展。城堡的运营方也非常注重与当地社区的沟通和合作，通过定期举办社区活动、提供培训等方式，提高居民的技能水平和综合素质，为他们创造出更多的就业机会，开拓更多的收入来源。

（3）文化遗产保护。“与风之爱”城堡不仅是一座旅游景点，更是一座承载着丰富文化遗产的历史建筑。城堡的建设者 Georgi Kostadinov Tumpalov 从小就梦想着建造一座属于自己的城堡，经过多年的努力和坚持，他最终实现了这一梦想。在城堡的设计和建造过程中，融入了保加利亚传统建筑风格和元素，成为当地文化遗产的重要组成部分。城堡的运营方非常注重文化遗产的保护和传承，通过定期维修、举办文化展览等方式，游客能更好地了解和欣赏这座城堡的历史和文化。同时，他们还积极与当地文化部门合作，推动文化遗产的保护和传承工作。

五、经验启示

（1）依托资源优势，发展特色产业。每个地区都有其独特的自然和文化资源，这些资源是发展旅游业的重要基础。“与风之爱”城堡的成功得益于其独特的建筑风格和美丽的自然景观，这些资源吸引了大量游客前来参观和体验。其他乡村地区在发展过程中，也应充分挖掘和利用自身的资源优势，发展特色产业。例如，可以利用当地的自然风光、历史文化、民俗风情等资源，打造独具特色的旅游景点和旅游产品，吸引游客前来消费和体验。

（2）注重社区参与，实现共赢发展。“与风之爱”城堡的成功离不开当地社区的积极参与和支持。在城堡的建设和运营过程中，当地居民不仅提供了大量劳动力，还通过提供农产品、手工艺品等方式参与到旅游产业链中，达成了互利共赢的发展局面。

（3）平衡保护与开发，实现可持续发展。“与风之爱”城堡在旅游开发过程中，非常注重文化遗产的保护和传承。通过定期维修、举办文化展览等方式，让游客更好地了解和欣赏这座城堡的历史和文化。同时，他们还积极与当地文化部门合作，推动文化遗产的保护和传承工作。其他乡村地区在旅游业发展过程中，也应平衡保护与开发的关系，实现可持续发展。可以通过制定科学的旅游规划和管理措施，确保旅游活动不对当地环境和文化遗产造成破坏。同时，还应加强旅游教育和宣传，增强游客的环保意识，提升游客的文化素养，共同推动旅游业的可持续发展。

六、未来计划

（1）继续提升旅游品质，增强吸引力。随着旅游业的不断发展，游客对旅游品质的要求也越来越高。“与风之爱”城堡将继续提升旅游品质，通过完善旅游设施、丰富旅游产品、提高服务质量等方式，增强对游客的吸引力。具体来说，可以加强城堡内部和周边环境的整治和美化工作，提升游客的游览体验；同时，还可以开发更多具有地方特色的旅游产品和活动，如文化展览、民俗表演等，让游客在游览过程中更好地了解和体验当地的文化和风情。

（2）继续加强国际合作，拓展客源市场。保加利亚作为欧洲的一个重要旅游目的地，拥有广阔的国际客源市场。“与风之爱”城堡将加强与国际旅游组织和机构的合作与交流，拓展客源市场，吸引更多国际游客前来参观和体验。具体来说，可以积极参加国际旅游展览会和推介活动，展示城堡的独特魅力和旅游资源；同时，还可以与国际旅行社建立合作关系，共同开发旅游线路和产品，提高城堡在国际市场上的知名度和影响力。

（3）继续推动产业升级，促进经济发展。随着旅游业的不断发展，旅游产业的升级和转型也成为必然趋势。“与风之爱”城堡将积极推动产业升级和转型，通过发展高端旅游、文化旅游等新型业态，促进当地经济的持续健康发展。具体来说，可以依托城堡的文化和历史资源，开发高端文化旅游产品；同时，还可以结合当地的自然风光和农业资源，发展生态旅游和农业旅游等新型业态。这些新型业态的发展不仅可以提高旅游业的附加值和竞争力，还可以带动相关产业的发展和升级。

（4）继续加强社区参与，实现可持续发展。在未来的发展中，“与风之爱”城堡将继续加强社区参与，让当地居民成为旅游业发展的受益者和参与者。通过建立更加紧密的合作关系和利益共享机制，让当地居民在旅游业发展中获得更多的实惠和利益。具体来说，可以加强与当地社区的沟通和合作，了解他们的需求和诉求；同时，还可以通过提供培训、资金支持等方式，提高当地居民的技能水平和综合素质，为他们创造更多就业机会和收入来源。这些措施的实施不仅可以增强当地居民的获得感和归属感，还可以推动旅游业的可持续发展。

七、思考题

1. 在社区居民对旅游业的认同感不强，甚至产生抵触情绪的情况下，应该采取什么措施激发社区居民的内生动力，使之主动参与旅游业的发展？

2. 基于案例资料，思考如何更充分地发挥旅游业对景区依托型乡村的带动作用。

3. 应该采取哪些措施来应对，从而避免旅游活动对环境和文化遗产造成的破坏与威胁呢？

第三节　PATA 基金会（越南老街省沙坝县）：打造责任导向明确且富有启发性的旅游模式

一、基本情况

沙坝（Sa Pa）位于越南西北部的老街省，海拔约 1 600 米，距离老街市 38 千米，距离河内 376 千米。这里不仅是越南著名的避暑胜地，也是芒族、赫蒙族（苗族）、瑶族、岱依族、热依族、汉族等越南少数民族的聚居地。沙坝仿佛是大自然的宠儿，拥有宜人的气候和众多迷人的自然景观，四季分明，各具特色。沙坝的自然景观极为丰富。每年 2~5 月，是桃花、李花盛开的季节，漫山遍野都是桃李花，美不胜收。然而，这段时间的昼夜温差很大，游客须携带厚衣服以应对寒冷天气。6~8月是越南其他地方最热的时候，沙坝却凉爽宜人，是避暑的好去处。这个季节也是沙坝的雨季，错落有致的梯田绿意盎然。9~10月是沙坝最美的季节之一，天气凉爽，水稻成熟，整个沙坝仿佛披上了一袭金黄色的外衣，格外迷人。12月至次年2月，沙坝进入最冷的季节，这里也是越南为数不多会下雪的地方，尽管寒冷，却美得令人窒息。沙坝的旅游景点众多，且各具特色。番西邦是黄连山山脉的主峰，也是越南最高的山峰，距离沙坝镇中心约9千米。登上山顶，可以欣赏到云雾缭绕的仙境美景。芒华山谷位于沙坝镇南面，距离镇中心约10千米，这里是赫蒙族（苗族）、瑶族和热依族的聚居地，梯田风光尤为迷人，被评为世界上最美丽的梯田之一。摆动沙坝是年轻人最喜欢的地方，悬崖边的秋千和山顶的咖啡馆都是不容错过的体验。石教堂位于沙坝市镇中心，建于1895年，是一座有着浓郁法国风格的古老建筑，尽管历经沧桑，至今仍然完好无损，是沙坝著名的旅游景点之一。塔文村位于沙坝镇东南约10千米处，保留了未受破坏的原始美景，如诗般的田园风光令人流连忘返。爱情瀑布位于沙坝镇西，既是徒步征服越南最高峰番西邦峰的起点，也是情侣们见证爱情长久和彼此承诺的圣地。吉吉村距离沙坝镇约2千米，被称为越南“西北最美的村庄”，保留了赫蒙族独特的文化美景。含龙山距离沙坝镇约3千米，山如其名，整座山就像一条即将腾飞的长龙，是世界八大最美日落观赏地之一。此外，沙巴通茂寺是越南西北地区著名的宗教旅游胜地，乌龙茶山的茶园和樱花树相映成趣，乌贵胡山则是越南西北地区最长、最危险、最雄伟的四大名山之一，古石滩和沙巴仙女洞等景点也各具特色，吸引了大量游客前来游览。

二、挑战与问题

（1）基础设施落后。沙坝的基础设施相对落后，交通不便，道路崎岖，缺乏现代化的旅游设施和服务。这在一定程度上限制了沙坝旅游业的发展，影响了游客的旅游体验。

（2）旅游资源分散。沙坝的旅游资源虽然丰富，但分布较为分散，景点之间的距离较远，缺乏便捷的交通连接。这既增加了游客游览的难度和成本，也对旅游资源的整体开发和利用造成了影响。

（3）生态保护压力大。沙坝的自然景观和生态环境是旅游业发展的基础，但随着旅游业的快速发展，生态保护的压力也日益加大。如何平衡旅游开发和生态保护的关系，成为沙坝旅游业发展面临的重要问题。

（4）文化传承难。沙坝是多个越南少数民族的聚居地，拥有丰富的民族文化和传统。然而，随着现代化进程的加快，传统文化的传承和发展面临诸多困境。如何在旅游业发展中保护和传承传统文化，成为沙坝旅游业发展面临的又一挑战。

（5）社区参与不足。沙坝的旅游业发展主要依赖于外部投资和开发，当地社区的参与度较低。这导致旅游业的发展未能充分惠及当地居民，影响了旅游业的可持续发展。

三、发展举措

（1）改善基础设施。为了提升沙坝的旅游吸引力，PATA基金会和当地政府共同投入资金，改善沙坝的基础设施，包括修建更加便捷的道路、提升公共交通服务、打造具备现代化水准的旅游设施等。这些举措为沙坝旅游业的发展提供了有力保障。

（2）整合旅游资源。针对旅游资源分散的问题，PATA基金会和当地政府通过整合旅游资源，打造旅游精品线路，提升旅游产品的品质和竞争力。同时，加强旅游营销和推广，提高沙坝的知名度和美誉度，吸引更多游客前来游览。

（3）加强生态保护。在旅游业发展过程中，PATA基金会和当地政府始终将生态保护放在首位。通过制定严格的生态保护措施，加强环境监测和管理，确保旅游开发不会对生态环境造成破坏。同时，积极推动生态旅游和绿色旅游的发展，倡导游客文明旅游，保护生态环境。

（4）传承和发展传统文化。为了保护和传承传统文化，PATA基金会和当地政府积极推动文化旅游业的发展。通过举办民族文化节庆活动、展示民族手工艺品、推广民族美食等方式，展示沙坝独特的文化魅力。同时，加强对当地居民的培训和指导，提高他们的文化素养，增强他们的旅游服务意识，为游客提供更加优质的旅游服务。

（5）促进社区参与。为了提高当地居民的参与度和受益程度，PATA 基金会和当地政府积极推动社区参与旅游业的发展。通过鼓励当地居民参与旅游开发、经营和管理等活动，提高他们的经济收入和生活水平。同时，加强对当地居民的培训和指导，提升他们的旅游服务技能和职业素养，为沙坝旅游业的可持续发展提供有力支撑。

四、发展成效

（1）旅游经济的崛起。沙坝的旅游业在当地经济中占据了重要地位。PATA 基金会通过科学规划和市场推广，将沙坝打造成了一个独具特色的旅游目的地。游客们在这里不仅可以欣赏到美丽的自然风光，还能体验到独特的民俗文化和历史遗迹。随着游客数量的不断增加，沙坝的旅游收入也实现了快速增长，为当地居民创造了众多就业机会，开拓了丰富的收入来源。

（2）基础设施的改善。为了满足旅游业发展的需要，沙坝在基础设施方面进行了大量投入。PATA 基金会与当地政府和社区合作，对交通、住宿、餐饮等旅游服务设施进行了优化升级。道路的拓宽和硬化提高了交通的便捷性，新建的酒店和民宿提供了舒适的住宿条件，各种餐饮和娱乐设施也丰富了游客的旅游体验。基础设施的改善不仅提升了沙坝的旅游品质，还促进了当地经济的全面发展。

（3）社区参与的增强。PATA 基金会在沙坝的实践注重社区参与和利益共享。通过培训和教育，当地居民掌握了旅游服务的基本技能和知识，积极参与到了旅游业的发展中来。他们不仅成为旅游服务的提供者，还通过经营农家乐、出售手工艺品等方式，实现了收入的增加和生活水平的提升。社区参与的增强不仅促进了旅游业的可持续发展，还增强了当地居民的幸福感和归属感。

（4）生态环境的保护。沙坝的旅游业发展注重生态环境的保护。PATA 基金会与当地政府和社区合作，制定了一系列环保措施和规定，以此确保旅游业在发展进程中，不会对生态环境造成破坏。他们通过推广生态旅游和低碳旅游，引导游客树立环保意识，减少旅游活动对生态环境的影响。同时，他们还通过植树造林、垃圾分类等措施，提升了当地的生态环境质量，为旅游业的可持续发展提供了有力保障。

五、经验启示

（1）注重科学规划与市场推广。科学规划和市场推广是旅游业发展的基础。PATA 基金会在沙坝的实践注重市场调研和需求分析，根据游客的需求和偏好，制定了科学合理的旅游发展规划。同时，他们通过多渠道的市场推广和宣传，提高了沙坝的知名度和美誉度，吸引了大量游客前来参观游览。科学规划与市场推广的结合，为沙坝旅游业的快速发展提供了有力支撑。

（2）着力完善基础设施，并提高旅游服务水平。基础设施的完善和旅游服务质量的提升是旅游业发展的关键。PATA 基金会在沙坝的实践注重基础设施的完善和旅游服务的提升。他们通过投入资金和技术，改善了交通、住宿、餐饮等旅游服务设施，提高了游客的旅游体验。同时，他们还注重旅游服务人员的培训和教育，提高了他们的服务水平和质量。

（3）促进社区参与与利益共享。社区参与和利益共享是旅游业发展的重要保障。PATA 基金会在沙坝的实践注重社区参与和利益共享。他们通过培训和教育，提高了当地居民的旅游服务技能和知识水平，引导他们积极参与旅游业的发展。同时，他们还通过建立利益分配机制，确保了当地居民在旅游业发展中获得应有的收益和利益。将社区参与与利益共享有机结合，推动了旅游业的公平和可持续发展。

（4）坚持生态环境保护与可持续发展。生态环境保护与可持续发展是旅游业发展的必要条件。PATA 基金会在沙坝的实践注重生态环境的保护和可持续发展的实现。他们通过制定环保措施和规定，引导游客树立起环保意识，从而降低旅游活动对生态环境造成的影响。同时，他们还通过植树造林、垃圾分类等措施，提升了当地的生态环境质量。生态环境保护与可持续发展的结合，为沙坝旅游业的长期发展提供了有力保障。

六、未来计划

（1）深化旅游产品开发。沙坝拥有丰富的自然景观和人文资源，具有巨大的旅游开发潜力。PATA 基金会将继续深化旅游产品的开发，推出更多具有特色和吸引力的旅游产品。他们将注重产品的多样化和个性化，满足游客的不同需求和偏好。同时，他们还将注重产品的文化内涵和体验价值，提升沙坝旅游产品的品质和竞争力。

（2）提升旅游服务质量。旅游服务质量是旅游业发展的重要保障。PATA 基金会将继续提升沙坝的旅游服务质量，加强旅游服务人员的培训和教育。他们将注重服务技能的提升和服务态度的改善，提高旅游服务人员的专业素养和服务水平。同时，他们还将加强旅游服务设施的建设和管理，确保游客在旅游过程中能够享受到优质的服务和体验。

（3）加强生态环境保护。生态环境保护是旅游业可持续发展的重要条件。PATA 基金会将继续加强沙坝的生态环境保护工作，制定更加严格的环保措施和规定。他们将注重生态环境的监测和评估，及时发现和解决生态环境问题。同时，他们还将加大生态旅游和低碳旅游的推广力度，以此引导游客树立环保意识，降低旅游活动给生态环境带来的影响。

（4）加强国际合作与交流。国际合作与交流是旅游业发展的重要途径。PATA 基金会将继续加强与国际旅游组织和机构的合作与交流，借鉴和引进国际先进的旅游管理经验和技术。他们将注重与国际旅游市场的对接和合作，拓展沙坝的国际旅游市场。同时，他们还将加强与国际旅游组织的沟通和合作，共同推动旅游业的可持续发展。

七、思考题

1. 沙坝镇是如何借助旅游业的发展保护和传承传统文化，同时协调好不同民族间的利益的？
2. PATA 基金会和当地政府如何推动社区居民参与旅游业的发展？

附录

附录1 《文化和旅游部等17部门关于印发〈关于促进乡村旅游可持续发展的指导意见〉的通知》

文旅资源发〔2018〕98号

为深入贯彻落实《中共中央 国务院关于实施乡村振兴战略的意见》（中发〔2018〕1号）和《乡村振兴战略规划（2018—2022年）》文件精神，实施乡村旅游精品工程，培育农村发展新动能，促进乡村旅游可持续发展，文化和旅游部会同有关部门共同研究制定了《关于促进乡村旅游可持续发展的指导意见》，现印发给你们，请认真贯彻实施。

文化和旅游部 国家发展改革委 工业和信息化部 财政部 人力资源社会保障部 自然资源部 生态环境部 住房和城乡建设部 交通运输部 农业农村部 国家卫生健康委 中国人民银行 国家体育总局 中国银行保险监督管理委员会 国家林业和草原局 国家文物局 国务院扶贫办

2018年11月15日

关于促进乡村旅游可持续发展的指导意见

乡村旅游是旅游业的重要组成部分，是实施乡村振兴战略的重要力量，在加快推进农业农村现代化、城乡融合发展、贫困地区脱贫攻坚等方面发挥着重要作用。为深入贯彻落实《中共中央 国务院关于实施乡村振兴战略的意见》（中发〔2018〕1号）和《乡村振兴战略规划（2018—2022年）》，推动乡村旅游提质增效，促进乡村旅游可持续发展，加快形成农业农村发展新动能，现提出以下意见：

一、总体要求

（一）指导思想

全面贯彻党的十九大和十九届二中、三中全会精神，以习近平新时代中国特色社会主义思想为指导，牢固树立新发展理念，落实高质量发展要求，紧紧围绕统筹推进“五位一体”总体布局和协调推进“四个全面”战略布局，按照产业兴旺、生态宜居、乡风文明、治理有效、生活富裕的总要求，从农村实际和旅游市场需求出发，强化规划引领，完善乡村基础设施建设，优化乡村旅游环境，丰富乡村旅游产品，促进乡村旅游向市场化、产业化方向发展，全面提升乡村旅游的发展质量和综合效益，为实现我国乡村全面振兴作出重要贡献。

（二）基本原则

——生态优先，绿色发展。践行绿水青山就是金山银山的理念，注重开发与保护并举，统筹考虑资源环境承载能力和发展潜力，加强对乡村生态环境和乡村特色风貌的保护，强化有序开发、合理布局，避免急功近利、盲目发展。

——因地制宜，特色发展。根据区域特点和资源禀赋，以市场为导向，因地制宜，科学规划，积极开发特色化、差异化、多样化的乡村旅游产品，防止大拆大建、千村一面和城市化翻版、简单化复制，避免低水平同质化竞争。

——以农为本，多元发展。坚持以农民为受益主体，以农业农村为基本依托，尊重农民意愿，注重农民的全过程参与，调动农民积极性与创造性，加大政府的支持和引导力度，吸引更多的社会资本和经营主体投入乡村旅游的发展，释放乡村旅游发展活力。

——丰富内涵，品质发展。挖掘乡村传统文化和乡俗风情，加强乡村文物保护利用和文化遗产保护传承，吸收现代文明优秀成果，在保护传承基础上创造性转化、创新性发展，提升农村农民精神面貌，丰富乡村旅游的人文内涵，推动乡村旅游精品化、品牌化发展。

——共建共享，融合发展。整合资源，部门联动，统筹推进，加快乡村旅游与农业、教育、科技、体育、健康、养老、文化创意、文物保护等领域深度融合，培育乡村旅游新产品新业态新模式，推进农村一二三产业融合发展，实现农业增效、农民增收、农村增美。

（三）主要目标

到 2022 年，旅游基础设施和公共服务设施进一步完善，乡村旅游服务质量和水平全面提升，富农惠农作用更加凸显，基本形成布局合理、类型多样、功能完善、特色突出的乡村旅游发展格局。

二、加强规划引领，优化区域布局

（四）优化乡村旅游区域整体布局

推动旅游产品和市场相对成熟的区域、交通干线和 A 级景区周边的地区深化开展乡村旅游，支持具备条件的地区打造乡村旅游目的地，促进乡村旅游规模化、集群化发展。鼓励东部地区围绕服务中心城市，重点推进环都市乡村旅游度假带建设，提升乡村旅游产品品质，推动乡村旅游目的地建设；鼓励中西部地区围绕脱贫攻坚，重点推动乡村旅游与新型城镇化有机结合，合理利用古村古镇、民族村寨、文化村镇，打造“三区三州”深度贫困地区旅游大环线，培育一批乡村旅游精品线路；鼓励东北地区依托农业、林业、避暑、冰雪等优势，重点推进避暑旅游、冰雪旅游、森林旅游、康养旅游、民俗旅游等，探索开展乡村旅游边境跨境交流，打造乡村旅游新高地。（文化和旅游部、发展改革委、农业农村部、自然资源部、体育总局、林草局按职责分工负责）

（五）促进乡村旅游区域协同发展

加强东、中西部旅游协作，促进旅游者和市场要素流动，形成互为客源、互为市场、互动发展的良好局面。加强乡村旅游产品与城市居民休闲需求的对接，统筹城乡基础设施和公共服务，加大城市人才、智力资源对乡村旅游的支持，促进城乡间人员往来、信息沟通、资本流动，加快城乡一体化发展进程。注重旅游资源开发的整体性，鼓励相邻地区打破行政壁垒，统筹规划，协同发展。依托风景名胜区、历史文化名城名镇名村、特色景观旅游名镇、传统村落，探索名胜名城名镇名村“四名一体”全域旅游发展模式。（文化和旅游部、发展改革委、农业农村部、自然资源部、住房和城乡建设部、人力资源社会保障部按职责分工负责）

（六）制定乡村旅游发展规划

各地区要将乡村旅游发展作为重要内容纳入经济社会发展规划、国土空间规划以及基础设施建设、生态环境保护等专项规划，在规划中充分体现乡村旅游的发展要求。支持有条件的地区组织开展乡村旅游资源普查和发展状况调查，编制乡村旅游发展规划，鼓励突破行政区域限制，跨区域整合旅游资源，制定区域性乡村旅游发展规划。乡村旅游发展规划要符合当地实际，强化乡土风情、乡居风貌和文化传承，尊重村民发展意愿，落实国土空间规划有关要求，注重规划衔接与落地实施。严格保护耕地，落实永久基本农田控制线并实行特殊保护。独立编制的乡村旅游发展规划应符合镇规划、乡规划和村庄规划的有关要求。（文化和旅游部、发展改革委、生态环境部、自然资源部、住房城乡建设部、农业农村部、文物局按职责分工负责）

三、完善基础设施，提升公共服务

（七）提升乡村旅游基础设施

结合美丽乡村建设、新型城镇化建设、移民搬迁等工作，实施乡村绿化、美化、亮化工程，提升乡村景观，改善乡村旅游环境。加快交通干道、重点旅游景区到乡村旅游地的道路交通建设，提升乡村旅游的可进入性。鼓励有条件的旅游城市与游客相对聚集乡村旅游区间开通乡村旅游公交专线、乡村旅游直通车，方便城市居民和游客到乡村旅游消费。完善农村公路网络布局，加快乡镇、建制村硬化路“畅返不畅”整治，提高农村公路等级标准，鼓励因地制宜发展旅游步道、登山步道、自行车道等慢行系统。引导自驾车房车营地、交通驿站建设向特色村镇、风景廊道等重要节点延伸布点，定期发布乡村旅游自驾游精品线路产品。加强乡村旅游供水供电、垃圾污水处理以及停车、环卫、通信等配套设施建设，提升乡村旅游发展保障能力。（文化和旅游部、发展改革委、农业农村部、交通运输部、财政部按职责分工负责）

（八）完善乡村旅游公共服务体系

实施“厕所革命”新三年计划，引进推广厕所先进技术。结合乡村实际因地制宜进行厕所建设、改造和设计，注重与周边和整体环境布局协调，尽量体现地域文化特色，配套设施始终坚持卫生实用，反对搞形式主义、奢华浪费。积极组织开展厕所革命公益宣传活动，深入开展游客、群众文明如厕教育。推动建立乡村旅游咨询服务体系，在有条件、游客数量较大的乡村旅游区建设游客咨询服务中心，进一步完善乡村旅游标识标牌建设，强化解说、信息咨询、安全救援等服务体系建设，完善餐饮住宿、休闲娱乐、户外运动、商品购物、文化展演、民俗体验等配套服务，促进乡村旅游便利化。加快推动乡村旅游信息平台建设，完善网上预订、支付、交流等功能，推动乡村旅游智慧化。（文化和旅游部、发展改革委、农业农村部、住房城乡建设部、自然资源部、财政部、工业和信息化部、卫生健康委按职责分工负责）

四、丰富文化内涵，提升产品品质

（九）突出乡村旅游文化特色

在保护的基础上，有效利用文物古迹、传统村落、民族村寨、传统建筑、农业遗迹、灌溉工程遗产、农业文化遗产、非物质文化遗产等，融入乡村旅游产品开发。促进文物资源与乡村旅游融合发展，支持在文物保护区域因地制宜适度发展服务业和休闲农业，推介文物领域研学旅行、体验旅游、休闲旅游项目和精品旅游线路，发挥文物资源对提高国民素质和社会文明程度、推动经济社会发展的重要作用。支持农村地区地域特色文化、民族民间文化、优秀农耕文化、传统手工艺、优秀戏曲曲艺等传承发展，创新表现形式，开发一批乡村文化旅游产品。依托乡村旅游创客基地，推动传统工艺品的生产、设计等和发展乡村旅游有机结合。鼓励乡村与专业艺术院团合作，打造特色鲜明、体现地方人文的文化旅游精品。大力发展乡村特色文化产业。支持在乡村地区开展红色旅游、研学旅游。（文化和旅游部、发展改革委、住房城乡建设部、生态环境部、农业农村部、文物局按职责分工负责）

（十）丰富乡村旅游产品类型

对接旅游者观光、休闲、度假、康养、科普、文化体验等多样化需求，促进传统乡村旅游产品升级，加快开发新型乡村旅游产品。结合现代农业发展，建设一批休闲农业精品园区、农业公园、农村产业融合发展示范园、田园综合体、农业庄园，探索发展休闲农业和乡村旅游新业态。结合乡村山地资源、森林资源、水域资源、地热冰雪资源等，发展森林观光、山地度假、水域休闲、冰雪娱乐、温泉养生等旅游产品。鼓励有条件地区，推进乡村旅游和中医药相结合，开发康养旅游产品。充分利用农村土地、闲置宅基地、闲置农房等资源，开发建设乡村民宿、养老等项目。依托当地自然和文化资源禀赋发展特色民宿，在文化传承和创意设计上实现提升，完善行业标准、提高服务水平、探索精准营销，避免盲目跟风和低端复制，引进多元投资主体，促进乡村民宿多样化、个性化、专业化发展。鼓励开发具有地方特色的服饰、手工艺品、农副土特产、旅游纪念品等旅游商品。（文化和旅游部、发展改革委、农业农村部、生态环境部、自然资源部、体育总局、林草局按职责分工负责）

（十一）提高乡村旅游服务管理水平

制定完善乡村旅游各领域、各环节服务规范和标准，加强经营者、管理者、当地居民等技能培训，提升乡村旅游服务品质。提升当地居民旅游观念和服务意识，提升文明习惯、掌握经营管理技巧。鼓励先进文化、科技手段在乡村旅游产品体验和服务、管理中的运用，增加乡村旅游发展的知识含量。大力开展专业志愿者支援乡村行动，鼓励专业人士参与乡村景观设计、乡村旅游策划等活动。探索运用连锁式、托管式、共享式、会员制、分时制、职业经理制等现代经营管理模式，提升乡村旅游的运营能力和管理水平。（文化和旅游部、农业农村部、人力资源社会保障部按职责分工负责）

五、创建旅游品牌，加大市场营销

（十二）培育构建乡村旅游品牌体系

树立乡村旅游品牌意识，提升品牌形象，增强乡村旅游品牌的影响力和竞争力。鼓励各地整合乡村旅游优质资源，推出一批特色鲜明、优势突出的乡村旅游品牌，构建全方位、多层次的乡村旅游品牌体系。建立全国乡村旅游重点村名录，开展乡村旅游精品工程，培育一批全国乡村旅游精品村、精品单位。鼓励具备条件的地区集群发展乡村旅游，积极打造有影响力的乡村旅游目的地。支持资源禀赋好、基础设施完善、公共服务体系健全的乡村旅游点申报创建A级景区、旅游度假区、特色小镇等品牌。（文化和旅游部、发展改革委、农业农村部、生态环境部按职责分工负责）

（十三）创新乡村旅游营销模式

发挥政府积极作用，鼓励社会力量参与乡村旅游宣传推广和中介服务，鼓励各地开展乡村旅游宣传活动，拓宽乡村旅游客源市场。依托电视、电台、报纸等传统媒体资源，利用旅游推介会、博览会、节事活动等平台，扩大乡村旅游宣传。充分利用新媒体自媒体，支持电商平台开设乡村旅游频道，开展在线宣传推广和产品销售等。（文化和旅游部、发展改革委、农业农村部按职责分工负责）

六、注重农民受益，助力脱贫攻坚

（十四）探索推广发展模式

支持旅行社利用客源优势，最大限度宣传推介旅游资源并组织游客前来旅游，并通过联合营销等方式共同开发市场的“旅行社带村”模式。积极推进景区辐射带动周边发展乡村旅游，形成乡村与景区共生共荣、共建共享的“景区带村”模式。大力支持懂经营、善管理的本地及返乡能人投资旅游，以吸纳就业、带动创业的方式带动农民增收致富的“能人带户”模式。不断壮大企业主导乡村旅游经营，吸纳当地村民参与经营或管理的“公司+农户”模式。引导规范专业化服务与规模化经营相结合的“合作社+农户”模式。鼓励各地从实际出发，积极探索推广多方参与、机制完善、互利共赢的新模式新做法，建立定性定量分析的工作台账，总结推广旅游扶贫工作。（文化和旅游部、农业农村部、国务院扶贫办按职责分工负责）

（十五）完善利益联结机制

突出重点，做好深度贫困地区旅游扶贫工作。建立健全多元的利益联结机制，让农民更好分享旅游发展红利，提高农民参与性和获得感。探索资源变资产、资金变股金、农民变股东的途径，引导村集体和村民利用资金、技术、土地、林地、房屋以及农村集体资产等入股乡村旅游合作社、旅游企业等获得收益，鼓励企业实行保底分红。支持在贫困地区实施一批以乡村民宿改造提升为重点的旅游扶贫项目，引导贫困群众对闲置农房升级改造，指导各地在明晰产权的基础上，建立有效的带贫减贫机制，增加贫困群众收益。支持当地村民和回乡人员创业，参与乡村旅游经营和服务。鼓励乡村旅游企

业优先吸纳当地村民就业。（文化和旅游部、农业农村部、自然资源部、林草局、国务院扶贫办按职责分工负责）

七、整合资金资源，强化要素保障

（十六）完善财政投入机制

加大对乡村旅游项目的资金支持力度。鼓励有条件、有需求的地方统筹利用现有资金渠道，积极支持提升村容村貌，改善乡村旅游重点村道路、停车场、厕所、垃圾污水处理等基础服务设施。按规定统筹的相关涉农资金可以用于培育发展休闲农业和乡村旅游。（财政部、发展改革委、农业农村部按职责分工负责）

（十七）加强用地保障

各地应将乡村旅游项目建设用地纳入国土空间规划和年度土地利用计划统筹安排。在符合生态环境保护要求和相关规划的前提下，鼓励各地按照相关规定，盘活农村闲置建设用地资源，开展城乡建设用地增减挂钩，优化建设用地结构和布局，促进休闲农业和乡村旅游发展，提高土地节约集约利用水平。鼓励通过流转等方式取得属于文物建筑的农民房屋及宅基地使用权，统一保护开发利用。在充分保障农民宅基地用益物权的前提下，探索农村集体经济组织以出租、入股、合作等方式盘活利用闲置宅基地和农房，按照规划要求和用地标准，改造建设乡村旅游接待和活动场所。支持历史遗留工矿废弃地再利用、荒滩等未利用土地开发乡村旅游。（自然资源部、住房和城乡建设部、生态环境部、农业农村部、林草局按职责分工负责）

（十八）加强金融支持

鼓励金融机构为乡村旅游发展提供信贷支持，创新金融产品，降低贷款门槛，简化贷款手续，加大信贷投放力度，扶持乡村旅游龙头企业发展。依法合规推进农村承包土地的经营权、农民住房财产权抵押贷款业务，积极推进集体林权抵押贷款、旅游门票收益权质押贷款业务，扩大乡村旅游融资规模，鼓励乡村旅游经营户通过小额贷款、保证保险实现融资。鼓励保险业向乡村旅游延伸，探索支持乡村旅游的保险产品。（财政部、自然资源部、人民银行、银保监会按职责分工负责）

（十九）加强人才队伍建设

将乡村旅游纳入各级乡村振兴干部培训计划，加强对县、乡镇党政领导发展乡村旅游的专题培训。通过专题培训、送教上门、结对帮扶等方式，开展多层次、多渠道的乡村旅游培训。各级人社、农业农村、文化和旅游、扶贫等部门要将乡村旅游人才培育纳入培训计划，加大对乡村旅游的管理人员、服务人员的技能培训，培养结构合理、素质较高的乡村旅游从业人员队伍。开展乡村旅游创客行动，组织引导大学生、文化艺术人才、专业技术人员、青年创业团队等各类“创客”投身乡村旅游发展，促进人才向乡村流动，改善乡村旅游人才结构。（文化和旅游部、人力资源社会保障部、农业农村部、国务院扶贫办按职责分工负责）

各地各部门要把乡村旅游可持续、高质量发展作为实施乡村振兴战略的重要举措，统筹乡村旅游发展工作，结合实际出台落实意见或实施方案，明确部门工作职责，建立督导机制，形成推动乡村旅游发展的强大合力，推动各项任务贯彻落实。

附录 2 《国家发展改革委关于印发〈美丽中国建设评估指标体系及实施方案〉的通知》

发改环资〔2020〕296 号

自然资源部、生态环境部、住房和城乡建设部、水利部、农业农村部、国家统计局、中科院、国家林草局，各省、自治区、直辖市、新疆生产建设兵团发展改革委：

根据中央领导同志重要批示精神，我们会同有关部门制定了《美丽中国建设评估指标体系及实施方案》，现印发给你们，请结合实际贯彻落实。

一、请中国科学院组建专门工作团队，研究评估技术方法，制定评估工作方案，建立与有关部门的工作沟通机制，按方案要求开展美丽中国建设进程评估。

二、请自然资源部、生态环境部、住房和城乡建设部、水利部、农业农村部、国家林草局根据职责研究提出相关评估指标 2025、2030、2035 年目标值，近期聚焦“十四五”目标任务，抓紧研究确定 2025 年目标值，初步提出 2030、2035 年预期目标值；与中国科学院做好工作对接，按照职责分工提供有关数据，加强评估指标的统计基础能力建设，提高数据的准确性和时效性。请国家统计局在数据校核、评估方法、结果检验等方面对中国科学院和有关部门提供工作支持和技术指导。

三、请各省、自治区、直辖市、新疆生产建设兵团发展改革委会同有关方面积极配合中国科学院做好评估相关工作。

国家发展改革委

2020 年 2 月 28 日

美丽中国建设评估指标体系及实施方案

为贯彻落实习近平新时代中国特色社会主义思想，推动实现党的十九大提出的美丽中国目标，发挥评估工作对美丽中国建设的引导推动作用，制定美丽中国建设评估指标体系及实施方案如下。

一、总体思路

深入践行习近平生态文明思想，按照习近平总书记“努力打造青山常在、绿水长流、空气常新的美丽中国”的重要指示精神，根据“五位一体”总体布局和建成富强民主文明和谐美丽的社会主义现代化强国的奋斗目标，面向 2035 年“美丽中国目标基本实现”的愿景，按照体现通用性、阶段性、不同区域特性的要求，聚焦生态环境良好、人居环境整洁等方面，构建评估指标体系，结合实际分阶段提出全国及各地区预期目标，由第三方机构开展美丽中国建设进程评估，引导各地区加快推进美丽中国建设。

二、基本原则

目标导向、突出重点。坚持美丽中国目标导向，聚焦生态环境重点领域指标，回应人民群众切身关切，科学设置评估指标，不求面面俱到。

立足国情、可行可达。充分考虑我国发展阶段特征和产业结构特点，处理好发展与保护的关系，合理设定预期目标，不超越发展阶段，不一味求高。

全国适用、体现差异。评估指标体系兼顾全国通用性和地区差异性，综合考量各地区发展水平、资源环境禀赋等实际，科学合理分解各地区目标，不搞一刀切。

三、指标体系

美丽中国是生态文明建设成果的集中体现。美丽中国建设评估指标体系包括空气清新、水体洁净、土壤安全、生态良好、人居整洁5类指标。按照突出重点、群众关切、数据可得的原则，注重美丽中国建设进程结果性评估，分类细化提出22项具体指标。后续将根据党中央、国务院部署以及经济社会发展、生态文明建设实际情况，对美丽中国建设评估指标体系持续进行完善。

空气清新包括地级及以上城市细颗粒物（$PM_{2.5}$）浓度、地级及以上城市可吸入颗粒物（PM_{10}）浓度、地级及以上城市空气质量优良天数比例3个指标。

水体洁净包括地表水水质优良（达到或好于III类）比例、地表水劣V类水体比例、地级及以上城市集中式饮用水水源地水质达标率3个指标。

土壤安全包括受污染耕地安全利用率、污染地块安全利用率、农膜回收率、化肥利用率、农药利用率5个指标。

生态良好包括森林覆盖率、湿地保护率、水土保持率、自然保护地面积占陆域国土面积比例、重点生物物种种数保护率5个指标。

人居整洁包括城镇生活污水集中收集率、城镇生活垃圾无害化处理率、农村生活污水处理和综合利用率、农村生活垃圾无害化处理率、城市公园绿地500米服务半径覆盖率、农村卫生厕所普及率6个指标。

在评估实施过程中，第三方机构可根据有关地区的不同特点，选取各地区美丽中国建设的特征性指标进行评估，体现各地区差异化的特性。

四、评估目标

由自然资源部、生态环境部、住房和城乡建设部、水利部、农业农村部、国家林草局等部门根据工作职责，综合考虑我国发展阶段、资源环境现状以及对标先进国家水平，分阶段研究提出2025、2030、2035年美丽中国建设预期目标，并结合各地区经济社会发展水平、发展定位、产业结构、资源环境禀赋等因素，地方科学合理分解各地区目标，在目标确定和分解上体现地区差异。

五、评估实施

评估主体和对象。由第三方机构（中国科学院）对全国及31个省、自治区、直辖市开展美丽中国建设进程评估。

评估周期。以2020年为基年，以5年为周期开展2次评估。其中，结合国民经济和社会发展五年规划中期评估开展1次，五年规划实施完成后开展1次。

评估方法。由第三方机构确定美丽中国建设评估指标体系各指标的权重系数，制定美丽中国建设进程评估技术方法，对照阶段性目标值，计算美丽中国建设综合指数，衡量美丽中国目标的实现程度。在2020年开展试评估，结合实践探索进一步完善指标体系和评估方法。

结果运用。评估结果不进行地区排名，不作为政府政绩考核内容，由第三方机构发布，引导各地区落实和推动工作，助力美丽中国目标实现。

组织保障。各有关部门、各地区要对中国科学院开展第三方评估工作予以支持，加强数据衔接，及时协调解决评估过程中的相关问题。

附表：美丽中国建设评估指标体系

附表　美丽中国建设评估指标体系

评估指标	序号	具体指标（单位）	数据来源
空气清新	1	地级及以上城市细颗粒物（PMz5）浓度/微克/立方米	生态环境部
	2	地级及以上城市可吸入颗粒物（PM）浓度/微克/立方米	
	3	地级及以上城市空气质量优良天数比例/%	
水体洁净	4	地表水水质优良（达到或好于Ⅰ类）比例/%	生态环境部
	5	地表水劣Ⅴ类水体比例/%	
	6	地级及以上城市集中式饮用水水源地水质达标率/%	
土壤安全	7	受污染耕地安全利用率/%	农业农村部、生态环境部
	8	污染地块安全利用率/%	生态环境部、自然资源部
	9	农膜回收率/%	农业农村部
	10	化肥利用率/%	
	11	农药利用率/%	
生态良好	12	森林覆盖率/%	国家林草局、自然资源部
	13	湿地保护率/%	
	14	水土保持率/%	水利部
	15	自然保护地面积占陆域国土面积比例/%	国家林草局、自然资源部
	16	重点生物物种种数保护率/%	生态环境部
人居整洁	17	城镇生活污水集中收集率/%	住房和城乡建设部
	18	城镇生活垃圾无害化处理率/%	
	19	农村生活污水处理和综合利用率/%	生态环境部
	20	农村生活垃圾无害化处理率/%	住房和城乡建设部
	21	城市公园绿地500米服务半径覆盖率/%	
	22	农村卫生厕所普及率/%	农业农村部

附录3　《中共中央 国务院关于学习运用“千村示范、万村整治”工程经验有力有效推进乡村全面振兴的意见》

（2024年1月1日）

推进中国式现代化，必须坚持不懈夯实农业基础，推进乡村全面振兴。习近平总书记在浙江工作时亲自谋划推动“千村示范、万村整治”工程（以下简称“千万工程”），从农村环境整治入手，由点及面、迭代升级，20年持续努力造就了万千美丽乡村，造福了万千农民群众，创造了推进乡村全面振兴的成功经验和实践范例。要学习运用“千万工程”蕴含的发展理念、工作方法和推进机制，把推进乡村全面振兴作为新时代新征程“三农”工作的总抓手，坚持以人民为中心的发展思想，完整、准确、全面贯彻新发展理念，因地制宜、分类施策，循序渐进、久久为功，集中力量抓好办成一批群众可感可及的实事，不断取得实质性进展、阶段性成果。

做好2024年及今后一个时期“三农”工作，要以习近平新时代中国特色社会主义思想为指导，全面贯彻落实党的二十大和二十届二中全会精神，深入贯彻落实习近平总书记关于“三农”工作的重要论述，坚持和加强党对“三农”工作的全面领导，锚定建设农业强国目标，以学习运用“千万工程”经验为引领，以确保国家粮食安全、确保不发生规模性返贫为底线，以提升乡村产业发展水平、提升乡村建设水平、提升乡村治理水平为重点，强化科技和改革双轮驱动，强化农民增收举措，打好乡村全面振兴漂亮仗，绘就宜居宜业和美乡村新画卷，以加快农业农村现代化更好推进中国式现代化建设。

一、确保国家粮食安全

（一）抓好粮食和重要农产品生产。扎实推进新一轮千亿斤粮食产能提升行动。稳定粮食播种面积，把粮食增产的重心放到大面积提高单产上，确保粮食产量保持在1.3万亿斤以上。实施粮食单产提升工程，集成推广良田良种良机良法。巩固大豆扩种成果，支持发展高油高产品种。适当提高小麦最低收购价，合理确定稻谷最低收购价。继续实施耕地地力保护补贴和玉米大豆生产者补贴、稻谷补贴政策。完善农资保供稳价应对机制，鼓励地方探索建立与农资价格上涨幅度挂钩的动态补贴办法。扩大完全成本保险和种植收入保险政策实施范围，实现三大主粮全国覆盖、大豆有序扩面。鼓励地方发展特色农产品保险。推进农业保险精准投保理赔，做到应赔尽赔。完善巨灾保险制度。加大产粮大县支持力度。探索建立粮食产销区省际横向利益补偿机制，深化多渠道产销协作。扩大油菜面积，支持发展油茶等特色油料。加大糖料蔗种苗和机收补贴力度。加强“菜篮子”产品应急保供基地建设，优化生猪产能调控机制，稳定牛羊肉基础生产能力。完善液态奶标准，规范复原乳标识，促进鲜奶消费。支持深远海养殖，开发森林食品。树立大农业观、大食物观，多渠道拓展食物来源，探索构建大食物监测统计体系。

（二）严格落实耕地保护制度。健全耕地数量、质量、生态“三位一体”保护制度体系，落实新一轮国土空间规划明确的耕地和永久基本农田保护任务。改革完善耕地占补平衡制度，坚持“以补定占”，将省域内稳定利用耕地净增加量作为下年度非农建设允许占用耕地规模上限。健全补充耕地质量验收制度，完善后续管护和再评价机制。加强退化耕地治理，加大黑土地保护工程推进力度，实施耕地有机质提升行动。严厉打击非法占用农用地犯罪和耕地非法取土。持续整治“大棚房”。分类稳妥开展违规占用耕地整改复耕，细化明确耕地“非粮化”整改范围，合理安排恢复时序。因地制宜推进撂荒地利用，宜粮则粮、宜经则经，对确无人耕种的支持农村集体经济组织多途径种好用好。

（三）加强农业基础设施建设。坚持质量第一，优先把东北黑土地区、平原地区、具备水利灌溉条件地区的耕地建成高标准农田，适当提高中央和省级投资补助水平，取消各地对产粮大县资金配套要求，强化高标准农田建设全过程监管，确保建一块、成一块。鼓励农村集体经济组织、新型农业经营主体、农户等直接参与高标准农田建设管护。分区分类开展盐碱耕地治理改良，“以种适地”同“以地适种”相结合，支持盐碱地综合利用试点。推进重点水源、灌区、蓄滞洪区建设和现代化改造，实施水库除险加固和中小河流治理、中小型水库建设等工程。加强小型农田水利设施建设和管护。加快推进受灾地区灾后恢复重建。加强气象灾害短期预警和中长期趋势研判，健全农业防灾减灾救灾长效机制。推进设施农业现代化提升行动。

（四）强化农业科技支撑。优化农业科技创新战略布局，支持重大创新平台建设。加快推进种业振兴行动，完善联合研发和应用协作机制，加大种源关键核心技术攻关，加快选育推广生产急需的自主优良品种。开展重大品种研发推广应用一体化试点。推动生物育种产业化扩面提速。大力实施农机装备补短板行动，完善农机购置与应用补贴政策，开辟急需适用农机鉴定“绿色通道”。加强基层农技推广体系条件建设，强化公益性服务功能。

（五）构建现代农业经营体系。聚焦解决“谁来种地”问题，以小农户为基础、新型农业经营主体为重点、社会化服务为支撑，加快打造适应现代农业发展的高素质生产经营队伍。提升家庭农场和农民合作社生产经营水平，增强服务带动小农户能力。加强农业社会化服务平台和标准体系建设，聚焦农业生产关键薄弱环节和小农户，拓展服务领域和模式。支持农村集体经济组织提供生产、劳务等居间服务。

（六）增强粮食和重要农产品调控能力。健全农产品全产业链监测预警机制，强化多品种联动调控、储备调节和应急保障。优化粮食仓储设施布局，提升储备安全水平。深化“一带一路”农业合作。加大农产品走私打击力度。加强粮食和重要农产品消费监测分析。

（七）持续深化食物节约各项行动。弘扬节约光荣风尚，推进全链条节粮减损，健全常态化、长效化工作机制。挖掘粮食机收减损潜力，推广散粮运输和储粮新型装具。完善粮食适度加工标准。大力提倡健康饮食，健全部门监管、行业自律、社会监督相结合的监管体系，坚决制止餐饮浪费行为。

二、确保不发生规模性返贫

（八）落实防止返贫监测帮扶机制。压紧压实防止返贫工作责任，持续巩固提升“三保障”和饮水安全保障成果。对存在因灾返贫风险的农户，符合政策规定的可先行落实帮扶措施。加强农村高额医疗费用负担患者监测预警，按规定及时落实医疗保障和救助政策。加快推动防止返贫监测与低收入人口动态监测信息平台互联互通，加强跨部门信息整合共享。研究推动防止返贫帮扶政策和农村低收入人口常态化帮扶政策衔接并轨。

（九）持续加强产业和就业帮扶。强化帮扶产业分类指导，巩固一批、升级一批、盘活一批、调整一批，推动产业提质增效、可持续发展。中央财政衔接推进乡村振兴补助资金用于产业发展的比例保持总体稳定，强化资金项目绩效管理。加强帮扶项目资产管理，符合条件的纳入农村集体资产统一管理。提升消费帮扶助农增收行动实效。推进防止返贫就业攻坚行动，落实东西部劳务协作帮扶责任，统筹用好就业帮扶车间、公益岗位等渠道，稳定脱贫劳动力就业规模。

（十）加大对重点地区帮扶支持力度。将脱贫县涉农资金统筹整合试点政策优化调整至160个国家乡村振兴重点帮扶县实施，加强整合资金使用监管。国有金融机构加大对国家乡村振兴重点帮扶县金融支持力度。持续开展医疗、教育干部人才“组团式”帮扶和科技特派团选派。高校毕业生“三支一扶”计划向脱贫地区倾斜。支持易地扶贫搬迁安置区可持续发展。易地搬迁至城镇后因人口增长出现住房困难的家庭，符合条件的统筹纳入城镇住房保障范围。推动建立欠发达地区常态化帮扶机制。

三、提升乡村产业发展水平

（十一）促进农村一二三产业融合发展。坚持产业兴农、质量兴农、绿色兴农，加快构建粮经饲统筹、农林牧渔并举、产加销贯通、农文旅融合的现代乡村产业体系，把农业建成现代化大产业。鼓励各地因地制宜大力发展特色产业，支持打造乡土特色品牌。实施乡村文旅深度融合工程，推进乡村旅游集聚区（村）建设，培育生态旅游、森林康养、休闲露营等新业态，推进乡村民宿规范发展、提升品质。优化实施农村产业融合发展项目，培育农业产业化联合体。

（十二）推动农产品加工业优化升级。推进农产品生产和初加工、精深加工协同发展，促进就近就地转化增值。推进农产品加工设施改造提升，支持区域性预冷烘干、储藏保鲜、鲜切包装等初加工设施建设，发展智能化、清洁化精深加工。支持东北地区发展大豆等农产品全产业链加工，打造食品和饲料产业集群。支持粮食和重要农产品主产区建设加工产业园。

（十三）推动农村流通高质量发展。深入推进县域商业体系建设，健全县乡村物流配送体系，促进农村客货邮融合发展，大力发展共同配送。推进农产品批发市场转型升级。优化农产品冷链物流体系建设，加快建设骨干冷链物流基地，布局建设县域产地公共冷链物流设施。实施农村电商高质量发展工程，推进县域电商直播基地建设，发展乡村土特产网络销售。加强农村流通领域市场监管，持续整治农村假冒伪劣产品。

（十四）强化农民增收举措。实施农民增收促进行动，持续壮大乡村富民产业，支持农户发展特色种养、手工作坊、林下经济等家庭经营项目。强化产业发展联农带农，健全新型农业经营主体和涉农企业扶持政策与带动农户增收挂钩机制。促进农村劳动力多渠道就业，健全跨区域信息共享和有组织劳务输出机制，培育壮大劳务品牌。开展农民工服务保障专项行动，加强农民工就业动态监测。加强拖欠农民工工资源头预防和风险预警，完善根治欠薪长效机制。加强农民工职业技能培训，推广订单、定向、定岗培训模式。做好大龄农民工就业扶持。在重点工程项目和农业农村基础设施建设领域积极推广以工代赈，继续扩大劳务报酬规模。鼓励以出租、合作开发、入股经营等方式盘活利用农村资源资产，增加农民财产性收入。

四、提升乡村建设水平

（十五）增强乡村规划引领效能。适应乡村人口变化趋势，优化村庄布局、产业结构、公共服务配置。强化县域国土空间规划对城镇、村庄、产业园区等空间布局的统筹。分类编制村庄规划，可单独编制，也可以乡镇或若干村庄为单元编制，不需要编制的可在县乡级国土空间规划中明确通则式管理规定。加强村庄规划编制实效性、可操作性和执行约束力，强化乡村空间设计和风貌管控。在耕地总量不减少、永久基本农田布局基本稳定的前提下，综合运用增减挂钩和占补平衡政策，稳妥有序开展以乡镇为基本单元的全域土地综合整治，整合盘活农村零散闲置土地，保障乡村基础设施和产业发展用地。

（十六）深入实施农村人居环境整治提升行动。因地制宜推进生活污水垃圾治理和农村改厕，完善农民参与和长效管护机制。健全农村生活垃圾分类收运处置体系，完善农村再生资源回收利用网络。分类梯次推进生活污水治理，加强农村黑臭水体动态排查和源头治理。稳步推进中西部地区户厕改造，探索农户自愿按标准改厕、政府验收合格后补助到户的奖补模式。协同推进农村有机生活垃圾、粪污、农业生产有机废弃物资源化处理利用。

（十七）推进农村基础设施补短板。从各地实际和农民需求出发，抓住普及普惠的事，干一件、成一件。完善农村供水工程体系，有条件的推进城乡供水一体化、集中供水规模化，暂不具备条件的加强小型供水工程规范化建设改造，加强专业化管护，深入实施农村供水水质提升专项行动。推进农村电网巩固提升工程。推动农村分布式新能源发展，加强重点村镇新能源汽车充换电设施规划建设。扎实推进“四好农村路”建设，完善交通管理和安全防护设施，加快实施农村公路桥梁安全“消危”行动。继续实施农村危房改造和农房抗震改造，巩固农村房屋安全隐患排查整治成果。持续实施数字乡村发展行动，发展智慧农业，缩小城乡“数字鸿沟”。实施智慧广电乡村工程。鼓励有条件的省份统筹建设区域性大数据平台，加强农业生产经营、农村社会管理等涉农信息协同共享。

（十八）完善农村公共服务体系。优化公共教育服务供给，加强寄宿制学校建设，办好必要的乡村小规模学校。实施县域普通高中发展提升行动计划。加强乡镇卫生院和村卫生室服务能力建设，稳步提高乡村医生中具备执业（助理）医师资格的人员比例。持续提升农村传染病防控和应急处置能力。逐步提高县域内医保基金在乡村医疗卫生机构使用的比例，加快将村卫生室纳入医保定点管理。健全农村养老服务体系，因地制宜推进区域性养老服务中心建设，鼓励发展农村老年助餐和互助服务。健全城乡居民基本养老保险“多缴多得、长缴多得”激励机制。加强农村生育支持和婴幼儿照护服务，做好流动儿童、留守儿童、妇女、老年人、残疾人等关心关爱服务。实施产粮大县公共服务能力提升行动。

（十九）加强农村生态文明建设。持续打好农业农村污染治理攻坚战，一体化推进乡村生态保护修复。扎实推进化肥农药减量增效，推广种养循环模式。整县推进农业面源污染综合防治。加强耕地土壤重金属污染源排查整治。加强食用农产品产地质量安全控制和产品检测，提升“从农田到餐桌”全过程食品安全监管能力。推进兽用抗菌药使用减量化行动。强化重大动物疫病和重点人畜共患病防控。持续巩固长江十年禁渔成效。加快推进长江中上游坡耕地水土流失治理，扎实推进黄河流域深度节水控水。推进水系连通、水源涵养、水土保持，复苏河湖生态环境，强化地下水超采治理。加强荒漠化综合防治，探索“草光互补”模式。全力打好“三北”工程攻坚战，鼓励通过多种方式组织农民群众参与项目建设。优化草原生态保护补奖政策，健全对超载过牧的约束机制。加强森林草原防灭火。

实施古树名木抢救保护行动。

（二十）促进县域城乡融合发展。统筹新型城镇化和乡村全面振兴，提升县城综合承载能力和治理能力，促进县乡村功能衔接互补、资源要素优化配置。优化县域产业结构和空间布局，构建以县城为枢纽、以小城镇为节点的县域经济体系，扩大县域就业容量。统筹县域城乡基础设施规划建设管护，推进城乡学校共同体、紧密型县域医共体建设。实施新一轮农业转移人口市民化行动，鼓励有条件的县（市、区）将城镇常住人口全部纳入住房保障政策范围。

五、提升乡村治理水平

（二十一）推进抓党建促乡村振兴。坚持大抓基层鲜明导向，强化县级党委抓乡促村责任，健全县乡村三级联动争创先进、整顿后进机制。全面提升乡镇领导班子抓乡村振兴能力，开展乡镇党政正职全覆盖培训和农村党员进党校集中轮训。建好建强农村基层党组织，健全村党组织领导的村级组织体系，推行村级议事协商目录制度。加强村干部队伍建设，健全选育管用机制，实施村党组织带头人后备力量培育储备三年行动。优化驻村第一书记和工作队选派管理。进一步整合基层监督执纪力量，推动完善基层监督体系，持续深化乡村振兴领域不正之风和腐败问题专项整治。加强乡镇对县直部门派驻机构及人员的管理职责，加大编制资源向乡镇倾斜力度，县以上机关一般不得从乡镇借调工作人员，推广"街乡吹哨、部门报到"等做法，严格实行上级部门涉基层事务准入制度，健全基层职责清单和事务清单，推动解决"小马拉大车"等基层治理问题。

（二十二）繁荣发展乡村文化。推动农耕文明和现代文明要素有机结合，书写中华民族现代文明的乡村篇。改进创新农村精神文明建设，推动新时代文明实践向村庄、集市等末梢延伸，促进城市优质文化资源下沉，增加有效服务供给。深入开展听党话、感党恩、跟党走宣传教育活动。加强乡村优秀传统文化保护传承和创新发展。强化农业文化遗产、农村非物质文化遗产挖掘整理和保护利用，实施乡村文物保护工程。开展传统村落集中连片保护利用示范。坚持农民唱主角，促进"村BA"、村超、村晚等群众性文体活动健康发展。

（二十三）持续推进农村移风易俗。坚持疏堵结合、标本兼治，创新移风易俗抓手载体，发挥村民自治作用，强化村规民约激励约束功能，持续推进高额彩礼、大操大办、散埋乱葬等突出问题综合治理。鼓励各地利用乡村综合性服务场所，为农民婚丧嫁娶等提供普惠性社会服务，降低农村人情负担。完善婚事新办、丧事简办、孝老爱亲等约束性规范和倡导性标准。推动党员干部带头承诺践诺，发挥示范带动作用。强化正向引导激励，加强家庭家教家风建设，推广清单制、积分制等有效办法。

（二十四）建设平安乡村。坚持和发展新时代"枫桥经验"，完善矛盾纠纷源头预防、排查预警、多元化解机制。健全农村扫黑除恶常态化机制，持续防范和整治"村霸"，依法打击农村宗族黑恶势力及其"保护伞"。持续开展打击整治农村赌博违法犯罪专项行动，加强电信网络诈骗宣传防范。开展农村道路交通、燃气、消防、渔船等重点领域安全隐患治理攻坚。加强农村防灾减灾工程、应急管理信息化和公共消防设施建设，提升防灾避险和自救互救能力。加强法治乡村建设，增强农民法律意识。

六、加强党对"三农"工作的全面领导

（二十五）健全党领导农村工作体制机制。坚持把解决好"三农"问题作为全党工作重中之重，坚持农业农村优先发展，改革完善"三农"工作体制机制，全面落实乡村振兴责任制，压实五级书记抓乡村振兴责任，明确主攻方向，扎实组织推动。加强党委农村工作体系建设，强化统筹推进乡村振兴职责。巩固拓展学习贯彻习近平新时代中国特色社会主义思想主题教育成果。各级党政领导干部要落实"四下基层"制度，深入调查研究，推动解决农民群众反映强烈的问题。优化各类涉农督查检查考核，突出实绩实效，能整合的整合，能简化的简化，减轻基层迎检迎考负担。按规定开展乡村振兴表彰激励。讲好新时代乡村振兴故事。

（二十六）强化农村改革创新。在坚守底线前提下，鼓励各地实践探索和制度创新，强化改革举措集成增效，激发乡村振兴动力活力。启动实施第二轮土地承包到期后再延长30年整省试点。健全土地流转价格形成机制，探索防止流转费用不合理上涨有效办法。稳慎推进农村宅基地制度改革。深化农村集体产权制度改革，促进新型农村集体经济健康发展，严格控制农村集体经营风险。对集体资产由村民委员会、村民小组登记到农村集体经济组织名下实行税收减免。持续深化集体林权制度改革、农业水价综合改革、农垦改革和供销合作社综合改革。

（二十七）完善乡村振兴多元化投入机制。坚持将农业农村作为一般公共预算优先保障领域，创新乡村振兴投融资机制，确保投入与乡村振兴目标任务相适应。落实土地出让收入支农政策。规范用好地方政府专项债券等政策工具，支持乡村振兴重大工程项目建设。强化对信贷业务以县域为主的金融机构货币政策精准支持，完善大中型银行“三农”金融服务专业化工作机制，强化农村中小金融机构支农支小定位。分省分类推进农村信用社改革化险。创新支持粮食安全、种业振兴等重点领域信贷服务模式。发展农村数字普惠金融，推进农村信用体系建设。发挥全国农业信贷担保体系和政府投资基金等作用。强化财政金融协同联动，在不新增地方政府隐性债务的前提下，开展高标准农田和设施农业建设等涉农领域贷款贴息奖补试点。鼓励社会资本投资农业农村，有效防范和纠正投资经营中的不当行为。加强涉农资金项目监管，严厉查处套取、骗取资金等违法违规行为。

（二十八）壮大乡村人才队伍。实施乡村振兴人才支持计划，加大乡村本土人才培养，有序引导城市各类专业技术人才下乡服务，全面提高农民综合素质。强化农业科技人才和农村高技能人才培养使用，完善评价激励机制和保障措施。加强高等教育新农科建设，加快培养农林水利类紧缺专业人才。发挥普通高校、职业院校、农业广播电视学校等作用，提高农民教育培训实效。推广医疗卫生人员“县管乡用、乡聘村用”，实施教师“县管校聘”改革。推广科技小院模式，鼓励科研院所、高校专家服务农业农村。让我们紧密团结在以习近平同志为核心的党中央周围，坚定信心、铆足干劲、苦干实干，推进乡村全面振兴不断取得新成效，向建设农业强国目标扎实迈进。

参考文献

[1] 崔莉，厉新建，程哲. 自然资源资本化实现机制研究：以南平市“生态银行”为例 [J]. 管理世界，2019（9）：95-100.

[2] 胡咏君，吴剑，胡瑞山. 生态文明建设“两山”理论的内在逻辑与发展路径 [J]. 中国工程科学，2019（5）：151-158.

[3] 黄承梁. 论习近平生态文明思想历史自然的形成和发展 [J]. 中国人口·资源与环境，2019（12）：1-8.

[4] 刘伯恩. 生态产品价值实现机制的内涵、分类与制度框架 [J]. 环境保护，2020（13）：49-52.

[6] 刘江宜，牟德刚. 生态产品价值及实现机制研究进展 [J]. 生态经济，2020（10）：207-212.

[8] 秦昌波，苏洁琼，王倩，等. “绿水青山就是金山银山”理论实践政策机制研究 [J]. 环境科学研究，2018（6）：985-990.

[9] 沈满洪. 习近平生态文明思想研究：从“两山”重要思想到生态文明思想体系 [J]. 治理研究，2018（2）：5-13.

[10] 涂正革，邓辉，甘天琦. 公众参与中国环境治理的逻辑：理论、实践和模式 [J]. 华中师范大学学报（人文社会科学版），2018（3）：49-61.

[11] 王会，姜雪梅，陈建成，等. “绿水青山”与“金山银山”关系的经济理论解析 [J]. 中国农村经济，2017（4）：2-12.

[12] 王金南，苏洁琼，万军. “绿水青山就是金山银山”的理论内涵及其实现机制创新 [J]. 环境保护，2017（11）：13-17.

[13] 王金南，王夏晖. 推动生态产品价值实现是践行“两山”理念的时代任务与优先行动 [J]. 环境保护，2020（14）：9-13.

[14] 魏华，卢黎歌. 习近平生态文明思想的内涵、特征与时代价值 [J]. 西安交通大学学报（社会科学版），2019（3）：69-76.

[15] 杨莉，刘海燕. 习近平“两山理论”的科学内涵及思维能力的分析 [J]. 自然辩证法研究，2019（10）：107-111.

[16] 姚修杰. 习近平生态文明思想的理论内涵与时代价值 [J]. 理论探讨，2020（2）：33-39.

[17] 虞慧怡，张林波，李岱青，等. 生态产品价值实现的国内外实践经验与启示 [J]. 环境科学研究，2020（3）：685-690.

[18] 赵建军，杨博. “绿水青山就是金山银山”的哲学意蕴与时代价值 [J]. 自然辩证法研究，2015（12）：104-109.

[19] 周光迅，李家祥. 习近平生态文明思想的价值引领与当代意义 [J]. 自然辩证法研究，2018

(9)：122-127.

［20］明星，梁龙武，王振波，等. 美丽中国与国土空间规划关系的地理学思考［J］. 地理学报，2019, 74（12）：2467-2481.

［21］方创琳，王振波，刘海猛. 美丽中国建设的理论基础与评估方案探索［J］. 地理学报，2019, 74（4）：619-632.

［22］何得桂. 中国美丽乡村建设驱动机制研究［J］. 生态经济，2014，30（10）：113-117.

［23］李建华，蔡尚伟. "美丽中国"的科学内涵及其战略意义［J］. 四川大学学报（哲学社会科学版），2013（5）：135-140.

［24］柳兰芳. 从"美丽乡村"到"美丽中国"：解析"美丽乡村"的生态意蕴［J］. 理论月刊，2013（9）：165-168.

［25］龙云安，陈国庆. "美丽中国"背景下我国绿色金融发展与产业结构优化［J］. 企业经济，2018（4）：11-18.

［27］时朋飞，李星明，熊元斌. 区域美丽中国建设与旅游业发展耦合关联性测度及前景预测：以长江经济带11省市为例［J］. 中国软科学，2018（2）：86-102.

［28］舒川根. 文化创意与新农村建设的有机结合：以安吉县创建"中国美丽乡村"为例［J］. 浙江社会科学，2010（7）：120-122.

［29］万俊人. 美丽中国的哲学智慧与行动意义［J］. 中国社会科学，2013（5）：5-11.

［30］王景新，支晓娟. 中国乡村振兴及其地域空间重构：特色小镇与美丽乡村同建振兴乡村的案例、经验及未来［J］. 南京农业大学学报（社会科学版），2018，18（2）：17-26，157-158.

［31］王文龙. 中国美丽乡村建设反思及其政策调整建议：以日韩乡村建设为参照［J］. 农业经济问题，2016，37（10）：83-90，111-112.

［32］王晓广. 生态文明视域下的美丽中国建设［J］. 北京师范大学学报（社会科学版），2013（2）：19-25.

［33］翁鸣. 社会主义新农村建设实践和创新的典范："湖州·中国美丽乡村建设（湖州模式）研讨会"综述［J］. 中国农村经济，2011（2）：93-96.

［34］谢炳庚，陈永林，李晓青. 耦合协调模型在"美丽中国"建设评价中的运用［J］. 经济地理，2016，36（7）：38-44.

［35］杨立华，刘宏福. 绿色治理：建设美丽中国的必由之路[J]. 中国行政管理，2014（11）：6-12.

［36］杨正喜. 波浪式层级吸纳扩散模式：一个政策扩散模式解释框架：以安吉美丽中国政策扩散为例［J］. 中国行政管理，2019（11）：97-103.

［37］张高丽. 大力推进生态文明 努力建设美丽中国［J］. 求是，2013（24）：3-11.

［38］张文斌，颜毓洁. 从"美丽中国"的视角论生态文明建设的意义与策略：从党的十八大报告谈起［J］. 生态经济，2013（4）：184-188.

［39］周光迅，郑玥. 从建设生态浙江到建设美丽中国：习近平生态文明思想的发展历程及启示［J］. 自然辩证法研究，2017，33（7）：76-81.

［40］包庆德. 消费模式转型：生态文明建设的重要路径［J］. 中国社会科学院研究生院学报，2011（2）：28-33.

［41］毕军. 环境治理模式：生态文明建设的核心［J］. 江苏社会科学，2014（4）：9-10.

［42］黄勤. 我国省域生态文明建设的特点、模式及对策［J］. 贵州社会科学，2012（4）：61-65.

［43］孔翔，杨宏玲. 基于生态文明建设的区域经济发展模式优化［J］. 经济问题探索，2011（7）：38-42.

［44］赖章盛，李红林. 低碳社会：生态文明建设的新模式：兼论低碳社会的价值趋向［J］. 求

实，2011（2）：50-52.

［45］李丽．生态文明建设模式：理论、方法与原则［J］．自然辩证法研究，2014，30（3）：123-128.

［46］李鹏，李贵宝．中国生态文明建设政府治理模式的形成与演进：基于河长制概念史［J］．云南师范大学学报（哲学社会科学版），2021，53（4）：131-140.

［47］李泽红，王卷乐，赵中平，等．丝绸之路经济带生态环境格局与生态文明建设模式［J］．资源科学，2014，36（12）：2476-2482.

［48］刘忠超．生态文明背景下的生态社区建设模式研究［J］．科技管理研究，2015，35（10）：209-215，233.

［49］牛文浩．生态消费模式：社会主义生态文明建设的必然选择[J]．生态经济，2012（8）：57-59.

［50］彭向刚，向俊杰．中国三种生态文明建设模式的反思与超越［J］．中国人口·资源与环境，2015，25（3）：12-18.

［51］王立和．当前国内外生态文明建设区域实践模式比较及政府主要推动对策研究［J］．理论月刊，2016（1）：116-121.

［52］王新玉．低碳城市和生态文明城市建设模式的差异性研究：以贵阳市建设实践为例［J］．生态经济，2015，31（9）：19-22，67.

［53］王忠武，温静．性别和谐与生态和谐：关于生态文明建设的性别解释模式［J］．贵州社会科学，2010（8）：26-31.

［54］王倩．生态文明建设的区域路径与模式研究：以汶川地震灾区为例［J］．四川师范大学学报（社会科学版），2012，39（4）：79-83.

［55］吴凤章．建设生态文明：厦门特区发展模式创新[J]．马克思主义与现实，2006（4）：13-18.

［56］张孝德．资源环境约束下大国工业化的困境与文明模式的创新："成本外化工业文明"的反思与生态文明建设思考［J］．甘肃社会科学，2008（6）：38-41.

［57］贺雪峰．中国式现代化视野下的乡村振兴战略［J］．广东社会科学，2024（2）：26-39，286-287.

［58］贺雪峰．关于实施乡村振兴战略的几个问题［J］．南京农业大学学报（社会科学版），2018，18（3）：19-26，152.

［59］黄祖辉．准确把握中国乡村振兴战略［J］．中国农村经济，2018（4）：2-12.

［60］霍军亮，吴春梅．乡村振兴战略下农村基层党组织建设的理与路［J］．西北农林科技大学学报（社会科学版），2019，19（1）：69-77.

［61］廖茂林，彭浩瀚，贾晋．乡村振兴战略再思考：逻辑主线、规律趋势和推进方略［J］．中国人口·资源与环境，2024，34（2）：1-12.

［62］祁占勇，王志远．乡村振兴战略背景下农村职业教育的现实困顿与实践指向［J］．华东师范大学学报（教育科学版），2020，38（4）：107-117.

［63］孙九霞，王淑佳．基于乡村振兴战略的乡村旅游地可持续发展评价体系构建［J］．地理研究，2022，41（2）：289-306.

［64］田野，黄进，安敏．乡村振兴战略下农业现代化发展效率评价：基于超效率 DEA 与综合熵值法的联合分析［J］．农业经济问题，2021（3）：100-113.

［65］文丰安．全面实施乡村振兴战略：重要性、动力及促进机制［J］．东岳论丛，2022，43（3）：5-15.

［66］夏柱智．乡村振兴战略下县域积极应对农村人口老龄化的多元路径探索［J］．贵州社会科学，2023（7）：144-151.

［67］徐小洲．重塑发展模式：共同富裕进程中乡村文化振兴战略构想：基于浙江山区 14 县乡村文化实地调研的分析［J］．浙江社会科学，2023（2）：74-83，157.

［68］叶兴庆．新时代中国乡村振兴战略论纲［J］．改革，2018（1）：65-73.

［69］于爱水，李江涛，汪大海．习近平乡村振兴战略观的基本内涵、理论贡献与实践路径［J］．学术探索，2023（5）：1-7.

［70］袁利平，姜嘉伟．关于教育服务乡村振兴战略的思考［J］．武汉大学学报（哲学社会科学版），2021，74（1）：159-169.

［71］张鸿，杜凯文，靳兵艳．乡村振兴战略下数字乡村发展就绪度评价研究［J］．西安财经大学学报，2020，33（1）：51-60.

［72］张琦，庄甲坤，李顺强，等．共同富裕目标下乡村振兴的科学内涵、内在关系与战略要点［J］．西北大学学报（哲学社会科学版），2022，52（3）：44-53.

［73］周晓光．实施乡村振兴战略的人才瓶颈及对策建议［J］．世界农业，2019（4）：32-37.

［74］邹国良，刘娜娜，梁雁茹．乡村振兴战略下农村人居环境整治 PPP 模式合作行为演化博弈分析［J］．运筹与管理，2022，31（4）：61-68.

［75］左停，苏武峥．乡村振兴背景下中国相对贫困治理的战略指向与政策选择［J］．新疆师范大学学报（哲学社会科学版），2020，41（4）：88-96.

［76］闫书华．乡村振兴战略视角下乡村社会治理创新研究［J］．行政论坛，2022，28（1）：52-57.

［77］陈健，王丹．新质生产力赋能乡村全面振兴的内涵特征与实践路径［J］．西南民族大学学报（人文社会科学版），2024，45（2）：99-107.

［78］陈健，张颖，王丹．新质生产力赋能乡村全面振兴的要素机制与实践路径［J］．经济纵横，2024（4）：29-38.

［79］陈洁，张钰．新质生产力、数字金融与中国式乡村治理现代化［J］．暨南学报（哲学社会科学版），2024，46（6）：149-164.

［80］邓云，逢卉一．新质生产力助力乡村文化建设发展探析［J］．重庆社会科学，2024（6）：56-68.

［81］蒋永穆，杜婵．以农业新质生产力助推乡村生态产品价值实现［J］．农村经济，2024（6）：1-10.

［82］刘权．数字新质生产力推动数字乡村建设的内在机理、现实困境与实施路径［J］．贵州社会科学，2024（8）：163-168.

［83］刘上上，张英魁．新质生产力赋能乡村振兴的内在逻辑与实践路径［J］．学术交流，2024（6）：76-92.

［84］陆岷峰．中国式现代化中的新质生产力与乡村振兴融合创新政策研究［J］．河南社会科学，2024，32（8）：10-19.

［85］王静华，刘人境．乡村振兴的新质生产力驱动逻辑及路径［J］．深圳大学学报（人文社会科学版），2024，41（2）：16-24.

［86］文丰安，黄上珂．新质生产力助力基于新型城镇化的数字乡村建设审视［J］．西南大学学报（社会科学版），2024，50（3）：15-26.

［87］吴开军．新质生产力驱动乡村旅游高质量发展的机理和路径研究［J］．西南民族大学学报（人文社会科学版），2024，45（6）：30-37.

［88］严雪雁，王茂福．新质生产力驱动数字乡村建设高质量发展：理论逻辑与实践路径［J］．西安交通大学学报（社会科学版），2024，44（5）：27-38.

［89］杨美勤，唐鸣．新质生产力赋能乡村振兴的内在逻辑与实践路径［J］．理论视野，2024（5）：64-69.

[90] 张力一翔. 新质生产力驱动民族地区乡村产业高质量发展的逻辑与路径 [J]. 云南民族大学学报（哲学社会科学版），2024，41（4）：151-160.

[91] 张震宇. 新质生产力赋能数字乡村建设：转型逻辑与实施路径 [J]. 学术交流，2024（1）：93-107.

[92] 周明星，胡建. 新质生产力赋能宜居宜业和美乡村建设的内在逻辑与推进路径 [J]. 云南民族大学学报（哲学社会科学版），2024，41（5）：95-104.

[93] 安丰平，高金龙，朱欣怡，等. 结构二重性视角下乡村新内生发展模式研究综述 [J]. 地理科学进展，2024，43（9）：1865-1877.

[94] 敖淑凤. 高校服务乡村振兴的实践困境及其行动策略：基于新内生发展视角 [J]. 贵州社会科学，2023（8）：160-168.

[95] 白雪军. 民族地区巩固拓展脱贫攻坚成果同乡村振兴有效衔接研究：基于新内生动力机制的建构视角 [J]. 贵州民族研究，2022，43（6）：62-68.

[96] 郭庆. 乡村体育振兴的新内生发展逻辑与实践探索：来自台盘"村BA"的案例分析 [J]. 武汉体育学院学报，2023，57（6）：12-18.

[97] 韩利红. 新内生发展理论与乡村人才内外联动发展模式[J]. 河北学刊，2023，43(6)：187-193.

[98] 马海龙，杨玟玟. 新内生发展理论视阈下乡村特色产业发展的动力整合：以东北地区J村木耳产业为例 [J]. 原生态民族文化学刊，2023，15（4）：64-77，154-155.

[99] 孙悦，项松林. 新内生发展理论视域下数字乡村建设：机理、困境与路径 [J]. 湖南农业大学学报（社会科学版），2023，24（6）：55-62.

[100] 田毅鹏，金蓝青. 新内生发展视域下乡镇教育的县域发展联动效应：以皖西M镇为例 [J]. 求索，2022（4）：143-152.

[101] 王兰. 新内生发展理论视角下的乡村振兴实践：以大兴安岭南麓集中连片特困区为例 [J]. 西北农林科技大学学报（社会科学版），2020，20（4）：65-74.

[102] 文军，刘雨航. 迈向新内生时代：乡村振兴的内生发展困境及其应对 [J]. 贵州社会科学，2022（5）：142-149.

[103] 吴茂英，张镁琦，王龙杰. 共生视角下乡村新内生式发展的路径与机制：以杭州临安区乡村运营为例 [J]. 自然资源学报，2023，38（8）：2097-2116.

[104] 吴越菲. 从部门生产到区域繁荣：面向农村新内生发展的政策转型及其反思 [J]. 贵州社会科学，2022（5）：158-168.

[105] 夏雯雯，马红坤，乔翠霞. 新内生发展理论下家庭农场内生发展的机理与路径 [J]. 宁夏社会科学，2022（2）：124-132.

[106] 肖盼晴，姚玉凤. 农村集体产权制度改革与可持续发展：以新内生式发展论为视角 [J]. 农林经济管理学报，2022，21（5）：555-563.

[107] 姚佩欣，葛笑如. 资源、规则、组织：新型农村集体经济发展的新内生解释：基于江苏省多案例研究 [J]. 华中农业大学学报（社会科学版），2024（6）：174-186.

[108] 张奇男，董芹芹. 新内生发展模式下乡村体育发展：理论溯源、价值意蕴与行动策略 [J]. 天津体育学院学报，2024，39（2）：190-196.

[109] 张晓溪. 乡村文化新内生发展路径的实践探索：基于主体性身体技术视角的社会学分析 [J]. 贵州社会科学，2022（5）：150-157.

[110] 张行发，徐虹，张妍. 从脱贫攻坚到乡村振兴：新内生发展理论视角：以贵州省Y县为案例 [J]. 当代经济管理，2021，43（10）：31-39.

[111] 闫宇，汪江华，张玉坤. 新内生式发展理论对我国乡村振兴的启示与拓展研究 [J]. 城市

发展研究，2021，28（7）：19-23.

[112] 陈学清. 基于绿色营销观的农业生态旅游开发研究[J]. 生态经济，2007（6）：97-98，103.

[113] 段刚. 两种理论模式在我国生态旅游开发中的应用［J］. 云南民族大学学报（哲学社会科学版），2005（4）：55-57.

[114] 封雪韵，俞会新，郝永敬. 森林生态旅游资源开发影响因素研究［J］. 河北大学学报（哲学社会科学版），2014，39（3）：120-123.

[115] 焦慧元，路紫，朱晓瑜. 生态旅游资源深度开发探索［J］. 绿色中国，2006（15）：26-29.

[116] 赖叔懿，陈华芳. 生态旅游资源的价值评价与最优开发路径选择［J］. 生态经济，2007（2）：96-98，101.

[117] 马晓京. 民族生态旅游：保护性开发民族旅游的有效模式[J]. 人文地理，2003（3）：56-59.

[118] 潘立新. 生态旅游视角下水土流失区治理开发研究：以江淮分水岭为例［J］. 经济问题探索，2015（6）：177-182.

[119] 庞少静. 我国生态旅游开发中的若干环境问题及对策［J］. 环境保护，2004（9）：25-30.

[120] 庞振刚. 西部生态旅游开发研究［J］. 生态经济，2001（4）：49-51.

[121] 邵志忠，杨通江. 人文生态旅游开发与西部乡村社会发展［J］. 广西民族研究，2004（3）：93-96.

[122] 宋加山. 民族地区生态旅游开发条件及策略研究［J］. 西南民族大学学报（人文社科版），2015，36（5）：144-148.

[123] 王立安，郭晓东，李亚兵. 西部县域文化生态旅游开发构思：以甘肃省武山县为例［J］. 干旱区资源与环境，2010，24（6）：196-200.

[124] 王义民，李兴成. 中国自然保护区生态旅游开发的对策［J］. 社会科学家，1999（2）.

[125] 谢花林，刘黎明，李蕾. 开发乡村生态旅游探析［J］. 生态经济，2002（12）：69-71.

[126] 徐正春，丛艳国，魏立华. 自然保护区生态旅游开发的"体制困境"与"制度突围"：以广东省为例［J］. 绿色中国，2005（8）：51-54.

[127] 杨桂华，王跃华. 生态旅游保护性开发新思路［J］. 经济地理，2000（1）：88-92.

[128] 杨国靖，肖星，肖笃宁. 陇南山区生态旅游资源评价及开发策略［J］. 干旱区资源与环境，2003（4）：53-59.

[129] 羊进拉毛. 黄河源园区社区参与生态旅游开发研究［J］. 青海社会科学，2022（3）：66-71.

[130] 庄大昌，丁登山，任湘沙. 我国湿地生态旅游资源保护与开发利用研究［J］. 经济地理，2003（4）：554-557.

[131] 窦璐. 生态旅游景区服务场景的量表开发研究［J］. 旅游学刊，2022，37（5）：110-123.

[132] 陈磊. 生态脆弱区乡村旅游开发模式研究：以沂蒙山区为例［J］. 资源开发与市场，2010，26（5）：477-480.

[133] 郭凌，黄国庆，王志章. 乡村旅游开发中土地流转问题研究［J］. 西北农林科技大学学报（社会科学版），2009，9（5）：85-91.

[134] 黄郁成. 乡村旅游开发对促进城乡统筹发展的作用［J］. 旅游学刊，2011，26（12）：12-13.

[135] 李冬花，王咏，陆林. 共同富裕目标下综合乡村旅游开发的可持续生计效应：基于浙江省安吉县鲁家村的案例实证［J］. 自然资源学报，2023，38（2）：511-528.

[136] 李伟. 乡村旅游开发规划研究［J］. 地域研究与开发，2003（6）：72-75.

[137] 廉同辉，王金叶. 民族地区乡村生态旅游开发与新农村建设研究［J］. 西南民族大学学报（人文社科版），2010，31（11）：169-172.

[138] 廖军华. 乡村旅游开发与"三农问题"破解之新思考［J］. 理论月刊，2017（3）：5-11.

[139] 卢云辉，孙兆霞. 转型期西部农村发展的制度支持缺失问题探析：以乡村旅游开发为例 [J]. 贵州社会科学，2007 (7)：27-31.

[140] 莫幼政. 试论西部乡村地区的旅游开发 [J]. 南宁师范高等专科学校学报，2003 (3)：13-16.

[141] 史清莲. 乡村旅游开发的外部不经济及其内化探析 [J]. 生产力研究，2006 (3)：139-141.

[142] 温馨，陈佳，邓梦麒，杨新军. 乡村旅游开发下农户生计适应变化与影响机理研究：以延安市乡村旅游为例 [J]. 中国农业资源与区划，2020，41 (4)：250-259.

[143] 文军，魏美才. 乡村旅游开发模式探讨：以广西富川瑶族自治县秀水村为例 [J]. 生态经济，2003 (10)：125-127.

[144] 向富华. 乡村旅游开发：城镇化背景下"乡村振兴"的战略选择 [J]. 旅游学刊，2018，33 (7)：16-17.

[145] 肖轶，尹珂. 乡村旅游开发中农户生态风险认知对其参与保护意愿的影响研究 [J]. 中国农业资源与区划，2020，41 (4)：243-249.

[146] 张艳，张勇. 乡村文化与乡村旅游开发 [J]. 经济地理，2007 (3)：509-512.

[147] 赵承华. 基于文化体验的乡村旅游开发研究 [J]. 社会科学辑刊，2011 (3)：116-119.

[148] 郑群明，钟林生. 参与式乡村旅游开发模式探讨 [J]. 旅游学刊，2004 (4)：33-37.

[149] 周贵鹏，戈大专，龙花楼，曲艺. 旅游开发与乡村转型发展关系研究：以江苏省盐城市泾口村为例 [J]. 地域研究与开发，2022，41 (6)：123-129.

[150] 朱烜伯，张家其，李克强. 乡村振兴背景下民族传统村落旅游开发影响机制 [J]. 江西社会科学，2021，41 (3)：229-237.

[151] 常新锋，张雨祥. 农旅融合对中国农业生态效率的作用机制与影响效应 [J]. 农林经济管理学报，2022，21 (3)：310-319.

[152] 陈海龙，段卓. 省域农旅融合系统发展协调性研究 [J]. 统计与决策，2023，39 (6)：82-86.

[153] 陈喜，陆建珍，王凯，等. 农旅融合对农业劳动生产率影响的实证检验：以全国休闲农业与乡村旅游示范县为例 [J]. 中国农业资源与区划，2023，44 (5)：155-163.

[154] 方世敏，刘小燕. 粮食安全与农旅融合的互动关系：基于长江经济带粮食主产区的分析 [J]. 湘潭大学学报 (哲学社会科学版)，2022，46 (3)：62-66.

[155] 胡平波，钟漪萍. 政府支持下的农旅融合促进农业生态效率提升机理与实证分析：以全国休闲农业与乡村旅游示范县为例 [J]. 中国农村经济，2019 (12)：85-104.

[156] 李华，囿荣立. 农旅融合赋能乡村振兴战略实施 [J]. 中国农业资源与区划，2022，43 (9)：100，115.

[157] 李眉洁，王兴骥. 乡村振兴背景下农旅融合发展模式及其路径优化：对农村产业融合发展的反思 [J]. 贵州社会科学，2022 (3)：153-159.

[158] 吕萍，曹徽. 粮食主产区农旅融合对农民增收的影响 [J]. 学术交流，2023 (12)：123-137.

[159] 孙婧雯，马远军，王振波，等. 农旅融合视角下新型乡村社会关系架构及提升路径：以浙江金华陈界村为例 [J]. 地理研究，2020，39 (3)：696-708.

[160] 涂文学，黄其新. 乡土为根 农旅融合 推动湖北乡村旅游更好发展 [J]. 理论月刊，2017 (12)：124-127.

[161] 王晶晶，周发明. 农旅融合发展对农业生态效率的影响效应 [J]. 湖南农业大学学报 (社会科学版)，2021，22 (2)：50-56.

[162] 魏滨辉，罗明忠，曾春影. 农旅融合、要素流动与县域经济增长 [J]. 华中农业大学学报 (社会科学版)，2024 (3)：67-79.

[163] 夏杰长，刘睿仪. 农旅融合发展能否提高县域经济韧性?：基于“全国休闲农业与乡村旅游示范县”政策的经验证据 [J]. 经济问题，2024 (7)：1-10.

[164] 张莞. 做好“农旅融合”这篇新文章 [J]. 人民论坛，2018 (32)：88-89.

[165] 钟漪萍，唐林仁. 农旅融合减缓农村贫困机理与实证研究 [J]. 华中农业大学学报（社会科学版），2020 (3)：43-52，170-171.

[166] 钟漪萍，唐林仁，胡平波. 农旅融合促进农村产业结构优化升级的机理与实证分析：以全国休闲农业与乡村旅游示范县为例 [J]. 中国农村经济，2020 (7)：80-98.

[167] 周鹏飞，杨思源，沈洋. 农旅融合促进绿色减贫的效应分析：作用机理与统计验证 [J]. 西安财经大学学报，2022，35 (5)：29-39.

[168] 朱志胜. 农旅融合、要素配置与农业劳动生产率 [J]. 管理学刊，2022，35 (3)：29-43.